Inhalt

Livre deuxième · Zweites Buch

Livre troisième · Drittes Buch

Livre quatrième · Viertes Buch

Livre cinquième · Fünftes Buch

Livre huitième · Achtes Buch

Livre neuvième · Neuntes Buch

Livre dixième · Zehntes Buch

Livre onzième · Elftes Buch

Livre douzième · Zwölftes Buch

Inédit · Von La Fontaine nicht veröffentlicht

Anhang

Einleitung

La Fontaines Fabeln in deutscher Sprache? Jedem Freund des Fabeldichters wird der Gedanke Unbehagen bereiten, vor allem, wenn er den Text im Original zu lesen und zu lieben imstande ist. Hat nicht La Fontaine gerade dadurch, daß er die äsopischen Vorlagen in Verse brachte, die bis dahin der Rhetorik zugeordnete Gattung ›lyrisch geadelt‹, und ist er nicht dadurch erst selbst zu einem Meister des französischen Verses geworden? Wie sollte eine Prosafassung dem lyrischen Reichtum und der metrischen Differenziertheit dieser französischen Vorlage gerecht werden? Als weiterer Einwand gegen eine Prosaübersetzung der Fabeln könnte gelten, daß mehrere preiswerte Gesamtausgaben auch heute auf dem deutschen Buchmarkt verfügbar sind, die sämtlich La Fontaines Fabeln in deutsche Verse übertragen, die noch dazu die Reimzwänge des Originals meist getreulich respektieren. Allgemein läßt sich beobachten, daß von Beginn der Fabelrezeption in Deutschland an die Übersetzungen La Fontaines unter der Prämisse standen, nur eine sich ebenfalls Vers- und Reimzwängen unterwerfende Übersetzung könne den poetischen Gehalt des Originals angemessen wiedergeben. Lessings bekannte Invektive gegen La Fontaine und sein Entwurf einer schmucklosen, epigrammatischen Prosafabel sind Ausdruck eines gänzlich anderen Fabelverständnisses, das die von La Fontaine vorgenommene poetische Ausgestaltung mit den Intentionen der Gattung als nicht vereinbar betrachtet. Wie die Übersetzungsbibliographie von Fromm jedoch zeigt,[1] haben sich die deutschen La Fontaine-Übersetzer mehrheitlich nicht von Lessings Einwänden beeinflussen lassen.
Ein Blick auf die Geschichte der La Fontaine-Übersetzun-

1 Vgl. E. Fromm, *Bibliographie deutscher Übersetzungen aus dem Französischen 1700–1948*, 6 Bde., Tübingen 1950–52, Bd. 4, S. 30–34.

gen zeigt, daß seit dem Beginn der um 1720 einsetzenden intensiven La Fontaine-Rezeption in den Übersetzungen das metrische Prinzip dominiert: Vers und Reim erscheinen den Übersetzern als das unerläßliche Mittel, die hervorstechenden poetischen Eigenheiten La Fontaines angemessen ins Deutsche zu übertragen. Dabei haben allerdings die Übersetzungen der Gellert, Gleim und Hagedorn, aber auch Johann Adolf Schlegels und anderer entsprechend den im 18. Jahrhundert herrschenden Vorstellungen von der Funktion des Übersetzens »durch den Übergang aus dem Französischen in's Deutsche den Charakter des Originals nahezu vollständig eingebüßt; es sind deutsche Gedichte geworden, zu denen La Fontaine nur die Anregung und einige glückliche Wendungen gegeben hat«.[2] Diese Feststellung gilt, wenngleich nicht uneingeschränkt, so doch in hohem Maße auch für Kleists bekannte – recht freie – Übertragung von La Fontaines *Les deux pigeons*,[3] die einzige Fabel, die von einem der großen Dichter der deutschen Klassik übersetzt worden ist. Erst im letzten Drittel des 19. Jahrhunderts entstand eine Übersetzung sämtlicher Fabeln La Fontaines, die sich noch heute mit Maßstäben messen läßt, wie sie an eine qualitativ hochstehende literarische Übersetzung anzulegen sind: die 1877 erschienene, mehrfach neu aufgelegte Übersetzung von Ernst Dohm.[4] – Wie Paul Lindau in seiner hymnischen Besprechung der Erstausgabe schreibt, hat Dohm La Fontaine durch seine Übersetzung »das Ehrenbürgerrecht in Deutschland erwirkt. La Fontaine ist trotz

2 P. Lindau, »La Fontaines Fabeln«, in: *Die Gegenwart. Wochenschrift für Literatur, Kunst und öffentliches Leben* 11 (1877) S. 13a–15a, hier S. 13a.

3 Abgedr. in: *Phöbus. Ein Journal für die Kunst*, hrsg. von H. v. Kleist und A. H. Müller, Dresden 1808, Nachdr. Darmstadt 1961, S. 32–34.

4 Ernst Dohm (urspr. Elias Levy; 1819–1883) studierte Theologie und Philosophie und war seit 1848 an der Herausgabe des politisch-satirischen Wochenblatts *Kladderadatsch* beteiligt. Er übersetzte 1864 Offenbachs Oper *Die schöne Helena*; zwischen 1850 und 1870 veröffentlichte er humoristische und satirische Texte. Ist seine Übersetzung der Fabeln des ›Satirikers‹ La Fontaine auch ein Akt ›politischer‹ Opposition des ›Satirikers‹ Dohm?

des spezifischen Franzosentums uns jetzt kein Fremder mehr«.[5] Dohms Übersetzung ist auf dem Hintergrund und als späte Folge jener Eindeutschungs- und Übersetzungsbestrebungen zu werten, die ab dem ausgehenden 18. Jahrhundert zu den Homer-Übersetzungen von Voß, den Shakespeare-Übersetzungen von Voß und vor allem von Schlegel/Tieck, zu Goethes Übersetzung von Diderots *Neveu de Rameau* und derjenigen Schillers von Racines *Phèdre*, zur Dante-Übersetzung des Philaletes und vielen mehr geführt haben. Es sind in allen Fällen kulturelle Großtaten, die das Bild des übersetzten Autors oft auf Jahrzehnte hinaus bestimmten. Insofern haben alle diese Übersetzungen auch den Wert eines kulturhistorischen Dokuments – und zugleich einen gewissen ›musealen‹ Charakter. Der hohe Anspruch, den Dohm mit seiner Übersetzung erhebt, erhellt allein aus der Tatsache, daß die Originalausgabe jene mehr als dreihundert Holzstiche enthält, die Gustave Doré für die 1866–68 im Pariser Verlag Hachette erschienene Jubiläumsausgabe anläßlich des zweihundertsten Jahrestages der Veröffentlichung von La Fontaines 1. Fabelsammlung angefertigt hatte.

Wie geht Dohm vor? Grundsätzlich bedient er sich nicht einer der in der deutschen Dichtung üblichen Versformen, übersetzt also beispielsweise den französischen Alexandriner nicht durch den in der Silbenzahl etwa entsprechenden Blankvers und so fort; er bedient sich vielmehr durchgängig des in der deutschen Metrik unüblichen silbenzählenden Prinzips, so daß jeder deutsche Vers ebenso viele Silben aufweist wie der französische Originalvers; weiter behält Dohm auch das französische Reimschema in Stellung und Qualität bei, so daß sogar die männlichen und weiblichen deutschen Reime der französischen Vorlage entsprechen; auch den Eigentümlichkeiten des Sprach- und Versrhythmus sowie der Stilführung in Vokabular und Syntax trägt Dohm

5 Lindau, »La Fontaines Fabeln«, S. 15a.

in großem Maße Rechnung. Dies alles hat zur Folge, daß sich seine Übersetzung durch hohe sprachliche und stilistische Qualitäten auszeichnet und als literarische Übersetzung genuinen künstlerischen Eigenwert für sich beanspruchen darf. Eine solche Feststellung kann jedoch nicht über die große Zahl der durch die vorgegebene Verslänge bedingten Elisionen und Füllwörter hinwegtäuschen; ebenso nicht über offensichtliche Reimzwänge, einige manifeste Übersetzungsfehler sowie insgesamt über einen heute vielfach veraltet anmutenden ›poetischen‹ Sprachduktus und eine entsprechende Stilführung. Eine detaillierte Untersuchung könnte mühelos den zeitbedingten – und insofern auch hier ›musealen‹ – Charakter dieser großartigen Übersetzung aufzeigen.
Das zu Dohms Übersetzung Gesagte trifft abgewandelt auch auf alle übrigen Übersetzungen zu. In chronologischer Reihenfolge sind dies die Gesamtübersetzungen von Johanna Wege (1883) und Rolf Mayr (1948; die schlechteste und fehlerhafteste aller Übersetzungen) sowie die Auswahlübersetzungen von Theodor Etzel (1911), Kurt Koch (1927) und Walther Küchler (1948).[6] Sieht man von Jürgen von Stackelbergs eher essayistisch gehaltenem Beitrag zu La Fontaines Fabel *La mort et le bûcheron* ab,[7] fehlt bis heute eine kritische Würdigung der hier genannten (wichtigsten) Fabelübersetzungen. Die Ausgaben von Etzel, Koch, Küchler und Mayr enthalten (z. T. auch umfangreiche) informative Nachworte, in denen die Übersetzer (vor allem Koch) ihr La Fontaine-Verständnis erläutern und interessante Hinweise zu den von ihnen angewandten Übersetzungskriterien geben. Und so wie es mittels einer chronologisch verfahrenden Analyse der Fabelillustration möglich ist, in ihrem Spiegel den epochenbedingten Wandel des La Fontaine-

6 Genauere Angaben in der Bibliographie, S. 394.
7 Vgl. J. v. Stackelberg, *Weltliteratur in deutscher Übersetzung. Vergleichende Analysen*, München 1978, S. 83–89.

Bildes aufzuzeigen,[8] könnte auch eine kritische Untersuchung der vorliegenden Übersetzungen (mitsamt der entsprechenden Nachworte) nicht nur das durch sie vermittelte La Fontaine-Bild, sondern ebenso deren (sprach- und stil-) geschichtliche Bedingtheit nachweisen. Wie groß trotz aller Bewunderung das Unbehagen an Dohms Übersetzung und das Bedürfnis ihrer sprachlich-stilistischen ›Aktualisierung‹ sind, zeigt die Tatsache, daß sie 1985 einschließlich der Illustrationen Dorés in einer Bearbeitung von Christoph Burgauner neu aufgelegt worden ist.[9]

Die vorliegende Übersetzung ausgewählter Fabeln verzichtet von vornherein auf eine metrische Form, die zu nicht zu rechtfertigenden Kompromissen und Freiheiten gegenüber dem Original zwingen würde. Mit diesem Verzicht geht unmittelbar ein wesentlicher Bestandteil der ›Poetizität‹ des Originals verloren. Allerdings beruht der poetische Charakter der La Fontaineschen Fabeln nicht allein auf der Versform und den daraus resultierenden stilistischen und klanglichen Qualitäten. Eine Fülle anderer Eigenheiten prägt den Fabelstil. Hier wurde zunächst größtmögliche Annäherung an den La Fontaineschen Text erstrebt.

So sollten vor allem die syntaktischen Eigenheiten der Vorlage in der deutschen Übersetzung erhalten bleiben. Der oft knappe, asyndetische Erzählstil La Fontaines sollte im Deutschen ebenso erkennbar sein wie die oft extrem komplexen syntaktischen Gebilde in Vorreden, Personenapo-

8 Vgl. J. Grimm, »La Fontaines Fabeln im Spiegel der Buchillustration«, in: *Fabula docet – Illustrierte Fabelbücher aus sechs Jahrhunderten*, Ausstellungskatalog Wolfenbüttel 1983, S. 50–66.

9 Vgl. Bibliographie, S. 394. Im Klappentext dieser aufwendigen Ausgabe heißt es u. a.: »Ernst Dohms Übersetzung ins Deutsche ist bereits klassisch geworden. Da sie aber schon hundert Jahre alt ist, mußte sie überarbeitet und dem modernen Sprachgebrauch angeglichen werden.« Diese ›Angleichung‹ geschieht allerdings in z. T. recht problematischer Weise. – Lindner reproduziert in seiner Neuauflage (s. Bibliographie) den Dohmschen Text kommentarlos und versieht ihn – ebenso kommentarlos – mit den »kongenialen Illustrationen von Grandville« (S. 1).

strophen und Fabelwidmungen. Es wurde auch insgesamt so weit wie möglich auf eine interpretierende Übersetzung verzichtet; die Fremdheiten des Originals sollten vielmehr in der deutschen Übersetzung spürbar bleiben; gedankliche oder stilistische Kühnheiten sollten Kühnheiten bleiben und Zweideutigkeiten Zweideutigkeiten. Ganz allgemein sollte die (relative) Fremdheit und Schwierigkeit des Originaltextes in der deutschen Übersetzung zum Ausdruck kommen. Im Bemühen darum folgt die Übersetzung bei nur sehr wenigen Umstellungen der syntaktischen Gliederung und der Versanordnung des Originals möglichst zeilengetreu.

Trotz der Bemühungen um größtmögliche Textnähe zielt die vorgelegte Übersetzung nicht allein auf den Bereich des Stilistischen. Im Bewußtsein, daß die komplexe ›Poetizität‹ der Fabeln La Fontaines in einer deutschen Übersetzung unerreichbar ist, möchte sie zumindest an die Bedeutungsebene des Originals so nah wie möglich heranführen. Das Bedeutungsfeld vieler Begriffe hat sich seit La Fontaine (z. T. entscheidend) gewandelt, so daß für den heutigen Leser ein Verständnis des Textes in seiner semantischen Fremdheit nicht unmittelbar gewährleistet ist. In den jeder Fabel beigefügten Kommentaren werden daher einleitend, über die notwendigen Sachinformationen zu mythologischen Anspielungen, Eigennamen, aktuellen Bezügen usw. hinaus, sprachliche Schwierigkeiten unter Rekurs auf die wichtigsten Wörterbücher des 17. Jahrhunderts erläutert. Um den sprachgeschichtlichen Kommentar jedoch nicht über Gebühr auszudehnen, geschieht dies nur in besonders markanten Fällen. Darüber hinaus trägt die Übersetzung dem Bedeutungswandel zahlreicher Wörter insofern Rechnung, als sie meist unmittelbar durch den deutschen Begriff wiedergegeben werden, der unserem heutigen Sprachverständnis entspricht. Die vorliegende Ausgabe beabsichtigt damit letztendlich, zu einer historisch verstandenen Bedeutungsebene des Textes hinzuführen und auf diese Weise die eigenständige ›poetische‹ Lektüre des Originals zu bereichern.

Die vorgelegte Auswahl umfaßt mit vierundsechzig Fabeln und zwei Widmungen etwa ein Viertel des gesamten Fabelwerks. Die Auswahl wurde so getroffen, daß aus allen zwölf Fabelbüchern bei Berücksichtigung ihrer unterschiedlichen Länge eine annähernd gleiche Zahl von Fabeln vertreten ist. Dadurch ist ein verläßlicher Einblick in den Fabelkosmos, dessen Abfassungszeit sich über mehr als dreißig Jahre erstreckt, gewährleistet. Zugleich wird die formale und inhaltliche Entwicklung erkennbar, die die Fabelgattung während dieses Zeitraums durchläuft. Darin bestand das erste Ziel dieser Auswahl. Darüber hinaus aber versteht sie sich als Beitrag zur Korrektur und Differenzierung eines La Fontaine-Bildes, das in allzu klischeehaften Zügen unzählige Anthologien und Schulbücher prägt. La Fontaine ist nicht nur der Verfasser der sattsam bekannten, sehr ›schönen‹ Fabeln des 1. Fabelbuches. Im Laufe seiner jahrzehntelangen Beschäftigung mit der Gattung wurde die Fabel für ihn zum bevorzugten Ausdrucksmittel, das es ihm ermöglichte, zu privaten und öffentlichen Anlässen zustimmend oder ablehnend, verschlüsselt oder auch offen, Stellung zu nehmen. Seine Neugier und Anteilnahme an allen Ereignissen seiner Zeit waren ebenso groß wie seine Informiertheit. Seine Fabeln – und darüber ist sich die Mehrzahl der Kritiker einig – sind keine erbauliche oder moralisierende Kinderlektüre; sie sind vielmehr die kritische Chronik einer Epoche im Spiegel einer sensibel empfindenden und differenziert urteilenden Persönlichkeit, die alles, was ihre Zeit in Literatur, Religion, Philosophie, Wirtschaft, Handel und Politik bewegt, mit kritischer Aufmerksamkeit begleitet und illusionslos kommentiert. Zu diesem Bild eines ›politischen‹ La Fontaine, der gleichzeitig einer der unbestreitbar größten Verskünstler der französischen Literatur ist, möchte die Auswahl einen Beitrag leisten.

Die Anordnung der Fabeln folgt der von La Fontaine vorgenommenen Einteilung und Numerierung. Um eine Orientierung innerhalb des komplexen Fabelkosmos zu ermöglichen, habe ich der Einzelkommentierung der Fabeln vor einem umfassenden abschließenden Nachwort den Vorzug gegeben. Der individuelle Kommentar ermöglicht es, die spezifische Bedeutung der jeweiligen Fabel besser hervorzuheben. Besonderer Wert wurde bei der Kommentierung zugleich auf den inneren Zusammenhang der zwölf Fabelbücher gelegt. Daher finden sich in fast allen Kommentaren (oft mehrere) Verweise auf themenverwandte Fabeln. Auf diese Weise ist bis zu einem gewissen Grad eine zusammenhängende Lektüre oder auch ein systematisches Studium der entsprechenden Themenkreise möglich. Darüber hinaus erlaubt eine Zeittafel eine schnelle Orientierung über die Lebensdaten La Fontaines, die Abfassung und Publikation der Fabeln sowie anderer wichtiger Werke des Autors. Gleichzeitig enthält sie einige markante Daten zur politischen, sozialen und literarischen Geschichte. In einem abschließenden Nachwort skizziere ich sodann Entwicklungslinien der Fabelrezeption und zeige die Konturen eines La Fontaine-Bildes, wie es dem heutigen Stand der Forschung entspricht. Eine Bibliographie verzeichnet schließlich in systematischer Form die wichtigste Literatur zu allen Fragen, die sich aus einer umfassenden Beschäftigung mit La Fontaine und seiner Zeit ergeben. – Die Literaturhinweise im Anschluß an die Kommentare führen auch solche Titel auf, die aus inhaltlichen und/oder methodologischen Überlegungen heraus meine Zustimmung nicht finden. Sie sollen dem interessierten Leser die Möglichkeit geben, sich im Gewirr der La Fontaine- und Fabelinterpretationen ein eigenes Urteil zu bilden.

Der französische Text folgt der von Georges Couton besorgten Ausgabe der Fabeln in der Reihe der »Classiques Garnier«, Paris 1962, die ihrerseits auf der von La Fontaine betreuten ›Ausgabe letzter Hand‹ (1692 und 1694) basiert. Dabei wurde die Orthographie modernisiert, die für La Fontaine und seine Zeit charakteristische Interpunktion aber beibehalten. La Fontaine hat gänzlich auf Redezeichen verzichtet, was häufig Interpretationsschwierigkeiten zur Folge hat; andererseits resultiert daraus der für die Fabeln oft so typische Übergang von der direkten zur ›erlebten‹ Rede und umgekehrt. In der deutschen Übersetzung wurden dagegen in Einklang mit der vorgeschlagenen Interpretation Redezeichen eingefügt.

Abschließend möchte ich all jenen Studenten danken, die sich im Rahmen eines La Fontaine-Seminars für Fragen der Fabelübersetzung interessiert haben. Mein ganz besonderer Dank gilt jedoch Mena Grünefeld, Margret Metze und Thomas Schmidt für unermüdliche kritische und ideenreiche Mitarbeit.

Münster, im August 1986 *Jürgen Grimm*

Frontispiz der »Fables choisies« von La Fontaine, Paris 1755–59 (Kupferstich von Charles-Nicolas Cochin d. J. nach Jean-Baptiste Oudry)

À Monseigneur le Dauphin

Je chante les Héros dont Ésope est le Père,
Troupe de qui l'Histoire, encor que mensongère,
Contient des vérités qui servent de leçons.
Tout parle en mon Ouvrage, et même les Poissons:
Ce qu'ils disent s'adresse à tous tant que nous sommes.
Je me sers d'Animaux pour instruire les Hommes.
ILLUSTRE REJETON D'UN PRINCE aimé des Cieux,
Sur qui le Monde entier a maintenant les yeux,
Et qui, faisant fléchir les plus superbes Têtes,
Comptera désormais ses jours par ses conquêtes,
Quelque autre te dira d'une plus forte voix
Les faits de tes Aïeux et les vertus des Rois.
Je vais t'entretenir de moindres Aventures,
Te tracer en ces vers de légères peintures.
Et, si de t'agréer je n'emporte le prix,
J'aurai du moins l'honneur de l'avoir entrepris.

Seiner Königlichen Hoheit dem Dauphin gewidmet

[Widmung Buch I–VI]

Ich besinge die Helden, deren Vater Äsop ist,
eine Schar, deren Geschichte, wenngleich erfunden,
Wahrheiten enthält, die der Belehrung dienen.
Alles spricht in meinem Werk, sogar die Fische:
Was sie sagen, richtet sich an uns alle.
Ich bediene mich der Tiere, um die Menschen zu belehren.
ERLAUCHTER SPROSS EINES FÜRSTEN, den die Götter lieben,
auf den die ganze Welt die Augen heute richtet
und der, da er die stolzesten Häupter dazu bringt, sich vor ihm zu verneigen,
von nun an seine Tage nach seinen Eroberungen zählen wird,
ein anderer wird Dir mit kräftigerer Stimme
die Taten Deiner Ahnen und die Tugenden der Könige verkünden.
Ich möchte Dich mit geringeren Abenteuern unterhalten
und Dir in diesen Versen anmutige Bilder nur entwerfen.
Und wenn ich auch den Preis, Dir zu gefallen, nicht erringe,
hab ich zumindest doch die Ehre, es versucht zu haben.

Livre premier

1

La cigale et la fourmi

La Cigale, ayant chanté
Tout l'Été,
Se trouva fort dépourvue
Quand la bise fut venue.
Pas un seul petit morceau
De mouche ou de vermisseau.
Elle alla crier famine
Chez la Fourmi sa voisine,
La priant de lui prêter
Quelque grain pour subsister
Jusqu'à la saison nouvelle.
Je vous paierai, lui dit-elle,
Avant l'Oût, foi d'animal,
Intérêt et principal.
La Fourmi n'est pas prêteuse;
C'est là son moindre défaut.
«Que faisiez-vous au temps chaud?
Dit-elle à cette emprunteuse.
– Nuit et jour à tout venant
Je chantais, ne vous déplaise.
– Vous chantiez? j'en suis fort aise.
Eh bien! dansez maintenant.»

Erstes Buch

1

Die Grille und die Ameise

Die Grille hatte
den ganzen Sommer lang gesungen
und fand sich völlig mittellos,
als der kalte Nordwind kam.
Nicht ein einzig kleines Stück
Fliege oder Regenwurm.
Sie klagte über großen Hunger
bei Frau Ameise, ihrer Nachbarin,
und bat sie, ihr etwas Korn zu geben,
um zu überleben
bis zur nächsten Sommerszeit.
»Ich werd Euch zahlen«, sprach sie zu ihr,
»noch vor dem Erntemond, auf Grillenehr,
die Zinsen und das Kapital.«
Die Ameise, die leiht nicht gern;
das ist noch ihr geringster Fehler.
»Was tatet Ihr zur warmen Jahreszeit?«
fragte sie die Bittstellerin. –
»Tag und Nacht für jedermann
hab ich gesungen, mit Verlaub.« –
»Gesungen habt Ihr? Das freut mich sehr.
Nun gut, dann tanzt doch jetzt!«

2

Le corbeau et le renard

Maître Corbeau, sur un arbre perché,
Tenait en son bec un fromage.
Maître Renard, par l'odeur alléché,
Lui tint à peu près ce langage:
Et bonjour, Monsieur du Corbeau.
Que vous êtes joli! que vous me semblez beau!
Sans mentir, si votre ramage
Se rapporte à votre plumage,
Vous êtes le Phénix des hôtes de ces bois.
À ces mots, le Corbeau ne se sent pas de joie;
Et pour montrer sa belle voix,
Il ouvre un large bec, laisse tomber sa proie.
Le Renard s'en saisit, et dit: Mon bon Monsieur,
Apprenez que tout flatteur
Vit aux dépens de celui qui l'écoute.
Cette leçon vaut bien un fromage, sans doute.
Le Corbeau honteux et confus
Jura, mais un peu tard, qu'on ne l'y prendrait plus.

3

La grenouille qui se veut faire aussi grosse que le bœuf

Une Grenouille vit un bœuf
Qui lui sembla de belle taille.
Elle qui n'était pas grosse en tout comme un œuf,
Envieuse s'étend, et s'enfle, et se travaille

2

Der Rabe und der Fuchs

Meister Rabe, auf einem Baume hockend,
hielt im Schnabel einen Käse.
Meister Fuchs, vom Geruch angelockt,
hielt ihm in etwa diese Rede:
»Ei, guten Morgen, Herr von Rabe!
Wie seid Ihr hübsch! Wie schön erscheint Ihr mir!
Ganz ehrlich! Wenn Euer Gesang
mit Eurem Gefieder in Einklang steht,
seid Ihr der Phönix unter den Bewohnern dieses Waldes.«
Bei diesen Worten kann der Rabe sich vor Freude nicht mehr halten.
Und um seine schöne Stimme vorzuführen,
reißt er den Schnabel weit auf, läßt seine Beute fallen.
Der Fuchs schnappt sie sich und spricht: »Mein guter Herr,
merkt Euch, daß jeder Schmeichler
auf Kosten dessen lebt, der auf ihn hört.
Diese Lehre ist ohne Zweifel einen Käse wert.«
Voll Scham und ganz verwirrt schwor der Rabe,
wenngleich ein wenig spät, man werde ihn auf diese Weise nicht mehr hereinlegen.

3

Der Frosch, der so groß sein wollte wie der Ochse

Ein Frosch sah einen Ochsen,
der ihm sehr stattlich schien.
Er, der selbst kaum so groß war wie ein Ei,
dehnt voller Neid sich aus und bläht sich auf und müht sich ab,

Pour égaler l'animal en grosseur,
Disant: Regardez bien, ma sœur;
Est-ce assez? dites-moi; n'y suis-je point encore?
– Nenni. – M'y voici donc? – Point du tout. – M'y voilà?
– Vous n'en approchez point. La chétive pécore
S'enfla si bien qu'elle creva.
Le monde est plein de gens qui ne sont pas plus sages:
Tout Bourgeois veut bâtir comme les grands Seigneurs,
Tout petit Prince a des Ambassadeurs,
Tout Marquis veut avoir des Pages.

5

Le loup et le chien

Un Loup n'avait que les os et la peau;
Tant les Chiens faisaient bonne garde.
Ce Loup rencontre un Dogue aussi puissant que beau,
Gras, poli, qui s'était fourvoyé par mégarde.
L'attaquer, le mettre en quartiers,
Sire Loup l'eût fait volontiers.
Mais il fallait livrer bataille,
Et le Mâtin était de taille
À se défendre hardiment.
Le Loup donc l'aborde humblement,
Entre en propos, et lui fait compliment
Sur son embonpoint, qu'il admire.
Il ne tiendra qu'à vous, beau Sire,
D'être aussi gras que moi, lui repartit le Chien.
Quittez les bois, vous ferez bien:

um dem Tier an Größe gleichzukommen,
und spricht: »Schaut her, mein Bruder;
ist's genug? Sagt an! Hab ich's noch nicht geschafft?« –
»Keineswegs!« – »Und nun?« – »Weit davon entfernt!« –
»Und jetzt?« –
»Ihr schafft es einfach nicht!« Das kümmerliche Vieh
blies sich so lange auf, bis es zerbarst.
Die Welt ist voll von Leuten, die nicht viel klüger sind.
Jeder Bürger möchte wie die großen Herren bauen,
jeder kleine Fürst hat eigene Gesandte,
jeder Marquis will Pagen haben.

5

Der Wolf und der Hund

Ein Wolf war nur noch Haut und Knochen,
so gut paßten die Hunde auf.
Dieser Wolf begegnet einem ebenso kräftigen wie schönen Haushund,
der, wohlgenährt, mit glänzendem Fell, sich versehentlich verlaufen hatte.
Ihn angreifen, ihn in Stücke reißen,
das hätte Herr von Wolf sehr gern getan.
Doch er hätte kämpfen müssen,
und der Hund hatte die Statur,
sich tapfer zu verteidigen.
Also spricht der Wolf ihn unterwürfig an,
kommt ins Gespräch und beglückwünscht ihn
zu seiner Leibesfülle, die er bewundert.
»Es liegt nur an Euch, mein werter Herr,
genauso wohlgenährt zu sein wie ich«, erwiderte der Hund.
»Verlaßt die Wälder; Ihr tut gut daran.

Vos pareils y sont misérables,
Cancres, haires, et pauvres diables,
Dont la condition est de mourir de faim.
Car quoi? Rien d'assuré: point de franche lippée:
Tout à la pointe de l'épée.
Suivez-moi: vous aurez un bien meilleur destin.
Le Loup reprit: Que me faudra-t-il faire?
Presque rien, dit le Chien, donner la chasse aux gens
Portants bâtons, et mendiants;
Flatter ceux du logis, à son Maître complaire;
Moyennant quoi votre salaire
Sera force reliefs de toutes les façons:
Os de poulets, os de pigeons:
Sans parler de mainte caresse.
Le Loup déjà se forge une félicité
Qui le fait pleurer de tendresse.
Chemin faisant, il vit le col du Chien pelé.
Qu'est-ce là? lui dit-il. – Rien. – Quoi? rien? – Peu de chose.
– Mais encor? – Le collier dont je suis attaché
De ce que vous voyez est peut-être la cause.
– Attaché? dit le Loup: vous ne courez donc pas
Où vous voulez? – Pas toujours, mais qu'importe?
– Il importe si bien, que de tous vos repas
Je ne veux en aucune sorte,
Et ne voudrais pas même à ce prix un trésor.
Cela dit, maître Loup s'enfuit, et court encor.

Euresgleichen lebt dort erbärmlich:
Bettelvolk, dürftige Schlucker und arme Teufel,
deren Los es ist, vor Hunger zu sterben.
Denn was habt Ihr schon? Nichts Sicheres, niemals etwas zum Schmarotzen,
alles unter Lebensgefahr erkämpft.
Kommt mit mir, und Ihr werdet ein sehr viel besseres Schicksal haben.«
Der Wolf erwiderte: »Und was muß ich tun?« –
»Fast nichts«, sprach der Hund, »Jagd auf Leute machen, die Stöcke tragen und die betteln,
den Hausbewohnern schmeicheln und sich seinem Herrn anpassen;
und auf diese Weise wird Euer Lohn
ein Haufen Reste jeder Art sein,
Hühnchenknochen, Taubenknochen,
von mancher Liebkosung ganz zu schweigen.«
Schon schmiedet in Gedanken sich der Wolf ein Glück,
das ihn vor Rührung weinen läßt.
Da sah er plötzlich unterwegs den abgeschabten Hals des Hundes.
»Was ist denn das?« fragt er ihn. – »Nichts.« – »Wie? Nichts?« – »Nichts von Belang.« –
»Und doch?« – »Das Halsband, mit dem ich angebunden,
ist vielleicht der Grund für das, was Ihr da seht.« –
»Angebunden?« spricht der Wolf, »Ihr lauft dann also nicht,
wohin Ihr wollt?« – »Nicht immer; doch was macht das schon?« –
»Das macht so viel, daß von allen Euren Mahlzeiten
ich überhaupt nichts will
und auch zu diesem Preis selbst einen Schatz nicht wollte.«
Nach diesen Worten macht sich Meister Wolf davon und läuft wohl immer noch.

6

La génisse, la chèvre et la brebis, en société avec le lion

La Génisse, la Chèvre et leur sœur la Brebis,
Avec un fier Lion, Seigneur du voisinage,
Firent société, dit-on, au temps jadis,
Et mirent en commun le gain et le dommage.
Dans les lacs de la Chèvre un Cerf se trouva pris.
Vers ses associés aussitôt elle envoie.
Eux venus, le Lion par ses ongles compta,
Et dit: Nous sommes quatre à partager la proie;
Puis en autant de parts le Cerf il dépeça;
Prit pour lui la première en qualité de Sire:
Elle doit être à moi, dit-il; et la raison,
C'est que je m'appelle Lion:
À cela l'on n'a rien à dire.
La seconde, par droit, me doit échoir encor:
Ce droit, vous le savez, c'est le droit du plus fort.
Comme le plus vaillant je prétends la troisième.
Si quelqu'une de vous touche à la quatrième
Je l'étranglerai tout d'abord.

9

Le rat de ville et le rat des champs

Autrefois le Rat de ville
Invita le Rat des champs,
D'une façon fort civile,
À des reliefs d'Ortolans.

6

Die Färse, die Ziege und das Schaf in Gemeinschaft mit dem Löwen

In grauer Vorzeit, so sagt man, bildeten
die Färse, die Ziege und ihre Schwester, das Schaf,
mit einem wilden Löwen, dem Herrn der Nachbarschaft,
eine Gemeinschaft und teilten all ihren Gewinn und ihren Schaden.
Da fing ein Hirsch sich in den Schlingen der Ziege.
Zu ihren Verbündeten entsendet sie sogleich.
Kaum sind sie da, zählte schon der Löwe an seinen Krallen ab
und sprach: »Wir sind vier, die Beute unter uns zu teilen.«
In ebenso viele Teile zerlegte er dann den Hirsch,
nahm für sich den ersten in seiner Eigenschaft als Herr.
»Er muß mir gehören«, sprach er, »und zwar deshalb,
weil ich Löwe heiße;
dagegen ist nichts einzuwenden.
Der zweite muß von Rechts wegen mir auch zufallen.
Dieses Recht, ihr wißt es wohl, ist das Recht des Stärkeren.
Als der Tapferste beanspruche ich auch den dritten Teil.
Wenn jemand von euch an den vierten rührt,
erwürge ich ihn auf der Stelle.«

9

Die Stadtmaus und die Landmaus

Die Stadtmaus lud
die Landmaus einst
höchst höflich
zu Fettammerresten ein.

Sur un Tapis de Turquie
Le couvert se trouva mis.
Je laisse à penser la vie
Que firent ces deux amis.

Le régal fut fort honnête,
Rien ne manquait au festin;
Mais quelqu'un troubla la fête
Pendant qu'ils étaient en train.

À la porte de la salle
Ils entendirent du bruit:
Le Rat de ville détale;
Son camarade le suit.

Le bruit cesse, on se retire:
Rats en campagne aussitôt;
Et le citadin de dire:
Achevons tout notre rôt.

– C'est assez, dit le rustique;
Demain vous viendrez chez moi:
Ce n'est pas que je me pique
De tous vos festins de Roi;

Mais rien ne vient m'interrompre:
Je mange tout à loisir.
Adieu donc; fi du plaisir
Que la crainte peut corrompre.

Auf einem Orientteppich
war das Mahl angerichtet;
ihr könnt euch das Geprasse ausmalen,
das die beiden Freundinnen veranstalteten.

Das Festmahl war äußerst zufriedenstellend;
nichts fehlte am Gelage;
doch jemand störte das Fest,
als sie so richtig im Gange waren.

An der Türe des Saales
hörten sie ein Geräusch;
die Stadtmaus nimmt Reißaus,
und die Landmaus folgt.

Das Geräusch verstummt; man zieht sich zurück;
flugs sind auch unsere Mäuse wieder da;
und die Stadtmaus sagt:
»Bringen wir die Mahlzeit jetzt zu Ende.«

»Mir langt's«, spricht die vom Lande;
»morgen kommt Ihr zu mir.
Nicht, daß ich mich wie Ihr solch
königlicher Gelage brüsten könnte.

Doch unterbricht mich nichts.
Ich eß in Ruh, wie's mir gefällt.
Lebt also wohl. Und pfui der Freude,
die durch die Furcht verleidet werden kann.«

10

Le loup et l'agneau

La raison du plus fort est toujours la meilleure:
Nous l'allons montrer tout à l'heure.
Un Agneau se désaltérait
Dans le courant d'une onde pure.
Un Loup survient à jeun qui cherchait aventure,
Et que la faim en ces lieux attirait.
Qui te rend si hardi de troubler mon breuvage?
Dit cet animal plein de rage:
Tu seras châtié de ta témérité.
– Sire, répond l'Agneau, que votre Majesté
Ne se mette pas en colère;
Mais plutôt qu'elle considère
Que je me vas désaltérant
Dans le courant,
Plus de vingt pas au-dessous d'Elle,
Et que par conséquent, en aucune façon,
Je ne puis troubler sa boisson.
– Tu la troubles, reprit cette bête cruelle,
Et je sais que de moi tu médis l'an passé.
– Comment l'aurais-je fait si je n'étais pas né?
Reprit l'Agneau, je tette encor ma mère.
– Si ce n'est toi, c'est donc ton frère.
– Je n'en ai point. – C'est donc quelqu'un des tiens:
Car vous ne m'épargnez guère,
Vous, vos bergers, et vos chiens.
On me l'a dit: il faut que je me venge.
Là-dessus, au fond des forêts
Le Loup l'emporte, et puis le mange,
Sans autre forme de procès.

10

Der Wolf und das Lamm

Das Recht des Stärkeren ist stets das beßre.
Wir werden es sofort beweisen.
Ein Lämmchen stillte seinen Durst
in eines klaren Wassers Lauf.
Da kommt, ganz nüchtern noch, ein Wolf hinzu, der sich
einen glücklichen Fang erhoffte
und den der Hunger in diese Gegend lockte.
»Was macht dich so verwegen, meinen Trank zu trüben?«
sprach das Tier voller Zorn,
»für deine Vermessenheit wirst du gezüchtigt werden.«
»Herr«, sprach das Lamm, »mögen Euer Gnaden
sich nicht erzürnen,
sondern vielmehr in Betracht ziehen,
daß ich meinen Durst doch lösche
stromabwärts,
mehr als zwanzig Fuß von Euch,
und daß folglich in keiner Weise
Euer Getränk ich trüben kann.« –
»Und dennoch trübst du es«, erwiderte das grausame Tier,
»und ich weiß, daß du letztes Jahr schlecht von mir geredet
hast.« –
»Wie hätt' ich's können, da ich noch nicht einmal geboren
war«,
erwiderte das Lamm, »ich sauge noch an Mutters Brust.« –
»Wenn du es nicht bist, dann ist es eben dein Bruder.« –
»Ich hab gar keinen.« – »Dann ist es also einer von den
Deinen;
denn ihr verschont mich kaum,
ihr, eure Schäfer und eure Hunde.
Man hat es mir gesagt; ich muß mich also rächen.«
Daraufhin schleppt in den tiefen Wald
der Wolf das Lamm und frißt es dann
ohne viel Federlesens.

15/16

La mort et le malheureux

La mort et le bûcheron

Un Malheureux appelait tous les jours
La mort à son secours.
Ô mort, lui disait-il, que tu me sembles belle!
Viens vite, viens finir ma fortune cruelle.
La Mort crut, en venant, l'obliger en effet.
Elle frappe à sa porte, elle entre, elle se montre.
Que vois-je! cria-t-il, ôtez-moi cet objet;
Qu'il est hideux! que sa rencontre
Me cause d'horreur et d'effroi!
N'approche pas, ô mort; ô mort, retire-toi.
Mécénas fut un galant homme:
Il a dit quelque part: Qu'on me rende impotent,
Cul-de-jatte, goutteux, manchot, pourvu qu'en somme
Je vive, c'est assez, je suis plus que content.
Ne viens jamais, ô mort; on t'en dit tout autant.

Ce sujet a été traité d'une autre façon par Ésope, comme la Fable suivante le fera voir. Je composai celle-ci pour une raison qui me contraignait de rendre la chose ainsi générale. Mais quelqu'un me fit connaître que j'eusse beaucoup mieux fait de suivre mon original, et que je laissais passer un des plus beaux traits qui fût dans Ésope. Cela m'obligea d'y avoir recours. Nous ne saurions aller plus avant que les Anciens: ils ne nous ont laissé pour notre part que la gloire de les bien suivre. Je joins toutefois ma Fable à celle d'Ésope, non que la mienne le

15/16

Der Tod und der Unglückliche
Der Tod und der Holzfäller

Ein Unglücklicher rief jeden Tag
den Tod um Hilfe an.
»O Tod«, sprach er zu ihm, »wie schön Du mir erscheinst!
Komm schnell und beende mein grausames Schicksal.«
Durch sein Kommen glaubte der Tod ihm tatsächlich zu Gefallen zu sein.
Er klopft an die Tür, tritt ein und zeigt sich.
»Was seh ich«, rief der Unglückliche, »entfernt mir diese Erscheinung;
wie gräßlich sie ist! Wie jagt mir ihr Kommen Schrecken und Entsetzen ein!
Komm nicht näher, o Tod; o Tod, zieh Dich zurück.«
Mäzenas war ein Mann von Welt.
Er hat irgendwo gesagt: »Ob man mich impotent macht,
zum Krüppel ohne Arm oder Bein, gichtkrank, Hauptsache ist,
ich lebe, das ist genug; ich bin mehr als zufrieden.«
Komm nimmermehr, o Tod; man sagt Dir überall das gleiche.

Dieses Thema wurde in anderer Weise von Äsop behandelt, wie die folgende Fabel zeigen wird. Ich habe diese hier aus einem Grunde geschrieben, der mich nötigte, die Sache derart allgemein zu halten. Aber jemand ließ mich wissen, daß ich sehr viel besser daran getan hätte, meinem Original zu folgen, und daß ich einen der schönsten Züge Äsops nicht berücksichtigte. Deswegen fühlte ich mich verpflichtet, mich ihm zuzuwenden. Wir können nicht weiter gehen, als es die Alten getan haben; uns haben sie nur die Ehre gelassen, ihnen gut zu folgen. Dennoch füge ich meine Fabel derjenigen Äsops hinzu, nicht etwa, weil meine es verdient,

mérite, mais à cause du mot de Mécénas que j'y fais entrer, et qui est si beau et si à propos que je n'ai pas cru le devoir omettre.

Un pauvre Bûcheron tout couvert de ramée,
Sous le faix du fagot aussi bien que des ans
Gémissant et courbé marchait à pas pesants,
Et tâchait de gagner sa chaumine enfumée.
Enfin, n'en pouvant plus d'effort et de douleur,
Il met bas son fagot, il songe à son malheur.
Quel plaisir a-t-il eu depuis qu'il est au monde?
En est-il un plus pauvre en la machine ronde?
Point de pain quelquefois, et jamais de repos.
Sa femme, ses enfants, les soldats, les impôts,
    Le créancier, et la corvée
Lui font d'un malheureux la peinture achevée.
Il appelle la mort, elle vient sans tarder,
    Lui demande ce qu'il faut faire.
    C'est, dit-il, afin de m'aider
À recharger ce bois; tu ne tarderas guère.
        Le trépas vient tout guérir;
        Mais ne bougeons d'où nous sommes.
        Plutôt souffrir que mourir,
        C'est la devise des hommes.

22

Le chêne et le roseau

    Le Chêne un jour dit au Roseau:
Vous avez bien sujet d'accuser la Nature;
Un Roitelet pour vous est un pesant fardeau.

sondern wegen des Ausspruchs des Mäzenas, den ich eingearbeitet habe und der so schön und so passend ist, daß ich glaubte, ihn nicht auslassen zu dürfen.

Ein armer Holzfäller, über und über mit Gezweig bedeckt,
unter der Last des Bündels und der Jahre
ächzend und gebeugt, ging schleppenden Schritts dahin
und suchte seine verräucherte Kate zu erreichen.
Als er schließlich vor Mühsal und Schmerz nicht mehr weiterkann,
setzt er sein Bündel ab, denkt über sein Unglück nach.
Was für Freuden hat er gehabt, seit er auf der Welt ist?
Gibt's einen Ärmeren noch auf dem ganzen Erdenrund?
Oft kein Brot und niemals Ruh.
Seine Frau, seine Kinder, die Soldaten, die Steuern,
der Gläubiger und die Fron
machen ihn zum vollkommenen Abbild menschlichen Elends.
Er ruft den Tod. Der kommt flugs herbei
und fragt, was denn zu tun sei.
»Nun«, sagt er, »mir helfen,
das Holz wieder aufzuladen. Das wird Dich nicht viel Zeit kosten.«
Der Tod wird alles heilen.
Doch rühren wir uns nicht von unserem Platz;
lieber leiden als sterben,
ist die Devise der Menschen.

22

Die Eiche und das Schilfrohr

Die Eiche sprach eines Tages zum Schilfrohr:
»Ihr habt wahrlich Grund, die Natur anzuklagen;
ein Zaunkönig ist für Euch eine schwere Last.

Le moindre vent qui d'aventure
Fait rider la face de l'eau,
Vous oblige à baisser la tête:
Cependant que mon front, au Caucase pareil,
Non content d'arrêter les rayons du Soleil,
Brave l'effort de la tempête.
Tout vous est Aquilon, tout me semble Zéphir.
Encor si vous naissiez à l'abri du feuillage
Dont je couvre le voisinage,
Vous n'auriez pas tant à souffrir:
Je vous défendrais de l'orage;
Mais vous naissez le plus souvent
Sur les humides bords des Royaumes dû vent.
La nature envers vous me semble bien injuste.
– Votre compassion, lui répondit l'Arbuste,
Part d'un bon naturel; mais quittez ce souci.
Les vents me sont moins qu'à vous redoutables.
Je plie, et ne romps pas. Vous avez jusqu'ici
Contre leurs coups épouvantables
Résisté sans courber le dos;
Mais attendons la fin. Comme il disait ces mots
Du bout de l'horizon accourt avec furie
Le plus terrible des enfants
Que le Nord eût porté jusques-là dans ses flancs.
L'Arbre tient bon; le Roseau plie.
Le vent redouble ses efforts,
Et fait si bien qu'il déracine
Celui de qui la tête au Ciel était voisine,
Et dont les pieds touchaient à l'Empire des Morts.

Der geringste Windhauch, der zufällig
das Antlitz des Wassers kräuselt,
nötigt Euch, das Haupt zu senken,
indessen meine Stirn, dem Kaukasus gleich,
nicht allein damit zufrieden, die Strahlen der Sonne aufzuhalten,
der Gewalt des Sturmes trotzt.
Alles ist Euch rauher Nordwind, alles scheint mir ein lindes Lüftchen.
Wenn Ihr doch wenigstens im Schutze des Laubwerks lebtet,
mit dem ich die Umgebung beschirme,
hättet Ihr nicht so sehr zu leiden:
Ich verteidigte Euch gegen das Unwetter;
aber meist lebt Ihr
an den feuchten Ufern der Reiche des Windes.
Die Natur erscheint mir gegen Euch höchst ungerecht!« –
»Euer Mitgefühl«, antwortete ihr der Strauch,
»entspringt einem guten Naturell; doch laßt diese Sorge.
Die Winde sind für mich weniger gefährlich als für Euch.
Ich beuge mich und breche nicht. Ihr habt bislang
ihren furchtbaren Schlägen
widerstanden, ohne den Rücken zu krümmen.
Doch warten wir das Ende ab!« – Als er diese Worte sprach,
eilt vom fernen Horizont voller Wut
das schrecklichste der Kinder herbei,
das der Nordwind je in seinem Schoß getragen.
Der Baum hält stand; das Schilfrohr beugt sich.
Der Wind verdoppelt seine Anstrengungen,
und zwar so sehr, daß er den entwurzelt,
dessen Haupt dem Himmel nahe war
und dessen Füße bis an das Reich der Toten rührten.

Livre deuxième

2

Conseil tenu par les rats

Un Chat, nommé Rodilardus
Faisait de Rats telle déconfiture
Que l'on n'en voyait presque plus,
Tant il en avait mis dedans la sépulture.
Le peu qu'il en restait, n'osant quitter son trou,
Ne trouvait à manger que le quart de son sou;
Et Rodilard passait, chez la gent misérable,
Non pour un Chat, mais pour un Diable.
Or un jour qu'au haut et au loin
Le galand alla chercher femme,
Pendant tout le sabbat qu'il fit avec sa Dame,
Le demeurant des Rats tint Chapitre en un coin
Sur la nécessité présente.
Dès l'abord leur Doyen, personne fort prudente,
Opina qu'il fallait, et plus tôt que plus tard,
Attacher un grelot au cou de Rodilard;
Qu'ainsi, quand il irait en guerre,
De sa marche avertis, ils s'enfuiraient sous terre;
Qu'il n'y savait que ce moyen.
Chacun fut de l'avis de Monsieur le Doyen,
Chose ne leur parut à tous plus salutaire.
La difficulté fut d'attacher le grelot.
L'un dit: Je n'y vas point, je ne suis pas si sot;
L'autre: Je ne saurais. Si bien que sans rien faire

Zweites Buch

2

Die Ratsversammlung der Ratten

Ein Kater, Specknager genannt,
richtete unter den Ratten solches Unheil an,
daß man nahezu keine mehr sah,
so viele hatte er von ihnen schon ins Grab geschickt.
Die wenigen, die übrigblieben, wagten sich nicht mehr aus den Löchern hervor
und fanden nur noch ein Viertel ihrer Nahrung;
und Specknager galt bei dem beklagenswerten Volk
nicht mehr als Kater, sondern als ein Teufel.
Als eines Tages nun hoch oben auf dem Dache
unser Galan auf Brautschau ging,
hielt während des Hexensabbats, den er mit seiner Herzensdame veranstaltete,
der Rattenrest in einem Winkel über die gegenwärtige Notlage
eine Ratsversammlung ab.
Ihr Ältester, ein sehr besonnener Mann, vertrat sogleich
die Meinung, man müsse, und zwar je eher desto besser,
eine Schelle an Specknagers Hals binden,
so daß also, wenn er auf Beutezug ginge,
von seinen Schritten vorgewarnt, sie unter die Erde fliehen könnten;
nur dieses eine Mittel kenne er.
Ein jeder teilte die Ansicht des Herrn Dekan;
nichts erschien ihnen allen heilsamer.
Die Schwierigkeit war nur, die Schelle umzubinden.
Der erste sprach: »Ich mach das nicht; ich bin doch nicht so dumm.«
Der zweite: »Ich kann das nicht.« So daß, ohne überhaupt etwas zu unternehmen,

On se quitta. J'ai maints Chapitres vus,
Qui pour néant se sont ainsi tenus:
Chapitres non de Rats, mais Chapitres de Moines,
Voire Chapitres de Chanoines.

Ne faut-il que délibérer,
La Cour en Conseillers foisonne;
Est-il besoin d'exécuter,
L'on ne rencontre plus personne.

9

Le lion et le moucheron

Va-t'en, chétif insecte, excrément de la terre.
C'est en ces mots que le Lion
Parlait un jour au Moucheron.
L'autre lui déclara la guerre.
Penses-tu, lui dit-il, que ton titre de Roi
Me fasse peur ni me soucie?
Un bœuf est plus puissant que toi,
Je le mène à ma fantaisie.
À peine il achevait ces mots
Que lui-même il sonna la charge,
Fut le Trompette et le Héros.
Dans l'abord il se met au large,
Puis prend son temps, fond sur le cou
Du Lion, qu'il rend presque fou.
Le quadrupède écume, et son œil étincelle;
Il rugit, on se cache, on tremble à l'environ;

man auseinanderging. Ich habe manche Ratsversammlung gesehen,
die ebenso für die Katz abgehalten wurde,
Versammlungen nicht etwa nur von Ratten, Versammlungen vielmehr von Mönchen,
ja, von Domherren sogar.

Geht's nur darum, Rat zu erteilen,
so wimmelt's am Hof von Ratgebern;
ist's aber nötig zu handeln,
dann findet sich niemand mehr.

9

Der Löwe und die Mücke

»Scher dich fort! Erbärmliches Insekt, Auswurf der Erde!«
In diesem Ton sprach der Löwe
eines Tages zur Mücke.
Und die erklärte ihm den Krieg.
»Meinst du«, sprach sie zu ihm, »dein Königstitel jagt
mir Angst ein oder kümmert mich?
Ein Ochse ist dicker als du.
Und doch mach ich mit ihm, was ich will.«
Kaum hatte sie das gesagt,
da blies sie auch schon zum Angriff,
war Trompeter und Held zugleich.
Beim Angriff geht sie in aller Ruhe zu Werke,
sucht dann den geeigneten Augenblick, fährt auf den Nacken
des Löwen nieder, den sie fast wahnsinnig macht.
Der Vierbeiner schäumt, und sein Auge funkelt;
er brüllt auf; alles versteckt sich, man zittert im weiten Rund;

Et cette alarme universelle
Est l'ouvrage d'un Moucheron.
Un avorton de Mouche en cent lieux le harcelle,
Tantôt pique l'échine, et tantôt le museau,
Tantôt entre au fond du naseau.
La rage alors se trouve à son faîte montée.
L'invisible ennemi triomphe, et rit de voir
Qu'il n'est griffe ni dent en la bête irritée
Qui de la mettre en sang ne fasse son devoir.
Le malheureux Lion se déchire lui-même,
Fait résonner sa queue à l'entour de ses flancs,
Bat l'air, qui n'en peut mais; et sa fureur extrême
Le fatigue, l'abat; le voilà sur les dents.
L'insecte du combat se retire avec gloire:
Comme il sonna la charge, il sonne la victoire,
Va partout l'annoncer, et rencontre en chemin
L'embuscade d'une araignée:
Il y rencontre aussi sa fin.

Quelle chose par là nous peut être enseignée?
J'en vois deux, dont l'une est qu'entre nos ennemis
Les plus à craindre sont souvent les plus petits;
L'autre, qu'aux grands périls tel a pu se soustraire,
Qui périt pour la moindre affaire.

und dieser allgemeine Aufruhr
ist einer kleinen Mücke Werk.
Eine Mückenmißgeburt piesackt ihn an hundert Stellen,
sticht ihm bald ins Rückgrat, bald in die Schnauze,
dringt ihm bald tief in die Nase ein.
Da erreicht die Raserei des Löwen ihren Höhepunkt.
Der unsichtbare Feind triumphiert und lacht, als er sieht,
daß weder Pranke noch Zahn des aufgebrachten Tiers
ihre Aufgabe vernachlässigen, es bis aufs Blut zu reizen.
Der unglückselige Löwe zerfleischt sich selbst,
läßt seinen Schweif peitschend auf seine Flanken niedergehen,
schlägt in die Luft, die nichts dafür kann; und sein schreckliches Toben
ermüdet ihn, macht ihn matt und schwach; da geht er also auf dem Zahnfleisch.
Mit Ruhm zieht das Insekt sich aus dem Kampf zurück;
und wie es zum Angriff blies, bläst es jetzt zum Siege,
posaunt ihn überall aus und gerät unterwegs
in den Hinterhalt einer Spinne.
Und findet dort sein Ende.

Was kann diese Geschichte uns lehren?
Ich sehe zweierlei: Zuerst, daß unter unseren Feinden
die kleinsten oft die gefährlichsten sind;
und dann, daß aus größten Gefahren mancher sich hat retten können,
der bei der kleinsten Gelegenheit zugrunde geht.

11/12

Le lion et le rat
La colombe et la fourmi

Il faut, autant qu'on peut, obliger tout le monde:
On a souvent besoin d'un plus petit que soi.
De cette vérité deux Fables feront foi,
Tant la chose en preuves abonde.

Entre les pattes d'un Lion
Un Rat sortit de terre assez à l'étourdie.
Le Roi des animaux, en cette occasion,
Montra ce qu'il était, et lui donna la vie.
Ce bienfait ne fut pas perdu.
Quelqu'un aurait-il jamais cru
Qu'un Lion d'un Rat eût affaire?
Cependant il avint qu'au sortir des forêts
Ce Lion fut pris dans des rets
Dont ses rugissements ne le purent défaire.
Sire Rat accourut, et fit tant par ses dents
Qu'une maille rongée emporta tout l'ouvrage.
Patience et longueur de temps
Font plus que force ni que rage.

L'autre exemple est tiré d'animaux plus petits.
Le long d'un clair ruisseau buvait une Colombe,
Quand sur l'eau se penchant une Fourmy y tombe;
Et dans cet Océan l'on eût vu la Fourmy
S'efforcer, mais en vain, de regagner la rive.
La Colombe aussitôt usa de charité:
Un brin d'herbe dans l'eau par elle étant jeté,
Ce fut un promontoire où la Fourmy arrive.

11/12

Der Löwe und die Ratte
Die Taube und die Ameise

Man muß, so gut man kann, sich jedermann verpflichten.
Oft ist man auf Leute geringeren Standes angewiesen.
Zwei Fabeln bezeugen diese Wahrheit,
so reich ist die Sache an Beweisen.

Zwischen den Pranken eines Löwen
kam eine Ratte höchst leichtsinnig aus einem Erdloch hervor.
Der König der Tiere zeigte bei dieser Gelegenheit,
was er war, und schenkte ihr das Leben.
Diese Wohltat war nicht umsonst.
Wer hätte je geglaubt,
ein Löwe könne eine Ratte nötig haben?
Indessen geschah es, daß beim Verlassen der Wälder
unser Löwe in einem Netz gefangen wurde,
aus dem auch sein Gebrüll ihn nicht befreien konnte.
Frau Ratte lief herbei und wirkte mit ihren Zähnen so sehr,
daß eine zernagte Masche das ganze Netz zunichte machte.
Geduld und Ausdauer
bewirken mehr als Kraft und blinde Wut.

Das zweite Beispiel handelt von noch kleineren Tieren.
Am Ufer eines klaren Baches trank eine Taube,
als eine Ameise sich über das Wasser neigt und hineinfällt;
und in diesem Ozean hätte man die Ameise sich,
wenngleich vergeblich, abmühen sehen, das Ufer zu erreichen.
Die Taube ließ sogleich Nächstenliebe walten:
Ein Grashalm, den sie ins Wasser warf,
wurde zum Vorgebirge, das die Ameise schließlich erreicht.

Elle se sauve; et là-dessus
Passe un certain Croquant qui marchait les pieds nus.
Ce Croquant par hasard avait une arbalète.
Dès qu'il voit l'Oiseau de Vénus,
Il le croit en son pot, et déjà lui fait fête.
Tandis qu'à le tuer mon Villageois s'apprête,
La Fourmy le pique au talon.
Le Vilain retourne la tête.
La Colombe l'entend, part, et tire de long.
Le soupé du Croquant avec elle s'envole:
Point de Pigeon pour une obole.

13

L'astrologue qui se laisse tomber dans un puits

Un Astrologue un jour se laissa choir
Au fond d'un puits. On lui dit: Pauvre bête,
Tandis qu'à peine à tes pieds tu peux voir,
Penses-tu lire au-dessus de ta tête?

Cette aventure en soi, sans aller plus avant,
Peut servir de leçon à la plupart des hommes.
Parmi ce que de gens sur la terre nous sommes,
Il en est peu qui fort souvent
Ne se plaisent d'entendre dire
Qu'au Livre du Destin les mortels peuvent lire.
Mais ce Livre qu'Homère et les siens ont chanté,
Qu'est-ce que le hasard parmi l'Antiquité,
Et parmi nous la Providence?

Sie rettet sich; und kurz darauf
kommt barfüßig so ein Bauernbursch daher;
dieser Bauernbursch trug zufällig eine Armbrust.
Kaum sieht er den Vogel der Venus,
da glaubt er ihn in seinem Topf und bereitet ihm schon einen freudigen Empfang.
Doch als mein Bursche sich anschickt, ihn zu töten,
zwickt ihn die Ameise in die Ferse.
Der Lümmel wendet den Kopf;
die Taube hört's, fliegt los und sucht das Weite.
Das Mahl des Bauernburschen entschwindet mit ihr:
Kein Taubenbraten für einen Heller.

13

Der Astrologe, der in den Brunnen fällt

Ein Astrologe fiel eines Tages
in einen tiefen Brunnen. Man sprach zu ihm: »Du armer Tropf!
Während du kaum zu deinen Füßen sehen kannst,
glaubst du, du könntest in den Sternen lesen?«

Ohne sie weiter auszuspinnen, kann diese Geschichte für sich
den meisten als Lehre dienen.
Unter uns Menschen, die wir hier auf Erden sind,
gibt es wenige, denen höchst selten
die Behauptung nicht gefällt,
wir Sterbliche könnten im Buch des Schicksals lesen.
Doch dieses Buch, von Homer und den Seinen besungen,
was ist es anderes als bei den Alten der Zufall
und bei uns die Vorsehung?

Or du hasard il n'est point de science:
S'il en était, on aurait tort
De l'appeler hasard, ni fortune, ni sort,
Toutes choses très incertaines.
Quant aux volontés souveraines
De celui qui fait tout, et rien qu'avec dessein,
Qui les sait, que lui seul? Comment lire en son sein?
Aurait-il imprimé sur le front des étoiles
Ce que la nuit des temps enferme dans ses voiles?
À quelle utilité? Pour exercer l'esprit
De ceux qui de la Sphère et du Globe ont écrit?
Pour nous faire éviter des maux inévitables?
Nous rendre dans les biens de plaisir incapables?
Et causant du dégoût pour ces biens prévenus,
Les convertir en maux devant qu'ils soient venus?
C'est erreur, ou plutôt c'est crime de le croire.
Le Firmament se meut; les Astres font leur cours,
Le Soleil nous luit tous les jours,
Tous les jours sa clarté succède à l'ombre noire,
Sans que nous en puissions autre chose inférer
Que la nécessité de luire et d'éclairer,
D'amener les saisons, de mûrir les semences,
De verser sur les corps certaines influences.
Du reste, en quoi répond au sort toujours divers
Ce train toujours égal dont marche l'Univers?
Charlatans, faiseurs d'horoscope,
Quittez les Cours des Princes de l'Europe;
Emmenez avec vous les souffleurs tout d'un temps.
Vous ne méritez pas plus de foi que ces gens.

Nun, vom Zufall gibt es keine Wissenschaft.
Wenn es sie gäbe, hätte man unrecht,
ihn Zufall, Glück oder Schicksal zu nennen –
alles höchst ungewisse Dinge.
Und was den höchsten Willen angeht
dessen, der alles schafft und nichts ohne Absicht,
wer kennt ihn, außer ihm selbst? Wie denn in seinem
Herzen lesen?
Sollte er auf der Sterne Stirn verzeichnet haben,
was die Nacht der Zeiten mit ihren Schleiern umhüllt?
Wozu? Um den Scharfsinn jener zu erproben,
die über Himmelszelt und Erdenrund geschrieben haben?
Um uns unvermeidliches Unglück vermeiden zu helfen?
Uns inmitten des Glücks unfähig zu machen zum Genuß?
Und, indem er Abscheu vor dem vorhergesagten Glück
erzeugt,
in Unglück es zu wandeln, noch bevor es eingetreten?
Ein Irrtum ist es, oder mehr noch, ein Verbrechen, das zu
glauben.
Das Firmament bewegt sich, die Planeten ziehen ihre
Bahn;
die Sonne scheint uns jeden Tag;
jeden Tag folgt ihr Licht dem dunklen Schatten,
ohne daß wir anderes daraus ableiten könnten,
als daß sie dazu nötig ist, für Licht und Helligkeit zu
sorgen,
die Jahreszeiten herbeizuführen, die Saaten reifen zu
lassen,
gewisse Einflüsse auf die Körper auszugießen.
Und überhaupt, worin entspricht dem immer wechselnden
Schicksal
der immer gleiche Gang der Welt?
Scharlatane, Horoskop-Ersteller,
verlaßt Europas Fürstenhöfe!
Nehmt die Alchimisten gleich mit euch mit!
Ihr verdient nicht mehr Vertrauen als diese Leute.

Je m'emporte un peu trop: revenons à l'histoire
De ce Spéculateur qui fut contraint de boire.
Outre la vanité de son art mensonger,
C'est l'image de ceux qui bâillent aux chimères,
    Cependant qu'ils sont en danger,
    Soit pour eux, soit pour leurs affaires.

Ich ereifere mich ein bißchen zu sehr: Kommen wir zurück zur Geschichte
jenes Sternenguckers, der Wasser schlucken mußte.
Abgesehen von der Nichtigkeit seiner Lügenkunst
ist er das Abbild jener, die Hirngespinsten nachjagen,
während ihnen Gefahr droht,
sei es ihrem Leben, sei es ihren Geschäften.

Livre troisième

1

Le meunier, son fils et l'âne

À M. D. M.

L'invention des Arts étant un droit d'aînesse,
Nous devons l'Apologue à l'ancienne Grèce.
Mais ce champ ne se peut tellement moissonner
Que les derniers venus n'y trouvent à glaner.
La feinte est un pays plein de terres désertes.
Tous les jours nos Auteurs y font des découvertes.
Je t'en veux dire un trait assez bien inventé;
Autrefois à Racan Malherbe l'a conté.
Ces deux rivaux d'Horace, héritiers de sa Lyre,
Disciples d'Apollon, nos Maîtres, pour mieux dire,
Se rencontrant un jour tout seuls et sans témoins
(Comme ils se confiaient leurs pensers et leurs soins),
Racan commence ainsi: Dites-moi, je vous prie,
Vous qui devez savoir les choses de la vie,
Qui par tous ses degrés avez déjà passé,
Et que rien ne doit fuir en cet âge avancé,
À quoi me résoudrai-je? Il est temps que j'y pense.
Vous connaissez mon bien, mon talent, ma naissance.
Dois-je dans la Province établir mon séjour,
Prendre emploi dans l'Armée, ou bien charge à la Cour?
Tout au monde est mêlé d'amertume et de charmes.

Drittes Buch

1

Der Müller, sein Sohn und der Esel

M. D. M. gewidmet

Weil die Erfindung der Künste ein Recht des Erstgeborenen ist,
verdanken wir die Fabeldichtung dem alten Griechenland.
Doch dieses Feld kann man nicht so vollkommen abernten,
daß die zuletzt Geborenen dort nicht noch etwas aufzulesen finden.
Die Dichtung ist ein Land voll unbekannter Gegenden;
täglich machen unsere Autoren dort neue Entdeckungen.
Ich möchte dir eine hübsch ersonnene Geschichte vortragen.
Einst hat Malherbe sie Racan erzählt.
Diese zwei Rivalen des Horaz, Erben seiner Leier,
Schüler des Apoll, unsere Lehrmeister, um es genauer zu sagen,
begegneten sich eines Tages ganz allein und ohne Zeugen.
Da sie sich ihre Gedanken und Sorgen immer anvertrauten,
beginnt Racan wie folgt: »Sagt mir doch bitte,
Ihr, die Ihr die Geheimnisse des Lebens kennen müßt,
die Ihr all seine Stufen schon durchmessen habt
und dem in diesem fortgeschrittenen Alter nichts mehr fremd sein dürfte,
wozu soll ich mich entscheiden? Es ist an der Zeit, daß ich mir Gedanken darüber mache.
Ihr kennt mein Vermögen, meine Begabung, meine Herkunft.
Soll ich in der Provinz meine Zelte aufschlagen,
einen Posten im Heer annehmen oder gar ein Amt am Hofe?
Alles auf Erden ist mit Bitternis und Verlockung durchsetzt.

La guerre a ses douceurs, l'Hymen a ses alarmes.
Si je suivais mon goût, je saurais où buter;
Mais j'ai les miens, la cour, le peuple à contenter.
Malherbe là-dessus: Contenter tout le monde!
Écoutez ce récit avant que je réponde.

J'ai lu dans quelque endroit qu'un Meunier et son fils,
L'un vieillard, l'autre enfant, non pas des plus petits,
Mais garçon de quinze ans, si j'ai bonne mémoire,
Allaient vendre leur Âne, un certain jour de foire.
Afin qu'il fût plus frais et de meilleur débit,
On lui lia les pieds, on vous le suspendit;
Puis cet homme et son fils le portent comme un lustre.
Pauvres gens, idiots, couple ignorant et rustre.
Le premier qui les vit de rire s'éclata.
Quelle farce, dit-il, vont jouer ces gens-là?
Le plus âne des trois n'est pas celui qu'on pense.
Le Meunier à ces mots connaît son ignorance;
Il met sur pieds sa bête, et la fait détaler.
L'Âne, qui goûtait fort l'autre façon d'aller,
Se plaint en son patois. Le Meunier n'en a cure.
Il fait monter son fils, il suit, et d'aventure
Passent trois bons Marchands. Cet objet leur déplut.
Le plus vieux au garçon s'écria tant qu'il put:
Oh là! oh! descendez, que l'on ne vous le dise,
Jeune homme, qui menez Laquais à barbe grise.

Der Krieg hat seine Annehmlichkeiten, die Ehe ihre Gefahren.
Wenn ich allein meiner Neigung folgte, wüßte ich schon, welches Ziel ich ansteuern sollte.
Doch ich muß meine Familie, den Hof, das Volk zufriedenstellen.«
Darauf Malherbe: »Es allen Leuten recht machen!
Vernehmt diese Geschichte, bevor ich antworte.

Ich habe irgendwo gelesen, daß ein Müller und sein Sohn,
der eine ein Greis, der andere ein Kind, und zwar nicht der kleinsten eines,
sondern ein Bursche von fünfzehn Jahren, wenn ich mich recht erinnere,
eines Markttages ihren Esel verkaufen wollten.
Damit er ausgeruhter sei und mehr einbringe,
band man ihm die Füße zusammen, lud man ihn sich auf.
Dann tragen unser Mann und sein Sohn ihn wie einen Kronleuchter.
Arme Tröpfe, Idioten, unwissend-bäurisches Gespann.
Der erste, der sie sah, lachte schallend.
›Was für eine Farce‹, sprach er, ›spielen denn diese Leute da?
Der größte Esel von den Dreien ist nicht der, von dem man es vermutet.‹
Bei diesen Worten wird der Müller seiner Torheit gewahr.
Er stellt das Tier auf die Beine und läßt es frei herumtollen.
Der Esel, der die andere Art zu gehen sehr schätzte,
beklagt sich in seiner Mundart. Den Müller kümmert's nicht.
Er läßt den Sohn aufsteigen, geht hinterher, und zufällig
kommen drei wohlhabende Händler vorbei. Der Anblick mißfiel ihnen.
Der älteste rief dem Burschen, so laut er konnte, zu:
›Heda, Ihr, steigt ab; laßt es Euch nicht zweimal sagen,
junger Mann. Läßt sich von einem Mann mit grauem Bart bedienen!

C'était à vous de suivre, au vieillard de monter.
– Messieurs, dit le Meunier, il vous faut contenter.
L'enfant met pied à terre, et puis le vieillard monte,
Quand trois filles passant, l'une dit: C'est grand'honte
Qu'il faille voir ainsi clocher ce jeune fils,
Tandis que ce nigaud, comme un Évêque assis,
Fait le veau sur son Âne, et pense être bien sage.
– Il n'est, dit le Meunier, plus de Veaux à mon âge:
Passez votre chemin, la fille, et m'en croyez.
Après maints quolibets coup sur coup renvoyés,
L'homme crut avoir tort, et mit son fils en croupe.
Au bout de trente pas, une troisième troupe
Trouve encore à gloser. L'un dit: Ces gens sont fous,
Le Baudet n'en peut plus; il mourra sous leurs coups.
Hé quoi! charger ainsi cette pauvre bourrique!
N'ont-ils point de pitié de leur vieux domestique?
Sans doute qu'à la Foire ils vont vendre sa peau.
– Parbieu, dit le Meunier, est bien fou du cerveau
Qui prétend contenter tout le monde et son père.
Essayons toutefois, si par quelque manière
Nous en viendrons à bout. Ils descendent tous deux.
L'Âne, se prélassant, marche seul devant eux.

Euch stand es an zu folgen, und dem Greise aufzusitzen.‹ –
›Meine Herren‹, sprach der Müller, ›man kann nicht umhin, Euch recht zu geben.‹
Das Kind steigt ab, und dann sitzt der Alte auf,
als drei Mädchen vorbeikommen, und die eine spricht: ›Das ist ja wirklich eine Schande,
mit anzusehen, wie der junge Bursche da herumhumpelt,
indes der alte Tropf, wie ein Bischof thronend,
sich breit macht wie ein Kalb auf seinem Esel und sich dabei noch besonders klug vorkommt.‹ –
›In meinem Alter‹, sprach der Müller, ›ist man nicht mehr Kalb.
Zieht Eures Weges, Mädchen, und glaubt es mir.‹
Nach manch grobem Wort, das man Schlag auf Schlag sich zuwarf,
glaubte sich unser Mann im Unrecht und setzte den Sohn wieder auf die Kruppe.
Kaum dreißig Schritte haben sie getan, da findet eine dritte Truppe
erneut noch etwas anzumerken. Der eine sprach: ›Die Leute sind verrückt.
Das Langohr kann nicht mehr; es wird unter ihren Schlägen sterben.
Mein Gott, das alte Grautier so sehr zu beladen!
Haben die denn gar kein Mitleid mehr mit ihrem alten Hausgenossen?
Gewiß wollen sie sein Fell auf dem Markt verkaufen.‹ –
›Potz Blitz!‹ sprach der Müller, ›man muß schon ein rechter Narr sein,
wenn man es aller Welt und dem lieben Gott recht machen will.
Versuchen wir dennoch, irgendwie
mit der Sache fertig zu werden.‹ Sie steigen beide ab.
Der Esel stolziert mit geschwellter Brust allein vor ihnen her.

Un quidam les rencontre, et dit: Est-ce la mode
Que Baudet aille à l'aise, et Meunier s'incommode?
Qui de l'âne ou du maître est fait pour se lasser?
Je conseille à ces gens de le faire enchâsser.
Ils usent leurs souliers, et conservent leur Âne.
Nicolas au rebours, car, quand il va voir Jeanne,
Il monte sur sa bête; et la chanson le dit.
Beau trio de Baudets! Le Meunier repartit:
Je suis Âne, il est vrai, j'en conviens, je l'avoue;
Mais que dorénavant on me blâme, on me loue;
Qu'on dise quelque chose ou qu'on ne dise rien;
J'en veux faire à ma tête. Il le fit, et fit bien.

Quant à vous, suivez Mars, ou l'Amour, ou le Prince;
Allez, venez, courez; demeurez en Province;
Prenez femme, Abbaye, Emploi, Gouvernement:
Les gens en parleront, n'en doutez nullement.

2

Les membres et l'estomac

Je devais par la Royauté
Avoir commencé mon Ouvrage.
À la voir d'un certain côté,
Messer Gaster en est l'image.

Da kommt ihnen schon wieder so ein Kerl entgegen und spricht: ›Ist es jetzt Mode,
daß Langohr bequem einherschreitet und Müller sich abrackert?
Wer von beiden, Esel oder Herr, ist geschaffen, sich zu quälen?
Ich empfehle diesen Leuten, ihn doch in einem Schrein aufzubewahren.
Sie nutzen ihre Schuhe ab und schonen ihren Esel!
Nicolas verkehrtherum; denn wenn der seine Jeanne besucht,
dann steigt er auf sein Langohr; und das Volkslied erzählt ja die Geschichte.
Ein hübsches Eselstrio!‹ Der Müller erwidert:
›Ich bin ein Esel, das ist wahr. Ich geb es zu, ich räum es ein.
Doch ob in Zukunft man mich tadelt, man mich lobt,
ob man was sagt oder auch gar nichts sagt:
Ich will nach meinem eigenen Kopfe handeln.‹ Er tat es und tat gut daran.

Was Euch nun angeht, so folgt Mars oder Amor oder auch dem Fürsten.
Geht, lauft, bleibt hier; zieht Euch in die Provinz zurück.
Nehmt Weib, Abtei, ein Amt, einen Regierungsposten:
Die Leute werden drüber reden; zweifelt nicht daran.«

2

Die Glieder und der Magen

Ich hätte mit dem Königtum
mein Werk beginnen müssen.
Unter einem gewissen Gesichtspunkt betrachtet,
ist Durchlaucht von Magen sein Ebenbild.

S'il a quelque besoin, tout le corps s'en ressent.
De travailler pour lui les membres se lassant,
Chacun d'eux résolut de vivre en Gentilhomme,
Sans rien faire, alléguant l'exemple de Gaster.
Il faudrait, disaient-ils, sans nous qu'il vécût d'air.
Nous suons, nous peinons, comme bêtes de somme.
Et pour qui? Pour lui seul; nous n'en profitons pas:
Notre soin n'aboutit qu'à fournir ses repas.
Chommons, c'est un métier qu'il veut nous faire apprendre.
Ainsi dit, ainsi fait. Les mains cessent de prendre,
  Les bras d'agir, les jambes de marcher.
Tous dirent à Gaster qu'il en allât chercher.
Ce leur fut une erreur dont ils se repentirent.
Bientôt les pauvres gens tombèrent en langueur;
Il ne se forma plus de nouveau sang au cœur:
Chaque membre en souffrit, les forces se perdirent.
    Par ce moyen, les mutins virent
Que celui qu'ils croyaient oisif et paresseux,
À l'intérêt commun contribuait plus qu'eux.
Ceci peut s'appliquer à la grandeur Royale.
Elle reçoit et donne, et la chose est égale.
Tout travaille pour elle, et réciproquement
    Tout tire d'elle l'aliment.
Elle fait subsister l'artisan de ses peines,
Enrichit le Marchand, gage le Magistrat,
Maintient le Laboureur, donne paie au soldat,
Distribue en cent lieux ses grâces souveraines,
    Entretient seule tout l'État.
    Ménénius le sut bien dire.
La Commune s'allait séparer du Sénat.
Les mécontents disaient qu'il avait tout l'Empire,

Verspürt er irgendein Bedürfnis, merkt der ganze Körper es.
Da die Glieder es leid waren, für ihn zu arbeiten,
beschloß ein jedes von ihnen, als Edelmann zu leben,
ohne irgend etwas zu tun, und führte das Beispiel des Magens an.
»Er müßte«, sprachen sie, »ohne uns von Luft leben.
Wir schwitzen, wir rackern uns ab wie Lasttiere.
Und für wen? Für ihn allein; und haben keinen Nutzen davon.
Unser Mühen hat nur das Ziel, ihm seine Mahlzeit zu besorgen.
Streiken wir! Das ist ein Beruf, den er uns lehren möchte.«
Gesagt, getan. Die Hände hören auf zu greifen,
die Arme zu schaffen, die Beine zu laufen.
Alle sprachen zum Magen, er solle selbst seine Nahrung suchen gehn.
Das war ein Irrtum, den sie sehr bereuten.
Schon bald bekamen die armen Leute einen Schwächeanfall;
es bildete sich kein neues Blut im Herzen mehr;
darunter litt ein jedes Glied, die Kräfte schwanden.
Auf diese Weise sahen die Rebellen,
daß der, den sie für faul und träge hielten,
zum gemeinsamen Wohl mehr beitrug als sie selbst.
Dies Bild läßt auf die königliche Größe sich anwenden.
Sie nimmt und gibt; und die Sache ist ausgeglichen.
Alles arbeitet für sie, und umgekehrt
zieht alles aus ihr seine Nahrung.
Sie läßt den Handwerker von seiner Arbeit leben,
bereichert den Händler, besoldet den Beamten,
gewährt dem Landmann Schutz, gibt dem Soldaten Lohn,
verteilt an hundert Stellen ihre höchsten Gnaden,
unterhält allein den ganzen Staat.
Menenius hat es treffend ausgedrückt.
Das Volk wollte sich vom Senat trennen.
Die Nörgler sagten, er besitze das ganze Reich,

Le pouvoir, les trésors, l'honneur, la dignité;
Au lieu que tout le mal était de leur côté,
Les tributs, les impôts, les fatigues de guerre.
Le peuple hors des murs était déjà posté,
La plupart s'en allaient chercher une autre terre,
Quand Ménénius leur fit voir
Qu'ils étaient aux membres semblables,
Et par cet apologue, insigne entre les Fables,
Les ramena dans leur devoir.

4

Les grenouilles qui demandent un roi

Les Grenouilles, se lassant
De l'état Démocratique,
Par leurs clameurs firent tant
Que Jupin les soumit au pouvoir Monarchique.
Il leur tomba du Ciel un Roi tout pacifique:
Ce Roi fit toutefois un tel bruit en tombant
Que la gent marécageuse,
Gent fort sotte et fort peureuse,
S'alla cacher sous les eaux,
Dans les joncs, dans les roseaux,
Dans les trous du marécage,
Sans oser de longtemps regarder au visage
Celui qu'elles croyaient être un géant nouveau;
Or c'était un Soliveau,
De qui la gravité fit peur à la première

die Macht, die Schätze, die Ehre und die Würden,
indessen alles Übel auf ihrer Seite sei:
die Abgaben, die Steuern, die Lasten des Krieges.
Das Volk hatte sich schon außerhalb der Mauern aufgestellt;
die meisten wollten in ein anderes Land,
als Menenius ihnen zeigte,
daß den Gliedern sie vergleichbar seien,
und durch dieses Gleichnis, herausragend unter allen Fabeln,
sie wieder zu ihrer Pflicht zurückführte.

4

Die Frösche, die einen König erbitten

Der demokratischen Verfassung überdrüssig,
bewirkten die Frösche
durch ihr Gequake, daß
Klein Jupiter sie der Monarchie unterwarf.
Es fiel ihnen vom Himmel ein ganz friedfertiger König herab.
Dieser König machte indessen beim Fallen einen solchen Lärm,
daß die Sumpfnation,
ein sehr dummes und sehr ängstliches Volk,
sich unter den Wassern versteckte,
inmitten der Binsen, inmitten des Rohrs,
in den Löchern des Sumpfes,
ohne lange Zeit zu wagen, dem ins Gesicht zu schauen,
den sie für einen neuartigen Riesen hielten.
Es war jedoch ein Holzklotz nur,
dessen würdevolle Erscheinung dem ersten Furcht einjagte,

Qui de le voir s'aventurant
Osa bien quitter sa tanière.
Elle approcha, mais en tremblant.
Une autre la suivit, une autre en fit autant,
Il en vint une fourmilière;
Et leur troupe à la fin se rendit familière
Jusqu'à sauter sur l'épaule du Roi.
Le bon Sire le souffre, et se tient toujours coi.
Jupin en a bientôt la cervelle rompue.
Donnez-nous, dit ce peuple, un Roi qui se remue.
Le Monarque des Dieux leur envoie une Grue,
Qui les croque, qui les tue,
Qui les gobe à son plaisir,
Et Grenouilles de se plaindre;
Et Jupin de leur dire: Eh quoi! votre désir
À ses lois croit-il nous astreindre?
Vous avez dû premièrement
Garder votre Gouvernement;
Mais, ne l'ayant pas fait, il vous devait suffire
Que votre premier roi fût débonnaire et doux:
De celui-ci contentez-vous,
De peur d'en rencontrer un pire.

der sich mutig aufmachte, ihn zu sehen,
und tatsächlich seine Höhle zu verlassen wagte.
Er näherte sich, zitternd zwar;
ein anderer folgte ihm; ein dritter tat desgleichen;
sie kamen bald in ganzen Scharen.
Und ihre Truppe wurde schließlich so zutraulich,
daß sie dem König auf die Schulter sprangen.
Der gute Herr läßt's zu und hält fein still.
Klein Jupiter platzt bald der Kragen.
»Gebt uns«, sprach das Volk, »einen König, der sich rührt.«
Der Herr der Götter schickt ihnen einen Kranich,
der sie knackt, der sie tötet,
der sie verschlingt, wie's ihm gefällt.
Und die Frösche stimmen ein Klagelied an;
und Klein Jupiter spricht zu ihnen: »Was denn? Glaubt ihr etwa,
ich würde mich von euren Wünschen zwingen lassen?
Ihr hättet zuerst einmal
eure vorige Regierung behalten sollen.
Doch da ihr es nicht tatet, hättet ihr damit euch begnügen müssen,
daß euer erster König gutmütig und sanft war.
Mit diesem hier gebt euch zufrieden,
aus Furcht, einen noch schlimmeren zu kriegen.«

Livre quatrième

2

Le berger et la mer

Du rapport d'un troupeau dont il vivait sans soins
Se contenta longtemps un voisin d'Amphitrite.
Si sa fortune était petite,
Elle était sûre tout au moins.
À la fin les trésors déchargés sur la plage
Le tentèrent si bien qu'il vendit son troupeau,
Trafiqua de l'argent, le mit entier sur l'eau;
Cet argent périt par naufrage.
Son maître fut réduit à garder les Brebis,
Non plus Berger en chef comme il était jadis,
Quand ses propres Moutons paissaient sur le rivage;
Celui qui s'était vu Coridon ou Tircis
Fut Pierrot, et rien davantage.
Au bout de quelque temps il fit quelques profits,
Racheta des bêtes à laine;
Et comme un jour les vents retenant leur haleine
Laissaient paisiblement aborder les vaisseaux:
Vous voulez de l'argent, ô Mesdames les Eaux,
Dit-il; adressez-vous, je vous prie, à quelque autre:
Ma foi, vous n'aurez pas le nôtre.

Ceci n'est pas un conte à plaisir inventé.
Je me sers de la vérité
Pour montrer, par expérience,
Qu'un sou, quand il est assuré,
Vaut mieux que cinq en espérance;

Viertes Buch

2

Der Schäfer und das Meer

Mit dem Ertrag einer Herde, von dem er sorglos lebte,
gab sich lange ein Nachbar Amphitrites zufrieden.
Wenn sein Einkommen auch klein war,
so war es doch zumindest sicher.
Doch die am Strande gelöschten Schätze führten ihn
schließlich so sehr in Versuchung, daß er seine Herde verkaufte,
mit dem Erlös Handel trieb und ganz aufs Meer ihn setzte.
Das Geld ging bei einem Schiffbruch verloren.
Sein Besitzer mußte wieder Schafe hüten,
doch nicht als Herr der Herde wie einst,
als seine eigenen Schafe am Ufer grasten.
Er, der einst Coridon und Tircis gewesen war,
war Pierrot jetzt und sonst nichts.
Nach einiger Zeit machte er bescheidenen Gewinn,
kaufte wieder Wolltiere.
Und als eines Tages die Winde den Atem anhielten
und die Schiffe friedlich im Hafen anlegen konnten, sprach er:
»Ihr wollt Geld, o Meereswogen.
Das wollt ihr, bitteschön, woanders euch besorgen.
Das unsrige, das versprech ich euch, werdet ihr nicht kriegen.«

Dies ist keine beliebig erfundene Geschichte.
Ich bediene mich der Wahrheit,
um, durch Erfahrung klug, zu beweisen,
daß ein Pfennig, den man sicher hat,
besser ist als fünf, auf die man hofft;

Qu'il se faut contenter de sa condition;
Qu'aux conseils de la Mer et de l'Ambition
Nous devons fermer les oreilles.
Pour un qui s'en louera, dix mille s'en plaindront.
La Mer promet monts et merveilles;
Fiez-vous-y, les vents et les voleurs viendront.

4

Le jardinier et son seigneur

Un amateur du jardinage,
Demi Bourgeois, demi manant,
Possédait en certain Village
Un jardin assez propre, et le clos attenant.
Il avait de plant vif fermé cette étendue.
Là croissait à plaisir l'oseille et la laitue,
De quoi faire à Margot pour sa fête un bouquet,
Peu de jasmin d'Espagne, et force serpolet.
Cette félicité par un Lièvre troublée
Fit qu'au Seigneur du Bourg notre homme se plaignit.
Ce maudit animal vient prendre sa goulée
Soir et matin, dit-il, et des pièges se rit;
Les pierres, les bâtons y perdent leur crédit.
Il est Sorcier, je crois. – Sorcier? je l'en défie,
Repartit le Seigneur. Fût-il diable, Miraut,
En dépit de ses tours, l'attrapera bientôt.
Je vous en déferai, bon homme, sur ma vie.

daß man mit seinem Stande sich begnüge;
daß wir vor den Lockungen des Meeres und des Ehrgeizes die Ohren verschließen müssen.
Auf einen, der sich dessen lobt, kommen tausend, die sich beklagen.
Das Meer verspricht goldne Berge:
Verlaßt euch drauf: Winde und Piraten werden kommen.

4

Der Gärtner und sein Grundherr

Ein Gartenfreund,
teils in der Stadt, teils auf dem Lande lebend,
besaß in einem Dorf
einen recht gut gepflegten Garten und die angrenzende Obstwiese.
Mit wuchernder Hecke hatte er seinen Besitz umzäunt.
Dort wuchsen nach Herzenslust Sauerampfer und Lattich,
genug, um Margot zu ihrem Namenstag ein Sträußchen zu winden.
Auch etwas spanischer Jasmin und reichlich Feldthymian.
Durch einen Hasen wurde diese Idylle gestört,
so daß unser Mann beim Herrn des Dorfes sich beklagte.
»Dieses verflixte Tier«, sprach er, »kommt früh und spät
und schlägt sich den Bauch voll und spottet der Fallen;
Steine, Stöcke, alles verliert seine Wirkung.
Ich glaube, es ist ein Zauberer.« – »Ein Zauberer? Das soll es mir mal zeigen«,
erwiderte der Grundherr. »Wär es der Teufel selbst, wird doch Miraut
trotz seiner Listen es bald packen.
Bei meinem Leben, guter Mann, ich werd Euch von ihm befreien.«

– Et quand? – Et dès demain, sans tarder plus longtemps.
La partie ainsi faite, il vient avec ses gens.
Çà, déjeunons, dit-il: vos poulets sont-ils tendres?
La fille du logis, qu'on vous voie, approchez.
Quand la marierons-nous? quand aurons-nous des gendres?
Bon homme, c'est ce coup qu'il faut, vous m'entendez,
    Qu'il faut fouiller à l'escarcelle.
Disant ces mots, il fait connaissance avec elle,
    Auprès de lui la fait asseoir,
Prend une main, un bras, lève un coin du mouchoir,
    Toutes sottises dont la Belle
    Se défend avec grand respect;
Tant qu'au père à la fin cela devient suspect.
Cependant on fricasse, on se rue en cuisine.
De quand sont vos jambons? ils ont fort bonne mine.
– Monsieur, ils sont à vous. – Vraiment! dit le Seigneur,
    Je les reçois, et de bon cœur.
Il déjeune très bien; aussi fait sa famille,
Chiens, chevaux, et valets, tous gens bien endentés:
Il commande chez l'hôte, y prend des libertés,
    Boit son vin, caresse sa fille.
L'embarras des chasseurs succède au déjeuné.
    Chacun s'anime et se prépare:
Les trompes et les cors font un tel tintamarre
    Que le bon homme est étonné.
Le pis fut que l'on mit en piteux équipage
Le pauvre potager; adieu planches, carreaux;

»Und wann?« – »Schon morgen, ohne Zeit zu verlieren.«
Wie vereinbart kommt er mit seinen Leuten.
»Na, frühstücken wir erst mal«, spricht er, »sind Eure Hähnchen denn auch zart?
Tochter des Hauses, laßt Euch mal anschaun; tretet näher!
Wann machen wir denn Hochzeit? Wann gibt's Schwiegersöhne?
Bei dieser Gelegenheit muß man, Ihr versteht mich, guter Mann,
da muß man tief in die Tasche greifen.«
Mit diesen Worten macht er sich an sie heran,
fordert sie auf, sich neben ihn zu setzen,
faßt ihre Hand, ihren Arm, lüpft einen Zipfel ihres Halstüchleins,
alles Zudringlichkeiten, deren sich die Schöne
aufs höflichste erwehrt,
bis endlich dem Vater die ganze Sache verdächtig wird.
Indessen kocht man in der Küche, stürzt sich auf die Vorräte.
»Wie alt sind Eure Schinken? Sie sehen sehr lecker aus.« –
»Sie gehören Euer Gnaden.« – »Wahrhaftig«, sprach der Herr,
»ich nehm sie gern, nur her damit!«
Er speist ganz vorzüglich, desgleichen sein Gefolge,
Hunde, Pferde, Diener, alles Leute mit gesundem Appetit.
Er kommandiert bei seinem Gastgeber, nimmt manche Freiheit sich heraus,
trinkt dessen Wein, betätschelt dessen Tochter.
Dem Mahl folgt das Durcheinander, das die Jäger anrichten.
Alle setzen sich in Bewegung und rüsten sich zum Aufbruch.
Die Trompeten und die Hörner machen einen solchen Lärm,
daß unser guter Mann zutiefst entsetzt ist.
Das Schlimmste war, daß man den armen Gemüsegarten
erbärmlich zurichtete. Ade Pflanzungen und Beete,

Adieu chicorée et porreaux;
Adieu de quoi mettre au potage.
Le Lièvre était gîté dessous un maître chou.
On le quête; on le lance, il s'enfuit par un trou,
Non pas trou, mais trouée, horrible et large plaie
Que l'on fit à la pauvre haie
Par ordre du Seigneur; car il eût été mal
Qu'on n'eût pu du jardin sortir tout à cheval.
Le bon homme disait: Ce sont là jeux de Prince.
Mais on le laissait dire; et les chiens et les gens
Firent plus de dégât en une heure de temps
Que n'en auraient fait en cent ans
Tous les lièvres de la Province.

Petits Princes, videz vos débats entre vous:
De recourir aux rois vous seriez de grands fous.
Il ne les faut jamais engager dans vos guerres,
Ni les faire entrer sur vos terres.

6

Le combat des rats et des belettes

La nation des Belettes,
Non plus que celle des Chats,
Ne veut aucun bien aux Rats;
Et sans les portes étrètes
De leurs habitations,
L'animal à longue échine
En ferait, je m'imagine,
De grandes destructions.

Ade Endivien und Lauch,
Ade ihr Suppenkräuter.
Der Hase lag ruhig unter einem Riesenkohl.
Man spürt ihn auf, man jagt ihn; er entkommt durch ein Loch,
nein, kein Loch, ein Riesenloch, schreckliche und breite Wunde,
die man auf Befehl des Grundherrn
in die arme Hecke schlug; denn es wäre schlimm gewesen,
hätte man nicht hoch zu Roß aus dem Garten reiten können.
Der gute Mann sprach: »Das sind Herrenspiele!«
Doch man ließ ihn reden; und die Hunde und das Gefolge
richteten in einer einzigen Stunde mehr Verwüstung an,
als in hundert Jahren alle Hasen
der gesamten Provinz es vermocht hätten.

Kleine Fürsten, tragt eure Streitigkeiten untereinander aus.
Ihr wäret große Toren, wolltet ihr Hilfe bei den Königen suchen.
Ihr dürft sie niemals in eure Kriege hineinziehen,
noch je sie den Fuß in euer Land setzen lassen.

6

Der Kampf der Ratten und der Wiesel

Das Volk der Wiesel hat
ebensowenig wie das der Katzen
etwas Gutes mit den Ratten im Sinn;
und wären nicht die engen Pforten
ihrer Behausungen,
richtete, denke ich mir, unter ihnen
das Tier mit dem langen Rückgrat
große Verwüstungen an.

Or une certaine année
Qu'il en était à foison
Leur Roi nommé Ratapon,
Mit en campagne une armée.
Les Belettes de leur part
Déployèrent l'étendard.
Si l'on croit la Renommée,
La Victoire balança:
Plus d'un Guéret s'engraissa
Du sang de plus d'une bande.
Mais la perte la plus grande
Tomba presque en tous endroits
Sur le peuple Souriquois.
Sa déroute fut entière,
Quoi que pût faire Artapax,
Psicarpax, Méridarpax,
Qui, tout couverts de poussière,
Soutinrent assez longtemps
Les efforts des combattants.
Leur résistance fut vaine:
Il fallut céder au sort:
Chacun s'enfuit au plus fort,
Tant Soldat que Capitaine.
Les Princes périrent tous.
La racaille, dans des trous
Trouvant sa retraite prête,
Se sauva sans grand travail.
Mais les Seigneurs sur leur tête
Ayant chacun un plumail,
Des cornes ou des aigrettes,
Soit comme marques d'honneur,
Soit afin que les Belettes
En conçussent plus de peur:
Cela causa leur malheur.
Trou, ni fente, ni crevasse
Ne fut large assez pour eux,

Als nun in einem bestimmten Jahr
es Ratten im Überfluß gab,
schickte ihr König, mit Namen Ratapon,
eine ganze Armee ins Feld.
Die Wiesel ihrerseits
entfalteten die Standarte.
Wenn man dem Gerüchte glaubt,
schwankte der Sieg hin und her.
Mehr als ein Ackerboden wurde gedüngt
mit dem Blute mehr als einer Bande.
Doch der schwerste Verlust
traf fast überall
das Rattenvolk.
Sein Zusammenbruch war vollkommen,
was auch immer Artapax, Psicarpax,
Meridarpax unternehmen mochten:
Selber ganz mit Staub bedeckt,
trotzten sie recht lange
dem Ansturm der Kämpfenden.
Doch ihr Widerstand war vergeblich.
Man mußte dem Schicksal weichen.
Ein jeder floh, so schnell er konnte,
Feldherrn wie Soldaten.
Die Fürsten kamen alle um.
Das Pack, das in den Löchern
schnell einen Unterschlupf fand,
rettete sich ohne große Müh.
Nicht so die Herren, die auf ihrem Haupte
ein jeder einen Federhut trugen
oder Hörner oder Federbüsche,
sei es als Zeichen ihrer Größe,
sei es, damit den Wieseln
angst und bange werde:
Das stürzte sie ins Verderben.
Weder Loch noch Ritze noch Spalte
waren breit genug für sie,

Au lieu que la populace
Entrait dans les moindres creux.
La principale jonchée
Fut donc des principaux Rats.
Une tête empanachée
N'est pas petit embarras.
Le trop superbe équipage
Peut souvent en un passage
Causer du retardement.
Les petits en toute affaire
Esquivent fort aisément;
Les grands ne le peuvent faire.

12

Tribut envoyé par les animaux à Alexandre

Une Fable avait cours parmi l'antiquité,
Et la raison ne m'en est pas connue.
Que le Lecteur en tire une moralité.
Voici la Fable toute nue.

La Renommée ayant dit en cent lieux
Qu'un fils de Jupiter, un certain Alexandre,
Ne voulant rien laisser de libre sous les Cieux,
Commandait que sans plus attendre,
Tout peuple à ses pieds s'allât rendre,
Quadrupèdes, Humains, Éléphants, Vermisseaux,
Les Républiques des Oiseaux;
La Déesse aux cent bouches, dis-je,
Ayant mis partout la terreur
En publiant l'Édit du nouvel Empereur,
Les Animaux, et toute espèce lige

indessen das gemeine Volk
noch in die kleinsten Winkel schlüpfte.
Der größte Leichenteppich
Bestand also aus den obersten Ratten.
Ein aufgeputztes Haupt
ist kein geringes Hindernis.
Die allzu pompöse Ausstattung
kann in einer Enge oft
Verzögerung bewirken.
Die Kleinen ziehen in jeder Notlage
sich leicht aus der Affäre;
die Großen können dergleichen nicht tun.

12

Wie die Tiere Alexander Tribut schickten

Eine Fabel war im Altertum verbreitet,
und der Grund dafür ist mir nicht bekannt.
Möge der Leser eine Lehre aus ihr ziehen.
Hier also die Fabel ganz nackt.

Das Gerücht hatte an hundert Orten ausgestreut,
ein Sohn Jupiters, ein gewisser Alexander,
der unter dem Himmelszelt kein freies Wesen dulden wolle,
habe befohlen, alle Völker möchten sich unverzüglich
ihm zu Füßen werfen,
Vierbeiner, Menschen, Elefanten, Gewürm,
auch die freien Vogelvölker;
da die Göttin mit den hundert Mündern also
allerorts Schrecken verbreitet hatte,
indem sie den Erlaß des neuen Herrschers verkündete,
glaubten die Tiere und alle nur ihrem eigenen Trieb

De son seul appétit, crurent que cette fois
Il fallait subir d'autres lois.
On s'assemble au désert. Tous quittent leur tanière.
Après divers avis, on résout, on conclut
D'envoyer hommage et tribut.
Pour l'hommage et pour la manière,
Le Singe en fut chargé: l'on lui mit par écrit
Ce que l'on voulait qui fût dit.
Le seul tribut les tint en peine.
Car que donner? il fallait de l'argent.
On en prit d'un Prince obligeant,
Qui possédant dans son domaine
Des mines d'or fournit ce qu'on voulut.
Comme il fut question de porter ce tribut,
Le Mulet et l'Âne s'offrirent,
Assistés du Cheval ainsi que du Chameau.
Tous quatre en chemin ils se mirent,
Avec le Singe, Ambassadeur nouveau.
La Caravane enfin rencontre en un passage
Monseigneur le Lion. Cela ne leur plut point.
Nous nous rencontrons tout à point,
Dit-il, et nous voici compagnons de voyage.
J'allais offrir mon fait à part;
Mais bien qu'il soit léger, tout fardeau m'embarrasse.
Obligez-moi de me faire la grâce
Que d'en porter chacun un quart.
Ce ne vous sera pas une charge trop grande,
Et j'en serai plus libre, et bien plus en état,
En cas que les Voleurs attaquent notre bande,
Et que l'on en vienne au combat.
Éconduire un Lion rarement se pratique.

unterworfenen Gattungen, man müsse dieses Mal
anderen Gesetzen sich beugen.
Man versammelt sich in der Wüste; alle verlassen ihre Höhle.
Nach langer Beratung findet man die Lösung; man beschließt,
Huldigung zu entsenden und Tribut.
Mit der Huldigung und der Art ihres Vortrags
wurde der Affe beauftragt; man gab ihm schriftlich,
was er zu sagen habe.
Allein der Tribut bereitete ihnen Sorge.
Denn was sollte man geben? Am besten doch Geld!
Man besorgte es sich bei einem gefälligen Fürsten,
der in seinem Reich Goldminen besaß
und lieferte, was man brauchte.
Als es darum ging, den Tribut zu tragen,
erboten Maultier und Esel sich,
unterstützt vom Pferd wie auch vom Kamel.
Alle vier machten sich auf den Weg,
begleitet vom Affen als neuartigem Gesandten.
An einem Grenzpaß trifft die Karawane schließlich auf
Seine Durchlaucht, den Herrn von Löwen. Das gefiel ihnen gar nicht.
»Wir treffen uns gerade zur rechten Zeit«,
sprach der, »und sind ab jetzt also Reisegefährten.
Ich wollte meinen Anteil gesondert darbringen.
Und wenn er auch leicht ist, behindert mich doch jede Last.
Seid so gut, mir die Gunst zu erweisen,
jeder den vierten Teil davon zu tragen.
Das dürfte keine allzu große Last für euch sein,
und ich habe um so freiere Hand und bin besser gewappnet
für den Fall, daß die Diebe unseren Trupp angreifen
und es zum Kampfe kommt.«
Sich eines Löwen entledigen ist etwas, das selten vorkommt.

Le voilà donc admis, soulagé, bien reçu,
Et, malgré le Héros de Jupiter issu,
Faisant chère et vivant sur la bourse publique.
Ils arrivèrent dans un pré
Tout bordé de ruisseaux, de fleurs tout diapré,
Où maint Mouton cherchait sa vie:
Séjour du frais, véritable patrie
Des Zéphirs. Le Lion n'y fut pas, qu'à ces gens
Il se plaignit d'être malade.
Continuez votre Ambassade,
Dit-il; je sens un feu qui me brûle au dedans,
Et veux chercher ici quelque herbe salutaire.
Pour vous, ne perdez point de temps:
Rendez-moi mon argent, j'en puis avoir affaire.
On déballe; et d'abord le Lion s'écria,
D'un ton qui témoignait sa joie:
Que de filles, ô Dieux, mes pièces de monnoie
Ont produites! Voyez; la plupart sont déjà
Aussi grandes que leurs mères.
Le croît m'en appartient. Il prit tout là-dessus;
Ou bien s'il ne prit tout, il n'en demeura guères.
Le Singe et les sommiers confus,
Sans oser répliquer, en chemin se remirent.
Au fils de Jupiter on dit qu'ils se plaignirent,
Et n'en eurent point de raison.
Qu'eût-il fait? C'eût été Lion contre Lion;
Et le proverbe dit: Corsaires à Corsaires,
L'un l'autre s'attaquant, ne font pas leurs affaires.

So wird er also zugelassen, von seiner Last befreit, freundlich aufgenommen,
und zum Schaden des Jupitersprosses Alexander
speist und lebt er auf allgemeine Kosten.
Da kamen sie zu einer Wiese,
von Bächlein rings umsäumt, mit bunten Blumen übersät,
wo manches Lamm seine Nahrung fand:
ein Ort der Frische, wahre Heimat
der linden Lüfte. Kaum angelangt, da klagte der Löwe
seinen Leuten, er sei krank.
»Setzt eure Gesandtschaft fort«, sprach er,
»ich fühle in mir ein Feuer, das mich verbrennt,
und möchte hier ein Heilkraut suchen.
Ihr aber verliert nur keine Zeit!
Gebt mir mein Geld zurück, ich könnt' es nötig haben.«
Man packt aus; und in einem Ton, der seine Freude zum Ausdruck brachte,
rief der Löwe sogleich:
»O Götter! Wie viele Kinder haben meine Geldstücke
so rasch hervorgebracht! Seht, die meisten von ihnen
sind schon genauso groß wie ihre Eltern.
Der Zuwachs gehört natürlich mir.« Daraufhin sackte er alles ein,
oder wenn auch nicht alles, so blieb doch kaum etwas übrig.
Der Affe und die Lasttiere waren völlig verwirrt
und machten sich ohne Widerworte auf den Weg.
Bei Jupiters Sohn, sagt man, hätten sie sich beklagt
und hätten doch keine Genugtuung gefunden.
Was hätte er auch tun können? Löwe hätte gegen Löwe gestanden.
Und das Sprichwort sagt: Piraten gegen Piraten,
zahlt sich für keinen aus, wenn die aneinander geraten.

17

Parole de Socrate

    Socrate un jour faisant bâtir,
    Chacun censurait son ouvrage:
L'un trouvait les dedans, pour ne lui point mentir,
    Indignes d'un tel personnage;
L'autre blâmait la face, et tous étaient d'avis
Que les appartements en étaient trop petits.
Quelle maison pour lui! L'on y tournait à peine.
    Plût au ciel que de vrais amis,
Telle qu'elle est, dit-il, elle pût être pleine!
    Le bon Socrate avait raison
De trouver pour ceux-là trop grande sa maison.
Chacun se dit ami; mais fol qui s'y repose:
    Rien n'est plus commun que ce nom,
    Rien n'est plus rare que la chose.

17

Ein Wort des Sokrates

Sokrates ließ einst ein Haus errichten.
Ein jeder kritisierte das Bauwerk.
Der eine fand, das Innere sei, ehrlich gesagt,
eines solchen Mannes unwürdig.
Ein anderer tadelte die Fassade, und alle waren sie sich einig,
die Zimmer seien viel zu klein.
Ein solches Haus für ihn! Man könne sich ja kaum drin umdrehen!
»Gebe der Himmel, daß wahre Freunde doch,
so wie es ist«, sprach er, »es immer füllen mögen!«
Der gute Sokrates hatte recht,
für solche Freunde sein Haus zu groß zu finden.
Freund nennt ein jeder sich; doch ein Narr ist, wer sich drauf verläßt:
Nichts ist geläufiger als der Titel;
nichts ist seltener als die Sache.

Livre cinquième

1

Le bûcheron et Mercure

À M. L. C. D. B.

Votre goût a servi de règle à mon ouvrage.
J'ai tenté les moyens d'acquérir son suffrage.
Vous voulez qu'on évite un soin trop curieux,
Et des vains ornements l'effort ambitieux.
Je le veux comme vous; cet effort ne peut plaire.
Un auteur gâte tout quand il veut trop bien faire.
Non qu'il faille bannir certains traits délicats:
Vous les aimez, ces traits, et je ne les hais pas.
Quant au principal but qu'Ésope se propose,
    J'y tombe au moins mal que je puis.
Enfin si dans ces Vers je ne plais et n'instruis,
Il ne tient pas à moi, c'est toujours quelque chose.
    Comme la force est un point
    Dont je ne me pique point,
Je tâche d'y tourner le vice en ridicule,
Ne pouvant l'attaquer avec des bras d'Hercule.
C'est là tout mon talent; je ne sais s'il suffit.
    Tantôt je peins en un récit
La sotte vanité jointe avecque l'envie,
Deux pivots sur qui roule aujourd'hui notre vie.
    Tel est ce chétif animal
Qui voulut en grosseur au Bœuf se rendre égal.
J'oppose quelquefois, par une double image,
Le vice à la vertu, la sottise au bon sens,

Fünftes Buch

1

Der Holzfäller und Merkur

Dem Herrn Grafen von B. gewidmet

Euer Geschmack hat meinem Werk als Richtschnur gedient.
Ich habe alle Mittel erprobt, seinen Beifall zu gewinnen.
Ihr möchtet, daß man allzu übertriebene Sorgfalt meide
und das ehrgeizige Bemühen um eitle Ausschmückungen.
Ich bin ganz Eurer Meinung; ein solcher Aufwand kann nicht gefallen.
Ein Autor verdirbt alles, wenn er es zu gut machen will.
Nicht daß er auf gewisse Feinheiten verzichten sollte –
Ihr liebt sie, diese Feinheiten, und auch ich hasse sie nicht.
Was nun das oberste Ziel betrifft, das Äsop sich setzt,
so verfolge ich es, so gut ich kann.
Wenn ich schließlich mit meinen Versen nicht gefalle noch lehrreich bin,
dann liegt es nicht an mir: Es gibt immer einen Grund.
Da die Kraft etwas ist,
dessen ich mich nicht brüste,
versuche ich in ihnen, das Laster lächerlich zu machen,
weil ich es ja nicht mit Herkulesarmen angreifen kann.
Darin besteht meine ganze Begabung; ich weiß nicht, ob das reicht.
Mitunter schildere ich in einer Erzählung
die törichte Eitelkeit, die sich mit dem Neid verbindet,
zwei Angelpunkte, um die sich unser Leben heute dreht.
So das schwächliche Tier,
das in puncto Umfang es dem Ochsen gleichtun wollte.
Ich stelle mitunter in Form eines doppelten Bildes
das Laster der Tugend entgegen, die Dummheit dem gesunden Menschenverstand,

Les Agneaux aux Loups ravissants,
La Mouche à la Fourmi, faisant de cet ouvrage
Une ample Comédie à cent actes divers,
Et dont la scène est l'Univers.
Hommes, Dieux, Animaux, tout y fait quelque rôle:
Jupiter comme un autre: Introduisons celui
Qui porte de sa part aux Belles la parole:
Ce n'est pas de cela qu'il s'agit aujourd'hui.

Un Bûcheron perdit son gagne-pain,
C'est sa cognée; et la cherchant en vain,
Ce fut pitié là-dessus de l'entendre.
Il n'avait pas des outils à revendre.
Sur celui-ci roulait tout son avoir.
Ne sachant donc où mettre son espoir,
Sa face était de pleurs toute baignée.
Ô ma cognée! ô ma pauvre cognée!
S'écriait-il, Jupiter, rends-la-moi;
Je tiendrai l'être encore un coup de toi.
Sa plainte fut de l'Olympe entendue.
Mercure vient. Elle n'est pas perdue,
Lui dit ce dieu, la connaîtras-tu bien?
Je crois l'avoir près d'ici rencontrée.
Lors une d'or à l'homme étant montrée,
Il répondit: Je n'y demande rien.
Une d'argent succède à la première,
Il la refuse. Enfin une de bois:
Voilà, dit-il, la mienne cette fois;
Je suis content si j'ai cette dernière.
– Tu les auras, dit le Dieu, toutes trois.
Ta bonne foi sera récompensée.
– En ce cas-là je les prendrai, dit-il.

die Lämmer den reißenden Wölfen,
die Fliege der Ameise und mache aus diesem Werk
ein großes Schauspiel mit hundert verschiedenen Akten,
dessen Bühne das Universum ist.
Menschen, Götter, Tiere, jeder spielt dort eine Rolle,
Jupiter genauso wie ein anderer: Führen wir jetzt den ein,
der in seinem Namen den Schönen die Botschaft übermittelt.
Doch gerade darum geht es heute nicht.

Ein Holzfäller verlor seinen Broterwerb,
das ist seine Axt; und wie er sie nun vergeblich suchte,
war's ein Jammer, ihn darüber klagen zu hören.
Er hatte Werkzeug nicht im Überfluß.
Von dem hier hing seine ganze Existenz ab.
Da er nun also nicht wußte, worauf er seine Hoffnung noch gründen sollte,
war sein Gesicht von Tränen überströmt.
»O meine Axt, o meine arme Axt!«
rief er aus, »gib, Jupiter, sie mir zurück.
Ich werde Dir das Leben ein zweites Mal verdanken.«
Seine Klage wurde im Olymp erhört.
Merkur steigt herab. »Sie ist nicht verloren«,
sprach zu ihm der Gott, »würdest du sie wiedererkennen?
Ich glaube, sie nicht weit von hier gefunden zu haben.«
Da zeigt man nun unserem Manne eine aus Gold,
doch er antwortete: »Ich erhebe keinen Anspruch drauf.«
Eine aus Silber folgt der ersten;
er lehnt sie ab. Schließlich eine aus Holz:
»Ja«, sagt er, »diesmal ist's die meine.
Ich bin zufrieden, wenn ich die letzte hier bekomme.« –
»Du sollst sie haben«, sprach der Gott, »nimm alle drei.
Deine Ehrlichkeit sei damit belohnt.« –
»In diesem Fall nehm ich sie gern«, sprach er.

L'Histoire en est aussitôt dispersée;
Et Boquillons de perdre leur outil,
Et de crier pour se le faire rendre.
Le Roi des Dieux ne sait auquel entendre.
Son fils Mercure aux criards vient encor,
À chacun d'eux il en montre une d'or.
Chacun eût cru passer pour une bête
De ne pas dire aussitôt: La voilà!
Mercure, au lieu de donner celle-là,
Leur en décharge un grand coup sur la tête.

Ne point mentir, être content du sien,
C'est le plus sûr: cependant on s'occupe
À dire faux pour attraper du bien:
Que sert cela? Jupiter n'est pas dupe.

2

Le pot de terre et le pot de fer

Le Pot de fer proposa
Au Pot de terre un voyage.
Celui-ci s'en excusa,
Disant qu'il ferait que sage
De garder le coin du feu:
Car il lui fallait si peu,
Si peu, que la moindre chose
De son débris serait cause.
Il n'en reviendrait morceau.
Pour vous, dit-il, dont la peau
Est plus dure que la mienne,
Je ne vois rien qui vous tienne.

Die Geschichte fand sogleich große Verbreitung,
und Holzhauer verloren scharenweise ihre Axt
und klagten, um sie sich zurückgeben zu lassen.
Der Götterkönig weiß nicht, wen zuerst erhören.
Sein Sohn Merkur kommt noch einmal zu den Schreihälsen.
Einem jeden zeigt er eine Axt aus Gold.
Ein jeder hätte geglaubt, für einen Dummkopf gehalten zu werden,
wenn er nicht sogleich riefe: »Das ist sie ja!«
Merkur, statt ihnen diese dann zu geben,
versetzt ihnen einen tüchtigen Schlag auf den Kopf.

Nicht lügen; mit dem, was man hat, zufrieden sein,
das ist das sicherste; statt dessen läßt man
auf Lügen sich ein, um noch mehr Gut zu raffen.
Wozu dient das? Jupiter läßt sich nicht täuschen.

2

Der Tontopf und der Eisentopf

Eisentopf schlug einst
Tontopf eine Reise vor.
Dieser lehnte dankend ab
und sagte, er handele nur weise,
wenn er die Ofenecke hüte;
denn es bedürfe nur einer Kleinigkeit,
einer winzigen Kleinigkeit, daß das geringste Vorkommnis
seines Untergangs Ursache wäre.
Als Scherbenhaufen käme er zurück.
»Was Euch angeht«, sprach er, »dessen Haut
härter als die meine ist,
sehe ich nichts, das Euch zurückhalten könnte.« –

– Nous vous mettrons à couvert,
Repartit le Pot de fer.
Si quelque matière dure
Vous menace d'aventure,
Entre deux je passerai,
Et du coup vous sauverai.
Cette offre le persuade.
Pot de fer son camarade
Se met droit à ses côtés.
Mes gens s'en vont à trois pieds,
Clopin-clopant comme ils peuvent,
L'un contre l'autre jetés
Au moindre hoquet qu'ils treuvent.
Le Pot de terre en souffre; il n'eut pas fait cent pas
Que par son compagnon il fut mis en éclats,
Sans qu'il eût lieu de se plaindre.
Ne nous associons qu'avecque nos égaux.
Ou bien il nous faudra craindre
Le destin d'un de ces Pots.

9

Le laboureur et ses enfants

Travaillez, prenez de la peine:
C'est le fonds qui manque le moins.
Un riche Laboureur, sentant sa mort prochaine,
Fit venir ses enfants, leur parla sans témoins.
Gardez-vous, leur dit-il, de vendre l'héritage
Que nous ont laissé nos parents.
Un trésor est caché dedans.
Je ne sais pas l'endroit; mais un peu de courage

»Wir nehmen Euch in Schutz«,
erwiderte Eisentopf,
»wenn irgend etwas Hartes
zufällig Euch bedroht,
werde ich im Nu zur Stelle sein
und sofort Euch retten.«
Dieses Angebot überzeugt ihn.
Eisentopf, sein Kamerad,
stellt sich nah an seine Seite.
Dreifüßig machen meine Leut sich auf die Reise,
humpelnd-hinkend, so gut es eben geht,
und stoßen einer an den andern
beim geringsten Steinchen, das im Wege liegt.
Tontopf leidet sehr; kaum hatte er hundert Schritte getan,
da schlug ihn schon sein Freund zu Scherben,
und er hatte keinen Grund, sich zu beklagen.
Tun wir uns nur mit unsresgleichen zusammen.
Oder aber wir müssen fürchten,
das Schicksal eines dieser Töpfe zu erleiden.

9

Der reiche Bauer und seine Kinder

Arbeitet, müht euch ab!
Das ist das Kapital, das am seltensten versagt.
Als ein wohlhabender Bauer den Tod herannahen fühlte,
ließ er seine Kinder zu sich kommen und sprach ohne Zeugen zu ihnen.
»Hütet euch«, sagte er, »das Erbe zu verkaufen,
das unsere Vorfahren uns hinterlassen haben.
Ein Schatz ist darin verborgen.
An welchem Ort, das weiß ich nicht; doch mit ein wenig Mut

Vous le fera trouver, vous en viendrez à bout.
Remuez votre champ dès qu'on aura fait l'Oût.
Creusez, fouillez, bêchez; ne laissez nulle place
Où la main ne passe et repasse.
Le père mort, les fils vous retournent le champ
Deçà, delà, partout; si bien qu'au bout de l'an
Il en rapporta davantage.
D'argent, point de caché. Mais le père fut sage
De leur montrer avant sa mort
Que le travail est un trésor.

11

La fortune et le jeune enfant

Sur le bord d'un puits très profond
Dormait étendu de son long
Un Enfant alors dans ses classes.
Tout est aux Écoliers couchette et matelas.
Un honnête homme en pareil cas
Aurait fait un saut de vingt brasses.
Près de là tout heureusement
La Fortune passa, l'éveilla doucement,
Lui disant: Mon mignon, je vous sauve la vie.
Soyez une autre fois plus sage, je vous prie.
Si vous fussiez tombé, l'on s'en fût pris à moi;
Cependant c'était votre faute.
Je vous demande, en bonne foi,
Si cette imprudence si haute
Provient de mon caprice. Elle part à ces mots.
Pour moi, j'approuve son propos.

werdet ihr ihn finden; ihr werdet es schon schaffen.
Grabt euer Feld um, sobald es abgeerntet ist.
Grabt, wühlt und hackt; laßt keine Stelle übrig,
die die Hand nicht unermüdlich bearbeitet.«
Kaum ist der Vater tot, da kehren euch die Söhne den Acker um,
hier und dort und allerorten, so daß übers Jahr
er um so ertragreicher war.
Geld war nirgends verborgen. Doch es war klug vom Vater,
ihnen vor seinem Tode zu zeigen,
daß die Arbeit ein wahrer Schatz ist.

11

Fortuna und das Kind

Auf eines sehr tiefen Brunnens Rand
schlief, lang ausgestreckt,
ein Kind, das damals noch zur Schule ging.
Alles ist Schülern Lager und Matratze.
Ein gestandener Mann hätte in einem solchen Fall
einen Sturz von hundert Klaftern getan.
Ganz in der Nähe kam zum Glück
Fortuna vorbei, weckte es sacht
und sprach zu ihm: »Mein lieber Schatz, ich rette Euch das Leben.
Doch seid bitte ein anderes Mal vernünftiger.
Wäret Ihr gefallen, hätte man mir die Schuld gegeben.
Indessen war es Euer Fehler.
Ich frage Euch auf Treu und Glauben,
ob dieser so große Unverstand
von meiner Laune herrührt.« Mit diesen Worten geht sie fort.
Was mich angeht, so billige ich ihre Rede.

Il n'arrive rien dans le monde
Qu'il ne faille qu'elle en réponde.
Nous la faisons de tous Échos.
Elle est prise à garant de toutes aventures.
Est-on sot, étourdi, prend-on mal ses mesures;
On pense en être quitte en accusant son sort:
Bref la Fortune a toujours tort.

19

Le lion s'en allant en guerre

Le Lion dans sa tête avait une entreprise.
Il tint conseil de guerre, envoya ses Prévots,
Fit avertir les animaux:
Tous furent du dessein, chacun selon sa guise.
L'Éléphant devait sur son dos
Porter l'attirail nécessaire
Et combattre à son ordinaire,
L'Ours s'apprêter pour les assauts;
Le Renard ménager de secrètes pratiques,
Et le Singe amuser l'ennemi par ses tours.
Renvoyez, dit quelqu'un, les Ânes qui sont lourds,
Et les Lièvres sujets à des terreurs paniques.
– Point du tout, dit le Roi, je les veux employer.
Notre troupe sans eux ne serait pas complète.
L'Âne effraiera les gens, nous servant de trompette,
Et le Lièvre pourra nous servir de courrier.

Es passiert nichts auf der Welt,
wofür sie nicht geradezustehen hätte.
Wir lassen sie bei allem mitbezahlen;
sie wird verantwortlich gemacht für alles, was geschieht.
Sind wir dumm, leichtfertig, machen wir falsche Pläne,
so klagen wir das Schicksal an und glauben quitt zu sein.
Kurz, immer hat Fortuna schuld.

19

Der Löwe, der in den Krieg zieht

Der Löwe hatte eine Unternehmung im Kopf:
Er hielt Kriegsrat, sandte seine Vögte aus,
ließ die Tiere benachrichtigen.
Alle hatten ihren Platz im Großen Plan, ein jeder entsprechend seinen Gaben.
Der Elefant sollte auf seinem Rücken
die nötige Ausrüstung tragen
und sich auf seine Weise schlagen,
der Bär für den Ansturm sich bereithalten,
der Fuchs geheime Intrigen spinnen
und der Affe mit seinen Kunststücken den Feind ablenken.
»Schickt«, sprach einer, »die Esel zurück; die sind zu schwerfällig,
und auch die Hasen, die immer panische Ängste leiden.« –
»Mitnichten«, sprach der König, »ich will auch sie anstellen.
Ohne sie wäre unsere Truppe nicht vollständig.
Der Esel wird den Leuten Angst einjagen, indem er als Posaune dient,
und der Hase uns als Botengänger nützlich sein.«

Le monarque prudent et sage
De ses moindres sujets sait tirer quelque usage,
Et connaît les divers talents:
Il n'est rien d'inutile aux personnes de sens.

Ein kluger und weiser Herrscher
weiß auch aus seinen geringsten Untertanen noch einen Nutzen zu ziehen
und kennt die verschiedenen Begabungen.
Es gibt nichts Unnützes für Leute mit Verstand.

Livre sixième

10

Le lièvre et la tortue

Rien ne sert de courir; il faut partir à point.
Le Lièvre et la Tortue en sont un témoignage.
Gageons, dit celle-ci, que vous n'atteindrez point
Sitôt que moi ce but. – Sitôt? Êtes-vous sage?
Repartit l'animal léger.
Ma commère, il vous faut purger
Avec quatre grains d'ellébore.
– Sage ou non, je parie encore.
Ainsi fut fait: et de tous deux
On mit près du but les enjeux:
Savoir quoi, ce n'est pas l'affaire,
Ni de quel juge l'on convint.
Notre Lièvre n'avait que quatre pas à faire;
J'entends de ceux qu'il fait lorsque prêt d'être atteint
Il s'éloigne des chiens, les renvoie aux Calendes,
Et leur fait arpenter les landes.
Ayant, dis-je, du temps de reste pour brouter,
Pour dormir, et pour écouter
D'où vient le vent, il laisse la Tortue
Aller son train de Sénateur.
Elle part, elle s'évertue;
Elle se hâte avec lenteur.
Lui cependant méprise une telle victoire,
Tient la gageure à peu de gloire,
Croit qu'il y va de son honneur
De partir tard. Il broute, il se repose,
Il s'amuse à toute autre chose
Qu'à la gageure. À la fin quand il vit

Sechstes Buch

10

Der Hase und die Schildkröte

Rennen nützt nichts; rechtzeitig losgehen muß man!
Der Hase und die Schildkröte legen davon Zeugnis ab.
»Wetten«, sprach diese, »daß Ihr nicht
so schnell wie ich das Ziel erreicht?« – »Nicht so schnell?
Seid Ihr bei Sinnen?«
erwiderte das leichtfüßige Tier:
»Gevatterin, man sollte Euch das Hirn
mit vier Gran Nieswurz putzen.«
»Bei Sinnen oder nicht, die Wette gilt.«
Gesagt, getan; und beider Unterpfand
legte man beim Ziele nieder.
Zu wissen, was es war, ist hier nicht wichtig,
auch nicht, auf welchen Richter man sich einigte.
Unser Hase brauchte nur vier Schritte zu tun,
ich meine solche, die er macht, wenn, fast schon geschnappt,
er vor den Hunden flieht, sie auf den Sankt-Nimmerleins-
Tag vertröstet
und sie die Heide ganz durchmessen läßt.
Da er also, sage ich, noch Zeit übrig hat, um zu grasen,
zu schlafen und zu lauschen,
woher der Wind denn weht, läßt er die Schildkröte
mit ihrem Senatorengang einherziehn.
Sie bricht auf, sie müht sich ab,
sie eilt mit Weile.
Er indessen achtet einen solchen Sieg gering,
hält die Wette für wenig ruhmreich,
glaubt, es gereiche ihm zur Ehre,
spät aufzubrechen. Er grast, er ruht sich aus,
er nimmt sich Zeit für alles andere
als für die Wette. Und als er schließlich sah,

Que l'autre touchait presque au bout de la carrière,
Il partit comme un trait; mais les élans qu'il fit
Furent vains: la Tortue arriva la première.
Eh bien! lui cria-t-elle, avais-je pas raison?
De quoi vous sert votre vitesse?
Moi, l'emporter! et que serait-ce
Si vous portiez une maison?

12

Le soleil et les grenouilles

Aux noces d'un Tyran tout le Peuple en liesse
Noyait son souci dans les pots.
Ésope seul trouvait que les gens étaient sots
De témoigner tant d'allégresse.
Le Soleil, disait-il, eut dessein autrefois
De songer à l'Hyménée.
Aussitôt on ouït d'une commune voix
Se plaindre de leur destinée
Les Citoyennes des Étangs.
Que ferons-nous, s'il lui vient des enfants?
Dirent-elles au Sort, un seul Soleil à peine
Se peut souffrir. Une demi-douzaine
Mettra la Mer à sec et tous ses habitants.
Adieu joncs et marais: notre race est détruite.
Bientôt on la verra réduite
À l'eau du Styx. Pour un pauvre Animal,
Grenouilles, à mon sens, ne raisonnaient pas mal.

daß die andere beinahe das Ende der Kampfbahn erreicht hatte,
da schoß er los wie ein Pfeil; doch die Sprünge, die er machte,
waren vergeblich: Die Schildkröte kam als erste an.
»Nun seht«, rief sie ihm zu, »hatte ich nicht recht?
Wozu dient Euch Eure Schnelligkeit?
Ich Siegerin! Und was wäre erst,
wenn Ihr ein Haus zu tragen hättet?«

12

Die Sonne und die Frösche

Anläßlich der Hochzeit eines Herrschers ersäufte das ausgelassene Volk
seine Sorgen in den Weinkrügen.
Allein Äsop befand, die Leute seien dumm,
so viel Freude zu bekunden.
»Die Sonne«, sprach er, »trug sich mit der Absicht,
den Ehestand zu erwägen.
Sogleich hörte man wie aus einem Munde
die Sumpfbewohner
über ihr Schicksal klagen.
›Was tun wir nur, wenn sie Kinder bekommt?‹
sprachen sie zum Schicksal, ›eine einzige Sonne
können wir kaum ertragen. Ein halbes Dutzend
wird das Meer und alle seine Bewohner austrocknen.
Lebt wohl, Schilf und Sümpfe. Um unser Volk ist es geschehn.
Bald wird es sich mit den Wassern des Styx
begnügen müssen.‹ Für ein armseliges Tier,
dünkt mich, argumentierten die Frösche gar nicht schlecht.«

14

Le lion malade et le renard

De par le Roi des Animaux,
Qui dans son antre était malade,
Fut fait savoir à ses vassaux
Que chaque espèce en ambassade
Envoyât gens le visiter,
Sous promesse de bien traiter
Les Députés, eux et leur suite,
Foi de Lion très bien écrite.
Bon passe-port contre la dent;
Contre la griffe tout autant.
L'Édit du Prince s'exécute.
De chaque espèce on lui députe.
Les Renards gardant la maison,
Un d'eux en dit cette raison:
Les pas empreints sur la poussière
Par ceux qui s'en vont faire au malade leur cour,
Tous, sans exception, regardent sa tanière;
Pas un ne marque de retour.
Cela nous met en méfiance.
Que Sa Majesté nous dispense.
Grand merci de son passe-port.
Je le crois bon; mais dans cet antre
Je vois fort bien comme l'on entre,
Et ne vois pas comme on en sort.

14

Der kranke Löwe und der Fuchs

Im Namen des Königs der Tiere,
der in seiner Höhle krank darniederlag,
wurde seinen Vasallen kundgetan,
jede Gattung solle als Gesandtschaft
Leute schicken zu Besuch,
mit dem Versprechen guter Behandlung
der Abgesandten, ihrer selbst wie ihres Gefolges,
bei Löwenwort, schriftlich festgehalten:
Guter Freibrief gegen die Reißzähne,
gegen die Pranke ebenso.
Der Erlaß des Prinzen wird ausgeführt.
Jede Gattung schickt ihm Abgesandte.
Allein die Füchse bleiben zu Hause,
und einer von ihnen begründet dies so:
»Die Spuren, die jene im Sand hinterlassen haben,
die dem Kranken ihre Reverenz erweisen,
zeigen samt und sonders in Richtung seiner Höhle;
nicht eine einzige weist zurück.
Das macht uns mißtrauisch.
Möge Seine Majestät uns vom Besuch entbinden.
Tausend Dank für ihren Freibrief.
Ich halte ihn für gut; indes wie man in diese Höhle
hineinkommt, sehe ich sehr wohl,
doch sehe ich nicht, wie man wieder herauskommt.«

À Madame de Montespan

L'Apologue est un don qui vient des immortels;
Ou si c'est un présent des hommes,
Quiconque nous l'a fait mérite des Autels.
Nous devons, tous tant que nous sommes,
Ériger en divinité
Le Sage par qui fut ce bel art inventé.
C'est proprement un charme: il rend l'âme attentive,
Ou plutôt il la tient captive,
Nous attachant à des récits
Qui mènent à son gré les cœurs et les esprits.
Ô vous qui l'imitez, Olympe, si ma Muse
A quelquefois pris place à la table des Dieux,
Sur ses dons aujourd'hui daignez porter les yeux,
Favorisez les jeux où mon esprit s'amuse.
Le temps qui détruit tout, respectant votre appui
Me laissera franchir les ans dans cet ouvrage:
Tout Auteur qui voudra vivre encore après lui
Doit s'acquérir votre suffrage.
C'est de vous que mes vers attendent tout leur prix:
Il n'est beauté dans nos écrits
Dont vous ne connaissiez jusques aux moindres traces;
Eh qui connaît que vous les beautés et les grâces?
Paroles et regards, tout est charme dans vous.
Ma Muse en un sujet si doux
Voudrait s'étendre davantage;
Mais il faut réserver à d'autres cet emploi,
Et d'un plus grand maître que moi
Votre louange est le partage.

An Frau von Montespan

[Widmung Buch VII–XI]

Die Fabel ist eine Gabe, die von den Unsterblichen kommt;
oder sollte es ein Geschenk der Menschen sein,
verdient, wer immer es uns machte, daß man Altäre ihm errichte.
Wir müssen alle, solange wir leben,
zur Gottheit erheben
jenen Weisen, der diese schöne Kunst erfunden hat.
Sie ist wahrlich ein Zauberlied: Sie macht die Seele aufmerksam
oder hält sie vielmehr gefangen,
indem sie uns mit Erzählungen fesselt,
die die Herzen und Geister lenken, wie's ihm gefällt.
O Ihr, die Ihr es nachahmt, Olympia, wenn meine Muse
mitunter an der Götter Tafel Platz genommen hat,
dann wollet freundlich auf ihre Gaben heute Eure Augen richten;
seid den Spielen wohlgesonnen, mit denen sich mein Geist zerstreut.
Die alles zerstörende Zeit, die Euren Beistand achtet,
wird mich die Jahre in diesem Werk überdauern lassen.
Jeder Dichter, der nach seinem Tode weiterleben möchte,
muß Eure Zustimmung sich erwerben.
Von Euch erhoffen meine Verse ihre ganze Wertschätzung.
Es gibt in unseren Werken keine Schönheit,
die Ihr nicht bis in alle Einzelheiten kenntet;
ja, wer kennt denn schon wie Ihr die Schönheit und die Anmut!
Worte und Blicke, alles ist Zauber an Euch.
Bei einem so lieblichen Gegenstande möchte
meine Muse länger verweilen;
doch solches Tun muß ich anderen überlassen,
und Euch zu loben, steht einem größren
Meister zu, als ich es bin.

Olympe, c'est assez qu'à mon dernier ouvrage
Votre nom serve un jour de rempart et d'abri:
Protégez désormais le livre favori
Par qui j'ose espérer une seconde vie.
Sous vos seuls auspices ces vers
Seront jugés malgré l'envie,
Dignes des yeux de l'Univers.
Je ne mérite pas une faveur si grande;
La Fable en son nom la demande:
Vous savez quel crédit ce mensonge a sur nous;
S'il procure à mes vers le bonheur de vous plaire,
Je croirai lui devoir un temple pour salaire;
Mais je ne veux bâtir des temples que pour vous.

Olympia, es ist genug, daß meinem letzten Werk
Euer Name eines Tages als Schutz und Bollwerk dient.
Gewährt von nun an diesem Lieblingsbuche Beistand,
durch das ich ein zweites Leben zu erhoffen wage.
Einzig unter Eurer Schirmherrschaft
werden diese Verse dem Neid zum Trotz
der Blicke der ganzen Welt für würdig erachtet werden.
Ich selber verdiene eine so große Gunst nicht;
die Fabel erbittet sie in ihrem Namen.
Ihr wißt, welche Macht diese Lüge über uns hat.
Wenn meinen Versen sie das Glück verschafft, Euch zu gefallen,
dann werde ich glauben, ihr einen Tempel als Lohn zu schulden;
doch Tempel will ich nur für Euch erbauen.

Livre septième

1

Les animaux malades de la peste

Un mal qui répand la terreur,
Mal que le Ciel en sa fureur
Inventa pour punir les crimes de la terre,
La Peste (puisqu'il faut l'appeler par son nom)
Capable d'enrichir en un jour l'Achéron,
Faisait aux animaux la guerre.
Ils ne mouraient pas tous, mais tous étaient frappés:
On n'en voyait point d'occupés
À chercher le soutien d'une mourante vie;
Nul mets n'excitait leur envie;
Ni Loups ni Renards n'épiaient
La douce et l'innocente proie.
Les Tourterelles se fuyaient:
Plus d'amour, partant plus de joie.
Le Lion tint conseil, et dit: Mes chers amis,
Je crois que le Ciel a permis
Pour nos péchés cette infortune;
Que le plus coupable de nous
Se sacrifie aux traits du céleste courroux,
Peut-être il obtiendra la guérison commune.
L'histoire nous apprend qu'en de tels accidents
On fait de pareils dévouements:
Ne nous flattons donc point; voyons sans indulgence
L'état de notre conscience.
Pour moi, satisfaisant mes appétits gloutons

Siebtes Buch

1

Die pestkranken Tiere

Ein Übel, das Schrecken verbreitet,
ein Übel, das der Himmel in seinem Zorn
erfand, um die Verbrechen der Erde zu strafen,
die Pest – da man sie beim Namen nennen muß –,
in der Lage, an einem einzigen Tage den Acheron zu füllen,
führte mit den Tieren Krieg.
Sie starben nicht alle; doch alle waren sie betroffen:
Man sah keinen einzigen damit beschäftigt,
für den Unterhalt eines dahinsiechenden Lebens zu sorgen;
auf keine Speise hatten sie Lust.
Weder Wölfe noch Füchse lauerten
der sanften und unschuldigen Beute auf.
Die Turteltauben flohen voreinander.
Keine Liebe mehr, folglich auch keine Freude.
Der Löwe hielt Rat und sprach: »Meine teuren Freunde!
Ich glaube, daß der Himmel unserer Sünden wegen
dies Unglück zugelassen hat.
Möge der Schuldigste von uns
sich den Pfeilen des himmlischen Zornes opfern;
vielleicht bewirkt er die allgemeine Heilung.
Die Geschichte lehrt uns, daß in derartigen Unglücksfällen
man solche Opfer darbringt.
Seien wir uns selbst gegenüber also nicht zu nachsichtig;
betrachten wir ohne Schonung
den Zustand unseres Gewissens.
Was mich angeht, habe ich zur Befriedigung meiner gefräßigen Neigungen

J'ai dévoré force moutons.
Que m'avaient-ils fait? Nulle offense:
Même il m'est arrivé quelquefois de manger
Le Berger.
Je me dévouerai donc, s'il le faut; mais je pense
Qu'il est bon que chacun s'accuse ainsi que moi:
Car on doit souhaiter selon toute justice
Que le plus coupable périsse.
– Sire, dit le Renard, vous êtes trop bon Roi;
Vos scrupules font voir trop de délicatesse;
Et bien, manger moutons, canaille, sotte espèce,
Est-ce un péché? Non non. Vous leur fîtes, Seigneur,
En les croquant beaucoup d'honneur.
Et quant au Berger l'on peut dire
Qu'il était digne de tous maux,
Étant de ces gens-là qui sur les animaux
Se font un chimérique empire.
Ainsi dit le Renard, et flatteurs d'applaudir.
On n'osa trop approfondir
Du Tigre, ni de l'Ours, ni des autres puissances,
Les moins pardonnables offenses.
Tous les gens querelleurs, jusqu'aux simples mâtins,
Au dire de chacun, étaient de petits saints.
L'Âne vint à son tour et dit: J'ai souvenance
Qu'en un pré de Moines passant,
La faim, l'occasion, l'herbe tendre, et je pense
Quelque diable aussi me poussant,
Je tondis de ce pré la largeur de ma langue.
Je n'en avais nul droit, puisqu'il faut parler net.
À ces mots on cria haro sur le baudet.
Un Loup quelque peu clerc prouva par sa harangue

eine Menge Schafe verschlungen.
Was hatten sie mir getan? Kein Unrecht.
Es ist mir mitunter sogar passiert, den Hirten
zu verspeisen.
Ich werde mich also opfern, wenn es sein muß; doch denke ich,
es ist gut, daß ein jeder sich ebenso anklage wie ich.
Denn man muß wünschen, daß nach Recht und Billigkeit
der Schuldigste sterbe.« –
»Herr«, sprach der Fuchs, »Ihr seid ein allzu gütiger König.
Eure Skrupel legen zu viel Feingefühl an den Tag.
Nun ja, Schafe verspeisen, Gesindel, dummes Pack,
ist das eine Sünde? Nein, nein. Ihr erwieset ihnen, Herr,
als Ihr sie würgtet, sehr viel Ehr.
Und was den Hirten betrifft, kann man sagen,
daß er alles Schlimme verdient hatte,
gehörte er doch zu jenen Leuten, die sich einbilden,
über die Tiere einen Herrschaftsanspruch zu haben.«
Also sprach der Fuchs, und alle Schmeichler applaudierten.
Man wagte es nicht, allzusehr
des Tigers, Bären noch anderer Mächtiger
weniger entschuldbare Vergehen zu ergründen.
All die streitsüchtigen Leute bis hin zu den gewöhnlichen Wachhunden
waren, wenn man einen jeden reden hörte, kleine Heilige.
Der Esel kam an die Reihe und sprach: »Ich erinnere mich noch sehr gut;
als ich an einer Mönchswiese vorbeikam
und der Hunger, die Gelegenheit, das zarte Gras und auch, glaube ich,
irgendein Teufel mich trieb,
schor ich von dieser Wiese die Breite meiner Zunge.
Ich hatte keinerlei Recht dazu, um es ganz klar zu sagen.«
Bei diesen Worten schrie man Zeter und Mordio über das Langohr.
Ein Wolf von einiger Gelehrsamkeit bewies in seiner Rede,

Qu'il fallait dévouer ce maudit animal,
Ce pelé, ce galeux, d'où venait tout leur mal.
Sa peccadille fut jugée un cas pendable.
Manger l'herbe d'autrui! quel crime abominable!
Rien que la mort n'était capable
D'expier son forfait: on le lui fit bien voir.
Selon que vous serez puissant ou misérable,
Les jugements de cour vous rendront blanc ou noir.

6

La cour du lion

Sa Majesté Lionne un jour voulut connaître
De quelles nations le Ciel l'avait fait maître.
Il manda donc par députés
Ses vassaux de toute nature,
Envoyant de tous les côtés
Une circulaire écriture,
Avec son sceau. L'écrit portait
Qu'un mois durant le Roi tiendrait
Cour plénière, dont l'ouverture
Devait être un fort grand festin,
Suivi des tours de Fagotin.
Par ce trait de magnificence
Le Prince à ses sujets étalait sa puissance.
En son Louvre il les invita.
Quel Louvre! un vrai charnier, dont l'odeur se porta
D'abord au nez des gens. L'Ours boucha sa narine:

daß man dieses verfluchte Tier opfern müsse,
diesen Glatzkopf, dieses räudige Vieh, von dem all ihr Übel kam.
Sein Sündchen wurde als Henkersfall beurteilt.
Das Gras eines anderen fressen! Welch abscheuliches Verbrechen!
Nur der Tod konnte
seine Missetat sühnen. Man ließ es ihn sehr gut spüren.
Je nachdem, ob ihr nun mächtig seid oder schwach,
macht euch der Urteilsspruch des Hofes weiß oder schwarz.

6

Der Hof des Löwen

Seine Majestät der Löwe wollte eines Tages wissen,
über welche Völker der Himmel ihn zum Herrn gemacht hatte.
Durch Abgesandte rief er also
seine Vasallen aller Art zusammen
und schickte in alle Himmelsrichtungen
einen Rundbrief
mit seinem Siegel. Die Schrift besagte,
daß einen Monat lang der König
Hofrat halte, dessen Eröffnung
ein sehr großes Festgelage sein solle,
gefolgt von den Kunststücken Fagotins.
Durch solche Prachtentfaltung
wollte der Fürst seinen Untertanen seine Macht zur Schau stellen.
In seinen Louvre lud er sie ein.
Welch ein Louvre! Ein wahres Beinhaus, dessen Gestank
den Leuten alsbald in die Nase stieg. Der Bär stopfte sich die Nasenlöcher zu:

Il se fût bien passé de faire cette mine,
Sa grimace déplut. Le Monarque irrité
L'envoya chez Pluton faire le dégoûté.
Le Singe approuva fort cette sévérité,
Et flatteur excessif il loua la colère
Et la griffe du Prince, et l'antre, et cette odeur:
Il n'était ambre, il n'était fleur,
Qui ne fût ail au prix. Sa sotte flatterie
Eut un mauvais succès, et fut encor punie.
Ce Monseigneur du Lion-là
Fut parent de Caligula.
Le Renard étant proche: Or çà, lui dit le Sire,
Que sens-tu? dis-le-moi: parle sans déguiser.
L'autre aussitôt de s'excuser,
Alléguant un grand rhume: il ne pouvait que dire
Sans odorat; bref, il s'en tire.
Ceci vous sert d'enseignement:
Ne soyez à la cour, si vous voulez y plaire,
Ni fade adulateur, ni parleur trop sincère;
Et tâchez quelquefois de répondre en Normand.

9

La laitière et le pot au lait

Perrette sur sa tête ayant un Pot au lait
Bien posé sur un coussinet,
Prétendait arriver sans encombre à la ville.

Er hätte besser darauf verzichtet, ein solches Gesicht zu machen;
seine Grimasse mißfiel. Der verärgerte Monarch
schickte ihn zu Pluto, um dort den Angewiderten zu spielen.
Der Affe billigte diese Strenge sehr
und lobte als maßloser Schmeichler den Zorn
und die Pranke des Fürsten und die Höhle und den Gestank.
Amber und Blumen
seien Knoblauch im Vergleich dazu. Seine dreiste Schmeichelei
fand ein böses Ende und wurde noch dazu bestraft.
Unser Herr von Löwe da
war verwandt mit Caligula.
Der Fuchs stand dicht dabei: »Nun«, sprach zu ihm der Fürst,
»was riechst du? Sag es mir! Sprich, ohne etwas zu entstellen!«
Der andere lehnte augenblicklich dankend ab
und schützte einen großen Schnupfen vor: Er könne ohne
Geruchssinn nichts sagen. Kurz, er zieht sich aus der Affäre.
Dies dient euch als Lehre:
Seid am Hofe, wenn ihr dort gefallen wollt,
nicht platter Schmeichler, noch redet allzu offen,
und versucht mitunter, auf Normannisch zu antworten.

9

Das Milchmädchen und der Milchkrug

Perrette, einen Milchkrug auf dem Kopf,
sorgsam auf ein kleines Kissen gestellt,
wollte ohne Schaden in die Stadt gelangen.

Légère et court vêtue elle allait à grands pas;
Ayant mis ce jour-là, pour être plus agile,
    Cotillon simple, et souliers plats.
    Notre laitière ainsi troussée
    Comptait déjà dans sa pensée
Tout le prix de son lait, en employait l'argent,
Achetait un cent d'œufs, faisait triple couvée;
La chose allait à bien par son soin diligent.
    Il m'est, disait-elle, facile,
D'élever des poulets autour de ma maison:
    Le Renard sera bien habile,
S'il ne m'en laisse assez pour avoir un cochon.
Le porc à s'engraisser coûtera peu de son;
Il était quand je l'eus de grosseur raisonnable:
J'aurai le revendant de l'argent bel et bon.
Et qui m'empêchera de mettre en notre étable,
Vu le prix dont il est, une vache et son veau,
Que je verrai sauter au milieu du troupeau?
Perrette là-dessus saute aussi, transportée.
Le lait tombe; adieu veau, vache, cochon, couvée;
La dame de ces biens, quittant d'un œil marri
    Sa fortune ainsi répandue,
    Va s'excuser à son mari
    En grand danger d'être battue.
    Le récit en farce en fut fait;
    On l'appela *le Pot au lait.*

    Quel esprit ne bat la campagne?
    Qui ne fait châteaux en Espagne?

Leichtfüßig und kurz gekleidet, ging sie schnellen Schritts einher;
denn sie trug heute, um beweglicher zu sein,
einen einfachen Rock und flache Schuh.
Unser Milchmädchen, also leicht geschürzt,
errechnete in Gedanken schon
den Gesamtpreis ihrer Milch, legte das Geld schon an,
kaufte hundert Eier und ließ die Hühner dreifach brüten.
Dank ihrer großen Sorgfalt lief die Sache gut.
»Es ist mir«, sprach sie, »ein leichtes,
rund um mein Haus herum Hühner aufzuziehen;
der Fuchs müßte schon sehr gerissen sein,
wenn er mir nicht genug läßt, ein Schwein davon zu kaufen.
Um fett zu werden, wird das Schwein nur wenig Kleie kosten;
es war, als ich's bekam, von angemessener Dicke.
Wenn ich's verkaufe, bekomme ich ein hübsches Sümmchen Geld.
Und wer wird mich denn hindern, angesichts des Preises, den es wert ist,
eine Kuh und ihr Kalb in unseren Stall zu stellen,
das ich bald inmitten einer Herde werde springen sehen?«
Verzückt tut daraufhin auch Perrette einen Sprung:
Der Milchkrug fällt; und hin sind Kalb, Kuh, Schwein und Küken.
Die Herrin all dieser Güter wendet sich betrübten Auges
von ihrem so zerflossenen Vermögen ab,
wird sich entschuldigen bei ihrem Herrn Gemahl
und läuft große Gefahr, geprügelt zu werden.
Ein Schwank wurde aus der Geschichte gemacht
und *Milchkrug* er genannt.

Wer schweift nicht gerne in die Ferne?
Wer baut nicht gerne Luftschlösser?

Picrochole, Pyrrhus, la Laitière, enfin tous,
Autant les sages que les fous?
Chacun songe en veillant, il n'est rien de plus doux:
Une flatteuse erreur emporte alors nos âmes:
Tout le bien du monde est à nous,
Tous les honneurs, toutes les femmes.
Quand je suis seul, je fais au plus brave un défi;
Je m'écarte, je vais détrôner le Sophi;
On m'élit roi, mon peuple m'aime;
Les diadèmes vont sur ma tête pleuvant:
Quelque accident fait-il que je rentre en moi-même;
Je suis gros Jean comme devant.

11

L'homme qui court après la fortune, et l'homme qui l'attend dans son lit

Qui ne court après la Fortune?
Je voudrais être en lieu d'où je pusse aisément
Contempler la foule importune
De ceux qui cherchent vainement
Cette fille du sort de Royaume en Royaume,
Fidèles courtisans d'un volage fantôme.
Quand ils sont près du bon moment,
L'inconstante aussitôt à leurs désirs échappe:
Pauvres gens, je les plains, car on a pour les fous
Plus de pitié que de courroux.

Picrocholus, Pyrrhus, das Milchmädchen, kurz alle,
die Weisen ebenso wie die Narren?
Wachend hängt ein jeder Träumen nach; Lieblicheres gibt es nicht.
Schmeichelnde Trugbilder ergreifen dann unsere Seele;
aller Reichtum dieser Welt gehört dann uns;
alle Ehren, alle Frauen.
Wenn ich mit mir allein bin, fordere ich den Tapfersten noch heraus;
ich versteige mich: Ich werde Persiens Schah entthronen.
Zum König wählt man mich; mein Volk liebt mich;
die Diademe regnen auf mein Haupt herab:
Bewirkt ein Zufall, daß ich wieder zu mir komme,
bin ich Klein-Hans wie zuvor.

11

Der Mensch, der dem Glück hinterherläuft, und der Mensch, der in seinem Bett darauf wartet

Wer läuft nicht dem Glück hinterher?
Ich möchte gern an einem Orte sein, von dem aus ich leicht
die aufdringliche Schar derer
betrachten kann, die vergeblich
diese Tochter des Schicksals von Königreich zu Königreich suchen,
getreue Höflinge eines launischen Phantoms.
Wenn sie dem günstigen Augenblick nahe sind,
entwischt die Unbeständige flugs ihren Wünschen:
Arme Teufel, sie tun mir leid; denn man empfindet für Narren
eher Mitleid als Zorn.

Cet homme, disent-ils, était planteur de choux,
Et le voilà devenu pape:
Ne le valons-nous pas? – Vous valez cent fois mieux;
Mais que vous sert votre mérite?
La Fortune a-t-elle des yeux?
Et puis la papauté vaut-elle ce qu'on quitte,
Le repos, le repos, trésor si précieux
Qu'on en faisait jadis le partage des Dieux?
Rarement la Fortune à ses hôtes le laisse.
Ne cherchez point cette Déesse,
Elle vous cherchera; son sexe en use ainsi.
Certain couple d'amis en un bourg établi,
Possédait quelque bien: l'un soupirait sans cesse
Pour la Fortune; il dit à l'autre un jour:
Si nous quittions notre séjour?
Vous savez que nul n'est prophète
En son pays: cherchons notre aventure ailleurs.
– Cherchez, dit l'autre ami, pour moi je ne souhaite
Ni climats ni destins meilleurs.
Contentez-vous; suivez votre humeur inquiète;
Vous reviendrez bientôt. Je fais vœu cependant
De dormir en vous attendant.
L'ambitieux, ou, si l'on veut, l'avare,
S'en va par voie et par chemin.
Il arriva le lendemain
En un lieu que devait la Déesse bizarre
Fréquenter sur tout autre; et ce lieu c'est la cour.
Là donc pour quelque temps il fixe son séjour,
Se trouvant au coucher, au lever, à ces heures
Que l'on sait être les meilleures;

»Dieser Mann«, sagen sie, »hat früher Kohl gepflanzt,
und jetzt ist er Papst geworden.
Sind wir nicht genauso viel wert?« – »Ihr seid hundertmal mehr wert;
doch was nützt euch euer Verdienst?
Hat Fortuna etwa Augen?
Und ist das Amt des Papstes das wert, was man aufgibt:
Die Ruhe, die Ruhe, diesen so kostbaren Schatz,
daß man sie einst zum Erbteil der Götter machte?
Selten läßt Fortuna sie jenen, bei denen sie einkehrt.
Sucht darum diese Göttin nicht;
sie wird euch schon suchen; das entspricht ihrem Geschlecht.«
Ein Freundespaar, das in einem Dorfe wohnte,
besaß ein kleines Vermögen; der eine sehnte sich ohne Unterlaß
nach dem Glück und sprach eines Tages zum anderen:
»Wenn wir unser Heim verließen?
Ihr wißt, der Prophet gilt nichts
im eigenen Land; suchen wir unser Glück anderswo!« –
»So sucht doch!« sprach der andere Freund, »was mich betrifft, ich wünsche mir
kein beßres Klima und Geschick.
Befriedigt Euer Verlangen; folgt Eurem unsteten Herzen;
Ihr werdet bald zurückkommen. Ich indes verspreche,
zu schlafen und auf Euch zu warten.«
Der Ehrgeizige, oder, wenn man so will, der Habgierige,
zieht über Wege und Straßen von dannen.
Am folgenden Tag kam er
an einen Ort, den die launische Göttin, wie es hieß,
vor allen anderen zu besuchen pflegt; und dieser Ort ist der Hof.
Dort also läßt er sich für einige Zeit nieder,
findet sich ein beim Zubettgehen und Aufstehen des Königs, zu all den Stunden,
die man als die günstigsten kennt;

Bref, se trouvant à tout, et n'arrivant à rien.
Qu'est ceci? ce dit-il, cherchons ailleurs du bien.
La Fortune pourtant habite ces demeures.
Je la vois tous les jours entrer chez celui-ci,
Chez celui-là; d'où vient qu'aussi
Je ne puis héberger cette capricieuse?
On me l'avait bien dit, que des gens de ce lieu
L'on n'aime pas toujours l'humeur ambitieuse.
Adieu Messieurs de cour; Messieurs de cour adieu:
Suivez jusques au bout une ombre qui vous flatte.
La Fortune a, dit-on, des temples à Surate;
Allons là. Ce fut un de dire et s'embarquer.
Âmes de bronze, humains, celui-là fut sans doute
Armé de diamant, qui tenta cette route,
Et le premier osa l'abîme défier.
Celui-ci pendant son voyage
Tourna les yeux vers son village
Plus d'une fois, essuyant les dangers
Des pirates, des vents, du calme et des rochers,
Ministres de la mort. Avec beaucoup de peines
On s'en va la chercher en des rives lointaines,
La trouvant assez tôt sans quitter la maison.
L'homme arrive au Mogol; on lui dit qu'au Japon
La Fortune pour lors distribuait ses grâces.
Il y court; les mers étaient lasses
De le porter; et tout le fruit
Qu'il tira de ses longs voyages,
Ce fut cette leçon que donnent les sauvages:
Demeure en ton pays, par la nature instruit.
Le Japon ne fut pas plus heureux à cet homme

kurz, er findet sich überall ein, und doch erreicht er nichts.
»Was ist denn das?« so sprach er, »suchen wir anderswo das Heil!
Und dennoch wohnt das Glück in diesen Mauern.
Ich sehe es jeden Tag bei diesem eintreten
und bei jenem. Woher kommt es, daß ich nicht ebenso
diese launische Göttin beherbergen kann?
Man hatte es mir wohl gesagt, daß man nicht immer
das ehrgeizige Wesen der Menschen dieses Ortes liebt.
Ade, ihr Herrn von Hof; ihr Herrn von Hof, ade!
Jagt bis zum Ende einem trügerischen Schatten nach!
Das Glück, sagt man, hat Tempel in Surate.
Dorthin laßt uns gehen!« Gesagt, getan; schon war er eingeschifft.
Ihr Seelen aus Erz, ihr Menschen! Jener war zweifellos
mit Diamanten gepanzert, der diese Route in Angriff nahm
und als erster es wagte, dem Abgrund zu trotzen!
Unser Freund wandte während seiner Reise
mehr als einmal den Blick zu seinem Dorfe
zurück, als er den Gefahren
der Piraten, der Stürme, der Flaute und der Felsen ausgesetzt war,
Dienern des Todes. Mit vielen Mühen
macht man sich auf den Weg, um ihn an fernen Gestaden zu suchen,
und findet ihn doch früh genug, ohne das Haus zu verlassen.
Unser Mann kommt im Reich des Großmoguls an; man sagte ihm, daß in Japan
Fortuna gerade ihre Gunst verteile.
Er eilt dorthin; die Meere waren es leid,
ihn zu tragen; und der ganze Gewinn,
den er aus seinen langen Reisen zog,
war die Lehre, die uns die Wilden schon erteilen:
»Bleibe in deinem Land, und lerne von der Natur!«
Japan war für unseren Mann nicht glückbringender,

Que le Mogol l'avait été;
Ce qui lui fit conclure en somme,
Qu'il avait à grand tort son village quitté.
Il renonce aux courses ingrates,
Revient en son pays, voit de loin ses pénates,
Pleure de joie, et dit: Heureux, qui vit chez soi;
De régler ses désirs faisant tout son emploi.
Il ne sait que par ouïr dire
Ce que c'est que la cour, la mer, et ton empire,
Fortune, qui nous fais passer devant les yeux
Des dignités, des biens, que jusqu'au bout du monde
On suit, sans que l'effet aux promesses réponde.
Désormais je ne bouge, et ferai cent fois mieux.
En raisonnant de cette sorte,
Et contre la Fortune ayant pris ce conseil,
Il la trouve assise à la porte
De son ami plongé dans un profond sommeil.

13

L'ingratitude et l'injustice des hommes envers la fortune

Un trafiquant sur mer par bonheur s'enrichit.
Il triompha des vents pendant plus d'un voyage,
Gouffre, banc, ni rocher, n'exigea de péage
D'aucun de ses ballots; le sort l'en affranchit.

als es das Reich des Großmoguls gewesen war;
das ließ ihn zu dem Schluß kommen,
daß er sehr zu Unrecht sein Dorf verlassen hatte.
Er entsagt der undankbaren Jagd,
kehrt in sein Land zurück, sieht von weitem sein trautes Heim,
weint vor Freude und sagt: »Glücklich, wer daheim lebt
und sein ganzes Augenmerk darauf richtet, seine Wünsche zu zügeln.
Er weiß nur vom Hörensagen,
was der Hof ist, was das Meer und Dein Reich,
Fortuna, die Du Reichtum und Würden vor unseren Augen
vorbeiziehen läßt, denen wir bis ans Ende der Welt
folgen, ohne daß das Ergebnis den Verheißungen entspricht.
Von jetzt an rühre ich mich nicht mehr fort und mache es damit hundertmal besser.«
Und während er also überlegte
und gegen Fortuna diesen Entschluß gefaßt hatte,
findet er sie sitzend an der Pforte
seines Freundes, der in tiefem Schlafe liegt.

13

Die Undankbarkeit und Ungerechtigkeit der Menschen gegenüber dem Schicksal

Ein Handelsherr wurde durch glückliche Umstände auf dem Meer reich.
Er bezwang die Winde auf mehr als einer Reise.
Weder Abgrund, Sandbank noch Fels verlangten Wegezoll
von auch nur einem seiner Warenballen; das Schicksal ersparte es ihm.

Sur tous ses compagnons Atropos et Neptune
Recueillirent leur droit tandis que la Fortune
Prenait soin d'amener son marchand à bon port.
Facteurs, associés, chacun lui fut fidèle.
Il vendit son tabac, son sucre, sa canèle
  Ce qu'il voulut, sa porcelaine encor:
Le luxe et la folie enflèrent son trésor;
    Bref il plut dans son escarcelle.
On ne parlait chez lui que par doubles ducats.
Et mon homme d'avoir chiens, chevaux et carrosses.
    Ses jours de jeûne étaient des noces.
Un sien ami, voyant ces somptueux repas,
Lui dit: Et d'où vient donc un si bon ordinaire?
– Et d'où me viendrait-il que de mon savoir-faire?
Je n'en dois rien qu'à moi, qu'à mes soins, qu'au talent
De risquer à propos, et bien placer l'argent.
Le profit lui semblant une fort douce chose,
Il risqua de nouveau le gain qu'il avait fait:
Mais rien, pour cette fois, ne lui vint à souhait.
    Son imprudence en fut la cause.
Un vaisseau mal frété périt au premier vent.
Un autre mal pourvu des armes nécessaires
    Fut enlevé par les Corsaires.
    Un troisième au port arrivant,
Rien n'eut cours ni débit. Le luxe et la folie
    N'étaient plus tels qu'auparavant.
    Enfin ses facteurs le trompant,

Von allen seinen Kollegen verlangten Atropos und Neptun
ihren Tribut, während Fortuna
dafür sorgte, daß ihr Handelsmann in den sicheren Hafen geführt wurde.
Zulieferer, Teilhaber, alle waren sie ehrlich zu ihm.
Er verkaufte seinen Tabak, seinen Zucker, seinen Zimt zu Preisen,
wie er sie festsetzte, sein Porzellan noch dazu.
Luxus und Torheit ließen sein Vermögen anschwellen.
Kurz, ein warmer Regen fiel in seine Geldkatze.
Man rechnete bei ihm nur noch in doppelten Dukaten;
und der Gute hatte Hunde, Pferde und Karossen.
Seine Fastentage waren Festgelage.
Einer seiner Freunde, der die üppigen Gastmahle sah,
sprach zu ihm: »Und woher kommt dir tagtäglich das Beste vom Besten?« –
»Woher sollte es mir wohl kommen, wenn nicht von meiner Geschicklichkeit?
Ich verdanke alles nur mir, nur meinen Anstrengungen, nur meinem Talent,
im rechten Augenblick mein Geld einzusetzen und es gut anzulegen.«
Da der Profit ihm eine höchst verlockende Sache schien,
riskierte er von neuem den Gewinn, den er gemacht hatte.
Doch diesmal geriet ihm nichts nach Wunsch.
Seine Unvorsichtigkeit war der Grund dafür.
Ein nachlässig angeheuertes Schiff sank im erstbesten Wind.
Ein anderes, nur unzureichend mit den nötigen Waffen ausgestattet,
wurde von Seeräubern entführt.
Als ein drittes im Hafen ankam,
war nichts mehr in Mode, fand nichts mehr Absatz. Luxus und Torheit
waren nicht mehr dieselben wie früher.
Da ihn schließlich auch seine Zulieferer betrogen

Et lui-même ayant fait grand fracas, chère lie,
Mis beaucoup en plaisirs, en bâtiments beaucoup,
Il devint pauvre tout d'un coup.
Son ami le voyant en mauvais équipage,
Lui dit: D'où vient cela? – De la fortune, hélas!
– Consolez-vous, dit l'autre; et s'il ne lui plaît pas
Que vous soyez heureux, tout au moins soyez sage.
Je ne sais s'il crut ce conseil;
Mais je sais que chacun impute, en cas pareil,
Son bonheur à son industrie,
Et si de quelque échec notre faute est suivie,
Nous disons injures au sort.
Chose n'est ici plus commune:
Le bien nous le faisons, le mal c'est la fortune,
On a toujours raison, le destin toujours tort.

15

Le chat, la belette, et le petit lapin

Du palais d'un jeune Lapin
Dame Belette un beau matin
S'empara; c'est une rusée.
Le Maître étant absent, ce lui fut chose aisée.
Elle porta chez lui ses pénates un jour
Qu'il était allé faire à l'Aurore sa cour,
Parmi le thym et la rosée.

und er selbst viel Aufwand betrieben, ein feucht-fröhliches Leben geführt,
für Vergnügungen viel und viel auch für Bauten ausgegeben hatte,
wurde er mit einem Schlage arm.
Als sein Freund ihn in solch schlimmem Zustand sah,
sprach er zu ihm: »Woher kommt denn das?« – »Ach, das Schicksal hat es so gewollt!«
»Tröstet Euch«, sprach der andere, »und wenn es schon nicht will,
daß Ihr glücklich seid, dann seid zumindest klug.«
Ich weiß nicht, ob er diesen Rat befolgte;
doch weiß ich, daß ein jeder in einem solchen Fall
sein Glück seiner Geschicklichkeit zuschreibt,
und wenn unserem Fehler ein Scheitern folgt,
dann hadern wir mit dem Schicksal.
Nichts ist auf Erden alltäglicher.
Das Gute, das schaffen w i r ; das Schlechte nur das Schicksal.
Recht haben immer w i r , das Schicksal immer unrecht.

15

Der Kater, das Wiesel und der kleine Hase

Des Palastes eines jungen Hasen
bemächtigte eines schönen Morgens
Dame Wiesel sich. Die war gerissen!
Da der Hausherr fort war, fiel ihr das leicht.
Eines Tages trug sie ihren Hausrat zu ihm,
als er gerade aufgebrochen war, Aurora seine Aufwartung zu machen
inmitten von Thymian und Tau.

Après qu'il eut brouté, trotté, fait tous ses tours,
Janot Lapin retourne aux souterrains séjours.
La Belette avait mis le nez à la fenêtre.
Ô Dieux hospitaliers, que vois-je ici paraître?
Dit l'animal chassé du paternel logis:
    Ô là, Madame la Belette,
    Que l'on déloge sans trompette,
Ou je vais avertir tous les rats du pays.
La Dame au nez pointu répondit que la terre
    Était au premier occupant.
    C'était un beau sujet de guerre
Qu'un logis où lui-même il n'entrait qu'en rampant.
    Et quand ce serait un Royaume
Je voudrais bien savoir, dit-elle, quelle loi
    En a pour toujours fait l'octroi
À Jean fils ou neveu de Pierre ou de Guillaume,
    Plutôt qu'à Paul, plutôt qu'à moi.
Jean Lapin allégua la coutume et l'usage.
Ce sont, dit-il, leurs lois qui m'ont de ce logis
Rendu maître et seigneur, et qui de père en fils,
L'ont de Pierre à Simon, puis à moi Jean, transmis.
Le premier occupant est-ce une loi plus sage?
    – Or bien sans crier davantage,
Rapportons-nous, dit-elle, à Raminagrobis.

Als er gegrast, herumgehoppelt und sich überall getummelt hatte,
kehrt Hänschen Lampe wieder zum unterirdischen Bau zurück.
Das Wiesel hatte gerade die Nase zum Fenster herausgestreckt.
»O Götter der Gastfreundschaft, was seh ich hier erscheinen?«
sprach das aus der väterlichen Behausung vertriebene Tier.
»Holla, Frau Wiesel,
daß man sich schnellstens aus dem Staube mache,
oder ich schicke Euch alle Ratten der Gegend auf den Hals.«
Frau Spitznase antwortete, die Erde
gehöre dem ersten, der sie mit Beschlag belege.
Das war ein hübscher Kriegsgrund,
dieser Bau, in den er selbst nur auf allen vieren hineinkriechen konnte.
»Und wäre es ein Königreich,
möchte ich doch wohl wissen«, sprach sie, »welches Gesetz
es für alle Zeiten eher Hans,
dem Sohn oder Neffen von Peter oder Wilhelm, zugesprochen hat
als Paul oder mir.«
Hans Lampe berief sich auf das Gewohnheitsrecht und die Nutznießung.
»Es sind«, sprach er, »ihre Gesetze, die mich zum Herrn und Gebieter
dieses Baues gemacht haben und die, vom Vater auf den Sohn,
es von Peter auf Simon, dann auf mich, Hans, vererbt haben.
Der erste Besetzer, ist das etwa ein weiseres Gesetz?« –
»Nun gut. Ohne weiter zu streiten,
wenden wir uns«, sprach sie, »an Raminagrobis.«

C'était un chat vivant comme un dévot ermite,
Un chat faisant la chattemite,
Un saint homme de chat, bien fourré, gros et gras,
Arbitre expert sur tous les cas.
Jean Lapin pour juge l'agrée.
Les voilà tous deux arrivés
Devant sa majesté fourrée.
Grippeminaud leur dit: Mes enfants, approchez,
Approchez, je suis sourd, les ans en sont la cause.
L'un et l'autre approcha ne craignant nulle chose.
Aussitôt qu'à portée il vit les contestants,
Grippeminaud le bon apôtre
Jetant des deux côtés la griffe en même temps,
Mit les plaideurs d'accord en croquant l'un et l'autre.
Ceci ressemble fort aux débats qu'ont parfois
Les petits souverains se rapportants aux Rois.

17

Un animal dans la lune

Pendant qu'un Philosophe assure,
Que toujours par leurs sens les hommes sont dupés,
Un autre Philosophe jure,
Qu'ils ne nous ont jamais trompés.
Tous les deux ont raison, et la Philosophie
Dit vrai, quand elle dit que les sens tromperont
Tant que sur leur rapport les hommes jugeront;
Mais aussi si l'on rectifie

Das war ein Kater, der wie ein gottesfürchtiger Eremit lebte,
ein Kater, der das sanfte Kätzchen mimte,
ein wahrer Katzenheiliger, in dichtem Pelz, dick und fett,
ein Richter, erfahren in allen Fällen.
Hans Lampe stimmt ihm als Schlichter zu.
Da stehen sie nun beide
vor seiner heimtückischen Majestät.
Grapschpfote sprach zu ihnen: »Kommt näher, meine Kinder!
Näher noch. Ich bin taub; die Jahre sind der Grund dafür.«
Der eine wie der andere trat, nichts Böses ahnend, näher.
Sobald er die Kläger in Reichweite sah, schlug
Grapschpfote, der scheinheilige Bursche,
mit den Krallen gleichzeitig nach beiden Seiten und
söhnte die Streithähne aus, indem er beide verschlang.
Das ähnelt stark den Streitigkeiten, zu deren Schlichtung sich mitunter
die kleinen Souveräne an die Könige wenden.

17

Ein Tier im Mond

Während der eine Philosoph versichert,
daß die Menschen durch ihre Sinne immer getäuscht werden,
schwört der andere Philosoph,
daß sie uns nie betrogen haben.
Alle beide haben recht, und die Philosophie
spricht wahr, wenn sie sagt, daß die Sinne so lange täuschen werden,
wie die Menschen auf ihren Bericht hin urteilen.
Wenn man hingegen das Bild des Gegenstandes

L'image de l'objet sur son éloignement,
Sur le milieu qui l'environne,
Sur l'organe et sur l'instrument,
Les sens ne tromperont personne.
La nature ordonna ces choses sagement:
J'en dirai quelque jour les raisons amplement.
J'aperçois le Soleil; quelle en est la figure?
Ici-bas ce grand corps n'a que trois pieds de tour:
Mais si je le voyais là-haut dans son séjour,
Que serait-ce à mes yeux que l'œil de la nature?
Sa distance me fait juger de sa grandeur;
Sur l'angle et les côtés ma main la détermine;
L'ignorant le croit plat, j'épaissis sa rondeur;
Je le rends immobile, et la terre chemine.
Bref je démens mes yeux en toute sa machine.
Ce sens ne me nuit point par son illusion.
Mon âme en toute occasion
Développe le vrai caché sous l'apparence.
Je ne suis point d'intelligence
Avecque mes regards peut-être un peu trop prompts,
Ni mon oreille lente à m'apporter les sons.
Quand l'eau courbe un bâton ma raison le redresse,
La raison décide en maîtresse.
Mes yeux, moyennant ce secours,
Ne me trompent jamais, en me mentant toujours.
Si je crois leur rapport, erreur assez commune,
Une tête de femme est au corps de la Lune.
Y peut-elle être? Non. D'où vient donc cet objet?

berichtigt entsprechend seiner Entfernung,
dem Milieu, das es umgibt,
dem Erkenntnisorgan und dem Instrument,
trügen die Sinne niemanden.
Die Natur hat diese Dinge weise eingerichtet.
Ich werde eines Tages die entsprechenden Gründe ausführlich darstellen.
Ich nehme die Sonne wahr. Welches ist ihre Gestalt?
Hier unten hat ihr großer Körper nur drei Fuß Umfang;
doch wenn ich selbst sie dort oben an ihrem Platze sähe,
was wäre es dann für meine Augen, dies Auge der Natur?
Ihre Entfernung erlaubt mir ein Urteil über ihre Größe;
aufgrund des Winkels und der Seiten setzt meine Hand sie fest;
der Dummkopf glaubt, sie sei flach, ich gebe ihrer Rundung Fülle;
ich mache sie unbeweglich, und die Erde zieht ihres Weges.
Kurz, ich strafe meine Augen im ganzen Weltenrund Lügen.
Dieser Sinn schadet mir durch seine Illusion mitnichten.
Mein Geist enthüllt in jedem Fall
die unter der äußeren Erscheinung verborgene Wahrheit.
Ich bin gar nicht einverstanden
mit meinen Blicken, die vielleicht ein wenig zu voreilig sind,
noch mit meinem Ohr, das mir die Geräusche nur langsam heranträgt.
Wenn das Wasser einen Stab krümmt, macht mein Verstand ihn wieder gerade;
die Vernunft entscheidet souverän.
Mittels dieser Hilfe trügen
meine Augen mich nie, auch wenn sie mich immer belügen.
Wenn ich ihrem Bericht glaube – ein recht alltäglicher Irrtum –,
erscheint im Körper des Mondes der Kopf einer Frau.
Kann er dort sein? Nein! Woher kommt also dieses Schauspiel?

Quelques lieux inégaux font de loin cet effet.
La Lune nulle part n'a sa surface unie:
Montueuse en des lieux, en d'autres aplanie,
L'ombre avec la lumière y peut tracer souvent
    Un Homme, un Bœuf, un Éléphant.
Naguère l'Angleterre y vit chose pareille.
La lunette placée, un animal nouveau
    Parut dans cet astre si beau;
    Et chacun de crier merveille:
Il était arrivé là-haut un changement
Qui présageait sans doute un grand événement.
Savait-on si la guerre entre tant de puissances
N'en était point l'effet? Le Monarque accourut:
Il favorise en Roi ces hautes connaissances.
Le Monstre dans la Lune à son tour lui parut.
C'était une Souris cachée entre les verres:
Dans la lunette était la source de ces guerres.
On en rit. Peuple heureux, quand pourront les François
Se donner, comme vous, entiers à ces emplois?
Mars nous fait recueillir d'amples moissons de gloire:
C'est à nos ennemis de craindre les combats,
À nous de les chercher, certains que la victoire,
Amante de Louis, suivra partout ses pas.
Ses lauriers nous rendront célèbres dans l'histoire.
    Même les filles de Mémoire
Ne nous ont point quittés: nous goûtons des plaisirs:
La paix fait nos souhaits et non point nos soupirs.
Charles en sait jouir: Il saurait dans la guerre
Signaler sa valeur, et mener l'Angleterre
À ces jeux qu'en repos elle voit aujourd'hui.

Einige unebene Orte rufen von weitem diese Wirkung hervor.
Der Mond hat keine ebene Oberfläche:
Gebirgig an gewissen Stellen, an anderen flach,
kann der Schatten mit dem Lichte dort oft
einen Menschen, einen Ochsen, einen Elefanten zeichnen.
Unlängst sah England dort etwas Ähnliches.
Kaum hatte man das Fernrohr aufgestellt, erschien ein neues Tier
in diesem so schönen Gestirn,
und ein jeder rief »O Wunder!«
Es war dort oben eine Veränderung eingetreten,
die ohne Zweifel ein großes Ereignis voraussagte.
Wußte man denn, ob der Krieg zwischen so vielen Mächten
nicht dessen Folge war? Der Monarch eilte herbei.
Er fördert als König diese hohen Wissenschaften.
Das Ungeheuer im Mond erschien ihm seinerseits.
Es war eine Maus, die sich zwischen den Linsen verkrochen hatte.
Im Fernrohr steckte also die Quelle dieser Kriege.
Man lachte darüber. Glückliches Volk, wann werden die Franzosen
wie ihr sich ganz solchen Tätigkeiten widmen können?
Mars läßt uns reiche Ruhmesgaben ernten:
Unseren Feinden steht es an, die Kriege zu fürchten,
uns aber, sie zu suchen, in der Gewißheit, daß der Sieg,
Ludwigs Geliebte, überall seinen Schritten folgt.
Seine Lorbeerkränze werden uns in der Geschichte berühmt machen.
Selbst Mnemosynes Töchter
haben uns nicht verlassen: Wir kosten Freuden.
Der Frieden ist Gegenstand unserer Wünsche und nicht Grund unserer Tränen.
Karl weiß sich seiner zu erfreuen. Er könnte im Krieg
seine Tapferkeit unter Beweis stellen und England
zu jenen Spielen führen, die es heute in Ruhe genießt.

Cependant s'il pouvait apaiser la querelle,
Que d'encens! Est-il rien de plus digne de lui?
La carrière d'Auguste a-t-elle été moins belle
Que les fameux exploits du premier des Césars?
Ô peuple trop heureux, quand la paix viendra-t-elle
Nous rendre comme vous tout entiers aux beaux-arts?

Wenn er indessen den Streit schlichten könnte,
welch Weihrauch! Gibt es etwas, das seiner würdiger wäre?
War des Augustus Laufbahn weniger schön
als die berühmten Heldentaten des ersten der Cäsaren?
O allzu glückliches Volk, wann wird der Frieden kommen,
um uns wie euch den Künsten ganz zurückzugeben?

Livre huitième

3

Le lion, le loup, et le renard

Un Lion décrépit, goutteux, n'en pouvant plus,
Voulait que l'on trouvât remède à la vieillesse:
Alléguer l'impossible aux Rois, c'est un abus.
    Celui-ci parmi chaque espèce
Manda des Médecins; il en est de tous arts:
Médecins au Lion viennent de toutes parts;
De tous côtés lui vient des donneurs de recettes.
    Dans les visites qui sont faites,
Le Renard se dispense, et se tient clos et coi.
Le Loup en fait sa cour, daube au coucher du Roi
Son camarade absent; le Prince tout à l'heure
Veut qu'on aille enfumer Renard dans sa demeure,
Qu'on le fasse venir. Il vient, est présenté;
Et, sachant que le Loup lui faisait cette affaire:
Je crains, Sire, dit-il, qu'un rapport peu sincère,
    Ne m'ait à mépris imputé
    D'avoir différé cet hommage;
    Mais j'étais en pèlerinage;
Et m'acquittais d'un vœu fait pour votre santé.
    Même j'ai vu dans mon voyage

Achtes Buch

3

Der Löwe, der Wolf und der Fuchs

Ein altersschwacher Löwe, gichtgeplagt, am Ende seiner Kräfte,
wünschte, daß man ein Heilmittel gegen das Alter finde:
Königen das Unmögliche vor Augen zu halten, ist ein Übergriff auf ihre Rechte.
Dieser hier ließ von jeder Tiergattung
Ärzte kommen; es gibt solche unterschiedlichster Richtung.
Ärzte strömen von überall her zum Löwen;
aus allen Himmelsrichtungen kommen Rezeptverschreiber zu ihm.
Bei den anschließenden Visiten
hält sich der Fuchs fern und bleibt mucksmäuschenstill.
Der Wolf zieht daraus seinen Nutzen, verleumdet beim Schlafengehen des Königs
seinen abwesenden Kameraden; augenblicklich möchte der Fürst,
daß man den Fuchs in seiner Höhle ausräuchere
und herbeischaffe. Er kommt, wird vorgeführt;
und da er wußte, daß der Wolf ihm diese Geschichte eingebrockt hatte,
sprach er: »Ich fürchte, Majestät, ein etwas unaufrichtiger Bericht
hat es mir als Geste der Verachtung ausgelegt,
die Huldigung aufgeschoben zu haben.
Doch war ich auf Wallfahrt
und löste ein Gelübde ein, das ich für Eure Gesundheit getan hatte.
Auf meiner Reise habe ich sogar

Gens experts et savants; leur ai dit la langueur
Dont votre Majesté craint à bon droit la suite.
Vous ne manquez que de chaleur:
Le long âge en vous l'a détruite:
D'un Loup écorché vif appliquez-vous la peau
Toute chaude et toute fumante;
Le secret sans doute en est beau
Pour la nature défaillante.
Messire Loup vous servira,
S'il vous plaît, de robe de chambre.
Le Roi goûte cet avis-là:
On écorche, on taille, on démembre
Messire Loup. Le Monarque en soupa,
Et de sa peau s'enveloppa;
Messieurs les courtisans, cessez de vous détruire:
Faites si vous pouvez votre cour sans vous nuire.
Le mal se rend chez vous au quadruple du bien.
Les daubeurs ont leur tour d'une ou d'autre manière:
Vous êtes dans une carrière
Où l'on ne se pardonne rien.

4

Le pouvoir des fables

À M. de Barillon

La qualité d'Ambassadeur
Peut-elle s'abaisser à des contes vulgaires?
Vous puis-je offrir mes vers et leurs grâces légères?
S'ils osent quelquefois prendre un air de grandeur,

erfahrene und kluge Leute gesehen; ich habe ihnen von dem Leiden berichtet,
dessen Folgen Eure Majestät aus gutem Grunde fürchtet.
Euch fehlt es nur an Wärme;
das hohe Alter hat sie in Euch aufgezehrt.
Das Fell eines lebend gehäuteten Wolfes zieht Euch
noch ganz warm und dampfend an;
das Rezept ist ganz ohne Zweifel gut,
wenn die Kräfte der Natur schwinden.
Meister Wolf wird Euch,
wenn's Euch beliebt, als Hausmantel dienen.«
Der König findet diesen Rat sehr gut:
Man enthäutet, man zerschneidet, man zergliedert
Meister Wolf. Der Monarch speiste davon
und umhüllte sich mit seinem Fell.
Ihr Herren Höflinge, hört auf, euch zu vernichten!
Erfüllt, wenn irgend möglich, des Hofes Pflichten, ohne euch zu schaden!
Das Böse wird bei euch viermal mehr als das Gute vergolten.
Die Verleumder kommen auf diese oder jene Weise selber an die Reihe.
Ihr befindet euch in einer Laufbahn,
in der man sich nichts verzeiht.

4

Die Macht der Fabeln

Herrn von Barillon gewidmet

Eines Botschafters Würde –
kann sie sich zu gewöhnlichen Erzählungen herablassen?
Darf ich Euch meine Verse und ihre leichte Anmut darbringen?
Wenn sie mitunter einen Hauch von Größe anzunehmen wagen,

Seront-ils point traités par vous de téméraires?
Vous avez bien d'autres affaires
À démêler que les débats
Du Lapin et de la Belette.
Lisez-les, ne les lisez pas;
Mais empêchez qu'on ne nous mette
Toute l'Europe sur les bras.
Que de mille endroits de la terre
Il nous vienne des ennemis,
J'y consens; mais que l'Angleterre
Veuille que nos deux Rois se lassent d'être amis,
J'ai peine à digérer la chose.
N'est-il point encor temps que Louis se repose?
Quel autre Hercule enfin ne se trouverait las
De combattre cette Hydre? et faut-il qu'elle oppose
Une nouvelle tête aux efforts de son bras?
Si votre esprit plein de souplesse,
Par éloquence, et par adresse,
Peut adoucir les cœurs, et détourner ce coup,
Je vous sacrifierai cent moutons; c'est beaucoup
Pour un habitant du Parnasse.
Cependant faites-moi la grâce
De prendre en don ce peu d'encens.
Prenez en gré mes vœux ardents,
Et le récit en vers qu'ici je vous dédie.
Son sujet vous convient; je n'en dirai pas plus:
Sur les Éloges que l'Envie
Doit avouer qui vous sont dus,
Vous ne voulez pas qu'on appuie.

Dans Athène autrefois peuple vain et léger,
Un Orateur voyant sa patrie en danger,
Courut à la Tribune; et d'un art tyrannique,
Voulant forcer les cœurs dans une république,

werden sie Euch dann nicht vermessen erscheinen?
Ihr habt wahrlich andere Angelegenheiten
zu entwirren als die Streitigkeiten
des Hasen und des Wiesels.
Lest sie, oder lest sie nicht;
doch verhindert, daß man uns
ganz Europa auf den Hals hetzt.
Daß aus tausend Winkeln der Erde
uns Feinde kommen,
das mag hingehen; doch daß England möchte,
daß unsere beiden Könige ihrer Freundschaft müde
werden,
das zu verdauen, habe ich Mühe.
Ist es denn noch nicht an der Zeit, daß Ludwig sich erhole?
Welch anderer Herkules wäre es schließlich nicht leid,
diese Hydra zu bekämpfen? Und muß sie seinem starken
Arm
ein neues Haupt entgegensetzen?
Wenn Euer Geist, beredt, geschmeidig
und geschickt,
die Herzen besänftigen und diesen Schlag abwenden kann,
will ich Euch hundert Schafe opfern; das ist viel
für einen Bewohner des Parnaß.
Erweist mir unterdessen die Gunst,
diese kleine Weihrauchgabe anzunehmen.
Nehmt meine heißen Wünsche wohlgefällig auf
und diesen Bericht in Versen, den ich Euch widme.
Sein Gegenstand paßt zu Euch; mehr sag ich nicht.
Auf dem Lob, das selbst der Neid
Euch billig zugesteht,
möchtet Ihr nicht, daß man beharre.

Einst zu Athen – von einem leichtfertigen und eitlen Volk
bewohnt –
lief ein Redner, als er sein Land in Gefahr sah,
zur Tribüne; mit tyrannischer Kunst
wollte er die Herzen bezwingen in einer Republik

Il parla fortement sur le commun salut.
On ne l'écoutait pas: l'Orateur recourut
À ces figures violentes
Qui savent exciter les âmes les plus lentes.
Il fit parler les morts, tonna, dit ce qu'il put.
Le vent emporta tout; personne ne s'émut.
L'animal aux têtes frivoles
Étant fait à ces traits, ne daignait l'écouter.
Tous regardaient ailleurs: il en vit s'arrêter
À des combats d'enfants, et point à ses paroles.
Que fit le harangueur? Il prit un autre tour.
Cérès, commença-t-il, faisait voyage un jour
Avec l'Anguille et l'Hirondelle:
Un fleuve les arrête; et l'Anguille en nageant,
Comme l'Hirondelle en volant,
Le traversa bientôt. L'assemblée à l'instant
Cria tout d'une voix: Et Cérès, que fit-elle?
– Ce qu'elle fit? un prompt courroux
L'anima d'abord contre vous.
Quoi, de contes d'enfants son peuple s'embarrasse!
Et du péril qui le menace
Lui seul entre les Grecs il néglige l'effet!
Que ne demandez-vous ce que Philippe fait?
À ce reproche l'assemblée,
Par l'Apologue réveillée,
Se donne entière à l'Orateur:
Un trait de Fable en eut l'honneur.
Nous sommes tous d'Athène en ce point; et moi-même,
Au moment que je fais cette moralité,
Si *Peau d'âne* m'était conté,
J'y prendrais un plaisir extrême.
Le monde est vieux, dit-on: je le crois, cependant
Il le faut amuser encor comme un enfant.

und sprach mit aller Kraft vom allgemeinen Wohl.
Man hörte ihm nicht zu. Der Redner griff zurück
auf jene heftigen rhetorischen Figuren,
die auch die trägsten Geister aufzuwühlen in der Lage sind.
Er ließ die Toten sprechen, donnerte, zog alle Register.
Der Wind trug alles fort; niemand erregte sich.
Das Tier mit den wertlosen Häuptern
geruhte, da es ja so beschaffen ist, nicht einmal hinzuhören.
Alle schauten anderswohin. Einige sah er
bei Kinderraufereien sich verweilen und nicht bei seinen Worten.
Was tat der Redner? Er wählte eine andere Redeweise.
»Ceres«, begann er, »machte eines Tages eine Reise
mit einem Aal und einer Schwalbe.
Ein Strom hält sie auf; und der Aal überwand schwimmend,
wie die Schwalbe im Flug,
ihn alsbald.« Sofort schrie die Versammlung
wie aus einem Mund: »Und Ceres! Was tat die?« –
»Was die tat? Ein rascher Zorn
erfüllte sie alsbald gegen euch.
Was! Um Kindergeschichten bekümmert sich ihr Volk
und vernachlässigt als einziges unter den Griechen die Folgen
der Gefahr, die es bedroht!
Warum fragt ihr nicht, was Philipp tut?«
Von der Fabel aufgeweckt,
widmet die Versammlung bei diesem Vorwurf
sich ganz dem Redner.
Einem geistreichen Stückchen Fabel kam die Ehre zu.
Wir stammen alle aus Athen in diesem Punkt; und ich selbst,
würde mir *Eselshaut* erzählt in diesem Augenblick,
da ich die Moral niederschreibe,
fände das größte Vergnügen dran.
Die Welt ist alt, sagt man. Ich glaub es gern. Indessen
muß man sie immer noch unterhalten wie ein Kind.

11

Les deux amis

Deux vrais amis vivaient au Monomotapa:
L'un ne possédait rien qui n'appartînt à l'autre:
Les amis de ce pays-là
Valent bien dit-on ceux du nôtre.
Une nuit que chacun s'occupait au sommeil,
Et mettait à profit l'absence du Soleil,
Un de nos deux Amis sort du lit en alarme:
Il court chez son intime, éveille les valets:
Morphée avait touché le seuil de ce palais.
L'Ami couché s'étonne, il prend sa bourse, il s'arme;
Vient trouver l'autre, et dit: Il vous arrive peu
De courir quand on dort; vous me paraissiez homme
À mieux user du temps destiné pour le somme:
N'auriez-vous point perdu tout votre argent au jeu?
En voici. S'il vous est venu quelque querelle,
J'ai mon épée, allons. Vous ennuyez-vous point
De coucher toujours seul? Une esclave assez belle
Était à mes côtés: voulez-vous qu'on l'appelle?
– Non, dit l'ami, ce n'est ni l'un ni l'autre point:
Je vous rends grâce de ce zèle.
Vous m'êtes en dormant un peu triste apparu;
J'ai craint qu'il ne fût vrai, je suis vite accouru.
Ce maudit songe en est la cause.
Qui d'eux aimait le mieux, que t'en semble, Lecteur?
Cette difficulté vaut bien qu'on la propose.
Qu'un ami véritable est une douce chose.
Il cherche vos besoins au fond de votre cœur;

11

Die beiden Freunde

Zwei wahre Freunde lebten einst in Monomotapa.
Keiner besaß etwas, das nicht dem anderen auch gehörte.
Die Freunde jenes Landes
sind, sagt man, gewiß soviel wert wie Freunde hierzulande.
Eines Nachts, als ein jeder sich dem Schlafe hingab
und die Abwesenheit der Sonne nutzte,
springt einer unserer Freunde erschrocken aus dem Bett,
eilt zu seinem Busenfreund, reißt die Diener aus dem Schlaf.
Morpheus hatte des Palastes Schwelle verzaubert.
Der schlafende Freund wundert sich, nimmt Geld und Waffen,
kommt zum anderen und spricht: »Es passiert Euch selten,
zur Schlafenszeit herumzulaufen; Ihr schienet mir jemand,
der die Zeit besser nutzt, die für den Schlaf bestimmt ist.
Habt Ihr etwa all Euer Geld im Spiel verloren?
Hier ist welches. Wenn Ihr in einen Streit geraten seid,
hier ist mein Schwert. Kommt! Seid Ihr es nicht leid,
immer allein zu schlafen? Eine recht schöne Sklavin
war an meiner Seite. Möchtet Ihr, daß man sie rufe?«
»Nein«, sprach der Freund, »es ist nicht der eine und nicht der andere Punkt.
Ich danke Euch für Euren Eifer.
Ihr seid mir, als ich schlief, ein wenig traurig erschienen.
Ich fürchtete, es sei wahr, und schnell bin ich herbeigeeilt.
Dieser unselige Traum ist der Grund dafür.«
Welcher von beiden liebte am aufrichtigsten? Was meinst Du, Leser, dazu?
Diese schwierige Frage ist es wohl wert, daß man sie stelle.
Welch lieblich Ding ist doch ein wahrer Freund!
Er sucht eure Bedürfnisse auf eures Herzens Grund.

Il vous épargne la pudeur
De les lui découvrir vous-même.
Un songe, un rien, tout lui fait peur
Quand il s'agit de ce qu'il aime.

14

Les obsèques de la lionne

La femme du Lion mourut:
Aussitôt chacun accourut
Pour s'acquitter envers le Prince
De certains compliments de consolation,
Qui sont surcroît d'affliction.
Il fit avertir sa Province
Que les obsèques se feraient
Un tel jour, en tel lieu; ses Prévôts y seraient
Pour régler la cérémonie,
Et pour placer la compagnie.
Jugez si chacun s'y trouva.
Le Prince aux cris s'abandonna,
Et tout son antre en résonna.
Les Lions n'ont point d'autre temple.
On entendit à son exemple
Rugir en leurs patois Messieurs les Courtisans.
Je définis la cour un pays où les gens
Tristes, gais, prêts à tout, à tout indifférents,
Sont ce qu'il plaît au Prince, ou s'ils ne peuvent l'être,
Tâchent au moins de le parêtre,
Peuple caméléon, peuple singe du maître,

Er erspart euch die Peinlichkeit,
sie ihm selbst zu enthüllen.
Ein Traum, ein Nichts, alles macht ihm angst,
wenn es um das geht, was er liebt.

14

Die Begräbnisfeierlichkeiten der Löwin

Die Frau des Löwen starb.
Alsbald eilte ein jeder herbei,
um sich dem Fürsten gegenüber gewisser
Beileidsbekundungen zu entledigen,
die gesteigerter Ausdruck der Trauer sind.
Er ließ sein Reich wissen,
die Beisetzung fände
an jenem Tag und jenem Orte statt; seine Vögte würden anwesend sein,
um die Feierlichkeiten zu regeln
und der Gesellschaft Plätze anzuweisen.
Urteilt selbst, ob ein jeder sich dort einfand.
Der Fürst gab sich ganz den Klagen hin,
und seine ganze Höhle hallte davon wider.
Die Löwen haben keinen anderen Tempel.
Nach seinem Vorbild hörte man
die Herren Höflinge in ihren Mundarten brüllen.
Ich bezeichne den Hof als ein Land, in dem die Menschen
traurig, fröhlich, zu allem bereit, gleichgültig gegenüber allem,
sind, wie's dem Fürsten gefällt, oder – wenn sie es nicht sein können –
doch wenigstens zu scheinen trachten.
Ein Chamäleon-Volk; ein Volk, nur Affe seines Herrn.

On dirait qu'un esprit anime mille corps;
C'est bien là que les gens sont de simples ressorts.
Pour revenir à notre affaire
Le Cerf ne pleura point, comment eût-il pu faire?
Cette mort le vengeait; la Reine avait jadis
Étranglé sa femme et son fils.
Bref il ne pleura point. Un flatteur l'alla dire,
Et soutint qu'il l'avait vu rire.
La colère du Roi, comme dit Salomon,
Est terrible, et sur tout celle du roi Lion:
Mais ce Cerf n'avait pas accoutumé de lire.
Le Monarque lui dit: Chétif hôte des bois
Tu ris, tu ne suis pas ces gémissantes voix.
Nous n'appliquerons point sur tes membres profanes
Nos sacrés ongles; venez Loups,
Vengez la Reine, immolez tous
Ce traître à ses augustes mânes.
Le Cerf reprit alors: Sire, le temps de pleurs
Est passé; la douleur est ici superflue.
Votre digne moitié couchée entre des fleurs,
Tout près d'ici m'est apparue;
Et je l'ai d'abord reconnue.
Ami, m'a-t-elle dit, garde que ce convoi,
Quand je vais chez les Dieux, ne t'oblige à des larmes.
Aux Champs Élysiens j'ai goûté mille charmes,
Conversant avec ceux qui sont saints comme moi.
Laisse agir quelque temps le désespoir du Roi.
J'y prends plaisir. À peine on eut ouï la chose,

Man ist versucht zu sagen, daß ein einziger Geist tausend Körper bewegt;
dort sind die Leute wirklich nichts als reine Marionetten.
Um nun wieder auf unsere Angelegenheit zurückzukommen:
Der Hirsch weinte nicht; wie hätte er's auch können?
Dieser Tod rächte ihn; die Königin hatte ihm einst
Weib und Sohn erwürgt.
Kurz, er weinte einfach nicht. Ein Schmeichler trug es weiter
und behauptete, er habe ihn lachen sehen.
Der Zorn des Königs, so sagt Salomo,
ist schrecklich, und insbesondere der des Königs Löwe.
Doch der Hirsch pflegte nicht zu lesen.
Der Monarch sprach zu ihm: »Du erbärmlicher Waldbewohner!
Du lachst. Du schließt dich nicht dem Klagen dieser Stimmen an.
Unsere geweihten Krallen werden sich nicht an deinen
profanen Gliedern vergreifen; Wölfe, kommt herbei,
rächt die Königin, opfert alle
diesen Verräter ihren erhabenen Manen!«
Da antwortete der Hirsch: »Herr, die Zeit der Tränen
ist vorbei; der Schmerz ist hier nicht angebracht.
Eure würdige Hälfte ist mir, auf Blumen ruhend,
unweit von hier erschienen.
Ich habe sie sofort erkannt.
›Freund‹, sprach sie zu mir, ›gib acht, daß dieser Trauerzug,
wenn ich zu den Göttern emporsteige, dich nicht zum Weinen bringt.
Im Elysium habe ich tausend Wonnen gekostet,
als ich mit denen sprach, die heilig sind wie ich.
Laß des Königs Verzweiflung gewisse Zeit walten.
Ich habe Freude dran.‹« Kaum hatte man die Sache vernommen,

Qu'on se mit à crier: Miracle, apothéose!
Le Cerf eut un présent, bien loin d'être puni.
Amusez les Rois par des songes,
Flattez-les, payez-les d'agréables mensonges,
Quelque indignation dont leur cœur soit rempli,
Ils goberont l'appât, vous serez leur ami.

16

L'horoscope

On rencontre sa destinée
Souvent par des chemins qu'on prend pour l'éviter.
Un père eut pour toute lignée
Un fils qu'il aima trop, jusques à consulter
Sur le sort de sa géniture
Les diseurs de bonne aventure.
Un de ces gens lui dit, que des Lions sur tout
Il éloignât l'enfant jusques à certain âge;
Jusqu'à vingt ans, point davantage.
Le père pour venir à bout
D'une précaution sur qui roulait la vie
De celui qu'il aimait, défendit que jamais
On lui laissât passer le seuil de son Palais.
Il pouvait sans sortir contenter son envie,
Avec ses compagnons tout le jour badiner,
Sauter, courir, se promener.
Quand il fut en l'âge où la chasse
Plaît le plus aux jeunes esprits,
Cet exercice avec mépris

da fing man schon zu schreien an: »O Wunder!
Apotheose!«
Der Hirsch erhielt ein Geschenk, statt Strafe zu erleiden.
Erheitert die Könige mit euren Träumen!
Schmeichelt ihnen! Speist sie mit angenehmen Lügen ab!
Welche Empörung auch ihr Herz erfüllt,
sie werden den Köder schlucken, und ihr seid ihr
Freund.

16

Das Horoskop

Man begegnet seinem Schicksal oft auf Wegen,
die man einschlägt, um ihm zu entgehen.
Ein Vater hatte einst als einzigen Sproß
einen Sohn, den er so abgöttisch liebte, daß er
über das Geschick seiner Nachkommenschaft
die Zukunftsdeuter befragte.
Einer dieser Leute sagte ihm, daß von Löwen insbesondere
er das Kind fernhalten solle bis zu einem ganz bestimmten
Alter.
Bis zu zwanzig Jahren, nicht länger.
Um eine solche Vorsichtsmaßnahme,
von der das Leben dessen abhing, den er liebte,
zu einem guten Ende zu bringen, verbot der Vater, je
ihn die Schwelle seines Palastes überschreiten zu lassen.
Er könne, ohne das Haus zu verlassen, seinen Spieltrieb
befriedigen,
mit seinen Gefährten den ganzen Tag scherzen,
springen, laufen, spazierengehen.
Als er in dem Alter war, da die Jagd
die jungen Leute besonders fasziniert,
wurde diese Tätigkeit als höchst verächtlich

Lui fut dépeint: mais, quoi qu'on fasse,
Propos, conseil, enseignement,
Rien ne change un tempérament.
Le jeune homme, inquiet, ardent, plein de courage,
À peine se sentit des bouillons d'un tel âge,
Qu'il soupira pour ce plaisir.
Plus l'obstacle était grand, plus fort fut le désir.
Il savait le sujet des fatales défenses;
Et comme ce logis, plein de magnificences,
Abondait partout en tableaux,
Et que la laine et les pinceaux
Traçaient de tous côtés chasses et paysages,
En cet endroit des animaux,
En cet autre des personnages,
Le jeune homme s'émut, voyant peint un Lion.
Ah! monstre, cria-t-il, c'est toi qui me fais vivre
Dans l'ombre et dans les fers. À ces mots, il se livre
Aux transports violents de l'indignation,
Porte le poing sur l'innocente bête.
Sous la tapisserie un clou se rencontra.
Le clou le blesse; il pénétra
Jusqu'aux ressorts de l'âme; et cette chère tête
Pour qui l'art d'Esculape en vain fit ce qu'il put,
Dut sa perte à ces soins qu'on prit pour son salut.
Même précaution nuisit au poète Eschyle.
Quelque Devin le menaça, dit-on,
De la chute d'une maison.
Aussitôt il quitta la ville,
Mit son lit en plein champ, loin des toits, sous les Cieux.

ihm ausgemalt. Doch was auch immer man tun mag,
Reden, Ratschläge, Unterweisungen,
nichts ändert ein Naturell.
Der junge Mann, unruhig, leidenschaftlich, voller Mut,
verspürte kaum in sich das Brodeln eines solchen Alters,
da sehnte er sich schon nach diesem Vergnügen.
Je größer das Hindernis, um so stärker das Verlangen.
Er kannte den Grund des vom Schicksal auferlegten Verbotes.
Und da das Haus, mit Prunkgegenständen angefüllt,
überall von Bildern überquoll
und auch die Wandteppiche
überall Jagdszenen und Landschaften darstellten,
hier Tiere,
dort Menschen,
erregte sich der junge Mann, als auf einem Gemälde er einen Löwen sah.
»Ah, Ungeheuer!« rief er aus, »deinetwegen muß ich
im Schatten und in Fesseln leben!« Mit diesen Worten läßt er sich
von den heftigen Aufwallungen des Zorns davontragen,
schlägt mit der Faust auf das unschuldige Tier ein.
Hinter dem Wandteppich fand sich ein Nagel.
Dieser Nagel verletzt ihn; er drang
bis in den Urgrund seiner Seele ein. Und dies teure Haupt,
für das die Kunst Äskulaps vergeblich tat, was sie nur konnte,
verdankte seinen Untergang just den Vorkehrungen, die man zu seinem Heile traf.
Gleiche Vorsicht stürzte den Dichter Äschylos ins Verderben.
Irgendein Wahrsager drohte ihm, berichtet man,
den Einsturz eines Hauses an.
Sogleich verließ der die Stadt,
schlug sein Bett auf freiem Felde auf, fern der Dächer, unter dem weiten Himmel.

Un Aigle, qui portait en l'air une Tortue,
Passa par là, vit l'homme, et sur sa tête nue,
Qui parut un morceau de rocher à ses yeux,
    Étant de cheveux dépourvue,
Laissa tomber sa proie, afin de la casser:
Le pauvre Eschyle ainsi sut ses jours avancer.
    De ces exemples il résulte
Que cet art, s'il est vrai, fait tomber dans les maux
    Que craint celui qui le consulte;
Mais je l'en justifie, et maintiens qu'il est faux.
    Je ne crois point que la nature
Se soit lié les mains, et nous les lie encor,
Jusqu'au point de marquer dans les cieux notre sort.
    Il dépend d'une conjoncture
    De lieux, de personnes, de temps;
Non des conjonctions de tous ces charlatans.
Ce Berger et ce Roi sont sous même planète;
L'un d'eux porte le sceptre et l'autre la houlette:
    Jupiter le voulait ainsi.
Qu'est-ce que Jupiter? un corps sans connaissance.
    D'où vient donc que son influence
Agit différemment sur ces deux hommes-ci?
Puis comment pénétrer jusques à notre monde?
Comment percer des airs la campagne profonde?
Percer Mars, le Soleil, et des vides sans fin?
Un atome la peut détourner en chemin:
Où l'iront retrouver les faiseurs d'horoscope?
    L'état où nous voyons l'Europe

Ein Adler, der eine Schildkröte durch die Lüfte trug,
kam dort vorbei, sah den Mann, und auf sein kahles Haupt,
das seinen Augen als ein Stück Fels erschien,
weil von Haaren entblößt,
ließ er seine Beute fallen, um sie zerschellen zu lassen.
So schaffte es der arme Äschylos, seinem Leben vorzeitig ein Ende zu bereiten.
Aus diesen Beispielen ergibt sich klar,
daß diese Kunst, wenn's denn eine ist, gerade in das Unglück stürzt,
das der fürchtet, der sie zu Rate zieht.
Doch ich spreche ihn frei und behaupte, daß sie falsch ist.
Ich glaube eben nicht, daß die Natur
sich die Hände gebunden hat und sie uns noch in dem Maße bindet,
daß sie unser Schicksal in den Himmel schreibt.
Es hängt ab von einem Zusammenspiel
von Orten, Menschen, Zeiten,
und nicht von den Konjunktionen all dieser Scharlatane.
Der Hirte hier und dieser König sind unter gleichem Stern geboren;
der eine trägt das Zepter, der andere den Hirtenstab. –
Jupiter hat es so gewollt. –
Was ist Jupiter? Ein Körper ohne Bewußtsein.
Woher kommt es also, daß sein Einfluß
verschieden auf diese beiden Menschen wirkt?
Und weiter: Wie kann er bis zu unserer Welt gelangen?
Wie der Lüfte tiefe Gefilde durchdringen?
Mars durchdringen, die Sonne und die endlos leeren Räume?
Ein Atom kann ihn unterwegs in eine andere Richtung lenken.
Wo werden ihn die Horoskopersteller dann wohl wiederfinden?
Der Zustand, in dem wir Europa sehen,

Mérite que du moins quelqu'un d'eux l'ait prévu;
Que ne l'a-t-il donc dit? Mais nul d'eux ne l'a su.
L'immense éloignement, le point, et sa vitesse,
    Celle aussi de nos passions,
    Permettent-ils à leur faiblesse
De suivre pas à pas toutes nos actions?
Notre sort en dépend: sa course entre-suivie,
Ne va, non plus que nous, jamais d'un même pas;
    Et ces gens veulent au compas,
    Tracer le cours de notre vie!
    Il ne se faut point arrêter
Aux deux faits ambigus que je viens de conter.
Ce Fils par trop chéri, ni le bonhomme Eschyle,
N'y font rien. Tout aveugle et menteur qu'est cet art,
Il peut frapper au but une fois entre mille;
    Ce sont des effets du hasard.

24

L'éducation

Laridon et César, frères dont l'origine
Venait de chiens fameux, beaux, bien faits et hardis,
À deux maîtres divers échus au temps jadis,
Hantaient, l'un les forêts, et l'autre la cuisine.
Ils avaient eu d'abord chacun un autre nom;
    Mais la diverse nourriture
Fortifiant en l'un cette heureuse nature,

verdient wohl, daß wenigstens einer von ihnen ihn vorhergesagt hätte:
Warum hat er es dann nicht getan? Weil keiner von ihnen es gewußt hat!
Die unermeßliche Entfernung, der genaue Standort, seine Geschwindigkeit,
auch die unserer Leidenschaften,
gestattet all dies es ihrer Unwissenheit,
Schritt für Schritt all unseren Handlungen zu folgen? –
Unser Schicksal hängt davon ab. – Sein unregelmäßiger Lauf
kommt nie, ebensowenig wie wir, im Gleichschritt daher.
Und diese Leute möchten mit dem Zirkel
den Gang unseres Lebens vorzeichnen!
Man darf sich nicht aufhalten
bei den beiden doppeldeutigen Geschichten, die ich eben erzählt habe.
Der allzusehr geliebte Sohn und der gute alte Äschylos
ändern nichts an meiner These. So blind und lügnerisch dies Handwerk auch ist,
einmal in tausend Fällen kann es ins Schwarze treffen.
Das sind dann Zufallstreffer.

24

Die Erziehung

Speckwanst und Cäsar, zwei Brüder, die
von berühmten Hunden abstammten, schön, gut gebaut und kühn,
vor langer Zeit zwei verschiedenen Herren zugefallen,
waren, der eine im Wald, der andere in der Küche, zu Hause.
Sie hatten jeder zuvor einen anderen Namen getragen.
Doch da die unterschiedliche Erziehung
im einen die glückliche Veranlagung stärkte

En l'autre l'altérant, un certain marmiton
    Nomma celui-ci Laridon:
Son frère, ayant couru mainte haute aventure,
Mis maint Cerf aux abois, maint Sanglier abattu,
Fut le premier César que la gent chienne ait eu.
On eut soin d'empêcher qu'une indigne maîtresse
Ne fît en ses enfants dégénérer son sang:
Laridon négligé témoignait sa tendresse
    À l'objet le premier passant.
    Il peupla tout de son engeance:
Tournebroches par lui rendus communs en France
Y font un corps à part, gens fuyants les hasards,
    Peuple antipode des Césars.
On ne suit pas toujours ses aïeux ni son père:
Le peu de soin, le temps, tout fait qu'on dégénère:
Faute de cultiver la nature et ses dons,
Ô combien de Césars deviendront Laridons!

26

Démocrite et les Abdéritains

Que j'ai toujours haï les pensers du vulgaire!
Qu'il me semble profane, injuste, et téméraire;
Mettant de faux milieux entre la chose et lui,
Et mesurant par soi ce qu'il voit en autrui!
Le maître d'Épicure en fit l'apprentissage.

und im anderen sie schwächte, nannte irgendein
Küchenjunge
diesen hier Speckwanst.
Sein Bruder, der manches edle Abenteuer bestanden,
manchen Hirsch gestellt, manchen Eber zur Strecke
gebracht hatte,
war der erste Cäsar, den das Hundevolk je gehabt hatte.
Man achtete darauf, daß kein unwürdiges Weibchen
in ihren Kindern sein Blut entarten ließ.
Speckwanst, sich selbst überlassen, bezeugte seine
Zuneigung
dem erstbesten Weibchen, das vorüberkam.
Er bevölkerte alles mit seinen Bastarden.
Bratspießhunde wurden durch ihn in Frankreich verbreitet
und bildeten eine Korporation für sich, Leute, die Gefahren
scheuen,
das genaue Gegenteil der Cäsaren.
Man folgt nicht immer seinen Ahnen oder seinem Vater.
Die geringe Fürsorge, die Zeit, alles bewirkt, daß man
herunterkommt.
Mangels Pflege der Veranlagung und ihrer Gaben,
o, wie viele Cäsaren werden da noch Speckwänste werden!

26

Demokrit und die Abderiten

Wie war mir immer das Denken des gemeinen Volkes
verhaßt!
Wie dumm, ungerecht und vermessen es mir erscheint!
Verfälschende Linsen stellt es zwischen den Gegenstand und
sich selbst
und mißt an sich, was es beim anderen sieht!
Der Lehrer Epikurs mußte es an sich erfahren.

Son pays le crut fou: Petits esprits! mais quoi?
Aucun n'est prophète chez soi.
Ces gens étaient les fous, Démocrite le sage.
L'erreur alla si loin qu'Abdère députa
Vers Hippocrate, et l'invita,
Par lettres et par ambassade,
À venir rétablir la raison du malade.
Notre concitoyen, disaient-ils en pleurant,
Perd l'esprit: la lecture a gâté Démocrite.
Nous l'estimerions plus s'il était ignorant.
Aucun nombre, dit-il, les mondes ne limite:
Peut-être même ils sont remplis
De Démocrites infinis.
Non content de ce songe il y joint les atomes,
Enfants d'un cerveau creux, invisibles fantômes;
Et, mesurant les cieux sans bouger d'ici-bas,
Il connaît l'univers et ne se connaît pas.
Un temps fut qu'il savait accorder les débats;
Maintenant il parle à lui-même.
Venez, divin mortel; sa folie est extrême.
Hippocrate n'eut pas trop de foi pour ces gens:
Cependant il partit: Et voyez, je vous prie,
Quelles rencontres dans la vie
Le sort cause; Hippocrate arriva dans le temps
Que celui qu'on disait n'avoir raison ni sens
Cherchait dans l'homme et dans la bête
Quel siège a la raison, soit le cœur, soit la tête.

Sein Land hielt ihn für verrückt: Kleingeister! Doch was soll's?
Der Prophet gilt nichts im eigenen Land.
Diese Leute waren die Verrückten, Demokrit der Weise.
Der Irrtum ging so weit, daß Abdera sich
an Hippokrates wandte und ihn per Brief
und Abordnung einlud,
zu kommen und des Kranken Verstand zu heilen.
»Unser Mitbürger«, sprachen sie unter Tränen,
»verliert den Verstand: Das Lesen hat Demokrit verdorben.
Wir würden ihn viel höher schätzen, wenn er unwissend wäre.
›Keine Zahl‹, sagt er, ›begrenzt die Welten.
Vielleicht sogar sind sie
von zahllosen Demokriten erfüllt.‹
Mit diesem Traume nicht zufrieden, fügt er auch die Atome noch hinzu,
Kinder eines hohlen Hirns, unsichtbare Phantome;
und ohne von der Erde sich zu rühren, mißt er den Himmel aus
und kennt das Weltall und kennt sich selber nicht.
Es gab einst eine Zeit, da konnte er noch Streitigkeiten schlichten.
Jetzt spricht er nur mit sich selbst.
Kommt, göttergleicher Sterblicher; sein Wahnsinn übersteigt alle Grenzen.«
Hippokrates hatte nicht allzu viel Vertrauen zu diesen Leuten;
dennoch brach er auf; nun seht doch bitte,
welche Zufälle das Schicksal
im Leben herbeiführt: Hippokrates kam gerade in dem Augenblick an,
als der, von dem man behauptete, er besitze weder Sinn noch Verstand,
erforschte, wo im Menschen und im Tiere
die Vernunft angesiedelt sei, im Herzen oder im Kopfe.

Sous un ombrage épais, assis près d'un ruisseau,
Les labyrinthes d'un cerveau
L'occupaient. Il avait à ses pieds maint volume,
Et ne vit presque pas son ami s'avancer,
Attaché selon sa coutume.
Leur compliment fut court, ainsi qu'on peut penser.
Le sage est ménager du temps et des paroles.
Ayant donc mis à part les entretiens frivoles,
Et beaucoup raisonné sur l'homme et sur l'esprit,
Ils tombèrent sur la morale.
Il n'est pas besoin que j'étale
Tout ce que l'un et l'autre dit.
Le récit précédent suffit
Pour montrer que le peuple est juge récusable.
En quel sens est donc véritable
Ce que j'ai lu dans certain lieu,
Que sa voix est la voix de Dieu?

Unter dichtem Laubwerk nahe einem Bache sitzend,
beschäftigten ihn die Labyrinthe
eines Hirns. Zu seinen Füßen lag manch Buch,
und wie gewöhnlich tief in Gedanken versunken,
merkte er fast nicht, daß sein Freund sich ihm näherte.
Ihre Begrüßung war kurz, wie man sich denken kann.
Der Weise geht mit Zeit und Worten sparsam um.
Nachdem sie also überflüssige Reden ausgespart
und viel über den Menschen und den Geist philosophiert
hatten,
kamen sie auf die Moral zu sprechen.
Es ist nicht nötig, daß ich all das ausbreite,
was der eine und der andere sagte.
Die vorangehende Erzählung genügt,
um zu zeigen, daß das Volk ein anfechtbarer Richter ist.
In welchem Sinn ist's also wahr,
was ich an einer bestimmten Stelle gelesen habe,
daß seine Stimme Gottes Stimme sei?

Livre neuvième

2

Les deux pigeons

Deux Pigeons s'aimaient d'amour tendre.
L'un d'eux s'ennuyant au logis
Fut assez fou pour entreprendre
Un voyage en lointain pays.
L'autre lui dit: Qu'allez-vous faire?
Voulez-vous quitter votre frère?
L'absence est le plus grand des maux:
Non pas pour vous, cruel. Au moins, que les travaux,
Les dangers, les soins du voyage,
Changent un peu votre courage.
Encor si la saison s'avançait davantage!
Attendez les zéphyrs. Qui vous presse? Un corbeau
Tout à l'heure annonçait malheur à quelque oiseau.
Je ne songerai plus que rencontre funeste,
Que Faucons, que réseaux. Hélas, dirai-je, il pleut:
Mon frère a-t-il tout ce qu'il veut,
Bon soupé, bon gîte, et le reste?
Ce discours ébranla le cœur
De notre imprudent voyageur;
Mais le désir de voir et l'humeur inquiète
L'emportèrent enfin. Il dit: Ne pleurez point:
Trois jours au plus rendront mon âme satisfaite;
Je reviendrai dans peu conter de point en point
Mes aventures à mon frère.
Je le désennuierai: quiconque ne voit guère

Neuntes Buch

2

Die beiden Tauben

Zwei Tauben liebten sich in zärtlicher Liebe.
Die eine von beiden langweilte sich zu Hause
und war töricht genug, eine Reise
in ferne Länder unternehmen zu wollen.
Die andere sprach zu ihr: »Was habt Ihr vor?
Wollt Ihr Eure Schwester verlassen?
Trennung ist das größte aller Übel.
Doch nicht für Euch, Grausame! Ach könnten doch zumindest die Anstrengungen,
die Gefahren und die Mühen einer solchen Reise
Euren wagemutigen Entschluß ein wenig ändern.
Wenn doch wenigstens die Jahreszeit freundlicher wäre!
Wartet mildere Lüfte ab! Was drängt Euch denn? Ein Rabe
kündigte eben noch einem Vogel Unglück an.
Ich werde nur von unheilvollen Begegnungen,
Falken und Netzen träumen. ›Ach‹, werde ich sagen, ›es regnet.
Hat meine Schwester alles, was sie begehrt:
Gutes Essen, weiches Lager und was dazugehört?‹«
Diese Rede erschütterte das Herz
unserer unbesonnenen Reisenden.
Doch das Verlangen, die Welt zu sehen, und das unruhige Herz
gewannen schließlich die Oberhand. Sie sprach: »Laßt die Tränen!
Drei Tage höchstens werden meiner Seele Verlangen stillen;
ich werde binnen kurzem heimkehren und meine Abenteuer
meiner Schwester Punkt für Punkt erzählen.
Ich werde sie zerstreuen: Denn wer nichts sieht,

N'a guère à dire aussi. Mon voyage dépeint
Vous sera d'un plaisir extrême.
Je dirai: J'étais là; telle chose m'avint;
Vous y croirez être vous-même.
À ces mots en pleurant ils se dirent adieu.
Le voyageur s'éloigne; et voilà qu'un nuage
L'oblige de chercher retraite en quelque lieu.
Un seul arbre s'offrit, tel encor que l'orage
Maltraita le Pigeon en dépit du feuillage.
L'air devenu serein, il part tout morfondu,
Sèche du mieux qu'il peut son corps chargé de pluie,
Dans un champ à l'écart voit du blé répandu,
Voit un pigeon auprès; cela lui donne envie:
Il y vole, il est pris: ce blé couvrait d'un las
Les menteurs et traîtres appas.
Le las était usé! si bien que de son aile,
De ses pieds, de son bec, l'oiseau le rompt enfin.
Quelque plume y périt; et le pis du destin
Fut qu'un certain Vautour à la serre cruelle
Vit notre malheureux, qui, traînant la ficelle
Et les morceaux du las qui l'avait attrapé,
Semblait un forçat échappé.
Le vautour s'en allait le lier, quand des nues
Fond à son tour un Aigle aux ailes étendues.
Le Pigeon profita du conflit des voleurs,
S'envola, s'abattit auprès d'une masure,
Crut, pour ce coup, que ses malheurs
Finiraient par cette aventure;
Mais un fripon d'enfant, cet âge est sans pitié,

der kann auch nichts erzählen. Meine Reisebeschreibung
wird Euch größtes Vergnügen bereiten.
Ich werde sagen: ›Dort war ich; das habe ich erlebt.‹
Ihr werdet glauben, Ihr wäret selbst dabei.«
Bei diesen Worten sagten beide weinend sich Adieu.
Die Reisende bricht auf. Und schon nötigt eine Wolke sie,
irgendwo Zuflucht zu suchen.
Ein einziger Baum bot sich an, noch dazu so beschaffen, daß der Sturm
die Taube trotz des Laubwerks arg zerzauste.
Als der Himmel wieder heiter, bricht sie ganz durchgefroren auf,
trocknet, so gut sie kann, ihren regenschweren Körper,
sieht auf einem entlegenen Feld Korn ausgebreitet,
sieht eine Taube in der Nähe; das macht ihr Lust.
Sie fliegt hin, und schon ist sie gefangen: Das Korn verdeckte einer Schlinge
trügerische und heimtückische Köder.
Die Schlinge war abgenutzt, so daß mit seinem Flügel,
seinen Füßen, seinem Schnabel der Vogel sie schließlich zerreißt.
Ein paar Federn gingen dabei drauf; und das Schlimmste an diesem Schicksalsschlag
war, daß ein Geier mit beutegieriger Kralle
unsere Unglückselige sah, die, den Faden hinter sich herziehend
und die Reste der Schlinge, in der sie gefangen gesessen,
einem entwichenen Galeerensträfling glich.
Der Geier wollte sie just greifen, als aus den Wolken
wiederum ein Adler mit ausgebreiteten Flügeln herabstößt.
Die Taube nutzte geschickt den Streit der Räuber,
flog auf und davon, ließ sich erschöpft in der Nähe eines Gemäuers nieder
in dem Glauben, ihre Pechsträhne habe
mit diesem Zwischenfall ein Ende gefunden.
Doch ein spitzbübisches Kind – dieses Alter kennt kein Erbarmen –

Prit sa fronde et, du coup, tua plus d'à moitié
La volatile malheureuse,
Qui, maudissant sa curiosité,
Traînant l'aile et tirant le pié,
Demi-morte et demi-boiteuse,
Droit au logis s'en retourna.
Que bien, que mal, elle arriva
Sans autre aventure fâcheuse.
Voilà nos gens rejoints; et je laisse à juger
De combien de plaisirs ils payèrent leurs peines.
Amants, heureux amants, voulez-vous voyager?
Que ce soit aux rives prochaines;
Soyez-vous l'un à l'autre un monde toujours beau,
Toujours divers, toujours nouveau;
Tenez-vous lieu de tout, comptez pour rien le reste;
J'ai quelquefois aimé! je n'aurais pas alors
Contre le Louvre et ses trésors,
Contre le firmament et sa voûte céleste,
Changé les bois, changé les lieux
Honorés par les pas, éclairés par les yeux
De l'aimable et jeune Bergère
Pour qui, sous le fils de Cythère,
Je servis, engagé par mes premiers serments.
Hélas! quand reviendront de semblables moments?
Faut-il que tant d'objets si doux et si charmants
Me laissent vivre au gré de mon âme inquiète?
Ah! si mon cœur osait encor se renflammer!
Ne sentirai-je plus de charme qui m'arrête?
Ai-je passé le temps d'aimer?

nahm seine Schleuder und tötete mit einem Schuß mehr als zur Hälfte
den unglückseligen Vogel,
der, seine Neugier verfluchend,
mit hängendem Flügel und hinkenden Fußes,
halb tot und halb lahm,
geradewegs nach Hause zurückkehrte.
Mehr schlecht als recht kam er dort an,
ohne weitere unerfreuliche Zwischenfälle.
Da sind nun unsere beiden wieder vereint; und ihr könnt euch vorstellen,
mit wieviel Wonnen sie sich für ihre Leiden entschädigten.
Liebende, o glückliche Liebende, wollt ihr wirklich in die Ferne schweifen?
Dann sei's doch nur zu nahen Ufern!
Seid einer dem anderen eine ganze Welt, immer schön,
immer anders, immer neu.
Seid einander alles und erachtet den Rest für nichts.
Auch ich habe einst geliebt und hätte damals
gegen den Louvre und all seine Schätze,
gegen das Firmament und die Himmelsgewölbe
die Wälder nicht eingetauscht, nicht eingetauscht die Orte,
die verklärt wurden durch die Schritte und erleuchtet durch die Augen
der liebenswürdigen und jungen Schäferin,
der ich unter Cytheras Sohn
diente, verpflichtet allein durch meine ersten Schwüre.
Ach, wann werden solche Augenblicke wiederkehren?
Müssen all die liebenswürdigen und verführerischen Geschöpfe
mein Leben der Laune meines unsteten Herzens aussetzen?
Ach, wenn mein Herz noch einmal wagte zu entflammen!
Werde ich keinen Zauber mehr spüren, der mich fesselt?
Die Zeit der Liebe, ist sie für mich vorbei?

7

La souris métamorphosée en fille

Une Souris tomba du bec d'un Chat-Huant:
  Je ne l'eusse pas ramassée;
Mais un Bramin le fit; je le crois aisément:
  Chaque pays a sa pensée.
  La Souris était fort froissée:
  De cette sorte de prochain
Nous nous soucions peu: mais le peuple bramin
  Le traite en frère; ils ont en tête
  Que notre âme au sortir d'un Roi,
Entre dans un ciron, ou dans telle autre bête
Qu'il plaît au Sort. C'est là l'un des points de leur loi.
Pythagore chez eux a puisé ce mystère.
Sur un tel fondement le Bramin crut bien faire
De prier un Sorcier qu'il logeât la Souris
Dans un corps qu'elle eût eu pour hôte au temps jadis.
  Le sorcier en fit une fille
De l'âge de quinze ans, et telle, et si gentille,
Que le fils de Priam pour elle aurait tenté
Plus encor qu'il ne fit pour la grecque beauté.
Le Bramin fut surpris de chose si nouvelle.
  Il dit à cet objet si doux:
Vous n'avez qu'à choisir; car chacun est jaloux
  De l'honneur d'être votre époux.
  – En ce cas je donne, dit-elle,
  Ma voix au plus puissant de tous.
– Soleil, s'écria lors le Bramin à genoux,
  C'est toi qui seras notre gendre.
  – Non, dit-il, ce nuage épais

7

Die in ein Mädchen verwandelte Maus

Einst fiel eine Maus aus dem Schnabel einer Eule:
Ich hätte sie nicht aufgelesen.
Doch ein Brahmane tat es; ich kann es mir gut vorstellen;
jedes Land hat seinen Glauben.
Die Maus war arg zerfetzt.
Um diese Art von Nächsten
scheren wir uns wenig; doch das Brahmanenvolk
behandelt ihn als Bruder; sie haben die Vorstellung,
daß unsere Seele beim Verlassen eines Königs
in eine Milbe wandere oder in irgendein anderes Tier,
wie es eben dem Schicksal gefällt. Das ist einer der
Angelpunkte ihrer Lehre.
Pythagoras hat von ihnen dieses Geheimnis entlehnt.
Auf einem solchen Fundament glaubte der Brahmane, gut
zu handeln,
als er einen Zauberer bat, die Maus in einem Körper
zu beherbergen, den sie schon in fernen Zeiten als Gastgeber
gehabt hatte.
Der Zauberer machte aus ihr ein Mädchen
von fünfzehn Jahren, und so jung und so hübsch,
daß des Priamus Sohn für sie noch mehr gewagt hätte,
als er es für die griechische Schönheit tat.
Der Brahmane war über solch außergewöhnliche
Verwandlung höchst erstaunt
und sprach zu dem liebreizenden Ding:
»Ihr braucht nur zu wählen; denn ein jeder ist begierig
auf die Ehre, Euer Gemahl zu sein.« –
»In diesem Fall gebe ich«, sprach sie,
»meine Stimme dem mächtigsten von allen.«
»O Sonne«, rief der Brahmane da auf Knien aus,
»so wirst Du unser Schwiegersohn.« –
»Nein«, sprach sie, »diese dichte Wolke

Est plus puissant que moi, puisqu'il cache mes traits;
Je vous conseille de le prendre.
– Et bien, dit le Bramin au nuage volant,
Es-tu né pour ma fille? – Hélas non; car le vent
Me chasse à son plaisir de contrée en contrée;
Je n'entreprendrai point sur les droits de Borée.
Le Bramin fâché s'écria:
Ô vent donc, puisque vent y a,
Viens dans les bras de notre belle.
Il accourait: un mont en chemin l'arrêta.
L'éteuf passant à celui-là,
Il le renvoie, et dit: J'aurais une querelle
Avec le Rat; et l'offenser
Ce serait être fou, lui qui peut me percer.
Au mot de Rat, la Damoiselle
Ouvrit l'oreille; il fut l'époux.
Un Rat! un Rat; c'est de ces coups
Qu'Amour fait, témoin telle et telle:
Mais ceci soit dit entre nous.
On tient toujours du lieu dont on vient. Cette Fable
Prouve assez bien ce point: mais à la voir de près,
Quelque peu de sophisme entre parmi ses traits:
Car quel époux n'est point au Soleil préférable
En s'y prenant ainsi? Dirai-je qu'un géant
Est moins fort qu'une puce? elle le mord pourtant.
Le Rat devait aussi renvoyer, pour bien faire,
La belle au chat, le chat au chien,
Le chien au loup. Par le moyen
De cet argument circulaire,

ist mächtiger als ich; denn sie verbirgt meine Strahlen.
Sie zu nehmen, rat ich Euch.« –
»Nun denn«, sprach der Brahmane zur vorbeieilenden Wolke,
»bist Du für meine Tochter bestimmt?« – »Nein, leider nicht. Denn der Wind
treibt nach Belieben mich von Land zu Land.
Ich werde mich nicht an Boreas' Rechten vergreifen.«
Verärgert rief der Brahmane aus:
»O Wind, da es ja nun einmal Wind gibt,
komme doch in die Arme unserer Schönen!«
Er eilte herbei; ein Berg hielt unterwegs ihn auf.
Dem wirft man nun den Ball zu;
doch wirft er ihn zurück und spricht: »Ich bekäme Ärger
mit der Ratte; und sie zu beleidigen,
wäre sehr töricht, da sie mich durchbohren kann.«
Beim Wort Ratte spitzte das Edelfräulein
die Ohren; die wurde ihr Gemahl.
Eine Ratte? Ja, eine Ratte. Das sind so die Streiche,
die Amor spielt. Man braucht sich bloß die eine und die andere Liebschaft anzusehen.
Doch dies nur unter uns.
Es haftet jedem stets der Ursprung an, von dem er kommt. Unsere Fabel
beweist diesen Punkt sehr gut; doch wenn man sie genauer betrachtet,
mischt sich ein wenig Sophismus zwischen ihre Zeilen.
Denn welcher Gemahl wäre nicht der Sonne vorzuziehen,
wenn man es so nimmt? Werde ich etwa behaupten, ein Riese
sei weniger stark als ein Floh? Und dieser beißt doch jenen.
Die Ratte mußte auch, um richtig zu handeln,
die Schöne zur Katze, die Katze zum Hund,
den Hund zum Wolf zurückverweisen. Mittels
dieser Kreisargumentation

Pilpay jusqu'au Soleil eût enfin remonté;
Le Soleil eût joui de la jeune beauté.
Revenons, s'il se peut, à la métempsycose:
Le sorcier du Bramin fit sans doute une chose
Qui, loin de la prouver, fait voir sa fausseté.
Je prends droit là-dessus contre le Bramin même:
    Car il faut, selon son système,
Que l'homme, la souris, le ver, enfin chacun
Aille puiser son âme en un trésor commun:
    Toutes sont donc de même trempe;
    Mais agissant diversement
    Selon l'organe seulement
    L'une s'élève, et l'autre rampe.
D'où vient donc que ce corps si bien organisé
    Ne put obliger son hôtesse
De s'unir au Soleil, un Rat eut sa tendresse?
    Tout débattu, tout bien pesé,
Les âmes des souris et les âmes des belles
    Sont très différentes entre elles.
Il en faut revenir toujours à son destin,
C'est-à-dire, à la loi par le Ciel établie.
  Parlez au diable, employez la magie,
Vous ne détournerez nul être de sa fin.

wäre Pilpay schließlich wieder zur Sonne emporgestiegen;
die Sonne hätte sich der jungen Schönheit erfreut.
Doch kommen wir, wenn möglich, auf die Seelenwanderung zurück!
Der Zauberer des Brahmanen tat ohne Zweifel etwas,
das, anstatt sie zu beweisen, sie gründlich widerlegt.
Gegen den Brahmanen selbst berufe ich mich auf obige Beispiele.
Denn seinem System zufolge muß
der Mensch, die Maus, der Wurm, kurz jeder
in einem gemeinsamen Urgrund seine Seele schöpfen:
Alle sind also aus demselben Stoff.
Doch allein je nach ihrem Körperbau
unterschiedlich handelnd,
geht die eine aufrecht, und die andere kriecht.
Woher kommt es also, daß dieser so wohlgestaltete Körper
seine Bewohnerin nicht zwingen konnte,
sich mit der Sonne zu vermählen, und eine Ratte seine Zuneigung gewann?
Alles wohl bedacht, alles wohl erwogen,
sind der Mäuse Seelen und der Schönen Seelen
höchst verschieden voneinander.
Man kommt zwangsläufig immer wieder auf sein Schicksal zurück,
das heißt, auf das Gesetz, das der Himmel erstellt hat.
Beschwört den Teufel, bedient euch der Magie:
Ihr bringt kein Wesen von seiner Bestimmung ab.

11

Rien de trop

Je ne vois point de créature
Se comporter modérément.
Il est certain tempérament
Que le maître de la nature
Veut que l'on garde en tout. Le fait-on? Nullement.
Soit en bien, soit en mal, cela n'arrive guère.
Le blé, riche présent de la blonde Cérès
Trop touffu bien souvent épuise les guérets;
En superfluités s'épandant d'ordinaire,
Et poussant trop abondamment,
Il ôte à son fruit l'aliment.
L'arbre n'en fait pas moins; tant le luxe sait plaire!
Pour corriger le blé, Dieu permit aux moutons
De retrancher l'excès des prodigues moissons.
Tout au travers ils se jetèrent,
Gâtèrent tout, et tout broutèrent,
Tant que le Ciel permit aux Loups
D'en croquer quelques-uns: ils les croquèrent tous;
S'ils ne le firent pas, du moins ils y tâchèrent.
Puis le Ciel permit aux humains
De punir ces derniers: les humains abusèrent
À leur tour des ordres divins.
De tous les animaux l'homme a le plus de pente
À se porter dedans l'excès.
Il faudrait faire le procès
Aux petits comme aux grands. Il n'est âme vivante
Qui ne pèche en ceci. Rien de trop est un point
Dont on parle sans cesse, et qu'on n'observe point.

11

Nichts im Übermaß

Ich sehe kein Wesen
sich maßvoll verhalten.
Es gibt eine gewisse Mitte,
die der Herr der Natur
in allem gewahrt sehen möchte. Tut man es? Mitnichten.
Sei's im Guten, sei's im Bösen, es kommt kaum einmal vor.
Das Korn, die reiche Gabe der blonden Ceres,
erschöpft den fruchtbaren Boden, weil es meist zu dicht wächst;
weil es gewöhnlich allzusehr ins Kraut schießt
und zu üppig wuchert,
entzieht es seiner Frucht die Nahrung.
Der Baum verhält sich nicht anders; so sehr vermag die Fülle zu gefallen.
Um das Korn zu züchtigen, erlaubte Gott den Schafen,
das Übermaß der verschwenderischen Ernten zurückzuschneiden.
Kreuz und quer stürzten sie sich,
verwüsteten alles, fraßen alles ab,
bis der Himmel den Wölfen erlaubte,
einige von ihnen aufzufressen; sie fraßen sie alle,
und wenn sie es nicht taten, versuchten sie es doch zumindest.
Dann erlaubte der Himmel den Menschen,
letztere zu strafen: Die Menschen mißbrauchten
ihrerseits die göttlichen Weisungen.
Von allen Lebewesen hat der Mensch die größte Neigung,
sich ins Maßlose zu steigern.
Den Kleinen wie den Großen müßte man
den Prozeß machen. Es gibt kein lebendes Wesen,
das hierin nicht sündigte. »Nichts im Übermaß« ist ein zentrales Thema,
über das man unaufhörlich redet und das man nie beachtet.

15

Le mari, la femme, et le voleur

Un Mari fort amoureux,
Fort amoureux de sa Femme,
Bien qu'il fût jouissant, se croyait malheureux.
Jamais œillade de la Dame,
Propos flatteur et gracieux,
Mot d'amitié, ni doux sourire,
Déifiant le pauvre Sire,
N'avaient fait soupçonner qu'il fût vraiment chéri.
Je le crois, c'était un mari.
Il ne tint point à l'hyménée
Que content de sa destinée
Il n'en remerciât les Dieux;
Mais quoi? Si l'amour n'assaisonne
Les plaisirs que l'hymen nous donne,
Je ne vois pas qu'on en soit mieux.
Notre épouse étant donc de la sorte bâtie,
Et n'ayant caressé son mari de sa vie,
Il en faisait sa plainte une nuit. Un voleur
Interrompit la doléance.
La pauvre femme eut si grand'peur
Qu'elle chercha quelque assurance
Entre les bras de son époux.
Ami Voleur, dit-il, sans toi ce bien si doux
Me serait inconnu. Prends donc en récompense
Tout ce qui peut chez nous être à ta bienséance;
Prends le logis aussi. Les voleurs ne sont pas
Gens honteux, ni fort délicats:
Celui-ci fit sa main. J'infère de ce conte

15

Der Ehemann, die Frau und der Dieb

Ein sehr verliebter Ehemann,
sehr verliebt in seine Frau,
hielt sich für unglücklich, obwohl im Genuß seiner Rechte.
Niemals ein zärtlicher Blick seiner Dame,
niemals eine schmeichelnde noch liebevolle Anrede,
niemals ein freundschaftliches Wort noch ein sanftes Lächeln,
das den armen Kerl einem Gott ähnlich gemacht hätte,
nichts hatte ihn je vermuten lassen, daß er wirklich geliebt wurde.
Ich glaub es gern; es war ein Ehemann.
Es lag keineswegs an der Ehe,
daß er, zufrieden mit seinem Geschick,
den Göttern keinen Dank sagte.
Doch wie auch? Wenn Liebe nicht die Freuden
würzt, die die Ehe uns schenkt,
dann seh ich nicht, wozu sie dann noch gut ist.
Da unsere Frau Gemahlin nun einmal so beschaffen war
und ihren Ehemann noch nie im Leben liebkost hatte,
beklagte er sich eines Nachts darüber. Ein Dieb
unterbrach die Beschwerde.
Die arme Frau bekam solch große Angst,
daß sie in ihres Gatten Armen
Zuflucht suchte.
»Freund Dieb«, sprach er, »ohne dich hätte ich dies liebliche Gut
nie kennengelernt. Nimm also zur Belohnung
alles, was dir in unserer Wohnung nützen kann;
nimm auch das Haus noch mit hinzu!« Diebe sind keine
zartbesaiteten Leute noch sonderlich zimperlich:
Dieser langte denn auch kräftig zu. – Ich folgere aus dieser Geschichte,

Que la plus forte passion
C'est la peur: elle fait vaincre l'aversion,
Et l'amour quelquefois; quelquefois il la dompte;
J'en ai pour preuve cet amant
Qui brûla sa maison pour embrasser sa Dame,
L'emportant à travers la flamme.
J'aime assez cet emportement;
Le conte m'en a plu toujours infiniment:
Il est bien d'une âme Espagnole,
Et plus grande encore que folle.

daß die stärkste aller Leidenschaften
die Angst ist: Sie hilft, die Abneigung zu überwinden
und mitunter auch die Liebe; manchmal zähmt letztere auch jene.
Als Beweis dient mir jener Liebhaber,
der sein Haus in Brand setzte, um die Dame seines Herzens zu umarmen,
als er sie durch die Flammen trug.
Solch Heftigkeit mag ich wirklich gern;
die Erzählung hat mir immer ganz besonders gefallen:
Sie ist wahrlich echt spanischer Art
und zeugt eher von Größe als von Torheit.

Livre dixième

2

La tortue et les deux canards

Une Tortue était, à la tête légère,
Qui, lasse de son trou, voulut voir le pays,
Volontiers on fait cas d'une terre étrangère:
Volontiers gens boiteux haïssent le logis.
    Deux Canards à qui la commère
    Communiqua ce beau dessein,
Lui dirent qu'ils avaient de quoi la satisfaire:
    Voyez-vous ce large chemin?
Nous vous voiturerons, par l'air, en Amérique,
    Vous verrez mainte République,
Maint Royaume, maint peuple, et vous profiterez
Des différentes mœurs que vous remarquerez.
Ulysse en fit autant. On ne s'attendait guère
    De voir Ulysse en cette affaire.
La Tortue écouta la proposition.
Marché fait, les oiseaux forgent une machine
    Pour transporter la pèlerine.
Dans la gueule en travers on lui passe un bâton.
Serrez bien, dirent-ils; gardez de lâcher prise.
Puis chaque Canard prend ce bâton par un bout.
La Tortue enlevée on s'étonne partout

Zehntes Buch

2

Die Schildkröte und die beiden Enten

Es war einmal eine leichtsinnige Schildkröte,
die, ihres Loches überdrüssig, die weite Welt kennenlernen wollte.
Leicht macht man Aufhebens von einem fremden Land;
leicht hassen Hinkende die eigene Behausung.
Zwei Enten, denen die Klatschbase
den hübschen Plan mitteilte,
sagten, sie wüßten etwas, womit man sie zufriedenstellen könne.
»Seht Ihr dort den breiten Weg?
Wir werden Euch durch die Luft nach Amerika befördern.
Ihr werdet manche Republik sehen,
manches Königreich, manches Volk, und werdet Nutzen ziehen
aus den unterschiedlichen Bräuchen, die Ihr beobachten werdet.
Odysseus machte es genauso.« Man war kaum darauf gefaßt,
Odysseus in diesem Zusammenhang zu begegnen.
Die Schildkröte hörte sich den Vorschlag an.
Der Handel wird geschlossen, und die Vögel bauen ein Gerät,
um die Pilgerin zu befördern.
Quer ins Maul steckt man ihr einen Stock.
»Beißt fest zu«, sagten sie, »und hütet Euch, ihn loszulassen!«
Dann faßt jede Ente den Stock an einem Ende.
Als die Schildkröte in der Luft schwebt, erstaunt man allerorts,

De voir aller en cette guise
L'animal lent et sa maison,
Justement au milieu de l'un et l'autre Oison.
Miracle, criait-on. Venez voir dans les nues
Passer la Reine des Tortues.
– La Reine. Vraiment oui. Je la suis en effet;
Ne vous en moquez point. Elle eût beaucoup mieux fait
De passer son chemin sans dire aucune chose;
Car lâchant le bâton en desserrant les dents,
Elle tombe, elle crève aux pieds des regardants.
Son indiscrétion de sa perte fut cause.
Imprudence, babil, et sotte vanité,
Et vaine curiosité,
Ont ensemble étroit parentage.
Ce sont enfants tous d'un lignage.

9

Le berger et le roi

Deux démons à leur gré partagent notre vie,
Et de son patrimoine ont chassé la raison.
Je ne vois point de cœur qui ne leur sacrifie.
Si vous me demandez leur état et leur nom,
J'appelle l'un Amour, et l'autre Ambition.
Cette dernière étend le plus loin son empire;
Car même elle entre dans l'amour.
Je le ferais bien voir; mais mon but est de dire

das langsame Tier und sein Haus
auf diese Weise vorbeiziehen zu sehen:
Genau in der Mitte zwischen der einen und der anderen Ente.
»O Wunder«, rief man. »Seht doch einmal hoch am Himmel
die Königin der Schildkröten vorüberziehen!« –
»Die Königin! Wahrhaftig ja! Das bin ich in der Tat.
Macht euch nur nicht drüber lustig!« Sie hätte sehr viel besser daran getan,
ihres Weges zu ziehen, ohne etwas zu sagen.
Denn als sie die Zähne auseinandermacht, läßt sie den Stock los
und fällt und verendet vor den Füßen der Schaulustigen.
Ihr Unverstand war ihres Unterganges Grund.
Unvorsichtigkeit, Schwatzsucht und dumme Eitelkeit
und eitle Neugier
sind eng miteinander verwandt.
Es sind alles Kinder vom gleichen Stamm.

9

Der Hirte und der König

Zwei Leidenschaften teilen sich nach Belieben unser Leben
und haben die Vernunft aus ihrem angestammten Besitz verjagt.
Ich sehe kein Herz, das ihnen nicht Opfer bringt.
Wenn ihr mich nach ihrem Stand und Namen fragt,
nenne ich die eine Liebe und die andere Ehrgeiz.
Letzterer dehnt sein Reich so weit wie möglich aus;
denn sogar in die Liebe dringt er ein.
Ich könnte es leicht beweisen; doch mein Anliegen ist es zu erzählen,

Comme un Roi fit venir un Berger à sa Cour.
Le conte est du bon temps, non du siècle où nous
sommes.
Ce Roi vit un troupeau qui couvrait tous les champs,
Bien broutant, en bon corps, rapportant tous les ans,
Grâce aux soins du Berger, de très notables sommes.
Le Berger plut au Roi par ces soins diligents.
Tu mérites, dit-il, d'être Pasteur de gens;
Laisse là tes moutons, viens conduire des hommes.
Je te fais Juge Souverain.
Voilà notre Berger la balance à la main.
Quoiqu'il n'eût guère vu d'autres gens qu'un Hermite,
Son troupeau, ses mâtins, le loup, et puis c'est tout,
Il avait du bon sens; le reste vient ensuite.
Bref, il en vint fort bien à bout.
L'Hermite son voisin accourut pour lui dire:
Veillé-je? et n'est-ce point un songe que je vois?
Vous favori! vous grand! Défiez-vous des Rois:
Leur faveur est glissante, on s'y trompe; et le pire
C'est qu'il en coûte cher; de pareilles erreurs
Ne produisent jamais que d'illustres malheurs.
Vous ne connaissez pas l'attrait qui vous engage.
Je vous parle en ami. Craignez tout. L'autre rit,
Et notre Hermite poursuivit:
Voyez combien déjà la cour vous rend peu sage.
Je crois voir cet Aveugle à qui dans un voyage
Un serpent engourdi de froid
Vint s'offrir sous la main: il le prit pour un fouet.
Le sien s'était perdu, tombant de sa ceinture.
Il rendait grâce au Ciel de l'heureuse aventure,

wie ein König einen Hirten an seinen Hof kommen ließ.
Die Geschichte stammt aus der guten alten Zeit und nicht aus unserem Jahrhundert.
Jener König sah eine Herde, die alle Wiesen bedeckte,
gut grasend, wohlgenährt, die jedes Jahr,
dank der Mühen des Hirten sehr beträchtliche Summen einbrachte.
Der Hirte gefiel dem König wegen seiner großen Umsicht.
»Du verdienst es«, sprach er, »Völkerhirt zu sein;
laß deine Schafe beiseite und führe von jetzt an Menschen.
Ich ernenne dich zum Obersten Richter.«
Da hat nun unser Hirte die Waage in der Hand.
Obwohl er kaum andere Lebewesen gesehen hatte als einen Eremiten,
seine Herde, seine Hunde, den Wolf, und das ist alles,
besaß er gesunden Menschenverstand; der Rest kommt dann von selbst.
Kurz, er kam mit seiner Aufgabe gut zurecht.
Der Eremit, sein Nachbar, kam herbei und sprach zu ihm:
»Wache ich? Und ist das nicht ein Traum, was ich sehe?
Ihr, Günstling! Ihr, groß! Mißtraut den Königen!
Ihre Gunst ist schlüpfrig. Man täuscht sich in ihr; und das Schlimmste ist,
daß sie teuer zu stehen kommt. Solche Irrtümer
bringen nie anderes als erhabenes Elend hervor.
Ihr verkennt die Verlockung, die Euch gefangenhält.
Ich spreche als Freund zu Euch. Fürchtet alles!« Der andere lachte,
und unser Eremit fuhr fort:
»Seht, wie unvorsichtig der Hof Euch schon macht.
Ich glaube, jenen Blinden zu sehen, dem sich auf einer Reise
eine vor Kälte erstarrte Schlange
unter der Hand erbot; er hielt sie für eine Peitsche.
Die seine war verlorengegangen, als sie aus seinem Gürtel fiel.
Er dankte dem Himmel für den glücklichen Umstand,

Quand un passant cria: Que tenez-vous, ô Dieux!
Jetez cet animal traître et pernicieux,
Ce Serpent. – C'est un fouet. – C'est un Serpent, vous dis-je.
À me tant tourmenter quel intérêt m'oblige?
Prétendez-vous garder ce trésor? – Pourquoi non?
Mon fouet était usé; j'en retrouve un fort bon;
Vous n'en parlez que par envie.
L'aveugle enfin ne le crut pas;
Il en perdit bientôt la vie.
L'animal dégourdi piqua son homme au bras.
Quant à vous, j'ose vous prédire
Qu'il vous arrivera quelque chose de pire.
– Eh! que me saurait-il arriver que la mort?
– Mille dégoûts viendront, dit le Prophète Hermite.
Il en vint en effet; l'Hermite n'eut pas tort.
Mainte peste de Cour fit tant, par maint ressort,
Que la candeur du Juge, ainsi que son mérite,
Furent suspects au Prince. On cabale, on suscite
Accusateurs, et gens grevés par ses arrêts.
De nos biens, dirent-ils, il s'est fait un Palais.
Le Prince voulut voir ces richesses immenses;
Il ne trouva partout que médiocrité,
Louanges du désert et de la pauvreté;
C'étaient là ses magnificences.
Son fait, dit-on, consiste en des pierres de prix.
Un grand coffre en est plein, fermé de dix serrures.
Lui-même ouvrit ce coffre, et rendit bien surpris
Tous les machineurs d'impostures.

als ein Vorübergehender rief: ›Mein Gott! Was habt Ihr da in der Hand?
Werft dies verräterische, bösartige Tier fort,
diese Schlange!‹ – ›Es ist eine Peitsche.‹ – ›Eine Schlange ist es, sage ich Euch.
Welches Interesse könnte ich haben, mich so aufzuregen?
Wollt Ihr diesen Schatz behalten?‹ – ›Warum nicht?
Meine Peitsche war abgenutzt; ich finde eine sehr gute wieder.
Ihr sprecht so nur aus Neid.‹
Der Blinde glaubte ihm letztlich nicht;
er verlor bald darüber sein Leben.
Das aufgetaute Tier biß den Mann in den Arm.
Was Euch angeht, so wage ich vorherzusagen,
daß Euch Schlimmeres zustoßen wird.« –
»Was könnte mir Schlimmeres zustoßen als der Tod?«
»Tausendfacher Verdruß wird kommen«, prophezeite der Eremit.
Und er kam in der Tat; der Eremit hatte nicht unrecht.
Manche Hofpest bewirkte durch manche Intrige,
daß die Unschuld des Richters wie auch sein Verdienst
dem Prinzen verdächtig wurden. Man schmiedet Ränke, stiftet
Ankläger an und durch seine Erlasse geschädigte Leute.
»Von unserem Geld«, sprachen sie, »hat er sich einen Palast errichtet.«
Der Fürst wollte die unermeßlichen Reichtümer sehen;
er fand allerwärts nur Mittelmäßigkeit,
Lob der Einsamkeit und der Armut.
Das waren seine Herrlichkeiten.
»Sein Vermögen«, sagte man, »besteht aus kostbaren Steinen.
Eine große Kiste ist voll davon und mit zehn Schlössern verriegelt.«
Er machte selbst die Kiste auf und überraschte
alle Ränkeschmiede sehr.

Le coffre étant ouvert, on y vit des lambeaux,
L'habit d'un gardeur de troupeaux,
Petit chapeau, jupon, panetière, houlette,
Et, je pense, aussi sa musette.
Doux trésors, ce dit-il, chers gages, qui jamais
N'attirâtes sur vous l'envie et le mensonge,
Je vous reprends; sortons de ces riches Palais
Comme l'on sortirait d'un songe.
Sire, pardonnez-moi cette exclamation.
J'avais prévu ma chute en montant sur le faîte.
Je m'y suis trop complu; mais qui n'a dans la tête
Un petit grain d'ambition?

14

Discours à Monsieur le Duc de La Rochefoucault [Les lapins]

Je me suis souvent dit, voyant de quelle sorte
L'homme agit et qu'il se comporte
En mille occasions, comme les animaux:
Le Roi de ces gens-là n'a pas moins de défauts
Que ses sujets, et la nature
A mis dans chaque créature
Quelque grain d'une masse où puisent les esprits:
J'entends les esprits corps, et pétris de matière.
Je vais prouver ce que je dis.
À l'heure de l'affût, soit lorsque la lumière

Als der Koffer offen war, sah man darin Lumpen,
das Gewand eines Herdenhüters,
Hütchen, Kittel, Brotbeutel, Hirtenstab,
und, so meine ich, auch seinen Dudelsack.
»Liebenswürdige Schätze«, so sprach er, »teure Unterpfande, die ihr niemals
auf euch den Neid und die Lüge zogt,
ich nehme euch wieder; verlassen wir diesen reichen Palast,
wie man aus einem Traum erwacht.
Verzeiht mir, Herr, diesen Ausruf.
Ich hatte meinen Sturz vorhergesehen, als ich auf diesen Gipfel stieg.
Es hat mir dort zu sehr gefallen; doch wer hat nicht in seinem Kopfe
ein kleines Körnchen Ehrgeiz?«

14

Abhandlung, dem Herzog von La Rochefoucault gewidmet [Die Hasen]

Oft habe ich zu mir gesagt, als ich sah, wie
der Mensch handelt und sich bei tausend Gelegenheiten
wie die Tiere verhält:
»Der König der Menschengattung hat nicht weniger Fehler
als seine Untertanen, und die Natur
hat jedem Geschöpf
ein Körnchen von jener Masse mitgegeben, aus der der Geist schöpft;
ich meine den Geist, der Körper ist und von Materie durchdrungen.«
Ich werde beweisen, was ich hier sage.
Zur Stunde des Anstands, sei es, wenn das Licht

Précipite ses traits dans l'humide séjour,
Soit lorsque le Soleil rentre dans sa carrière,
Et que, n'étant plus nuit, il n'est pas encor jour,
Au bord de quelque bois sur un arbre je grimpe;
Et nouveau Jupiter du haut de cet olympe,
Je foudroie, à discrétion,
Un lapin qui n'y pensait guère.
Je vois fuir aussitôt toute la nation
Des lapins qui sur la bruyère,
L'œil éveillé, l'oreille au guet,
S'égayaient, et de thym parfumaient leur banquet.
Le bruit du coup fait que la bande
S'en va chercher sa sûreté
Dans la souterraine cité;
Mais le danger s'oublie, et cette peur si grande
S'évanouit bientôt. Je revois les lapins
Plus gais qu'auparavant revenir sous mes mains.
Ne reconnaît-on pas en cela les humains?
Dispersés par quelque orage,
À peine ils touchent le port
Qu'ils vont hasarder encor
Même vent, même naufrage.
Vrais lapins, on les revoit
Sous les mains de la fortune.
Joignons à cet exemple une chose commune.
Quand des chiens étrangers passent par quelque endroit,
Qui n'est pas de leur détroit,
Je laisse à penser quelle fête.
Les chiens du lieu n'ayants en tête
Qu'un intérêt de gueule, à cris, à coups de dents,
Vous accompagnent ces passants
Jusqu'aux confins du territoire.
Un intérêt de biens, de grandeur, et de gloire,

seine Strahlen in den feuchten Meeresgrund senkt,
sei es, wenn die Sonne wieder in ihre Bahn tritt
und es nicht mehr Nacht und noch nicht Tag ist,
klettere ich am Rande eines Waldes auf einen Baum
und schleudere – ein neuer Jupiter hoch oben auf diesem Olymp –
Blitze, wie's mir gefällt,
auf einen Hasen, der nichts Böses ahnte.
Im Nu seh ich das ganze Volk der Hasen
auf der Flucht, die auf der Heide
mit wachem Auge und gespitztem Löffel
sich tummelten und mit Thymian ihr Mahl würzten.
Der Lärm des Schusses hat zur Folge, daß die Bande
sich verzieht und Zuflucht sucht
in der unterirdischen Stadt.
Doch die Gefahr gerät in Vergessenheit, und die so große Angst
schwindet bald dahin. Schon sehe ich die Hasen,
heiterer als zuvor, mir wieder vor die Flinte kommen.
Erkennt man darin nicht die Menschen wieder?
Durch irgendeinen Sturm verschlagen,
riskieren sie schon wieder,
kaum daß sie den Hafen erreichen,
gleichen Wind und gleichen Schiffbruch.
Als echte Hasen findet man sie
erneut in den Händen des Schicksals.
Diesem Beispiel sei eine allgemeine Beobachtung hinzugefügt.
Wenn fremde Hunde durch eine Gegend kommen,
die nicht in ihre Hoheit fällt,
stelle man sich das Gebelle einmal vor.
Die Hunde der Gegend, die nichts im Kopfe haben
als Futterneid, begleiten euch
mit Bellen und mit Bissen diese Eindringlinge
bis zu den Grenzen ihres Territoriums.
Der Neid auf Reichtum, Größe und auf Ruhm läßt

Aux Gouverneurs d'États, à certains courtisans,
À gens de tous métiers en fait tout autant faire.
On nous voit tous, pour l'ordinaire,
Piller le survenant, nous jeter sur sa peau.
La coquette et l'auteur sont de ce caractère;
Malheur à l'écrivain nouveau.
Le moins de gens qu'on peut à l'entour du gâteau,
C'est le droit du jeu, c'est l'affaire.
Cent exemples pourraient appuyer mon discours;
Mais les ouvrages les plus courts
Sont toujours les meilleurs. En cela j'ai pour guides
Tous les maîtres de l'art, et tiens qu'il faut laisser
Dans les plus beaux sujets quelque chose à penser:
Ainsi ce discours doit cesser.
Vous qui m'avez donné ce qu'il a de solide,
Et dont la modestie égale la grandeur,
Qui ne pûtes jamais écouter sans pudeur
La louange la plus permise,
La plus juste et la mieux acquise,
Vous enfin dont à peine ai-je encore obtenu
Que votre nom reçût ici quelques hommages,
Du temps et des censeurs défendant mes ouvrages,
Comme un nom qui, des ans et des peuples connu,
Fait honneur à la France, en grands noms plus féconde
Qu'aucun climat de l'Univers,
Permettez-moi du moins d'apprendre à tout le monde
Que vous m'avez donné le sujet de ces Vers.

Staatenlenker, gewisse Höflinge,
Leute jedweden Berufs genauso sich verhalten.
Man sieht uns alle, für gewöhnlich,
den Vorbeikommenden ausplündern, uns auf sein Fell stürzen.
Die Kokette und der Autor sind vom gleichen Schlage:
Wehe dem neuen Schriftsteller!
So wenig Leute wie möglich rund um den Kuchen,
das ist die Spielregel, so ist es üblich.
Hundert Beispiele könnten meine Rede stützen.
Doch die kürzesten Werke
sind immer die besten. Zu Vorbildern habe ich darin
alle Meister der Kunst und bin der Meinung, man müsse
in den schönsten Gegenständen zum Denken etwas übriglassen;
also soll hier auch meine Rede enden.
Ihr, die Ihr mir gabt, was an Substanz sie besitzt,
und der Ihr ebenso bescheiden seid wie groß,
der Ihr nie Lob vernehmen konntet, ohne zu erröten,
und sei es noch so berechtigt,
noch so angemessen und bestens verdient,
Ihr schließlich, die Ihr mir bisher kaum gewährtet,
daß Eurem Namen eine Huldigung hier widerfahre –
da er meinem Werk gegen Zeit und Zensoren Schutz bietet
als ein Name, der, Zeiten und Völkern bekannt,
Frankreich, obwohl an großen Namen reicher
als irgendein Land dieser Erde, zur Ehre gereicht –,
gestattet mir zumindest, der ganzen Welt mitzuteilen,
daß Ihr den Gegenstand mir gabt zu diesen Versen.

15

Le marchand, le gentilhomme, le pâtre, et le fils de roi

Quatre chercheurs de nouveaux mondes,
Presque nus échappés à la fureur des ondes,
Un Trafiquant, un Noble, un Pâtre, un Fils de Roi,
Réduits au sort de Bélisaire,
Demandaient aux passants de quoi
Pouvoir soulager leur misère.
De raconter quel sort les avait assemblés,
Quoique sous divers points tous quatre ils fussent nés,
C'est un récit de longue haleine.
Ils s'assirent enfin au bord d'une fontaine.
Là le conseil se tint entre les pauvres gens.
Le prince s'étendit sur le malheur des grands.
Le Pâtre fut d'avis qu'éloignant la pensée
De leur aventure passée,
Chacun fît de son mieux et s'appliquât au soin
De pourvoir au commun besoin.
La plainte, ajouta-t-il, guérit-elle son homme?
Travaillons! c'est de quoi nous mener jusqu'à Rome.
Un Pâtre ainsi parler! Ainsi parler; croit-on
Que le Ciel n'ait donné qu'aux têtes couronnées
De l'esprit et de la raison,
Et que de tout berger, comme de tout mouton,
Les connaissances soient bornées?
L'avis de celui-ci fut d'abord trouvé bon
Par les trois échoués au bord de l'Amérique.
L'un (c'était le Marchand) savait l'arithmétique:
À tant par mois, dit-il, j'en donnerai leçon.
– J'enseignerai la politique,

15

Der Kaufmann, der Edelmann, der Hirte und der Königssohn

Vier Entdecker neuer Welten,
fast nackt dem Toben der Wellen entkommen,
ein Händler, ein Adeliger, ein Hirte, ein Königssohn,
zum Schicksal Belisars verurteilt,
erbettelten von den Passanten Almosen,
mit denen sie ihre Not lindern konnten.
Zu erzählen, welches Schicksal sie zusammengewürfelt hatte,
obwohl sie doch alle vier unter verschiedenen Sternzeichen geboren waren,
das ist eine Geschichte, die langen Atem braucht.
Sie ließen sich schließlich am Rand einer Quelle nieder.
Dort hielten die armen Leute miteinander Rat.
Der Prinz ließ sich über das Unglück der Großen aus.
Der Hirte war der Meinung, ein jeder solle, indem er die Erinnerung
an das vergangene Unglück beiseiteschiebe,
sein Bestes tun und sich der Aufgabe widmen,
der gemeinsamen Not abzuhelfen.
»Hilft denn«, fügte er hinzu, »die Klage dem Klagenden?
An die Arbeit! Das ist der Weg, der uns nach Rom führt.«
Redet so ein Hirte? Ja, so redete er. Glaubt man etwa,
nur gekrönten Häuptern habe der Himmel
Geist und Vernunft gegeben
und die Kenntnisse eines jeden Schäfers seien
wie die eines jeden Schafes beschränkt?
Sein Rat wurde unmittelbar für gut befunden
von den drei an Amerikas Küste Gestrandeten.
Der eine – das war der Händler – konnte rechnen:
»Für so und so viel pro Monat«, sprach er, »werde ich Unterricht geben.«
»Ich werde die Staatskunst lehren«,

Reprit le Fils de roi. Le Noble poursuivit:
Moi, je sais le blason; j'en veux tenir école:
Comme si devers l'Inde, on eût eu dans l'esprit
La sotte vanité de ce jargon frivole.
Le Pâtre dit: Amis, vous parlez bien; mais quoi!
Le mois a trente jours; jusqu'à cette échéance
    Jeûnerons-nous, par votre foi?
    Vous me donnez une espérance
Belle, mais éloignée; et cependant j'ai faim.
Qui pourvoira de nous au dîner de demain?
    Ou plutôt sur quelle assurance
Fondez-vous, dites-moi, le souper d'aujourd'hui?
    Avant tout autre, c'est celui
    Dont il s'agit: votre science
Est courte là-dessus: ma main y suppléera.
    À ces mots, le Pâtre s'en va
Dans un bois: il y fit des fagots dont la vente
Pendant cette journée et pendant la suivante,
Empêcha qu'un long jeûne à la fin ne fît tant
Qu'ils allassent là-bas exercer leur talent.
    Je conclus de cette aventure
Qu'il ne faut pas tant d'art pour conserver ses jours,
    Et grâce aux dons de la nature,
La main est le plus sûr et le plus prompt secours.

erwiderte der Königssohn. Der Adelige fuhr fort:
»Und ich kenne die Wappenkunde; die will ich unterrichten.«
Als ob man dahinten in Indien nicht anderes im Sinn gehabt hätte
als die eitle Aufgeblasenheit dieses anmaßenden Jargons!
Der Hirte sprach: »Freunde, ihr redet vorzüglich. Aber was denn!
Der Monat hat dreißig Tage. Und so lange
sollen wir fasten, oder was?
Ihr gaukelt mir eine schöne,
doch ferne Hoffnung vor; und indessen habe ich Hunger.
Wer von uns sorgt für das morgige Mittagsmahl?
Oder auf welcher Gewißheit etwa,
sagt mir, gründet ihr das heutige Abendessen?
Vor allem anderen geht es
doch wohl darum. Euer Wissen reicht
in dieser Hinsicht nicht weit; meine Hand wird dem abhelfen.«
Mit diesen Worten begibt sich der Hirte
in einen Wald. Dort machte er Reisigbündel, deren Verkauf
während dieses und des folgenden Tages
verhinderte, daß ein langes Fasten sie schließlich dazu zwang,
in die Unterwelt hinunterzusteigen und dort ihre Fähigkeiten zu erproben.
Ich schließe aus dieser Begebenheit,
daß es keiner so großen Kunst bedarf, sein Leben zu erhalten,
und dank der Gaben der Natur
ist die Hand die sicherste und schnellste Hilfe.

Livre onzième

4

Le songe d'un habitant du Mogol

Jadis certain Mogol vit en songe un Vizir
Aux champs Élysiens possesseur d'un plaisir
Aussi pur qu'infini, tant en prix qu'en durée;
Le même songeur vit en une autre contrée
Un Ermite entouré de feux,
Qui touchait de pitié même les malheureux.
Le cas parut étrange, et contre l'ordinaire:
Minos en ces deux morts semblait s'être mépris.
Le dormeur s'éveilla, tant il en fut surpris.
Dans ce songe pourtant soupçonnant du mystère,
Il se fit expliquer l'affaire.
L'interprète lui dit: Ne vous étonnez point;
Votre songe a du sens; et, si j'ai sur ce point
Acquis tant soit peu d'habitude,
C'est un avis des Dieux. Pendant l'humain séjour,
Ce Vizir quelquefois cherchait la solitude;
Cet Ermite aux Vizirs allait faire sa cour.

Si j'osais ajouter au mot de l'interprète,
J'inspirerais ici l'amour de la retraite:
Elle offre à ses amants des biens sans embarras,
Biens purs, présents du Ciel, qui naissent sous les pas.
Solitude où je trouve une douceur secrète,
Lieux que j'aimai toujours, ne pourrai-je jamais,

Elftes Buch

4

Der Traum eines Einwohners des Mogulreiches

Einst sah ein gewisser Inder im Traum einen Wesir
in den elysischen Gefilden, im Besitz von Freuden,
die so rein wie unendlich waren, im Wert sowohl wie in der Dauer.
Derselbe Träumer sah in einer anderen Gegend
einen von Feuer umgebenen Eremiten,
der selbst die Unglücklichen zu Mitleid rührte.
Der Fall schien seltsam und ungewöhnlich.
Minos hatte sich wohl bei den beiden Toten vertan.
Der Schläfer erwachte, so sehr war er darüber erstaunt.
Da er in diesem Traum jedoch ein Geheimnis witterte,
ließ er sich die Angelegenheit erklären.
Der Traumdeuter sagte ihm: »Wundert Euch nicht!
Euer Traum hat einen Sinn; und wenn ich in dieser Sache
auch nur ein ganz klein wenig Erfahrung habe,
ist es ein Wink der Götter. Während seines Aufenthaltes auf Erden
suchte jener Wesir mitunter die Einsamkeit;
der Eremit machte den Wesiren den Hof.«

Wagte ich es, dem Wort des Traumdeuters etwas hinzuzufügen,
so sänge ich hier das Lob der Zurückgezogenheit:
Sie bietet denen, die sie lieben, Güter ohne Reue,
reine Güter, Gaben des Himmels, die unter den Füßen ersprießen.
O Einsamkeit, in der ich geheime Wonnen finde,
Orte, die ich immer liebte, kann ich denn niemals

Loin du monde et du bruit, goûter l'ombre et le frais?
Oh! qui m'arrêtera sous vos sombres asiles!
Quand pourront les neuf Sœurs, loin des cours et des villes,
M'occuper tout entier, et m'apprendre des Cieux
Les divers mouvements inconnus à nos yeux,
Les noms et les vertus de ces clartés errantes
Par qui sont nos destins et nos mœurs différentes!
Que si je ne suis né pour de si grands projets,
Du moins que les ruisseaux m'offrent de doux objets!
Que je peigne en mes Vers quelque rive fleurie!
La Parque à filets d'or n'ourdira point ma vie;
Je ne dormirai point sous de riches lambris;
Mais voit-on que le somme en perde de son prix?
En est-il moins profond, et moins plein de délices?
Je lui voue au désert de nouveaux sacrifices.
Quand le moment viendra d'aller trouver les morts,
J'aurai vécu sans soins, et mourrai sans remords.

fern der Welt und ihrem Lärm eure Schatten, eure Frische kosten?
Was wird mich in eurem schattigen Schutz verweilen lassen?
Wann können die neun Musen, fern von Hof und Stadt
mich ganz beschäftigen und mich des Himmels
verschiedene Bewegungen lehren, die unseren Augen unbekannt sind,
die Namen und Eigenschaften jener irrenden Planeten,
deretwegen unsere Geschicke und Gebräuche sich unterscheiden.
Und wenn ich schon nicht für solch große Projekte geschaffen bin,
möchten doch wenigstens die Bäche mir liebliche Gegenstände bieten!
Ach, daß ich doch in meinen Versen ein blühendes Gestade malte!
Die Parze wird mein Leben gewiß nicht mit Goldfäden durchwirken;
gewiß werde ich nicht unter einer reichen Deckentäfelung schlafen;
doch verliert der Schlaf dadurch etwas von seinem Wert?
Ist er deshalb weniger tief und weniger reich an Wonnen?
Ich gelobe ihm in der Einsamkeit neue Opfer.
Kommt dann der Augenblick, zu den Toten herabzusteigen,
habe ich ohne Sorgen gelebt und werde ohne Reue sterben.

7

Le paysan du Danube

Il ne faut point juger des gens sur l'apparence.
Le conseil en est bon; mais il n'est pas nouveau.
Jadis l'erreur du Souriceau
Me servit à prouver le discours que j'avance.
J'ai, pour le fonder à présent,
Le bon Socrate, Ésope, et certain Paysan
Des rives du Danube, homme dont Marc-Aurèle
Nous fait un portrait fort fidèle.
On connaît les premiers: quant à l'autre, voici
Le personnage en raccourci.
Son menton nourrissait une barbe touffue,
Toute sa personne velue
Représentait un Ours, mais un Ours mal léché.
Sous un sourcil épais il avait l'œil caché,
Le regard de travers, nez tortu, grosse lèvre,
Portait sayon de poil de chèvre,
Et ceinture de joncs marins.
Cet homme ainsi bâti fut député des Villes
Que lave le Danube: il n'était point d'asiles
Où l'avarice des Romains
Ne pénétrât alors, et ne portât les mains.
Le député vint donc, et fit cette harangue:
Romains, et vous, Sénat, assis pour m'écouter,
Je supplie avant tout les Dieux de m'assister:
Veuillent les Immortels, conducteurs de ma langue,
Que je ne dise rien qui doive être repris.
Sans leur aide, il ne peut entrer dans les esprits
Que tout mal et toute injustice:

7

Der Donaubauer

Man soll die Leute nicht nach ihrem Aussehen beurteilen.
Dieser Rat ist gut, doch ist er nicht neu.
Einst diente mir der Irrtum der kleinen Maus,
die Rede zu beweisen, die ich vortrage.
Um sie jetzt zu begründen, habe ich
den guten Sokrates, Äsop und einen gewissen Bauern
von den Ufern der Donau, einen Mann, von dem Marc Aurel
uns ein sehr getreues Porträt gibt.
Man kennt die ersteren; was den anderen betrifft, hier nun
seine Person im Abriß:
Sein Kinn nährte einen struppigen Bart;
seine behaarte Gestalt erweckte insgesamt den Eindruck
eines Bären, doch eines ungeleckten Bären.
Sein Auge war unter einer dichten Braue versteckt;
der Blick scheel, schiefe Nase, dicke Lippe,
trug er einen Kittel aus Ziegenfell
und einen Gürtel aus Schilf.
Der so gestaltete Mann war Abgesandter jener Städte,
die die Donau durchfließt; es gab keine Schlupfwinkel,
in die die Habgier der Römer
damals nicht eindrang und nach denen sie nicht die Hand ausstreckte.
Der Abgesandte kam also und hielt folgende Rede:
»Römer, und ihr, Senatoren, versammelt, um mir zuzuhören.
Ich flehe zuallererst die Götter an, mir beizustehen.
Möchten die Unsterblichen, die meine Rede erleuchten,
daß ich nichts Tadelnswertes sage.
Ohne ihre Hilfe kann den Menschen nichts in den Sinn kommen
als Böses nur und lauter Ungerechtigkeit.

Faute d'y recourir, on viole leurs lois.
Témoin nous, que punit la Romaine avarice:
Rome est par nos forfaits, plus que par ses exploits,
L'instrument de notre supplice.
Craignez, Romains, craignez que le Ciel quelque jour
Ne transporte chez vous les pleurs et la misère;
Et mettant en nos mains par un juste retour
Les armes dont se sert sa vengeance sévère,
Il ne vous fasse en sa colère
Nos esclaves à votre tour.
Et pourquoi sommes-nous les vôtres? Qu'on me die
En quoi vous valez mieux que cent peuples divers.
Quel droit vous a rendus maîtres de l'Univers?
Pourquoi venir troubler une innocente vie?
Nous cultivions en paix d'heureux champs, et nos mains
Étaient propres aux Arts ainsi qu'au labourage:
Qu'avez-vous appris aux Germains?
Ils ont l'adresse et le courage;
S'ils avaient eu l'avidité,
Comme vous, et la violence,
Peut-être en votre place ils auraient la puissance,
Et sauraient en user sans inhumanité.
Celle que vos Préteurs ont sur nous exercée
N'entre qu'à peine en la pensée.
La majesté de vos Autels
Elle-même en est offensée;
Car sachez que les immortels
Ont les regards sur nous. Grâces à vos exemples,
Ils n'ont devant les yeux que des objets d'horreur,
De mépris d'eux, et de leurs Temples,
D'avarice qui va jusques à la fureur.

Sucht man dort nicht Zuflucht, verletzt man ihre Gesetze.
Der Beweis dafür sind wir, die die Habsucht der Römer straft.
Rom ist mehr durch unsere Frevel als durch eigene Heldentaten
das Werkzeug unserer Strafe.
Fürchtet, Römer, fürchtet, daß der Himmel nicht eines Tages
euch Tränen und Unglück bringe,
daß er durch eine gerechte Umkehrung in unsere Hände
die Waffen lege, deren sich seine strenge Rache bedient,
und in seinem Zorn euch
eurerseits zu unseren Sklaven macht.
Und warum gehören wir euch? Man sage mir einmal,
inwiefern ihr mehr wert seid als hundert andere Völker?
Welches Recht hat euch zu Herren der Welt gemacht?
Warum bei uns einfallen und ein unschuldiges Leben stören?
Wir bestellten in Frieden glückliche Felder, und unsere Hände
waren geeignet zu Handwerk und Feldarbeit.
Was habt ihr den Germanen beigebracht?
Sie besitzen Geschicklichkeit und Mut.
Wären sie habsüchtig gewesen
wie ihr und gewalttätig,
vielleicht hätten sie jetzt an eurer Statt die Macht
und wüßten sich ihrer zu bedienen ohne Unmenschlichkeit.
Die, die eure Prätoren an uns ausgeübt haben,
ist kaum vorstellbar.
Die Größe selbst eurer Altäre
wird dadurch beleidigt.
Denn wisset, daß die Unsterblichen
ihre Blicke auf uns richten. Dank eurer Beispiele
haben sie nur Bilder des Schreckens vor Augen,
der Verachtung ihrer selbst und ihrer Tempel,
der Habsucht, die bis zum Wahnsinn geht.

Rien ne suffit aux gens qui nous viennent de Rome;
La terre, et le travail de l'homme
Font pour les assouvir des efforts superflus.
Retirez-les: on ne veut plus
Cultiver pour eux les campagnes;
Nous quittons les cités, nous fuyons aux montagnes;
Nous laissons nos chères compagnes;
Nous ne conversons plus qu'avec des Ours affreux,
Découragés de mettre au jour des malheureux,
Et de peupler pour Rome un pays qu'elle opprime.
Quant à nos enfants déjà nés,
Nous souhaitons de voir leurs jours bientôt bornés:
Vos préteurs au malheur nous font joindre le crime.
Retirez-les: ils ne nous apprendront
Que la mollesse et que le vice;
Les Germains comme eux deviendront
Gens de rapine et d'avarice.
C'est tout ce que j'ai vu dans Rome à mon abord:
N'a-t-on point de présent à faire?
Point de pourpre à donner? C'est en vain qu'on espère
Quelque refuge aux lois: encor leur ministère
A-t-il mille longueurs. Ce discours, un peu fort
Doit commencer à vous déplaire.
Je finis. Punissez de mort
Une plainte un peu trop sincère.
À ces mots, il se couche et chacun étonné
Admire le grand cœur, le bon sens, l'éloquence,
Du sauvage ainsi prosterné.
On le créa Patrice; et ce fut la vengeance

Nichts genügt den Leuten, die aus Rom zu uns
kommen.
Die Erde und die Arbeit des Menschen
unternehmen, um ihre Unersättlichkeit zu stillen,
vergebliche Anstrengungen.
Holt sie zurück! Wir wollen nicht länger
für sie die Äcker bebauen.
Wir verlassen die Städte; wir fliehen ins Gebirge;
wir lassen unsere teuren Gefährtinnen zurück;
wir verkehren nur noch mit abscheulichen Bären,
abgeschreckt davon, Unglückliche in die Welt zu setzen
und für Rom ein Land zu bevölkern, das es unterdrückt.
Was unsere schon geborenen Kinder betrifft,
so wünschen wir, ihre Tage möchten bereits gezählt sein.
Eure Prätoren bringen uns dahin, dem Unglück das
Verbrechen hinzuzufügen.
Holt sie zurück! Sie werden uns
nur Verweichlichung und Laster lehren.
Die Germanen werden wie sie
raffgierige und habsüchtige Leute werden.
Nichts anderes habe ich bei meiner Ankunft in Rom
gesehen:
Hat man kein Geschenk darzubringen?
Keinen Purpur zu verschenken? Vergebens erhofft man
dann
irgendeine Hilfe bei den Gesetzen. Noch dazu erfolgt ihre
Anwendung
mit tausend Verzögerungen. Diese etwas heftige Rede
dürfte euch allmählich mißfallen.
Ich komme zum Schluß. Bestraft mit dem Tod
eine etwas zu aufrichtige Klage!«
Mit diesen Worten wirft er sich zu Boden, und ergriffen
bewundert ein jeder das edle Herz, den gesunden Verstand
und die Redegewandtheit
des so zu ihren Füßen ausgestreckten Wilden.
Man machte ihn zum Patrizier; und das war die Rache,

Qu'on crut qu'un tel discours méritait. On choisit
D'autres préteurs, et par écrit
Le Sénat demanda ce qu'avait dit cet homme,
Pour servir de modèle aux parleurs à venir.
On ne sut pas longtemps à Rome
Cette éloquence entretenir.

9

Les souris et le chat-huant

Il ne faut jamais dire aux gens:
Écoutez un bon mot, oyez une merveille.
Savez-vous si les écoutants
En feront une estime à la vôtre pareille?
Voici pourtant un cas qui peut être excepté:
Je le maintiens prodige, et tel que d'une fable
Il a l'air et les traits, encor que véritable.
On abattit un pin pour son antiquité,
Vieux Palais d'un hibou, triste et sombre retraite
De l'oiseau qu'Atropos prend pour son interprète.
Dans son tronc caverneux, et miné par le temps,
Logeaient, entre autres habitants,
Force Souris sans pieds, toutes rondes de graisse.
L'Oiseau les nourrissait parmi des tas de blé,
Et de son bec avait leur troupeau mutilé;
Cet Oiseau raisonnait, il faut qu'on le confesse.
En son temps aux Souris le compagnon chassa.
Les premières qu'il prit du logis échappées,
Pour y remédier, le drôle estropia

die, so glaubte man, eine solche Rede verdiene. Man wählte
andere Prätoren, und schwarz auf weiß
erbat der Senat sich das, was dieser Mann gesagt hatte,
damit es künftigen Rednern als Modell diene.
Man verstand es nicht lange, in Rom
solche Beredsamkeit zu bewahren.

9

Die Mäuse und die Nachteule

Man soll nie zu den Leuten sagen:
»Hört einen Witz, vernehmt ein Wunder!«
Wißt ihr denn, ob die Zuhörer
daran ein Gefallen finden, das dem euren gleicht?
Indessen ist hier ein Fall, der ausgenommen werden kann.
Ich behaupte, er ist ein Wunder; er hat Aussehen und Eigenschaften
einer Fabel und ist dennoch wahr.
Man fällte einst eine Kiefer ihres Alters wegen,
alter Palast einer Eule, armseliger und düsterer Schlupfwinkel
des Vogels, den Atropos zu ihrem Dolmetsch nimmt.
In ihrem bauchigen, von der Zeit ausgehöhlten Stamm
hauste neben anderen Bewohnern
ein Haufen fußloser Mäuse, alle rund und fett.
Der Vogel mästete sie inmitten ganzer Berge von Korn,
und mit seinem Schnabel hatte er ihre Herde verstümmelt.
Dieser Vogel konnte denken; das muß man zugeben.
Seinerzeit hatte der Bursche auf die Mäuse Jagd gemacht.
Da die ersten, die er fing, der Behausung entkamen,
verstümmelte der Spitzbube, um dem abzuhelfen,

Tout ce qu'il prit ensuite. Et leurs jambes coupées
Firent qu'il les mangeait à sa commodité,
Aujourd'hui l'une, et demain l'autre.
Tout manger à la fois, l'impossibilité
S'y trouvait, joint aussi le soin de sa santé.
Sa prévoyance allait aussi loin que la nôtre:
Elle allait jusqu'à leur porter
Vivres et grains pour subsister.
Puis, qu'un Cartésien s'obstine
À traiter ce Hibou de montre et de machine!
Quel ressort lui pouvait donner
Le conseil de tronquer un peuple mis en mue?
Si ce n'est pas là raisonner,
La raison m'est chose inconnue.
Voyez que d'arguments il fit:
Quand ce peuple est pris, il s'enfuit:
Donc il faut le croquer aussitôt qu'on le happe.
Tout: il est impossible. Et puis, pour le besoin
N'en dois-je pas garder? Donc il faut avoir soin
De le nourrir sans qu'il échappe.
Mais comment? Ôtons-lui les pieds. Or, trouvez-moi
Chose par les humains à sa fin mieux conduite.
Quel autre art de penser Aristote et sa suite
Enseignent-ils, par votre foi?

Ceci n'est point une fable; et la chose, quoique merveilleuse et presque incroyable, est véritablement arrivée. J'ai

alles, was er später fing; und die abgezwackten Beine machten es möglich,
daß er sie verspeiste, ganz wie es ihm bequemte,
heute die eine, morgen die andere.
Alle auf einmal zu essen, dem stand
die Unmöglichkeit entgegen, verbunden mit der Sorge um seine Gesundheit.
Seine Voraussicht ging genauso weit wie die unsrige.
Sie reichte so weit, ihnen Nahrung und Körner
zu bringen, damit sie existieren konnten.
Da möge nun ein Kartesianer sich darauf versteifen,
diese Eule als Uhr und Maschine zu behandeln.
Welche Triebfeder konnte ihr den Rat erteilen,
ein Volk zu verstümmeln, das in den Mastkäfig gezwängt war?
Wenn das nicht denken heißt,
dann ist Verstand mir etwas Unbekanntes.
Seht einmal, was für Überlegungen sie anstellte:
»Wenn dieses Mäusevolk gefangen wird, reißt es wieder aus.
Also muß man es fressen, sobald man es schnappt.
Alle? Das ist unmöglich. Und für den Notfall schließlich,
soll ich da nicht welche aufbewahren? Also muß man Sorge tragen,
es zu füttern, ohne daß es uns entwischt.
Doch wie? Zwacken wir ihm die Beine ab.« – Nun, zeigt mir
etwas, das von den Menschen besser zu einem Abschluß gebracht worden ist.
Lehren denn, wenn wir einmal ehrlich sind, Aristoteles und sein Gefolge
eine andere Kunst zu denken?

Dies hier ist keine Fabel; und die Sache hat sich, obwohl wundersam und beinahe unglaublich, wirklich zugetragen.

peut-être porté trop loin la prévoyance de ce Hibou; car je ne prétends pas établir dans les bêtes un progrès de raisonnement tel que celui-ci; mais ces exagérations sont permises à la poésie, surtout dans la manière d'écrire dont je me sers.

Ich habe die Voraussicht dieser Eule vielleicht ein wenig übertrieben; ich möchte nämlich den Tieren mitnichten ein derart vorausschauendes Denken zubilligen wie hier; doch sind solche Übertreibungen in der Dichtung erlaubt, besonders in der Schreibweise, deren ich mich bediene.

Livre douzième

8

La querelle des chiens et des chats, et celle des chats et des souris

La Discorde a toujours régné dans l'Univers;
Notre monde en fournit mille exemples divers:
Chez nous cette Déesse a plus d'un Tributaire.
    Commençons par les Éléments:
Vous serez étonnés de voir qu'à tous moments
    Ils seront appointés contraire.
    Outre ces quatre potentats,
    Combien d'êtres de tous états
    Se font une guerre éternelle!
Autrefois un logis plein de Chiens et de Chats,
Par cent Arrêts rendus en forme solennelle,
    Vit terminer tous leurs débats.
Le Maître ayant réglé leurs emplois, leurs Repas,
Et menacé du fouet quiconque aurait querelle,
Ces animaux vivaient entr'eux comme cousins.
Cette union si douce, et presque fraternelle,
    Édifiait tous les voisins.
Enfin elle cessa. Quelque plat de potage,
Quelque os par préférence à quelqu'un d'eux donné,
Fit que l'autre parti s'en vint tout forcené
    Représenter un tel outrage.
J'ai vu des chroniqueurs attribuer le cas
Aux passe-droits qu'avait une chienne en gésine.
    Quoi qu'il en soit, cet altercas

Zwölftes Buch

8

Der Streit zwischen Hunden und Katzen und der zwischen Katzen und Mäusen

Die Zwietracht hat schon immer das Universum beherrscht;
unsere Welt bietet dafür tausend verschiedene Beispiele:
Bei uns hat diese Göttin mehr als einen Untertan.
Beginnen wir mit den Elementen:
Mit Überraschung werdet ihr feststellen, daß sie zu allen Zeiten
gegeneinander zu Felde ziehen.
Wie viele Menschen aller Stände
außer diesen vier Potentaten
liefern sich nicht einen ewigen Krieg!
Einst erlebte ein Haus voller Hunde und Katzen
durch hundert verbindlich formulierte Erlasse
das Ende aller ihrer Debatten.
Da der Hausherr ihre Aufgaben und Mahlzeiten geregelt
und jedem die Peitsche angedroht hatte, der Streit vom Zaune bräche,
lebten die Tiere miteinander wie Vettern.
Diese so liebenswürdige, fast schon brüderliche Einigkeit
erbaute alle Nachbarn.
Endlich zerbrach sie. Irgendein Eintopfgericht,
irgendein Knochen, einem von ihnen bevorzugt hingeworfen,
bewirkte, daß die andere Partei ganz außer sich geriet
und eine solche Beleidigung vor Gericht trug.
Ich habe Chronisten gelesen, die den Fall
der ungerechten Bevorzugung zuschrieben, deren sich eine Hündin im Wochenbett erfreute.
Wie dem auch sei, dieser Streit

Mit en combustion la salle et la cuisine;
Chacun se déclara pour son Chat, pour son Chien.
On fit un Règlement dont les Chats se plaignirent,
Et tout le quartier étourdirent.
Leur Avocat disait qu'il fallait bel et bien
Recourir aux Arrêts. En vain ils les cherchèrent.
Dans un coin où d'abord leurs Agents les cachèrent,
Les Souris enfin les mangèrent.
Autre procès nouveau: Le peuple Souriquois
En pâtit. Maint vieux Chat, fin, subtil, et narquois,
Et d'ailleurs en voulant à toute cette race,
Les guetta, les prit, fit main basse.
Le Maître du logis ne s'en trouva que mieux.
J'en reviens à mon dire. On ne voit, sous les Cieux
Nul animal, nul être, aucune Créature,
Qui n'ait son opposé: c'est la loi de Nature.
D'en chercher la raison, ce sont soins superflus.
Dieu fit bien ce qu'il fit, et je n'en sais pas plus.
Ce que je sais, c'est qu'aux grosses paroles
On en vient sur un rien, plus des trois quarts du temps.
Humains, il vous faudrait encore à soixante ans
Renvoyer chez les Barbacoles.

setzte Salon und Küche in Aufruhr;
ein jeder ergriff Partei für seine Katze, seinen Hund.
Man traf eine Regelung, über die sich die Katzen beschwerten,
und sie betäubten das ganze Viertel mit ihrem Gejaule.
Ihr Anwalt sagte, man müsse wohl oder übel
auf die Erlasse zurückgreifen. Vergebens suchte man sie.
In einem Winkel, in dem ihre Agenten sie zuvor verborgen hatten,
fraßen die Mäuse sie schließlich auf.
Noch ein Prozeß. Das Mäusevolk hatte
darunter zu leiden. Manch alter Kater, schlau, listig und durchtrieben
und überdies der ganzen Sippe nicht wohlgesonnen,
lauerte ihnen auf, schnappte sie, gab kein Pardon.
Dem Hausherrn war's nur recht.
Ich komme auf meine anfängliche Rede zurück. Man sieht unter dem Himmelszelt
kein Tier, kein Menschenwesen, kein Geschöpf,
das nicht seinen Widerpart hätte: Das ist das Naturgesetz.
Den Grund dafür zu suchen, ist vergebliche Liebesmüh.
Gott schuf gut, was er schuf, und mehr weiß ich nicht.
Doch weiß ich, daß man um einer Nichtigkeit willen
in mehr als Dreiviertel aller Fälle zu groben Worten greift.
O Menschenkinder! Man müßte noch mit sechzig Jahren euch
wieder auf die Schulbank schicken.

10

L'écrevisse et sa fille

Les Sages quelquefois, ainsi que l'Écrevisse,
Marchent à reculons, tournent le dos au port.
C'est l'art des Matelots; c'est aussi l'artifice
De ceux qui, pour couvrir quelque puissant effort,
Envisagent un point directement contraire,
Et font vers ce lieu-là courir leur adversaire.
Mon sujet est petit, cet accessoire est grand.
Je pourrais l'appliquer à certain Conquérant
Qui tout seul déconcerte une Ligue à cent têtes.
Ce qu'il n'entreprend pas, et ce qu'il entreprend,
N'est d'abord qu'un secret, puis devient des conquêtes.
En vain l'on a les yeux sur ce qu'il veut cacher;
Ce sont arrêts du sort qu'on ne peut empêcher:
Le torrent, à la fin, devient insurmontable.
Cent dieux sont impuissants contre un seul Jupiter.
LOUIS et le Destin me semblent de concert
Entraîner l'Univers. Venons à notre Fable.

Mère Écrevisse un jour à sa Fille disait:
Comme tu vas, bon Dieu! ne peux-tu marcher droit?
– Et comme vous allez vous-même! dit la fille.
Puis-je autrement marcher que ne fait ma famille?
Veut-on que j'aille droit quand on y va tortu?
    Elle avait raison; la vertu

10

Mutter Krebs und ihre Tochter

Wie der Krebs, so gehen auch die Weisen
mitunter rückwärts, drehen dem Hafen den Rücken zu.
Das ist die Kunst der Matrosen; das ist auch der Kunstgriff
derer, die, um ein wichtiges Unternehmen zu decken,
einen genau entgegengesetzten Punkt anvisieren
und ihren Feind zu diesem Orte laufen lassen.
Mein Gegenstand ist klein, dieser Zusatz jedoch groß.
Ich könnte ihn auf einen gewissen Eroberer anwenden,
der ganz allein eine hundertköpfige Liga in Verwirrung stürzt.
Was er nicht unternimmt und was er unternimmt,
ist zuallererst nur sein Geheimnis, dann werden draus Eroberungen.
Vergebens richtet man die Augen auf das, was er verbergen möchte;
es sind Beschlüsse des Schicksals, die man nicht verhindern kann.
Der Sturzbach wird zu guter Letzt unüberwindlich.
Hundert Götter sind ohnmächtig gegen einen einzigen Jupiter.
Ludwig und das Schicksal scheinen mir einvernehmlich
die ganze Welt mit sich fortzureißen. Doch kommen wir zu unserer Fabel.

Mutter Krebs sprach eines Tages zu ihrer Tochter:
»Wie gehst du denn, mein Gott! Kannst du nicht geradeaus gehen?« –
»Ja, und wie geht Ihr denn selbst?« sprach die Tochter.
»Kann ich anders gehen als meine Familie?
Soll ich geradeaus gehen, wenn alle auf gewundenen Wegen gehen?«
Sie hatte recht; die Macht

De tout exemple domestique
Est universelle, et s'applique
En bien, en mal, en tout; fait des sages, des sots:
Beaucoup plus de ceux-ci. Quant à tourner le dos
À son but, j'y reviens; la méthode en est bonne,
Surtout au métier de Bellone;
Mais il faut le faire à propos.

12

Le milan, le roi, et le chasseur

À son Altesse sérénissime
Monseigneur le Prince de Conti

Comme les Dieux sont bons, ils veulent que les Rois
Le soient aussi: c'est l'indulgence
Qui fait le plus beau de leurs droits,
Non les douceurs de la vengeance:
Prince, c'est votre avis. On sait que le courroux
S'éteint en votre cœur sitôt qu'on l'y voit naître.
Achille qui du sien ne put se rendre maître,
Fut par là moins Héros que vous.
Ce titre n'appartient qu'à ceux d'entre les hommes
Qui, comme en l'âge d'or, font cent biens ici-bas.
Peu de Grands sont nés tels en cet âge où nous sommes,
L'Univers leur sait gré du mal qu'ils ne font pas.
Loin que vous suiviez ces exemples,
Mille actes généreux vous promettent des Temples.
Apollon, Citoyen de ces Augustes lieux,
Prétend y célébrer votre nom sur sa Lyre.

jedes häuslichen Vorbildes
ist allumfassend und wirkt
im Guten, im Bösen, in allem, läßt Weise und Dummköpfe sprießen:
Von letzteren sehr viel mehr. Und was das Verfahren angeht, dem Ziel
den Rücken zuzuwenden, so komme ich darauf zurück: Als Methode ist es gut,
vor allem im Kriegsgeschäft;
doch muß man es im rechten Augenblicke tun.

12

Der Milan, der König und der Jäger

Seiner Durchlauchtigsten Hoheit
dem Prinzen von Conti

Da die Götter gütig sind, möchten sie, daß die Könige
es auch seien: Die Nachsicht
ist das schönste ihrer Rechte,
und nicht der Rache Wonnen.
Prinz, das ist auch Eure Meinung. Man weiß, der Zorn
erlischt in Eurem Herzen, kaum daß er dort entstanden ist.
Achill, der des seinigen nicht Herr werden konnte,
war insofern ein geringerer Held als Ihr.
Diese Ehrenbezeichnung gebührt nur solchen Menschen,
die, wie im Goldenen Zeitalter, auf Erden hundert gute Werke tun.
Wenige Große nur sind heutzutage so veranlagt;
die Welt weiß ihnen Dank für das Böse, das sie n i c h t tun.
Weit davon entfernt, solchen Beispielen zu folgen,
verheißen tausend großherzige Taten Euch Tempel.
Apoll, Bürger dieser erhabenen Örtlichkeiten,
möchte dort Euren Namen auf seiner Leier ehren.

Je sais qu'on vous attend dans le Palais des Dieux:
Un siècle de séjour doit ici vous suffire.
Hymen veut séjourner tout un siècle chez vous.
Puissent ses plaisirs les plus doux
Vous composer des destinées
Par ce temps à peine bornées!
Et la Princesse et vous n'en méritez pas moins:
J'en prends ses charmes pour témoins;
Pour témoins j'en prends les merveilles
Par qui le Ciel, pour vous prodigue en ses présents,
De qualités qui n'ont qu'en vous seuls leurs pareilles
Voulut orner vos jeunes ans.
Bourbon de son esprit ces grâces assaisonne.
Le Ciel joignit en sa personne
Ce qui sait se faire estimer
À ce qui sait se faire aimer.
Il ne m'appartient pas d'étaler votre joie;
Je me tais donc, et vais rimer
Ce que fit un Oiseau de proie.

Un Milan, de son nid antique possesseur,
Étant pris vif par un Chasseur,
D'en faire au Prince un don cet homme se propose.
La rareté du fait donnait prix à la chose,
L'Oiseau, par le Chasseur humblement présenté,
Si ce conte n'est apocriphe,
Va tout droit imprimer sa griffe
Sur le nez de sa Majesté.
– Quoi! sur le nez du Roi? – Du Roi même en personne.
– Il n'avait donc alors ni Sceptre ni Couronne?

Ich weiß, daß man Euch im Palast der Götter erwartet.
Ein Jahrhundert auf Erden zu verweilen, muß Euch genügen;
Hymen möchte ein ganzes Jahrhundert bei Euch wohnen.
Könnten doch seine süßesten Freuden
Euch ein Schicksal bereiten,
das durch eine solche Zeit kaum begrenzt werde.
Die Prinzessin und auch Ihr verdienen nichts Geringeres.
Ich rufe ihre Anmut zu Zeugen;
zu Zeugen rufe ich die Wunder,
durch die der Himmel, Euch mit seinen Gaben überhäufend,
mit Eigenschaften, die in Euch selbst nur ihresgleichen haben,
Eure Jugend zieren wollte.
Bourbon würzt mit ihrem Geiste diese Reize.
Der Himmel verband in ihrer Person
das Achtenswerte
mit dem Liebenswerten.
Es steht mir nicht zu, Eure Freude auszubreiten.
Also schweige ich und werde in Verse bringen,
was ein Raubvogel tat.

Ein Milan, langjähriger Besitzer seines Nestes,
war lebend von einem Jäger gefangen worden;
ihn dem Fürsten zum Geschenk zu machen, nimmt der Mann sich vor.
Die Seltenheit eines solchen Ereignisses gab der Sache ihren Wert.
Der Vogel, vom Jäger untertänigst dargebracht,
– wenn die Geschichte überhaupt wahr ist –
schlägt schnurstracks seine Kralle
in die Nase seiner Majestät.
»Was! In des Königs Nase?« – »Des Königs höchstpersönlich.«
»Er trug damals also weder Zepter noch Krone?«

– Quand il en aurait eu, ç'aurait été tout un:
Le nez Royal fut pris comme un nez du commun.
Dire des Courtisans les clameurs et la peine
Serait se consumer en efforts impuissants.
Le Roi n'éclata point: les cris sont indécents
    À la Majesté Souveraine.
L'Oiseau garda son poste: on ne put seulement
Hâter son départ d'un moment.
Son Maître le rappelle, et crie, et se tourmente,
Lui présente le leurre, et le poing; mais en vain.
    On crut que jusqu'au lendemain
Le maudit animal à la serre insolente
    Nicherait là malgré le bruit
Et sur le nez sacré voudrait passer la nuit.
Tâcher de l'en tirer irritait son caprice.
Il quitte enfin le Roi, qui dit: Laissez aller
Ce Milan, et celui qui m'a cru régaler.
Ils se sont acquittés tous deux de leur office,
L'un en Milan, et l'autre en Citoyen des bois:
Pour moi, qui sais comment doivent agir les Rois,
    Je les affranchis du supplice.
Et la Cour d'admirer. Les Courtisans ravis,
Élèvent de tels faits, par eux si mal suivis:
Bien peu, même des Rois, prendraient un tel modèle;
    Et le Veneur l'échappa belle,
Coupable seulement, tant lui que l'animal,
D'ignorer le danger d'approcher trop du Maître.
    Ils n'avaient appris à connaître

»Selbst wenn er sie getragen hätte, es wäre aufs gleiche hinausgelaufen.
Die Nase des Königs wurde für die Nase eines gewöhnlichen Sterblichen gehalten.«
Das Geschrei und die Qual der Höflinge zu schildern,
hieße, sich in ohnmächtigen Anstrengungen verzehren.
Der König brach nicht in Zorn aus: Schreie stehen
Seiner Königlichen Majestät nicht an.
Der Vogel behauptete seinen Platz; man konnte nicht einmal
seinen Aufbruch um einen Augenblick beschleunigen.
Sein Meister ruft ihn, schreit und müht sich ab,
zeigt ihm den Köder und die Faust; doch vergebens.
Man glaubte, bis zum nächsten Tage
werde das verfluchte Tier mit der respektlosen Kralle
dort nisten trotz des Lärms
und wolle auf der geweihten Nase gar die Nacht verbringen.
Versuche, es dort wegzulocken, reizten nur seinen Eigensinn.
Endlich verläßt es den König, der sprach: »Laßt diesen Milan
ziehen und den, der mich zu beschenken glaubte.
Sie haben beide ihre Pflicht getan,
der eine als Milan, der andere als Bürger unserer Wälder.
Was mich betrifft, ich weiß, wie Könige handeln müssen;
ich spreche sie von der Todesstrafe frei.«
Und der Hof kann sich vor Bewunderung kaum fassen. Die Höflinge preisen
voller Entzücken solche Großtaten, die sie selbst so selten befolgen.
Selbst unter den Königen würden nur wenige sich ein solches Vorbild erwählen.
Und der Weidmann kam noch einmal mit dem Leben davon,
schuldig allein, er und das Tier,
die Gefahr zu verkennen, dem Herrn zu nahe zu treten.
Sie hatten allein mit Waldbewohnern

Que les hôtes des bois: était-ce un si grand mal?
Pilpay fait près du Gange arriver l'aventure.
Là, nulle humaine Créature
Ne touche aux animaux pour leur sang épancher.
Le Roi même ferait scrupule d'y toucher.
Savons-nous, disent-ils, si cet Oiseau de proie
N'était point au siège de Troie?
Peut-être y tint-il lieu d'un Prince ou d'un Héros
Des plus huppés et des plus hauts:
Ce qu'il fut autrefois il pourra l'être encore.
Nous croyons, après Pythagore,
Qu'avec les Animaux de forme nous changeons:
Tantôt Milans, tantôt Pigeons,
Tantôt Humains, puis Volatilles
Ayant dans les airs leurs familles.

Comme l'on conte en deux façons
L'accident du Chasseur, voici l'autre manière.
Un certain Fauconnier ayant pris, ce dit-on,
À la chasse un Milan (ce qui n'arrive guère),
En voulut au Roi faire un don,
Comme de chose singulière.
Ce cas n'arrive pas quelquefois en cent ans;
C'est le *non plus ultra* de la Fauconnerie.
Ce Chasseur perce donc un gros de Courtisans,
Plein de zèle, échauffé, s'il le fut de sa vie.
Par ce parangon des présents
Il croyait sa fortune faite:
Quand l'Animal porte-sonnette,
Sauvage encore et tout grossier,
Avec ses ongles tout d'acier,
Prend le nez du Chasseur, happe le pauvre sire:
Lui de crier; chacun de rire,

umzugehen gelernt. War das ein so großes Übel?
Pilpay läßt das Abenteuer am Ganges sich zutragen.
Dort rührt kein menschliches Wesen
an Tiere, um ihr Blut zu vergießen.
Selbst der König hätte Skrupel, sie anzurühren.
»Wissen wir denn«, so sagen sie, »ob dieser Raubvogel
nicht schon bei der Belagerung von Troja zugegen war?
Vielleicht nahm er dort die Stelle eines Prinzen oder Helden ein,
eines der angesehensten und höchstgestellten.
Was er einst war, er kann es immer wieder sein.
Mit Pythagoras glauben wir,
daß wir mit den Tieren die Gestalt tauschen:
Mal Milan, mal Taube,
mal Mensch, dann wieder Vogelvolk,
das in den Lüften seine Heimat hat.«

Da man auf zweierlei Weise
die Geschichte des Jägers erzählt, hier nun die andere Fassung.
Ein gewisser Falkner hatte, so sagt man,
bei der Jagd einen Milan gefangen, was höchst selten vorkommt,
und wollte ihn dem König als etwas
Einmaliges zum Geschenke machen.
Der Fall ereignet sich nicht zweimal in hundert Jahren;
es ist das Non plus ultra der Falknerei.
Der Jäger also zwängt sich durch eine Höflingsschar,
voller Eifer und erhitzt wie nie in seinem Leben.
Durch dieses mustergültige Geschenk
glaubt er sein Glück gemacht,
als das Schellenträgertier,
wild noch und ganz ungeschliffen,
mit seinen Krallen ganz aus Stahl
des Jägers Nase packt, sich auf den armen Teufel stürzt.
Laut schreit er auf; ein jeder lacht,

Monarque et Courtisans. Qui n'eût ri? Quant à moi,
Je n'en eusse quitté ma part pour un empire.
Qu'un Pape rie, en bonne foi
Je ne l'ose assurer; mais je tiendrais un Roi
Bien malheureux, s'il n'osait rire:
C'est le plaisir des Dieux. Malgré son noir souci,
Jupiter et le Peuple Immortel rit aussi.
Il en fit des éclats, à ce que dit l'Histoire,
Quand Vulcain, clopinant, lui vint donner à boire.
Que le peuple immortel se montrât sage ou non,
J'ai changé mon sujet avec juste raison;
Car, puisqu'il s'agit de morale,
Que nous eût du Chasseur l'aventure fatale
Enseigné de nouveau? L'on a vu de tout temps
Plus de sots Fauconniers que de rois indulgents.

15

Le corbeau, la gazelle, la tortue, et le rat

À Madame de La Sablière

Je vous gardais un Temple dans mes vers:
Il n'eût fini qu'avecque l'Univers.
Déjà ma main en fondait la durée
Sur ce bel Art qu'ont les Dieux inventé,
Et sur le nom de la Divinité
Que dans ce Temple on aurait adorée.
Sur le portail j'aurais ces mots écrits
PALAIS SACRÉ DE LA DÉESSE IRIS;
Non celle-là qu'a Junon à ses gages;
Car Junon même et le Maître des Dieux

König und Hof. Wer hätte nicht gelacht? Was mich betrifft,
ich hätte meinen Anteil nicht für ein Königreich abgetreten.
Daß ein Papst lacht, wage ich guten Glaubens
nicht zu versichern; doch ich hielte einen König
für höchst unglücklich, wenn er nicht zu lachen wagte.
Lachen ist das Vergnügen der Götter. Trotz seiner finsteren Sorgen
lacht Jupiter, und das Volk der Unsterblichen mit ihm.
Schenkt man der Geschichte Glauben, lachte er aus vollem Halse,
als Vulkan humpelnd ihm zu trinken reichte.
Ob die Unsterblichen sich nun als weise erwiesen oder nicht,
ich habe meinen Stoff aus gutem Grunde abgeändert.
Denn, da es sich um Moral handelt,
was hätte das Mißgeschick des Jägers
uns da Neues lehren können? Man hat zu allen Zeiten
mehr dumme Falkner als nachsichtige Könige gesehen.

15

Der Rabe, die Gazelle, die Schildkröte und die Ratte

Madame de La Sablière gewidmet

Ich bewahrte Euch einen Tempel in meinen Versen:
Erst mit dem Universum wäre er untergegangen.
Schon gründete meine Hand seinen Bestand
auf die schöne Kunst, die die Götter erfanden,
und auf das Ansehen der Gottheit,
die man in diesem Tempel angebetet hätte.
Auf das Portal hätte ich diese Worte geschrieben:
DIESER PALAST IST DER GÖTTIN IRIS GEWEIHT;
nicht der, die Juno in ihren Diensten hat;
denn Juno selbst und der Herr der Götter

Serviraient l'autre, et seraient glorieux
Du seul honneur de porter ses messages.
L'Apothéose à la voûte eût paru;
Là, tout l'Olympe en pompe eût été vu
Plaçant Iris sous un Dais de lumière.
Les murs auraient amplement contenu
Toute sa vie, agréable matière,
Mais peu féconde en ces événements
Qui des États font les renversements.
Au fond du Temple eût été son image,
Avec ses traits, son souris, ses appas,
Son art de plaire et de n'y penser pas,
Ses agréments à qui tout rend hommage.
J'aurais fait voir à ses pieds des mortels
Et des Héros, des demi-Dieux encore,
Même des Dieux; ce que le Monde adore
Vient quelquefois parfumer ses Autels.
J'eusse en ses yeux fait briller de son âme
Tous les trésors, quoique imparfaitement:
Car ce cœur vif et tendre infiniment,
Pour ses amis et non point autrement,
Car cet esprit, qui, né du Firmament,
A beauté d'homme avec grâces de femme,
Ne se peut pas, comme on veut, exprimer.
Ô vous, Iris, qui savez tout charmer,
Qui savez plaire en un degré suprême,
Vous que l'on aime à l'égal de soi-même
(Ceci soit dit sans nul soupçon d'amour;
Car c'est un mot banni de votre Cour;
Laissons-le donc), agréez que ma Muse
Achève un jour cette ébauche confuse.
J'en ai placé l'idée et le projet,
Pour plus de grâce, au devant d'un sujet

würden der anderen dienen und sich allein der Ehre
rühmen, ihre Botschaften übermitteln zu dürfen.
Die Apotheose wäre im Gewölbe erschienen;
dort hätte man den ganzen Olymp in aller Pracht
Iris unter einen Lichtbaldachin setzen sehen.
Die Wände hätten breit ihr ganzes Leben
entfaltet, ein angenehmes Thema,
doch kaum reich an jenen Ereignissen,
die der Staaten Umsturz bewirken.
Hinten im Tempel wäre ihr Bild zu sehen gewesen
mit ihren Gesichtszügen, ihrem Lächeln, ihren Reizen,
ihrer Kunst zu gefallen, ohne sich dessen bewußt zu sein,
ihrem Liebreiz, dem alles huldigt.
Zu ihren Füßen hätte ich Sterbliche gezeigt
und Heroen, Halbgötter auch,
ja sogar Götter; was die Welt verehrt,
kommt mitunter, um ihre Altäre mit Wohlgerüchen zu umhüllen.
In ihren Augen hätte ich alle Schätze ihrer Seele
erstrahlen lassen, wenngleich unvollkommen:
Denn dieses Herz, das lebhaft und unendlich zart
zu seinen Freunden ist und sich darin nie wandelt,
denn diesen Geist, dem Firmament entsprungen,
der Mannes Schönheit mit weiblicher Anmut vereint,
kann man nicht, wie man möchte, beschreiben.
Ihr, Iris, die Ihr alles zu bezaubern versteht,
die Ihr zu gefallen wißt in höchstem Maße,
Ihr, die man ebenso liebt wie sich selbst –
dies sei gesagt, ohne daß Liebe dabei im Spiele wäre;
denn das ist ein Wort, das Ihr von Eurem Hofe verbannt habt;
lassen wir es also fort –, gestattet, daß meine Muse
eines Tages diesen ersten Entwurf vollende.
Ich habe den Gedanken daran und seinen Plan
der größeren Anmut wegen einem Gegenstand vorangestellt,

Où l'amitié donne de telles marques,
Et d'un tel prix, que leur simple récit
Peut quelque temps amuser votre esprit.
Non que ceci se passe entre Monarques:
Ce que chez vous nous voyons estimer
N'est pas un Roi qui ne sait point aimer:
C'est un Mortel qui sait mettre sa vie
Pour son ami. J'en vois peu de si bons.
Quatre animaux, vivants de compagnie,
Vont aux humains en donner des leçons.

La Gazelle, le Rat, le Corbeau, la Tortue,
Vivaient ensemble unis: douce société.
Le choix d'une demeure aux humains inconnue
    Assurait leur félicité.
Mais quoi! l'homme découvre enfin toutes retraites.
    Soyez au milieu des déserts,
    Au fond des eaux, en haut des airs,
Vous n'éviterez point ses embûches secrètes.
La Gazelle s'allait ébattre innocemment,
    Quand un chien, maudit instrument
    Du plaisir barbare des hommes,
Vint sur l'herbe éventer les traces de ses pas.
Elle fuit, et le Rat à l'heure du repas
Dit aux amis restants: D'où vient que nous ne sommes
    Aujourd'hui que trois conviés?
La Gazelle déjà nous a-t-elle oubliés?
    À ces paroles, la Tortue
    S'écrie, et dit: Ah! si j'étais
    Comme un Corbeau d'ailes pourvue,
    Tout de ce pas je m'en irais

in dem die Freundschaft solche Zeugnisse ablegt
und von solchem Wert, daß ihre einfache Erzählung
für einige Zeit Euren Geist beschäftigen kann.
Nicht daß sich das Folgende zwischen Monarchen ereignet;
was wir bei Euch geachtet sehen,
das ist nicht etwa ein König, der nicht zu lieben versteht;
es ist ein gewöhnlicher Sterblicher, der sein Leben aufs Spiel
zu setzen bereit ist
für seinen Freund. Ich sehe wenige so gute.
Vier Tiere, die in Gemeinschaft miteinander lebten,
werden den Menschen entsprechende Lehren erteilen.

Die Gazelle, die Ratte, der Rabe und die Schildkröte
lebten in Eintracht miteinander: eine innige
Gemeinschaft.
Die Wahl einer den Menschen unbekannten Unterkunft
sicherte ihre Glückseligkeit.
Doch ach! Der Mensch entdeckt schließlich alle
Schlupfwinkel.
Haltet euch inmitten der Wüsten auf,
auf dem Grunde des Wassers, hoch in den Lüften,
ihr werdet seinen geheimen Fallen nicht entgehen.
Die Gazelle wollte sich gerade harmlos tummeln,
als ein Hund, verfluchtes Werkzeug
des barbarischen Vergnügens der Menschen,
im Grase ihre Spuren erschnupperte.
Sie flieht, und die Ratte spricht zur Essenszeit
zu den verbliebenen Freunden: »Wie kommt's, daß wir
heute
nur drei bei Tische sind?
Hat die Gazelle uns schon vergessen?«
Bei diesen Worten ruft die Schildkröte
verwundert aus: »Ach, wenn ich doch
wie ein Rabe mit Flügeln ausgestattet wäre,
stehenden Fußes machte ich mich auf,

Apprendre au moins quelle contrée,
Quel accident tient arrêtée
Notre compagne au pied léger:
Car, à l'égard du cœur, il en faut mieux juger.
Le Corbeau part à tire d'aile:
Il aperçoit de loin l'imprudente Gazelle
Prise au piège, et se tourmentant.
Il retourne avertir les autres à l'instant.
Car de lui demander quand, pourquoi, ni comment
Ce malheur est tombé sur elle,
Et perdre en vains discours cet utile moment,
Comme eût fait un Maître d'École,
Il avait trop de jugement.
Le Corbeau donc vole et revole.
Sur son rapport, les trois amis
Tiennent conseil. Deux sont d'avis
De se transporter sans remise
Aux lieux où la Gazelle est prise.
L'autre, dit le Corbeau, gardera le logis:
Avec son marcher lent, quand arriverait-elle?
Après la mort de la Gazelle.
Ces mots à peine dits, ils s'en vont secourir
Leur chère et fidèle Compagne,
Pauvre Chevrette de montagne.
La Tortue y voulut courir:
La voilà comme eux en campagne,
Maudissant ses pieds courts avec juste raison,
Et la nécessité de porter sa maison.
Rongemaille (le Rat eut à bon droit ce nom)
Coupe les nœuds du lacs: on peut penser la joie.
Le Chasseur vient et dit: Qui m'a ravi ma proie?
Rongemaille, à ces mots, se retire en un trou,

um zumindest zu erkunden, welcher Landstrich,
welcher Unfall unsere leichtfüßige
Gefährtin gefangenhält.
Denn in bezug aufs Herz muß man vorsichtiger urteilen.«
Pfeilschnell bricht der Rabe auf:
Von weitem erblickt er die unvorsichtige Gazelle,
in einer Falle gefangen und sich vergebens mühend.
Flugs kehrt er zurück, die anderen zu unterrichten.
Denn sie zu fragen, wann, warum und wie
das Unglück über sie hereingebrochen,
und in nutzlosen Reden kostbare Zeit zu verlieren,
wie ein Schulmeister es getan hätte,
dazu besaß er zu viel Urteilskraft.
Der Rabe fliegt also hin und fliegt zurück.
Nach seinem Bericht halten die drei Freunde
Rat. Zwei sind der Auffassung, sie sollten sich ohne Aufschub
an den Ort begeben, wo die Gazelle gefangen ist.
»Die andere«, sprach der Rabe, »soll das Haus hüten.
Mit ihrem langsamen Schritt, wann käme sie da an?
Nach dem Tode der Gazelle.«
Kaum sind diese Worte gesagt, machen sie sich auf,
der teuren und getreuen Gefährtin zu Hilfe zu eilen,
dem armen Bergzicklein.
Die Schildkröte wollte auch dahin eilen.
Schon ist sie wie die beiden anderen auf freiem Feld
und verwünscht ihre kurzen Beine aus gutem Grund
und auch den Zwang, ihr Haus zu tragen.
Maschennager (die Ratte trug diesen Namen mit gutem Recht)
zernagt die Knoten der Schlinge. Man kann sich die Freude vorstellen.
Der Jäger kommt und spricht: »Wer hat mir meine Beute geraubt?«
Bei diesen Worten zieht Maschennager sich in ein Loch zurück,

Le Corbeau sur un arbre, en un bois la Gazelle;
Et le Chasseur, à demi fou
De n'en avoir nulle nouvelle,
Aperçoit la Tortue, et retient son courroux.
D'où vient, dit-il, que je m'effraie?
Je veux qu'à mon souper celle-ci me défraie.
Il la mit dans son sac. Elle eût payé pour tous,
Si le Corbeau n'en eût averti la Chevrette.
Celle-ci, quittant sa retraite,
Contrefait la boiteuse, et vient se présenter.
L'homme de suivre, et de jeter
Tout ce qui lui pesait: si bien que Rongemaille
Autour des nœuds du sac tant opère et travaille
Qu'il délivre encor l'autre sœur,
Sur qui s'était fondé le souper du Chasseur.

Pilpay conte qu'ainsi la chose s'est passée.
Pour peu que je voulusse invoquer Apollon,
J'en ferais, pour vous plaire, un Ouvrage aussi long
Que l'Iliade ou l'Odyssée.
Rongemaille ferait le principal héros,
Quoiqu'à vrai dire ici chacun soit nécessaire.
Portemaison l'Infante y tient de tels propos
Que Monsieur du Corbeau va faire
Office d'Espion, et puis de Messager.
La Gazelle a d'ailleurs l'adresse d'engager
Le Chasseur à donner du temps à Rongemaille.
Ainsi chacun en son endroit
S'entremet, agit, et travaille.
À qui donner le prix? Au cœur si l'on m'en croit.

der Rabe auf einen Baum, in einen Wald die Gazelle.
und der Jäger, halb wahnsinnig darüber,
keine neue Beute zu haben,
erblickt die Schildkröte und hält seinen Zorn zurück.
»Wie kommt es«, sprach er, »daß ich erschrecke?
Diese hier soll mich zum Abendessen freihalten.«
Damit steckte er sie in seinen Sack. Sie hätte für alle gezahlt,
hätte der Rabe nicht das Zicklein davon unterrichtet.
So verläßt dieses seinen Schlupfwinkel,
stellt sich hinkend und bietet sich an.
Sogleich setzt der Mann ihr nach und wirft alles ab,
was ihn belastet, so daß Maschennager
an den Knoten des Sacks so sehr wirkt und rackert,
daß er auch die andere Schwester noch befreit,
auf die sich das Essen des Jägers gegründet hatte.

Pilpay erzählt, daß sich die Sache so zugetragen hat.
Wenn ich auch nur im geringsten Lust hätte, Apoll
anzurufen,
machte ich daraus, Euch zum Gefallen, ein Werk, genauso
lang
wie Ilias und Odyssee.
Maschennager wäre der wichtigste Held,
wenngleich in Wahrheit ein jeder hier unentbehrlich ist.
Infantin Hausträgerin hält dort solche Reden,
daß Herr von Rabe sich anschickt,
das Amt des Spions und dann das des Boten zu übernehmen.
Die Gazelle besitzt überdies das Geschick, den Jäger dahin
zu bringen,
Maschennager Zeit zu verschaffen.
So setzt ein jeder an seinem Platz
sich ein, handelt und wirkt.
Wem gebührt der Preis? Dem Herzen, wenn man mir
glauben will.

16

La forêt et le bûcheron

Un Bûcheron venait de rompre ou d'égarer
Le bois dont il avait emmanché sa cognée.
Cette perte ne put sitôt se réparer
Que la Forêt n'en fût quelque temps épargnée.
L'Homme enfin la prie humblement
De lui laisser tout doucement
Emporter une unique branche,
Afin de faire un autre manche.
Il irait employer ailleurs son gagne-pain;
Il laisserait debout maint chêne et maint sapin
Dont chacun respectait la vieillesse et les charmes.
L'innocente Forêt lui fournit d'autres armes.
Elle en eut du regret. Il emmanche son fer.
Le misérable ne s'en sert
Qu'à dépouiller sa bienfaitrice
De ses principaux ornements.
Elle gémit à tous moments:
Son propre don fait son supplice.

Voilà le train du Monde et de ses Sectateurs:
On s'y sert du bienfait contre les bienfaiteurs.
Je suis las d'en parler; mais que de doux ombrages
Soient exposés à ces outrages,
Qui ne se plaindrait là-dessus?
Hélas! j'ai beau crier et me rendre incommode:
L'ingratitude et les abus
N'en seront pas moins à la mode.

16

Der Wald und der Holzfäller

Ein Holzfäller zerbrach oder verlor
den Stiel, auf dem er seine Axt befestigt hatte.
Dieser Verlust ließ sich nicht so schnell beheben,
daß der Wald nicht dadurch eine Zeitlang geschont wurde.
Der Mann bittet ihn schließlich unterwürfig,
er möge ihm gestatten, ganz vorsichtig
einen einzigen Ast mitzunehmen,
um einen neuen Stiel daraus zu fertigen.
Er werde sein Werkzeug woanders einsetzen.
Manch Eiche und manche Fichte, deren Alter und
Anmut
ein jeder achte, werde er stehen lassen.
Der ahnungslose Wald liefert ihm neue Waffen.
Er hat es bald bereut. – Der Holzfäller befestigt sein Eisen.
Der Erbärmliche bedient sich seiner nur,
um seinen Wohltäter
seines schönsten Schmuckes zu berauben.
Der Wald seufzt ohne Unterlaß:
Zum Verhängnis gerät ihm seine eigene Gabe.

Das ist der Lauf der Welt und ihrer Jünger:
Man bedient sich der Wohltat gegen die Wohltäter.
Ich bin es leid, davon zu reden. Doch daß lieblicher Schatten
solchem Frevel ausgesetzt wird,
wer würde nicht darüber klagen!
Ah, wie sehr ich auch jammere und mich unbeliebt mache:
Undankbarkeit und Mißbrauch
werden deshalb nicht weniger in Mode sein.

20

Le philosophe scythe

Un Philosophe austère, et né dans la Scythie,
Se proposant de suivre une plus douce vie,
Voyagea chez les Grecs, et vit en certains lieux
Un Sage assez semblable au vieillard de Virgile,
Homme égalant les Rois, homme approchant des Dieux,
Et, comme ces derniers satisfait et tranquille.
Son bonheur consistait aux beautés d'un Jardin.
Le Scythe l'y trouva, qui la serpe à la main,
De ses arbres à fruit retranchait l'inutile,
Ébranchait, émondait, ôtait ceci, cela,
    Corrigeant partout la Nature,
Excessive à payer ses soins avec usure.
    Le Scythe alors lui demanda:
Pourquoi cette ruine. Était-il d'homme sage
De mutiler ainsi ces pauvres habitants?
Quittez-moi votre serpe, instrument de dommage;
    Laissez agir la faux du temps:
Ils iront aussi tôt border le noir rivage.
– J'ôte le superflu, dit l'autre, et l'abattant,
    Le reste en profite d'autant.
Le Scythe, retourné dans sa triste demeure,
Prend la serpe à son tour, coupe et taille à toute heure;
Conseille à ses voisins, prescrit à ses amis
    Un universel abatis.

20

Der skythische Philosoph

Ein strenger Philosoph, in Skythien geboren,
der sich vorgenommen hatte, eine leichtere Lebensart zu befolgen,
reiste zu den Griechen und sah an einem Ort
einen Weisen, der dem Greis Vergils recht ähnlich war,
einen Menschen, der den Königen gleichkam, einen Menschen, der den Göttern nahestand
und, wie letztere, zufrieden und ruhig war.
Sein Glück bestand in der Schönheit eines Gartens.
Der Skythe fand ihn dort, wie er, mit der Gartenschere in der Hand,
alles Unnütze seiner Obstbäume stutzte,
sie beschnitt, ausästete, dieses und jenes entfernte
und überall die Natur korrigierte,
die bereit war, ihm seine Mühen mit Zinsen üppig zu vergelten.
Da fragte der Skythe ihn:
»Wozu diese Zerstörung? Darf ein weiser Mann
diese armen Kreaturen derart verstümmeln?
Laßt ab von Eurer Schere, diesem Werkzeug, das nur Schaden zufügt;
laßt die Sichel der Zeit walten:
Sie werden früh genug herabsteigen und das schwarze Gestade zieren.« –
»Ich nehme das Überflüssige fort«, sprach der andere, »und weil ich es entferne,
wächst der Rest um so besser.«
In seine düstere Heimat zurückgekehrt,
nimmt der Skythe seinerseits die Schere, schneidet und stutzt den lieben langen Tag,
berät seine Nachbarn, schreibt seinen Freunden
ein allgemeines Gemetzel vor.

Il ôte de chez lui les branches les plus belles,
Il tronque son Verger contre toute raison,
    Sans observer temps ni saison,
    Lunes ni vieilles ni nouvelles.
Tout languit et tout meurt. Ce Scythe exprime bien
    Un indiscret Stoïcien:
    Celui-ci retranche de l'âme
Désirs et passions, le bon et le mauvais,
    Jusqu'aux plus innocents souhaits.
Contre de telles gens, quant à moi, je réclame.
Ils ôtent à nos cœurs le principal ressort;
Ils font cesser de vivre avant que l'on soit mort.

29

Le juge arbitre, l'hospitalier, et le solitaire

Trois Saints, également jaloux de leur salut,
Portés d'un même esprit, tendaient à même but.
Ils s'y prirent tous trois par des routes diverses:
Tous chemins vont à Rome: ainsi nos Concurrents
Crurent pouvoir choisir des sentiers différents.
L'un, touché des soucis, des longueurs, des traverses,
Qu'en apanage on voit aux Procès attachés
S'offrit de les juger sans récompense aucune,
Peu soigneux d'établir ici-bas sa fortune.
Depuis qu'il est des Lois, l'Homme, pour ses péchés,
Se condamne à plaider la moitié de sa vie.
La moitié? les trois quarts, et bien souvent le tout.
Le Conciliateur crut qu'il viendrait à bout
De guérir cette folle et détestable envie.

Er nimmt bei sich selbst die schönsten Zweige fort;
er verstümmelt seinen Obstgarten ohne Sinn und Verstand,
ohne auf Wetter noch Jahreszeiten,
ohne auf Vollmond noch Neumond zu achten.
Alles welkt, und alles stirbt. – Dieser Skythe stellt sehr gut
einen Stoiker dar, der nicht zu unterscheiden weiß:
Ein solcher stutzt seines Herzens
Lüste und Leidenschaften, das Gute und das Böse,
bis hin zu den unschuldigsten Wünschen.
Ich meinerseits begehre gegen solche Leute auf.
Sie zertören in unseren Herzen den wichtigsten Antrieb;
sie beenden unser Leben, noch bevor wir tot sind.

29

Der Richter, der Krankenpfleger und der Einsiedler

Drei Heilige, gleichermaßen um ihr Heil besorgt,
strebten, beflügelt von demselben Geist, demselben Ziele zu.
Alle drei machten sich auf verschiedenen Wegen ans Werk.
Alle Wege führen nach Rom. Unsere Heilssucher
glaubten daher, verschiedene Pfade wählen zu können.
Der eine, betroffen von den Sorgen, Längen, Hindernissen,
die Rechtshändeln als notwendige Folge anhaften,
erbot sich, sie ohne irgendein Entgelt zu schlichten,
wenig darauf bedacht, auf Erden sein Glück zu machen.
Seit es Gesetze gibt, ist der Mensch um seiner Sünden willen
dazu verdammt, die Hälfte seines Lebens zu prozessieren.
Die Hälfte? Drei Viertel; und oft sogar das ganze.
Unser Schlichter glaubte, daß es ihm gelänge,
diese törichte und abscheuliche Leidenschaft zu heilen.

Le second de nos Saints choisit les Hôpitaux.
Je le loue; et le soin de soulager ces maux
Est une charité que je préfère aux autres.
Les Malades d'alors, étant tels que les nôtres,
Donnaient de l'exercice au pauvre Hospitalier;
Chagrins, impatients, et se plaignant sans cesse:
Il a pour tels et tels un soin particulier;
    Ce sont ses amis; il nous laisse.
Ces plaintes n'étaient rien au prix de l'embarras
Où se trouva réduit l'appointeur de débats:
Aucun n'était content; la sentence arbitrale
    À nul des deux ne convenait:
    Jamais le Juge ne tenait
    À leur gré la balance égale.
De semblables discours rebutaient l'Appointeur:
Il court aux Hôpitaux, va voir leur Directeur:
Tous deux ne recueillant que plainte et que murmure,
Affligés, et contraints de quitter ces emplois,
Vont confier leur peine au silence des bois.
Là, sous d'âpres rochers, près d'une source pure,
Lieu respecté des vents, ignoré du Soleil,
Ils trouvent l'autre Saint, lui demandent conseil.
Il faut, dit leur ami, le prendre de soi-même.
    Qui mieux que vous sait vos besoins?
Apprendre à se connaître est le premier des soins
Qu'impose à tous mortels la Majesté suprême.
Vous êtes-vous connus dans le monde habité?
L'on ne le peut qu'aux lieux pleins de tranquillité:
Chercher ailleurs ce bien est une erreur extrême.
    Troublez l'eau: vous y voyez-vous?
Agitez celle-ci. – Comment nous verrions-nous?
    La vase est un épais nuage

Der zweite unserer Heiligen wählte die Spitäler.
Ich lobe ihn; denn das Bemühen, Leiden zu lindern,
ist ein Liebesdienst, den ich allen anderen vorziehe.
Die Kranken von damals, den unsrigen vollkommen gleich,
gaben dem armen Krankenpfleger Gelegenheit, seine Liebe zu erproben,
mürrisch, ungeduldig und sich ohne Unterlaß beklagend:
»Er läßt bei diesem und jenem ganz besondere Sorgfalt walten;
das sind seine Freunde; uns läßt er links liegen.«
Diese Klagen waren nichts im Vergleich zum Ärger,
zu dem sich unser Streitschlichter verurteilt sah:
Keiner war zufrieden; der richterliche Spruch
paßte keiner der beiden Parteien:
Niemals hielt der Richter
zu ihrer Zufriedenheit die Waage im Gleichgewicht.
Solcherart Reden verdrossen den Schlichter.
Er eilt in die Spitäler, will den Direktor sehen.
Da beide nur Klagen und Murren ernten,
wollen sie, betrübt und genötigt, ihre Ämter niederzulegen,
ihr Leid der Stille des Waldes anvertrauen.
Dort, unter schroffen Felsen, nahe einer reinen Quelle,
an einem windgeschützten Ort, an den kein Sonnenstrahl dringt,
finden sie den anderen Heiligen, bitten ihn um Rat.
»Man muß«, so sagt ihr Freund, »ihn bei sich selber suchen.
Wer besser als ihr selbst kennt eure Bedürfnisse?
Sich selbst erkennen lernen ist die erste aller Mühen,
die die höchste Macht allen Sterblichen auferlegt.
Habt ihr euch in der bewohnten Welt selbst erkannt?
Man kann es nur an einem ruhigen, stillen Ort.
Anderswo dies Gut zu suchen, ist ein großer Fehler.
Trübt dieses Wasser! Seht ihr euch darin?
Rührt dieses hier auf!« – »Wie könnten wir uns sehen?
Der Schlamm ist eine dicke Wolke,

Qu'aux effets du cristal nous venons d'opposer.
– Mes Frères, dit le Saint, laissez-la reposer,
Vous verrez alors votre image.
Pour vous mieux contempler demeurez au désert.
Ainsi parla le Solitaire.
Il fut cru; l'on suivit ce conseil salutaire.
Ce n'est pas qu'un emploi ne doive être souffert.
Puisqu'on plaide, et qu'on meurt, et qu'on devient malade,
Il faut des Médecins, il faut des Avocats.
Ces secours, grâce à Dieu, ne nous manqueront pas:
Les honneurs et le gain, tout me le persuade.
Cependant on s'oublie en ces communs besoins.
Ô vous dont le Public emporte tous les soins,
Magistrats, Princes et Ministres,
Vous que doivent troubler mille accidents sinistres,
Que le malheur abat, que le bonheur corrompt,
Vous ne vous voyez point, vous ne voyez personne.
Si quelque bon moment à ces pensers vous donne,
Quelque flatteur vous interrompt.
Cette leçon sera la fin de ces Ouvrages:
Puisse-t-elle être utile aux siècles à venir!
Je la présente aux Rois, je la propose aux Sages:
Par où saurais-je mieux finir?

die wir den Wirkungen des Kristalls entgegengesetzt haben.« –
»Meine Brüder«, sprach der Heilige, »laßt es sich setzen;
dann werdet ihr euer Bild sehen.
Um besser über euch nachzudenken, bleibt in der Einsamkeit.«
Also sprach der Einsiedler.
Man schenkte ihm Glauben und folgte seinem heilsamen Rat.
Nicht etwa, daß ein Amt nicht erduldet werden sollte.
Da man Prozesse führt und stirbt und krank wird,
braucht man Ärzte, braucht man Advokaten.
Diese Hilfen werden uns, Gott sei Dank, nie fehlen.
Ehrbedürfnis und Gewinnsucht, alles überzeugt mich davon.
Indessen verliert man sich selbst in diesen alltäglichen Bedürfnissen.
O ihr, deren Sorge allein dem öffentlichen Wohl gilt,
Beamte, Fürsten und Minister,
ihr, die euch tausendfaches schreckliches Elend belasten muß,
die das Unglück stürzt, das Glück korrumpiert,
euch selbst könnt ihr nicht sehen; ihr seht niemanden.
Wenn ein glücklicher Augenblick euch einmal solche Gedanken gewährt,
unterbricht euch irgendein Schmeichler.
Diese Lehre sei das Ende meiner Werke.
Möge sie künftigen Zeiten nützlich sein!
Ich biete sie den Königen an; ich unterbreite sie den Weisen.
Womit könnte ich wohl besser schließen?

Inédit

Le renard et l'écureuil

Il ne se faut jamais moquer des misérables,
Car qui peut s'assurer d'être toujours heureux?
Le sage Ésope dans ses fables
Nous en donne un exemple ou deux;
Je ne les cite point, et certaine chronique
M'en fournit un plus authentique.
Le Renard se moquait un jour de l'écureuil
Qu'il voyait assailli d'une forte tempête:
Te voilà, disait-il, près d'entrer au cercueil
Et de ta queue en vain tu te couvres la tête.
Plus tu t'es approché du faîte,
Plus l'orage te trouve en butte à tous ses coups.
Tu cherchais les lieux hauts et voisins de la foudre:
Voilà ce qui t'en prend; moi qui cherche des trous,
Je ris, en attendant que tu sois mis en poudre.
Tandis qu'ainsi le renard se gabait,
Il prenait maint pauvre poulet
Au gobet;
Lorsque l'ire du Ciel à l'écureuil pardonne:
Il n'éclaire plus ni ne tonne;
L'orage cesse et le beau temps venu,
Un chasseur ayant aperçu
Le train de ce renard autour de sa tanière:
Tu paieras, dit-il, mes poulets.

Von La Fontaine nicht veröffentlicht

Der Fuchs und das Eichhörnchen

Man soll sich niemals über Unglückliche lustig machen.
Denn wer kann sich der Beständigkeit seines Glücks schon sicher sein?
Der weise Äsop gibt uns dafür in seinen Fabeln
ein oder zwei Beispiele.
Ich führe sie nicht an; eine gewisse zeitgenössische Chronik
liefert mir ein echteres.
Der Fuchs machte sich eines Tages über das Eichhörnchen lustig,
das er von einem heftigen Unwetter bedrängt sah.
»Da bist du nun also«, sprach er, »drauf und dran, ins Grab zu steigen,
und mit deinem Schwanz bedeckst du vergebens dein Haupt.
Je mehr du dich dem Wipfel genähert hast,
um so mehr findet der Sturm dich allen seinen Schlägen ausgeliefert.
Du suchtest die hohen und dem Blitz benachbarten Orte.
Das hast du nun davon; ich, der ich in Löchern lebe,
lache und warte, daß du zermalmt wirst.«
Während der Fuchs sich derart lustig machte,
würgte er manches Hühnchen
an der Gurgel.
Da verzeiht der Zorn des Himmels dem Eichhörnchen:
Es blitzt und donnert nicht mehr.
Der Sturm hört auf; der Himmel ist wieder blau,
und ein Jäger, der das Unwesen des Fuchses rund um seinen Bau beobachtet hatte,
spricht: »Du sollst mir meine Hühner büßen!«
Eine Dackelmeute vertreibt euch alsbald

Aussitôt nombre de bassets
Vous fait déloger le compère.
L'écureuil l'aperçoit qui fuit
Devant la meute qui le suit.
Ce plaisir ne lui dure guère,
Car bientôt il le voit aux portes du trépas.
Il le voit; mais il n'en rit pas,
Instruit par sa propre misère.

Gevatter Fuchs aus seinem Bau.
Das Eichhörnchen sieht, wie er
vor der Meute der Verfolger flieht.
Doch ist diese Freude kaum von Dauer.
Denn bald sieht es ihn an den Pforten des Todes.
Es sieht ihn, doch es lacht nicht über ihn,
klug geworden durch sein eigenes Unglück.

Anhang

Abgekürzt zitierte Literatur

Académie *Le grand dictionnaire de l'Académie française, dédié au Roi*, seconde éd. rev. et corr., 2 Bde., Paris 1695, Nachdr. Genf 1968.

CAIEF *Cahiers de l'Association Internationale des Études Françaises*

Furetière Antoine Furetière, *Dictionnaire universel. Contenant généralement tous les mots français, tant vieux que modernes, et les termes de toutes les sciences et des arts*, 3 Bde., Den Haag / Rotterdam 1690, Nachdr. Genf 1970.

Grimm, *La Fontaine* Jürgen Grimm, *La Fontaines Fabeln*, Darmstadt 1976 (Erträge der Forschung 57).

IL *Information Littéraire*

Jasinski, *Premier recueil* René Jasinski, *La Fontaine et le premier recueil des »Fables«*, 2 Bde., Paris 1966.

OD Jean de La Fontaine, *Œuvres diverses*, éd. établie par Pierre Clarac, Paris: Gallimard, 1958 (Bibliothèque de la Pléiade 62; = La Fontaine, *Œuvres complètes*, Bd. 2).

PFSCL *Papers on French Seventeenth Century Literature*

RHLF *Revue d'Histoire Littéraire de la France*

Richelet Pierre Richelet, *Dictionnaire français, contenant les mots et les choses, plusieurs nouvelles remarques sur la langue française [...] avec les termes les plus connus des arts et des sciences*, Genf 1680, Nachdr. Genf 1970.

TLL *Travaux de Linguistique et de Littérature*

ZfSL *Zeitschrift für französische Sprache und Literatur*

Abgekürzt zitiert (Autor, Titel, ggf. Seitenzahl) werden ferner die im Abschnitt »Zu La Fontaines Fabeln allgemein und zu besonderen Themenkreisen« der Bibliographie (S. 396–399) aufgeführten Werke.

Kommentar

Die Kommentare zu den einzelnen Fabeln gliedern sich in jeweils drei Teile: Zunächst werden, in Form von Anmerkungen zum französischen Text, die notwendigen Sachinformationen gegeben sowie sprachliche Besonderheiten des Originals und Übersetzungsprobleme erörtert. An diese Anmerkungen schließt sich der eigentliche Kommentar an, gefolgt von Literaturhinweisen zu der betreffenden Fabel.
Bei Querverweisen auf Fabeln, die in die vorliegende Auswahl nicht aufgenommen werden konnten, ist dem Titel ein Sternchen (*) vorangestellt.

À Monseigneur le Dauphin

[Widmung Buch I–VI]

[Überschrift] *Dauphin:* Ludwig (1661–1711), Sohn Ludwigs XIV. und der Maria-Theresia von Österreich, der spanischen Infantin; der Dauphin war zum Zeitpunkt der Widmung sechseinhalb Jahre alt.

1 *dont Ésope est le père:* Für La Fontaine und seine Zeitgenossen ist Äsop der wahre Erfinder der Fabel; vgl. jedoch Widmung Buch VII–XI, Anm. zu V. 1, S. 315.

2 *mensongère:* Das Wort »mensonger« bezeichnet auch den Bereich der dichterischen Fiktion (und Freiheit) gegenüber der historischen Wahrheit (»histoire«, »vérité«); vgl. auch IX 1 **Le dépositaire infidèle* und IX 6 **Le statuaire et la statue de Jupiter.*

9 *faisant fléchir . . . Têtes:* Anspielung auf die französischen Erfolge im 1. Erbfolgekrieg: 1667 Eroberung Flanderns, 1668 der Franche-Comté; Ludwig XIV. hatte persönlich an diesen Feldzügen teilgenommen.

Im Einleitungsteil der Widmung (V. 1–6) findet sich bereits eine Reihe von Themen, die leitmotivisch in einigen späteren Fabeln und deren poetologischen Passagen wiederkehren: Äsop als Ahnherr der Gattung; die Fabel eine ›Lügen‹-Dichtung mit Wahrheitsanspruch; die Anthropologisierung der Tiere, deren Handeln der Belehrung der Menschen dient (vgl. V 1 *Le bûcheron et Mercure*). Der Mittelteil (V. 7–12) ist – bei deutlichem Rückbezug auf die zeitgenössische Realität – traditionelles Fürstenlob und läßt schon hier die Frage nach der Funktion entsprechender Passagen oder Fabeln im Fabelwerk insgesamt aufkommen (vgl. V 19 *Le lion s'en allant en guerre*). Zugleich leitet er zu den Schlußversen über, in denen La Fontaine mittels des Topos der ›affektierten Bescheidenheit‹ einen Lieblingsgedanken illustriert: Seine Fähigkeiten beschränken sich auf die kleine, bescheidene Fabelgattung, in der er sich allenfalls ›versucht‹ (vgl. Grimm, *La Fontaine*, S. 21). – In Übereinstimmung mit dem sozialen Rang des Adressaten bedient sich La Fontaine in der Widmung des ›hohen‹ Alexandriners und verwendet durchgängig den in der entsprechenden Dichtung üblichen Paarreim und nicht den ansonsten in den Fabeln dominierenden »vers libre«. Das daraus resultierende Stilgefälle zeigt V. 1, der eine parodistische Umformung des Eröffnungsverses aus Vergils *Aeneis* ist: »Arma virumque cano ...« – »Die Waffen und den Mann besinge ich, der ...«. – Aus der Widmung der 1. Sammlung an den Dauphin ist später oft der Schluß gezogen worden, die Fabeln seien Kinderlektüre, eine These, die in dieser Verallgemeinerung mit Sicherheit nicht haltbar ist und von der neueren Forschung abgelehnt wird. Die Analyse entsprechender Passagen (vgl. IX 2 *Les deux pigeons*, V. 54–60; IX 5 **L'écolier, le pédant et le maître d'un jardin*) zeigt, daß kaum ein Personenkreis in den Fabeln durchgängig so negativ dargestellt wird wie die Kinder; selbst Königskinder bilden keine Ausnahme (vgl. X 11 **Les deux perroquets, le roi, et son fils*; X 15 *Le marchand, le gentilhomme, le pâtre, et le fils de roi*). Da im 17. Jh. das Kind mit seiner von den Erwachsenen deutlich unterschiedenen Psyche als eigenständiger Gegenstand von Literatur und Malerei noch nicht erkannt worden war, verwundert es nicht, wenn auch La Fontaine die wenigen Kinder seiner Fabeln entsprechend darstellt. Mangel an Vernunft, Rücksichtslosigkeit, Eigensucht und Grausamkeit sind seine Hauptvorwürfe, die ihn zu einer völligen Ablehnung der Welt der Kinder führen. Und ausgerechnet für Kinder sollte er mehr als dreißig Jahre seines Lebens Fabeln geschrieben haben?

Jasinski, *Premier recueil*, Bd. 1, S. 83 ff.
Grimm, *La Fontaine*, S. 60–91.

I 1 La cigale et la fourmi

1–6 *La Cigale ... de vermisseau:* Weder lebt die Grille im Winter (sie stirbt am Ende des Sommers), noch nährt sie sich von Fliegen, Würmern oder Körnern (V. 10).

»Tout est dit« – »Alles ist längst gesagt« – dieser Ausspruch, mit dem La Bruyère das Verhältnis der Autoren der französischen Klassik zu ihren antiken Vorbildern kennzeichnete, könnte auch die Situation charakterisieren, in der sich ein heutiger Kommentator angesichts dieser zweifellos bekanntesten der rund 240 Fabeln La Fontaines befindet, mit der er das 1. Buch seiner 1. Fabelsammlung eröffnet. In der Tat scheint alles zu dieser Fabel längst gesagt zu sein: die ›Hartherzigkeit‹ der Ameise und damit die Amoralität der impliziten ›Moral‹ der Fabel und ihre pädagogische Untauglichkeit (Rousseau); die gravierenden Irrtümer La Fontaines auf entomologischem Gebiet (vgl. V. 6), die dokumentieren, daß er vom Leben der Insekten und Borkentiere nichts verstand (J. H. Fabre); der livreske Charakter der beiden Protagonisten, die noch ganz Äsop und Phädrus verhaftet sind (Giraudoux); die Verwendung des ›schnellen‹ Siebensilblers, dessen sich La Fontaine höchst selten durchgängig in einer Fabel bedient und der eher parodistischen Charakter besitzt (vgl. IV 6 *Le combat des rats et des belettes*); die Geradlinigkeit und Schnelligkeit der Handlung; das klare Profil der gegensätzlichen Charaktere; die Verschiedenheit des Tonfalls: erzählend, bittend, ›hartherzig‹ ironisch; weiter die regelmäßige Abfolge von Paarreimen in der ersten Hälfte der Fabel, die mit Dialogbeginn in den umschlungenen Reim übergehen; die Schwierigkeit des Verses 16: Ist er aus der Erzählerperspektive gesprochen, so daß er der Sympathiesteuerung dient, oder aber ist er ein erstes Beispiel der in den Fabeln insgesamt häufig verwendeten ›erlebten Rede‹? Schließlich und vor allem: Welches ist die ›Moral‹ der Fabel? Auf welcher Seite steht der Erzähler, steht La Fontaine? Und wie orientiert er das Identifikationsbedürfnis des Lesers? Kaum eine La Fontaine- oder Fabelmonographie, die nicht in irgendeiner Form auf *La cigale et la fourmi* als ganzes oder auf einen der genannten Aspekte eingeht. In der Tat scheint alles in bezug auf dieses »petit poème inépuisable« (Gaucheron) gesagt zu sein, was geradezu programmatisch die von der Zeitschrift *Europe* veranstaltete »lecture collective« bestätigt. – Die neuere Forschung hat zwei Aspekte besonders hervorgehoben: den stark autobiographischen und zugleich poetologischen Charakter dieser Einleitungsfabel. Gestützt auf umfangreiche Dokumente hat Jasinski *La cigale et la fourmi* auf einem zeitgenössischen Hintergrund interpretiert und in der plötzlich mittellosen Grille ein Bild des gestürzten Foucquet und demgegenüber in der Ameise ein Porträt Colberts gesehen. Selbst wenn man derartige personale Identifikationen, die hier noch relativ überzeugend wirken, die

Jasinski aber in seiner fortlaufenden Interpretation aller Fabeln der 1. Sammlung häufig bis zum Exzeß treibt, nicht unbedingt teilt, bleibt doch sein weiterführender Hinweis auf die Identität der Situation der Grille mit der Situation La Fontaines aufschlußreich. Anders gesagt: In dem schon in der Antike geläufigen Sinnbild der Grille bzw. Zikade, die für Homer und Plato ein Symbol des Sängers und Dichters war, führt La Fontaine sich selbst in die Fabel ein. Das Schicksal der Grille gleicht seinem eigenen; nach einem langen, sorglosen ›Stipendiaten‹-Dasein im Dienste Foucquets findet er sich nach dessen Verhaftung plötzlich in äußerster materieller und geistiger Bedrängnis, was ein Blick auf die Biographie der Jahre 1661 bis 1664 bestätigt. Doch spiegelt sich seine eigene Lebensform nicht nur in dem Verhalten der Grille, sondern in gleicher Weise in dem entgegengesetzten der Ameise: zeit- und wirklichkeitsvergessener Gesang der Grille und demgegenüber Fleiß, Vorsorge, Realitätsbewußtsein bei der Ameise. Die Fabel ist durchgängig nach diesem Oppositionsprinzip strukturiert, das in dem Gegensatz von »tout l'été« zu »la bise« besonders kraß hervortritt. Zwei Lebensweisen, ja zwei Weltsichten werden in Grille und Ameise miteinander konfrontiert; und es sind zugleich die konträren Positionen, zwischen denen sich La Fontaines eigene Existenz immer bewegt hat. Dabei stilisiert der Autor die eigene Lebensform des zweckfreien Singens zu einem sich verabsolutierenden L'art-pour-l'art-Prinzip (»tout l'été«, »nuit et jour«, »à tout venant«), das entsprechend heftig von der Ameise ironisch relativiert und dessen Vertreter auf den Boden der Realität zurückgeholt wird. In der 1. Sammlung wird *Le lièvre et la tortue* (VI 10) eine höchst suggestive Abwandlung dieses Themas sein, das sodann in der 2. Sammlung (*La laitière et le pot au lait* und *L'homme qui court après la fortune, et l'homme qui l'attend dans son lit*, VII 9 und 11) seine Fortsetzung findet, um schließlich in La Fontaines letzter Fabel, *Le juge arbitre, l'hospitalier, et le solitaire* (XII 29), aus einer gänzlich anderen biographischen und allgemeinpolitischen Situation heraus eine letzte Antwort zu erhalten. Diese lebensphilosophische Funktion der Fabel verbindet sich mit einer fabeltheoretischen. Von der Beobachtung ausgehend, daß sämtliche Einleitungsfabeln der 1. Sammlung mehr oder minder expliziten poetologischen Charakter haben, hat K. A. Knauth in den beiden Protagonisten der Fabel Verkörperungen der beiden Grundprinzipien der klassischen Ästhetik, des »plaire et instruire«, gesehen: Die Grille verkörpert das »plaire«, während die Ameise das Prinzip des »instruire« vertritt und den Absolutheitsanspruch der Grille relativiert. Unter Berücksichtigung der mit Jasinski einsetzenden und z. T. provokativ betriebenen Einbettung der Fabeln in einen biographischen und historischen Kontext ergibt sich für Knauth: »La Fontaine, der bis zum Sturz Foucquets unkritische Poet des lustbetonten Grillengesangs, erfährt im Widerstand der gesellschaftlichen Realität die Notwendigkeit einer realitätsbezogenen Poesie. Der ›pure‹ Poet wird daher zum Fabeldichter, der das *Plaisir*-Prinzip mit dem Prinzip gesellschaftskritischer Instruktion vermittelt, und der zur Einleitung in sein Fabelwerk die Allegorie dieser Vermittlung mit dem *Plaisir*-Tier Grille und dem *Pragma*-Tier Ameise schafft« (S. 279). Aus solch primär poetologischer Lektüre der Fabel resultiert nun allerdings nicht nur das Recht der ästhetischen, sondern ebenso die Pflicht der inhaltlichen bzw. gehaltlichen Würdigung aller folgenden Fabeln. Die in *La cigale et la fourmi* erstmals indirekt formulierte Fabelpoetik wird La Fontaine in anderen Einleitungsfabeln der 1. Sammlung sehr viel unvermittelter zum Ausdruck bringen (vgl. V 1 *Le bûcheron et Mercure*).

J. P. Cutts, »An anterior analogue of La Fontaine's ›La cigale et la fourmi‹«, in: *Revue de littérature comparée* 36 (1962) S. 252–258.

Jasinksi, *Premier recueil*, Bd. 1, S. 197–206.

G. Holmér, »À propos de la fable ›La cigale et la fourmi‹«, in: *Moderna Språk* 62 (1968) S. 285–299.

J.-H. Périvier, »›La cigale et la fourmi‹ comme introduction aux ›Fables‹«, in: *The French Review* 42 (1968/69) S. 419–427.

J.-J. Rousseau / J.-H. Fabre / R. Jasinksi / J. Gaucheron / J.-P. Collinet / J. Gartempe, »Avez-vous lu ›La cigale et la fourmi‹? (Lecture collective)«, in: *Europe* 515 (März 1972) S. 132–145.

A.-M. Bassy, »La Fontaine et ses deux reflets. À propos d'une illustration de ›La cigale et la fourmi‹«, in: *Trente quatre / quarante quatre* 6 (1979) S. 31–40.

K. A. Knauth, »La Fontaines ›La Cigale et la Fourmi‹ als fabeltheoretisches Sinnbild«, in: *Romanica Europaea et Americana. Festschrift für Harri Meier zum 75. Geburtstag*, hrsg. von H. D. Bork, A. Greive und D. Woll, Bonn 1980, S. 267–279.

Ch. H. Génot, »›La cigale et la fourmi‹. Illustrations des ›Fables‹ de La Fontaine«, in: *Gazette des Beaux-Arts* 95 (Jan.–Juni 1980) S. 71–76.

M. Verhoff, »Ein Textvorschlag. ›La cigale et la fourmi‹ ... après La Fontaine«, in: *französisch heute* 12 (1981) S. 205–207.

M. Gutwirth, »Réflexions sur le métier de poète. Trois fables de La Fontaine«, in: *Le statut de la littérature. Mélanges offerts à P. Bénichou*, hrsg. von M. Fumaroli, Genf 1982, S. 137–151.

I 2 Le corbeau et le renard

7 *ramage:* urspr. ›Laubwerk‹, bezeichnet im übertragenen Sinn den Gesang kleiner, auf den Zweigen (»rameaux«) sitzender Vögel.
9 *le Phénix:* Anspielung auf den Vogel der Mythologie, der sich selbst verbrannte, um aus seiner eigenen Asche aufzuerstehen; daher die Bedeutung: einzig in seiner Art.

Le corbeau et le renard, die zweite Fabel der Sammlung, steht hinsichtlich ihrer Bekanntheit der vorangehenden kaum nach. Äsop und Phädrus hatten das Thema behandelt und gehören mit Sicherheit zu La Fontaines ›Quellen‹. Doch lebt die Gestalt des gerissenen Fuchses außerhalb der Fabeltradition im mittelalterlichen *Roman de renart* fort; eine Anspielung auf die äsopische Fabel findet sich darüber hinaus in der *Farce de maître Pathelin* (um 1465), die La Fontaine gekannt haben dürfte. Als Vorlage hat ihm wahrscheinlich aber auch Jean Baudoins Fassung in *Les fables d'Ésope, phrygien* ([4]1639) gedient; zahlreiche wörtliche Übereinstimmungen (vor allem V. 3 »allécher«) legen diese Vermutung nahe. Baudoin hatte seine ›Moral‹ ausdrücklich auf das Hofleben bezogen. – La Fontaines Fabel gliedert sich in fünf Teile, deren jeder eine klare Funktion im Handlungsgefüge besitzt: Zunächst die Einführung der Protagonisten, sowohl syntaktisch als auch metrisch parallel (V. 1–4); sodann die die Handlung auslösende Schmeichelrede des Fuchses (V. 4–9), gefolgt von der Reaktion des Raben (V. 10–12); daran schließt sich, nach kurzer Schilderung des weiteren Handlungsfortgangs, die zweite Rede des Fuchses an, die zugleich die Funktion der Fabelmoral erfüllt (V. 13–17); die Verse 17 und 18 zeigen die abschließende Reaktion des düpierten Raben. Knapper läßt sich die Darstellung einer solch komplexen Handlung kaum bewerkstelligen. Die Schönheit des Verses 12 ist von zahllosen Kommentatoren (von Rousseau bis Vossler) gerühmt worden. Doch läßt sich solches Lob leicht auf die ganze Fabel ausdehnen. Besondere Aufmerksamkeit verdienen – über die Prägnanz und Dichte der Einleitungsverse hinaus – die Verwendung von vier Versformen (Alexandriner, Zehn-, Acht- und Siebensilbler) in einer solch kurzen Fabel, weiter die klangliche Intensität der assonantischen Reime in den Versen 9–12, die Kürze und Schnelligkeit der Handlungsdarstellung in V. 13, und schließlich der Umstand, daß die erste La Fontainesche Fabel›moral‹ nicht, wie in der äsopischen Tradition üblich, aus der Erzählerperspektive gesprochen, sondern einem Protagonisten in den Mund gelegt wird.

– Ob man die Fabel – wie Jasinski – aufgrund der eindeutigen allegorischen Bedeutung des »renard« in *Le renard et l'écureuil* (vgl. S. 389) auf den auch für diese Fabel relevanten biographisch-historischen Hintergrund beziehen darf, ist schwer zu entscheiden. Dafür kann der Umstand sprechen, daß sie ebenfalls im Ms. Conrart und im Ms. Sainte-Geneviève enthalten ist; weiter ist zu bedenken, daß das Thema des geschickt und erfolgreich schmeichelnden Fuchses in den Hoffabeln der 2. Sammlung eine eindeutig ›politische‹ Fortsetzung findet (vgl. VII 1 *Les animaux malades de la peste*; VIII 3 *Le lion, le loup, et le renard*). – Während die Fassung des Ms. Conrart mit der Druckfassung identisch ist, zeigt das Ms. Sainte-Geneviève für V. 17 eine allerdings nur stilistisch relevante Variante, die entweder eine frühere Textfassung oder aber eine schlechte Abschrift bezeugt: »Le corbeau, tout piqué, tout honteux, tout confus.« In der metrischen Parallelität der letzten vier Verse, die der der Einleitungsverse entspricht, ist die Druckfassung ungleich gelungener als die Fassung des Ms. Sainte-Geneviève, die uns möglicherweise einen Blick in La Fontaines Werkstatt eröffnet.

Vossler, *La Fontaine und sein Fabelwerk*, S. 87–95.

Jasinski, *Premier recueil*, Bd. 1, S. 206–210.

P. Budini, »Una favola di La Fontaine, ›Le corbeau et le renard‹«, in: *Annali dell'Istituto universitario Lingue Moderne [. . .]*, Sedę de Feltre 1972, S. 164 bis 172.

G. Maurand, »Essai d'analyse narrativo-discursive d'une fable de La Fontaine«, in: *Dilbilim* 5 (1980) S. 77–92.

H. Curat, »Une lecture du ›Corbeau et le renard‹«, in: *Revue de l'Université de Moncton* XV,1 (1982) S. 237–264; XVII,2 (1984) S. 43–57.

D. Ewald, »La fable, un genre qui évolue. Zur Erarbeitung der literarischen Evolution im Französischunterricht der Sekundarstufe II (›Le corbeau et le renard‹)«, in: *Der Fremdsprachliche Unterricht* XVII,65 (1983) S. 3–11.

A. Stefenelli, »Maître Renard, par l'odeur alléché . . . Die Bedeutung von La Fontaine für die Wortgeschichte von französisch ›allécher‹«, in: *Zeitschrift für romanische Philologie* 101 (1985) S. 1–11.

I 3 La grenouille qui se veut faire aussi grosse que le bœuf

14 *des Pages:* Pagen, junge Adelige zwischen 7 und 14 Jahren, waren im 17. Jh. für den König und die Prinzen von Geblüt reserviert. Der Vers ist ein weiteres Zeugnis für die Eitelkeit der Marquis, über die auch Molière sich mehrfach lustig macht; vgl. auch Kommentar.

Zur Abfassung dieser Fabel hat sich La Fontaine mindestens zweier Vorlagen bedient. Bei Äsop fand er das Thema in Prosafassung, bei Horaz (*Satiren* II 3,314–320) dessen dialogische Gestaltung. Unter Aussparung aller deskriptiven Elemente schildert er die Handlung äußerst knapp und in sich beschleunigendem Rhythmus. Der dreigliedrigen Handlung in V. 4, die dem rhetorischen Prinzip der wachsenden Glieder entsprechend dargeboten wird und auf dem suggestiven Vergleich in V. 3 basiert, folgt der sich beschleunigende Dialog der beiden Frösche, der durch eine wiederum dreigliedrige direkte Frage eingeleitet wird. Mittels des ausdrucksstarken Enjambements V. 9 f. bringt der Erzähler die Handlung zu einem Abschluß und leitet zu ihrem jähen Ende über. Die vierzeilige ›Moral‹ ist erstmalig innerhalb des 1. Buches deutlich von der Erzählung abgesetzt und enthält eine aktuelle Nutzanwendung aus der Erzählerperspektive. Allerdings zielt sie nicht auf eine bestimmte Person, sondern verallgemeinernd auf mehrere repräsentative Gruppen der zeitgenössischen Gesellschaft. Insofern veranschaulicht die ›Moral‹ ein Verfahren, von dem La Fontaine in der 1. Sammlung kaum einmal abrücken wird: Während in der zeitgenössischen Diskussion um Möglichkeiten und Grenzen der Satire die Frage des »nommer«, d. h. der namentlichen Nennung des ›Opfers‹ der Satire, kontrovers diskutiert wurde und z. B. Molière in *La critique de l'École des femmes* (1663) sagt: »Vous n'avez rien fait, si vous n'y faites reconnaître les gens de votre siècle« – »Ihr habt nichts geleistet, wenn Ihr (in Euren satirischen Porträts) die Menschen Eurer Zeit nicht kenntlich macht«, bleibt La Fontaines Satire immer im allgemeinen. So auch hier: von »le monde«, das V. 11 vermutlich nicht die ebenfalls mögliche Bedeutung von ›die Gesellschaft‹ hat, gelangt er über »bourgeois« und »petit prince« zu »marquis«, womit jeweils soziale Gruppen angesprochen werden. Das erschwert eine personale Identifikation, wie Jasinski deren mehrere vorschlägt. Diese Allgemeinheit und damit auch (zumindest heute) relative Unverbindlichkeit der satirischen Intention entspricht möglicherweise einem Schutzbedürfnis La Fontaines und hat Alibifunktion. Verglichen mit der vorliegenden ›Moral‹ ist Molières Satire der Marquis' sehr viel unmittelbarer, von Boileaus persönlichen Angriffen in seinen ersten Satiren ganz zu schweigen. Da *La grenouille qui se veut faire aussi grosse que le bœuf* allerdings sowohl im Ms. Conrart als auch im Ms. Sainte-Geneviève überliefert ist (vgl. Kommentar zu I 6 *La génisse, la chèvre et la brebis, en société avec le lion* sowie zu *Le renard et l'écureuil*, S. 388 ff.), wird man auch dieser Fabel eine unmittelbare satirische Aktualität kaum absprechen können. – Metrisch zeigt *La grenouille qui se veut faire aussi grosse que le bœuf*, daß La Fontaine bereits jetzt die Möglichkeit des »vers libre« souverän beherrscht. Dies gilt für die dialogische Gestaltung in den Versen 5–9, und dort besonders für V. 8; darüber hinaus verwendet er in dieser kurzen Fabel drei verschiedene Versformen, den Alexandriner, den Zehn- und den Achtsilbler, und ebenso alle ›klassischen‹ Reimtypen, den Kreuzreim (V. 1–4, 7–10), den Paarreim (V. 5 f.) sowie den umschlingenden Reim (V. 11–14), wobei sprachlich insbesondere die Reimwörter der Verse 7–10 Bewunderung verdienen.

J. Marmier, *Horace en France au dix-septième siècle*, Paris 1962, S. 321 ff.
Jasinski, *Premier recueil*, Bd. 1, S. 210–215.
H. G. Hall, »›Contamination‹ in a Fable by La Fontaine (I 3)«, in: PFSCL 11 (1979) S. 91–106.
Soriano, »Psychanalyse, culture savante et traditions populaires«.

I 5 Le loup et le chien

3 *puissant:* bezieht sich auf die äußere Erscheinung: »Se dit aussi de la corpulence d'un homme vigoureux ou fort gras« (Furetière).
19 *lippée:* von dt. *Lippe*; bezeichnet die Nahrung, die gegessen wurde, im Gegensatz zur ›flüssigen Nahrung‹; »franche lippée« ist volkstümliche Redensart und bezeichnet das Essen, das nichts kostet.
20 *à la pointe de l'épée:* volkstümliche Redensart, den Abenteuerromanen entlehnt; evoziert den Abenteurer, der sich das Glück mit der Spitze seines Schwertes erkämpfen muß.
27 *reliefs:* Fleisch- und Nahrungsreste, die man den Armen gab; Substantivbildung vom Verb »(re)lever« und dessen alter Konjugation »je lief« usw.

Kommentar: s. I 9 *Le rat de ville et le rat des champs.*

I 6 La génisse, la chèvre et la brebis, en société avec le lion

2 *fier:* hier in der etymologischen Bedeutung von lat. *ferus*

Kommentar: s. I 10 *Le loup et l'agneau.*

I 9 Le rat de ville et le rat des champs

[Titel] *rat:* Hier wie auch anderwärts unterscheidet La Fontaine nicht zwischen Ratten und Mäusen.

4 *Ortolans:* Der Ortolan oder die Fettammer ist ein kleiner, gemästeter Vogel, dessen Fleisch besonders zart ist.

5 *Tapis de Turquie:* Die aus dem Orient importierten Teppiche waren besonders kostbar und erfreuten sich eines hohen Ansehens. Ludwig XIII. hatte 1631 die »Savonnerie« gegründet, die auf die Imitation solcher Teppiche spezialisiert war.

I 5 / I 9 Der gemeinsame Nenner der beiden Fabeln ist das Freiheitsthema, dessen häufiges Auftreten in der 1. Sammlung auf den ersten Blick überraschen könnte; allein im 1. Buch findet es sich dreifach abgewandelt (vgl. über die beiden vorliegenden Fabeln hinaus I 17 **L'homme entre deux âges, et ses deux maîtresses*). – *Le loup et le chien* geht vermutlich auf Phädrus (III 7) zurück; doch intensiviert La Fontaine seine Vorlage, indem er die Handlung in höherem Maße dialogisch gestaltet. Besondere Beachtung verdient in dieser Hinsicht die Beschleunigung der Dialogführung in den Versen 33 ff., wobei die abschließende Rede des Wolfes die bei Phädrus einleitend formulierte ›Moral‹ ersetzt. – *Le rat de ville et le rat des champs* geht mit großer Wahrscheinlichkeit auf Horaz, *Satiren* II 6,79–117, zurück. Diese Vorlage gestaltet La Fontaine zu einer der wenigen isometrischen Fabeln, die überdies strophisch gegliedert ist und, außer in der letzten Strophe, einem regelmäßigen Reimschema folgt. Die durchgängige Verwendung des ›schnellen‹ Siebensilblers beschleunigt zusätzlich die an sich schon auf das Notwendigste beschränkte Darstellung. Durch den Übergang in das ›historische Präsens‹ und die Dialoggestaltung erfährt die Handlung V. 16 ff. eine weitere Intensivierung. Wie *Le loup et le chien* endet auch *Le rat de ville et le rat des champs* ohne explizite ›Moral‹. Doch ist sie hier wie in der erstgenannten Fabel implizit in der Schlußrede enthalten, die mit »plaisir« und »crainte« zwei Schlüsselbegriffe der epikuräischen Ethik aufweist: Die von der Landmaus vertretene ›Moral‹ ist ganz im Sinne Epikurs und seines ›Schülers‹ Horaz ›eine Freude ohne Furcht‹. – Die Parabel von der Stadtmaus und der Landmaus ist eine sinnvolle Weiterentwicklung des in *Le loup et le chien* erstmals behandelten Themas; doch während letztere Fabel mit der blitzartigen Erkenntnis endet, daß materielle Sicherheit nur mit dem Verlust der Freiheit erkauft werden kann, steht dem in *Le* *rat de ville et le rat des champs* die stolze Betonung einer wenngleich bescheidenen, so doch freien und darum überlegenen Lebensform gegenüber. Traditionelle literarische Themen werden also neu gestaltet und laden daher, wie oft geschehen, zum literarischen Vergleich und dem Nachweis der künstlerischen ›Überlegenheit‹ La Fontaines über seine ›Quellen‹ ein; davon unabhängig aber ordnen sie sich in eine persönliche, höchst subjektive Entwicklung ein und erhalten dabei neue Aussagekraft. Das zeigt besonders eindringlich II 1 **Contre ceux qui ont le goût difficile:* Programmatisch an den Anfang des 2. Buches gestellt, ist die Fabel das Manifest neu gewonnener literarischer Freiheit, eine erste selbstbewußte Verteidigung der auf dem ›Lügenprinzip‹ (»mensonge«; vgl. Widmung Buch I–VI, S. 20) beruhenden Fabelgattung. (Vgl. zur weiteren Entwicklung des Themas III 1 *Le meunier, son fils, et l'âne*).

J. Marmier, *Horace en France au dix-septième siècle*, Paris 1962, S. 322 f.
Jasinski, *Premier recueil*, Bd. 1, S. 219–224, 240–243.
S. Haig, »La Fontaine's *Le loup et le chien* as a Pedagogical Instrument«, in: *The French Review* 42 (1969) S. 701–705.
G. R. Danner, »Individualism in La Fontaine's *Le loup et le chien*«, in: *Kentucky Romance Quarterly* 24 (1977) S. 185–190.

I 10 Le loup et l'agneau

2 *tout à l'heure:* hier wie mehrfach: auf der Stelle, sogleich, sofort.
7 *Qui:* wie häufig bei La Fontaine im neutralen Sinn von »qu'est-ce qui«.
29 *Sans autre forme de procès:* Prozesse mußten gewisse Rechtsformen wahren, die, wie andere Fabeln zeigen, häufig übertrieben wurden und daher kritisiert werden; vgl. XI 7 *Le paysan du Danube*, V. 79 ff.; hier dagegen ›macht der Wolf kurzen Prozeß‹ mit dem Lamm.

I 6 / I 10 Wie die beiden vorhergehenden Fabeln eine thematische und ideelle Einheit bildeten, so gehören auch *La génisse, la chèvre et la brebis, en société avec le lion* und *Le loup et l'agneau* eng zusammen. Die erstgenannte gibt ein aufrüttelndes Beispiel rücksichtsloser Machtausübung des Stärkeren, und in *Le loup et l'agneau* tötet der Wolf »sans autre forme de procès« (V. 29) das Lamm, obwohl seine Gründe als unhaltbar und seine Argumentation als absurd entlarvt werden. Beide Fabeln gehören zu den bekanntesten La Fontaines und bedürfen daher keines längeren inhaltlichen und stilistischen Kommentars. Fraglich ist jedoch, ob sie sich darin erschöpfen, stilistisch gelungene Variationen einer zeitlos gültigen Erfahrung zu sein, daß nämlich im individuellen Leben wie in dem der Völker oft genug das Recht des Stärkeren auf Kosten der Gerechtigkeit siegt. Eine Durchsicht des 1. Fabelbuches (es ist das kürzeste der 1. Sammlung) ergibt, daß es drei Fabeln enthält, die die Erkenntnis sinnfällig demonstrieren, daß »das Recht des Stärkeren stets das beßre ist« (vgl. außer den hier behandelten Fabeln noch I 13 ***Les voleurs et l'âne*). Eine solche Beobachtung stimmt nachdenklich. Darüber hinaus sind sowohl *La génisse, la chèvre et la brebis, en société avec le lion* als auch *Le loup et l'agneau* zweimal handschriftlich überliefert: im sog. Manuscrit Conrart und im Manuscrit Sainte-Geneviève (weil in der gleichnamigen Bibliothek aufbewahrt). Die in diesen zeitgenössischen Manuskriptsammlungen enthaltenen 10 bzw. 15 Fabeln gehören ebenso wie *Le renard et l'écureuil* (vgl. S. 258 f.) mit großer Wahrscheinlichkeit zu den frühesten von La Fontaine geschriebenen. Die auffallend häufige Behandlung des Themas zu Beginn der 1. Fabelsammlung entspricht daher zweifellos einer Lebenserfahrung La Fontaines zu diesem Zeitpunkt seiner Fabelproduktion und ist im Foucquet-Erlebnis begründet. Im Verlauf der Verhaftung und späteren Verurteilung des gestürzten Ministers, den La Fontaine für unschuldig hält, selbst wenn er seinen übersteigerten Ehrgeiz mißbilligt (vgl. *Le renard et l'écureuil* sowie X 9 *Le berger et le roi*), macht er die Erfahrung der absoluten Gültigkeit der »raison du plus fort«. Das überzeitliche Problem des Verhältnisses von Macht und Gerechtigkeit aktualisiert sich daher für ihn und erlangt existentielle Bedeutung. – *La génisse, la chèvre et la brebis, en société avec le lion* enthält ebenso wie *Le loup et l'agneau* in der Fassung des Ms. Sainte-Geneviève keine Moralität. Darf man daraus schließen, La Fontaine habe die Erfahrung dieser Fabeln kommentarlos darstellen wollen? Die ›Moral‹ beider Fabeln ist die Erfahrung des straflosen Sieges der Ungerechtigkeit, d. h. literaturwissenschaftlich gesprochen, die Erfahrung der ›Verkehrten Welt‹, des »mundus perversus«. Hat La Fontaine also erst nachträglich einen ›moralisierenden‹ Erzähler eingeführt? Die Frage muß unbeantwortet bleiben, da das Ms. Conrart als die vermutlich frühere Handschrift die entsprechenden Verse der abschließenden Moralität bereits enthält, die selbstverständlich nicht als machiavellistische Maxime mißverstanden werden dürfen. – Das Problem des Verhältnisses von Macht und Gerechtigkeit wird La Fontaine auch in späteren Fabeln nicht loslassen; allerdings wird er es – ebenso wie das Freiheitsthema der beiden vorhergehenden Fabeln – entsprechend einer deutlich zu beobachtenden Horizonterweiterung und Interessenverlagerung in anderen Zusammenhängen aktualisieren und objektivieren (vgl. IV 12 *Tribut envoyé par les animaux à Alexandre* und VII 1 *Les animaux malades de la peste*).

M. Remacle, »Analyse textuelle pour les classes inférieures: La Fontaine: *Le loup et l'agneau*«, in: *Cahiers d'analyse textuelle* 2 (1960) S. 53–60.
Jasinski, *Premier recueil*, Bd. 1, S. 224–229, 243–248.
Soriano, »Le ton inimitable de La Fontaine«.
– »Psychanalyse, culture savante et traditions populaires«.

I 15 La mort et le malheureux

11 *Mécénas:* Gaius Maecenas (um 69 – 8 v. Chr.), Minister des Kaisers Augustus, Förderer (›Mäzen‹) der Dichtung und Künste; er unterstützte namentlich Vergil und Horaz und stand wie letzterer der epikuräischen Philosophie nahe; das in der Fabel erwähnte Zitat findet sich in der *Epistula ad Lucilium* 101 des Stoikers Seneca (um 4 – 65), der Mäzenas tadelt, weil er in erbärmlicher Weise »um einige zusätzliche Lebenstage« bettele. Die von La Fontaine verwendete Form »Mécénas« – statt des schon zu seiner Zeit und heute geläufigen »Mécène« – könnte ein Beweis dafür sein, daß er das Zitat Montaignes Essai *De la ressemblance des enfants aux pères* (II 37) entnommen hat, der neben Senecas Brief die wichtigste ›Quelle‹ seiner Fabel ist.

17–19 *Je composai ... ainsi générale:* Der Satz konnte bis heute nicht befriedigend erklärt werden.

19 *quelqu'un:* Entsprechend der Meinung einiger Kritiker Nicolas Boileau (1636–1711), doch mit größerer Wahrscheinlichkeit Olivier Patru (1604–81), den La Fontaine im Gegensatz zu dem wesentlich jüngeren Boileau bereits seit etwa 1645 kannte. Patru, Mitglied der Académie française, galt als ausgezeichneter Literaturtheoretiker und hatte jene Fabel Äsops, die die Vorlage zu La Fontaines *La mort et le bûcheron* darstellt, bereits ins Französische übersetzt. La Fontaine huldigt ihm in der »Préface« seiner 1. Fabelsammlung, nicht ohne sich zugleich diskret von seiner nüchtern-didaktischen Fabelkonzeption zu distanzieren. Erst im Zusammenhang mit den poetologischen Erörterungen, die den Hintergrund der vorliegenden Fabeln bilden, versucht auch Boi-

leau sich an einer Übersetzung der äsopischen Vorlage, die zwar erst 1701 veröffentlicht wird, La Fontaine jedoch zum Zeitpunkt der Abfassung seiner Fabeln bekannt gewesen sein dürfte.
21 *un des plus beaux traits:* Gemeint ist die Antwort des Holzfällers V. 15 f.

Kommentar: s. I 16 *La mort et le bûcheron.*

I 16 La mort et le bûcheron

4 *chaumine:* »Chaumière: on disait autrefois ›chaumine‹. Petite maison couverte de chaume telles que sont celles des pauvres paysans« (Furetière).
8 *La machine ronde:* »Machines se dit de toutes les choses qui se meuvent d'elles-mêmes« (Richelet). – »On dit aussi poétiquement, la machine ronde, en parlant du monde entier« (Furetière).
10 *les soldats:* Gemeint sind die im Winter oft monatelangen Einquartierungen der Soldaten zu Kriegszeiten und die daraus für die Landbevölkerung resultierenden verheerenden Folgen; vgl. auch IV 6 *Le combat des rats et des belettes.*

I 15 / I 16 Die beiden vorliegenden Fabeln wurden von La Fontaine als zusammengehörig und sich gegenseitig ergänzend angesehen. Darauf weisen sowohl die typographische Anordnung wie auch der ›Zwischenkommentar‹ hin. Mit den beiden Fabeln eröffnet La Fontaine die Reihe seiner ›Doppelfabeln‹, deren Prinzip – vereinfacht formuliert – darin besteht, daß die eine Fabel die andere häufig ergänzt, vertieft und/oder kommentiert, indem jetzt nicht mehr Tiere oder Pflanzen, sondern Menschen die Protagonisten sind. Das beste diesbezügliche Beispiel ist **Le héron / La fille* (VII 4 bzw. 4/5). Doch läßt sich La Fontaines Verfahren in den Doppelfabeln, und das heißt deren Struktur, nicht generell beschreiben, sondern bedarf jeweils einer differenzierten Analyse (vgl. II 11/12 *Le lion et le rat / La colombe et la fourmi*; VII 9 *La laitière et le pot au lait*; VIII 16 *L'horoscope*; X 14 *Discours à Monsieur le Duc de La Rochefoucault* [*Les lapins*]; XII 12 *Le milan, le roi, et le chasseur*). – Der zweite wichtige Gesichtspunkt der vorliegenden Fabeln ist der Prosakommentar, der die Verbindung zwischen den beiden Fabeln herstellt. Insgesamt gibt es drei derartige ›Prosakommentare‹ innerhalb der zwölf Fabelbücher (vgl. II 3 **Le loup plaidant contre le* *renard par devant le singe*; XI 9 *Les souris et le chat-huant*). Diese Kommentare sind deshalb wichtig, weil sie belegen, daß die betreffenden Fabeln – und mit Sicherheit nicht nur sie – in den von La Fontaine besuchten Kreisen vor der Publikation gelesen und z. T. kontrovers diskutiert wurden. Hier werden somit indirekt die Reaktionen jenes Primärpublikums sichtbar, für das die Fabeln zuallererst einmal geschrieben wurden und dessen Erwartungshorizont sie spiegeln. – Die beiden vorliegenden Fabeln haben rezeptionsgeschichtlich ein ungleiches Schicksal erfahren. Während die erste kaum einmal das Interesse eines Interpreten geweckt hat und allenfalls wegen ihrer ›Kälte‹ getadelt worden ist (Vossler), gehört die zweite zu den bekanntesten Fabeln La Fontaines und hat zu zahlreichen Kommentaren angeregt. Eine solch unterschiedliche Bewertung wird ihrer Bedeutung für die Entwicklung der Gattung bei La Fontaine jedoch in keiner Weise gerecht. Auf dem Hintergrund einer lebhaften zeitgenössischen Diskussion spiegeln sich nämlich in ihnen divergierende Fabelkonzeptionen (vgl. dazu Collinet): Die erste Fassung des Themas zeigt La Fontaine einer Fabelkonzeption verpflichtet, wie sie u. a. auch von Patru und Boileau anhand des gleichen Themas vertreten wurde. Sie ist auf (›novellistische‹) Knappheit der Darstellung, holzschnittartige Psychologie, Witz und epigrammatische Kürze bedacht. La Fontaines Kommentar zeigt, daß er sich von einer solchen Konzeption innerlich bereits entfernt hat. Doch das ›Bonmot‹ des Mäzenas hatte es ihm derart angetan, daß er seinetwegen nur ungern auf die Fabel verzichten wollte. In Wahrheit kommt es ihm jedoch nicht so sehr auf den witzigen Charakter dieses Ausspruches an, der Seneca dazu veranlaßte, Mäzenas' Mangel an Festigkeit angesichts des Todes zu tadeln. Indem La Fontaine Mäzenas einen »galant homme« nennt, übt er daher Kritik an der stoischen und d. h. unmenschlichen Haltung Senecas und ergreift Partei für eine schlichte Menschlichkeit, der die Wirklichkeit des Todes Angst und Schrecken bereitet. Eine solche Interpretation wird auch dadurch abgesichert, daß die beiden handschriftlichen Fassungen der Fabel im Ms. Conrart und im Ms. Sainte-Geneviève (vgl. Kommentar zu I 10 *Le loup et l'agneau*) im letzten Vers ein »Je t'en dis tout autant« – »Ich sage Dir genau dasselbe« aufweisen, das zugunsten der postulierten Unpersönlichkeit der Gattung in der Druckfassung in »on« abgeändert worden ist. – Der Unterschied der zweiten zur ersten Fassung wird durch das bisher Gesagte indirekt bereits deutlich: die breite, durchaus realistische Züge aufweisende ›Beschreibung‹ des Holzfällers; die daraus resultierende größere psychologische ›Dichte‹ der Figur; die Reihung seiner Leiden, in der Frau und Kinder auf die gleiche Stufe gestellt werden mit Einquartierung der Soldaten, Steuern, Gläubigern und Fron, und dadurch bedingt der ›sozialkritische‹ Charakter der Fabel; die Anrufung des Todes nach dieser weit ausholenden Einführung, in der in jedem Detail die Anteilnahme des erzähltechnisch neutralen Erzählers mitschwingt (die Verse 7–9, möglicherweise sogar 7–11, sind ›erlebte Rede‹ und also aus der Perspektive des Holzfällers zu verstehen) – all das unterscheidet die zweite Fabel für den heutigen Leser grundlegend von der ersten. Auch dem »plus beau trait« der äsopischen Vorlage ist jede nur epigrammatische, ›witzige‹ Kürze genommen: Durch den retardierend wirkenden Einschub »dit-il« (V. 15) kommt der unmittelbar mangelnde Mut des Holzfällers angesichts des Todes stilistisch ebenso zum Ausdruck wie inhaltlich durch seine Antwort und das entschuldigend wirkende »Tu ne tarderas guère«. Die überraschend im seltenen Siebensilbler (er eignet sich eher zur Epenparodie; vgl. IV 6 *Le combat des rats et des belettes*) formulierte ›Moral‹ resümiert abschließend das durch den Holzfäller illustrierte Paradox an einer den Erzähler einschließenden Feststellung, die in eine stichwortartig formulierte Allgemeingültigkeit überleitet. Die Zuordnung beider Fabeln, deren Vergleich hier angesichts mehrerer vorliegender Interpretationen nicht vertieft zu werden braucht, eröffnet die Einsicht in grundsätzlich unterschiedliche Richtungen, in die sich La Fontaines Fabelproduktion hätte entwickeln können. Ganz offensichtlich hat ihn ein ausgeprägter künstlerischer Instinkt davor bewahrt, jenen Weg zu beschreiten, den Boileau ihm anempfohlen hatte. – La Fontaine wird in **La mort et le mourant* (VIII 1) das Todesthema noch einmal aufgreifen und ihm eine grundlegend andere, epikuräische Wendung geben. Die ersten 19 Verse dieser zehn Jahre später veröffentlichten Fabel enthalten jetzt eine epikuräisch begründete Philosophie des Todes, die jedoch in dessen Annahme weniger heroisch ist als die stoische, die in der oben erwähnten Kritik Senecas an Mäzenas zum Ausdruck kommt.

Vossler, *La Fontaine und sein Fabelwerk*, S. 120–127.
H. Hatzfeld, »›La mort et le bûcheron‹«, in: H. H., *Initiation à l'explication de textes français*, München [4]1975, S. 22–26.
Jasinski, *Premier recueil*, Bd. 1, S. 277–284.
J.-P. Collinet, *Le monde littéraire de La Fontaine*, Paris 1970, S. 170–181.
J. v. Stackelberg, »La Fontaine, ›La mort et le bûcheron‹«, in: J. v. St., *Weltliteratur in deutscher Übersetzung. Vergleichende Analysen*, München 1978, S. 83–89.

H. Kars, »Analyse textuelle. Stylistique d'une fable, ›La mort et le bûcheron‹ (I 16)«, in: *Rapports. Het franse boek* 50 (1980) S. 70–81.

A. K. Varga, »Cohérence textuelle d'une fable de La Fontaine«, in: L. H. Hoek / H. Kars / A. K. Varga, *Littérature. Objets, méthodes, éléments d'un enseignement renouvelé*, Groningen 1981, S. 37–43.

L. H. Hoek, »La perspective narratologique. De la segmentation à la signification. Analyse narratique de ›La mort et le bûcheron‹«, ebd., S. 45–54.

H. Kars, »La perspective stylistique«, ebd., S. 55–68.

I 22 Le chêne et le roseau

31 f. *la tête au Ciel ... à l'Empire des Morts:* Nachahmung von Vergil, *Aeneis* IV 445 f.; vgl. auch Kommentar.

Einer verbreiteten Tradition zufolge soll *Le chêne et le roseau* La Fontaines Lieblingsfabel gewesen sein. Sollte dies zutreffen, dürften die Gründe dafür nicht primär ästhetischer Art sein. Zwar ist richtig, daß La Fontaine die eher karge äsopische Vorlage deskriptiv breit ausgestaltet und die Protagonisten psychologisch differenziert und humanisiert hat; doch geht das Maß solcher Umgestaltung hier nicht über das auch in anderen Fabeln zu beobachtende Maß hinaus. Die Gründe seiner Vorliebe für diese Fabel sind eher inhaltlicher und das heißt biographischer Art. Das traditionelle Bild der gestürzten Eiche, das über die Fabelliteratur hinaus auch in der zeitgenössischen Emblematik verbreitet war, dient La Fontaine dazu, eine der zentralen Erfahrungen seines Lebens, den Sturz seines Freundes und Gönners, des mächtigen Finanzministers Nicolas Foucquet, literarisch zu sublimieren. Im Zusammenhang dieses Ereignisses greift La Fontaine mehrfach auf das gleiche Bildmaterial zurück. Ein erstes Mal in einem ergreifenden Brief an seinen Freund Maucroix (vgl. Kommentar zu III 1 *Le meunier, son fils, et l'âne*) aus Anlaß der Verhaftung Foucquets. Der Brief endet mit dem Horaz-Zitat: »Feriunt summos fulmina montes« – »Es treffen die Blitze die höchsten Gipfel« (OD, S. 528), womit bereits das Drama der vorliegenden Fabel angedeutet ist. In einer aus dem gleichen Anlaß an Foucquet persönlich gerichteten *Elégie* heißt es wenig später: »Voilà le précipice où l'ont enfin jeté / Les attraits enchanteurs de la prospérité« – »Hier tut sich der Abgrund auf, in den ihn schließlich / der trügerische Glanz des Reichtums gestürzt hat« (OD, S. 528 f.). Deutlicher als im ersten Beispiel also auch hier das Bild des Sturzes, nun freilich das eines Menschen in den Abgrund des Unglücks.

Weiter schreibt La Fontaine in der *Relation d'un voyage de Paris en Limousin*, dem Bericht seiner einzigen Reise, über deren Umstände nichts Präzises bekannt ist, die jedoch mit großer Wahrscheinlichkeit im Zusammenhang mit dem Sturz Foucquets gestanden hat, angesichts der Türme des Schlosses von Amboise, in dem letzterer inhaftiert gewesen war: »Elles touchent, ainsi que les chênes dont parle Virgile, ›D'un bout au ciel, d'autre bout aux enfers‹« – »Sie rühren, wie die Eichen, von denen Vergil spricht, ›Mit dem einen Ende an den Himmel und mit dem anderen an die Unterwelt‹« (OD, S. 547). Damit wird jenes Bild antizipiert, das in so eindrucksvoller Weise *Le chêne et le roseau* beschließt. Die wichtigsten Übereinstimmungen bestehen jedoch mit *Le renard et l'écureuil* (vgl. S. 258 f.). Das dort verwendete Bildmaterial verweist die Fabel unzweifelhaft in den Zusammenhang des Sturzes von Foucquet und legt daher, wie die zuvor angeführten Parallelstellen auch, ein Primärverständnis von *Le chêne et le roseau* auf dem gleichen biographisch-historischen Hintergrund zwingend nahe. Vergleichbares Bildmaterial findet sich schließlich in der zehn Jahre später publizierten Fabel *Le berger et le roi* (X 9) wieder und bestätigt damit retrospektiv dessen Bedeutung für La Fontaine. – Der skizzierte Entstehungshintergrund von *Le chêne et le roseau* eröffnet ein neues Verständnis der Fabel, das den Blick auf deren oft gerühmte und unermüdlich neu analysierte ästhetische Qualitäten (Gutwirth; Brody) keineswegs zu verstellen braucht; allerdings sollten entsprechende Stilanalysen auch den hier referierten Forschungsstand in Rechnung stellen. La Fontaine hat diese sehr persönliche Fabel mit keinerlei wertender oder belehrender Moralität ausgestattet, abschließend jedoch die machtvolle, schützende Eiche, die sich nur den »verdoppelten Anstrengungen« des »schrecklichsten aller Nordwinde« beugt, in geradezu mythische Dimensionen hochstilisiert. Zusammen mit der ›Oppositionsmoral‹ des »Je plie et ne romps pas« (V. 21) ist dies sein diskreter Treuebeweis an Foucquet, der durch die Plazierung der Fabel am Ende des 1. Buches besonderes Gewicht erhält.

Jasinski, *Premier recueil*, Bd. 1, S. 300–309.

J. Grimm, »Interpretationsmodelle zu La Fontaines Fabel ›Le chêne et le roseau‹. Kritische Anmerkungen zu den Interpretationen von K. Vossler, R. Bray, Th. Spoerri und R. Jasinski«, in: *Die Neueren Sprachen* 23 (1974) S. 144–156.

M. Gutwirth, »›Le chêne et le roseau‹, ou les cheminements de la mimésis«, in: *The French Review* 48 (1975) S. 695–702.

J. Brody, »Reading La Fontaine: ›Le chêne et le roseau‹ (I 22)«, in: *Semiotica* 51 (1984) S. 167–180.

II 2 Conseil tenu par les rats

1 *Rodilardus:* Der Name, frei gebildet aus lat. *rodere* ›nagen‹ und *laridum* ›Speck‹, findet sich bereits bei Rabelais, *Le Quart Livre*, Kap. 67; Panurge wird gekratzt von den Krallen »du célèbre chat Rodilardus«, den er für einen Teufel hält; vgl. auch V. 8.

Die im Wechsel von Alexandrinern, Acht- und Zehnsilblern (V. 25 f.) linear erzählte Fabel mündet in eine für die 1. Fabelsammlung auffallend lange Erzählerintervention (V. 25–28), an die sich eine vierzeilige ›Moral‹ anschließt. Daher ist ein eindeutiges Verständnis der Fabel schwierig und dürfte auch von La Fontaine nicht beabsichtigt gewesen sein. Einige Kommentatoren haben aufgrund der Erzählerintervention die These vertreten, es handele sich in der Fabel um eine Anspielung auf Vorkommnisse während des Domkapitels von Reims, die Maucroix, Kanonikus in der genannten Stadt, seinem Freund La Fontaine (vgl. Kommentar zu III 1 *Le meunier, son fils, et l'âne*) berichtet habe. Doch fallen die von Maucroix geschilderten Ereignisse in die Jahre 1667–68; die Abfassung der Fabel, die sich bereits im Ms. Sainte-Geneviève (vgl. Kommentar zu I 10 *Le loup et l'agneau*) findet, dürfte aber mit großer Wahrscheinlichkeit früher anzusetzen sein. Weiter ist einzuwenden, daß La Fontaine durch den doppelten Ausdruck »Chapitres de Moines, voire Chapitres de Chanoines« einen exakten Bezug bewußt erschwert. Die gleiche Funktion hat mit Sicherheit auch die abschließende ›Moral‹, die das Fabelgeschehen auf das mehrdeutige »La Cour« (vgl. VII 1 *Les animaux malades de la peste*) bezieht: »La Cour« als Königshof oder als »La Cour de justice«, doch ebenso als »La Cour du Parlement«, d. h. als Parlament der Stadt Paris, in dem in erster Linie Angehörige des mittleren Bürgertums und des Amtsadels vertreten waren und das ein Zentrum der Opposition gegen die Zentralregierung war. Selbst wenn sich ein eindeutiger Bezug von »La Cour« auf »La Cour du Parlement« in den Fabeln nirgends findet, ist dies kein Beweis dafür, daß er hier nicht intendiert ist. Jasinski hat zahlreiche kaum widerlegbare Zeugnisse dafür beigebracht, daß die Fabel in Zusammenhang steht mit der Kürzung der »rentes«, d. h. der Kapitalzinsen, im Frühjahr 1664, ein Ereignis, das auch in Boileaus *Satire* III 1–4 seinen Niederschlag gefunden hat. Die Fabel richtet sich daher in einem ersten Impuls gegen ein La Fontaine ungerecht erscheinendes Vorgehen der Regierung, dem das Pariser Parlament machtlos gegenüberstand und das jenes Bürgertum, das überschüssige Finanzmittel gewinnbringend investiert hatte, um die Früchte seines Reichtums brachte. Zum anderen aber wendet sie sich gegen eitle Hoffnungen und Illusionen jener ›Opposition‹, die zwar in der Anfertigung von Plänen überaus eifrig ist, diese aber zu verwirklichen nicht imstande ist. Beide ›Moralitäten‹ betonen die Erfolglosigkeit (V. 26: »pour néant«; V. 32: »ne plus personne«) der Beratungen und Entschlüsse, die in der mangelnden Individualität und dem fehlenden Mut der Protagonisten begründet ist. Hierin ist auch das die Hoffabeln der 2. Sammlung (vgl. VII 6 *La cour du lion*) antizipierende Element zu sehen: Auch sie insistieren auf der Anonymität und dem Fehlen des Personenhaften, das als wesentlicher Charakterzug des Höflings herausgestellt und kritisiert wird.

P. Clément, *Histoire de Colbert et de son administration*, Paris 1874, Bd. 1, S. 149–172.
Jasinski, *Premier recueil*, Bd. 1, S. 314–319.

II 9 Le lion et le moucheron

1 *Va-t-en . . .:* Der Vers ist die Parodie eines Verses von Malherbe aus der *Stance contre le maréchal d'Ancre*: »Va-t'en à la malheure, excrément de la terre!«

12 *Dans l'abord:* Es kann verstanden werden wie übersetzt, entsprechend Furetière: »Abord se dit d'une attaque d'ennemi«; oder auch: »Zunächst richtet sie sich . . .«; der Ausdruck wäre dann synonym zu »d'abord« und stünde in Opposition zu »Puis« (V. 13).

13 *prend son temps:* »Se servir du moment favorable pour faire réussir quelque chose« (Furetière).

Die Fabel geht auf Äsop zurück, bei dem die Mücke den Löwen allerdings angreift, ohne zuvor von ihm provoziert worden zu sein. La Fontaine motiviert jedoch nicht allein deren ›Kriegserklärung‹ (V. 4), sondern führt durch die direkte Rede des Löwen, auf die die Mücke (wie bei Äsop) direkt antwortet, höchst wirkungsvoll medias in res ein. Dadurch gewinnt seine Fabel an Lebendigkeit. Zugleich wird bereits in V. 1 das parodistische Verfahren deutlich, das stilistisch im Mittelteil der Fabel dominiert: Ihre Wirkung bezieht die Fabel großenteils aus dem Gefälle zwischen pathetischer Apostrophe (V. 1) und ›epischer‹ Kampfdarstellung (V. 9–21), die vorzugsweise im unepischen Achtsilbler erfolgt und deren ›Held‹ gerade eine Mücke ist. Die Folgen des ›Krieges‹ für den Löwen werden dann allerdings im ›hohen‹ Alexandriner geschildert (V. 22–29). So führt die Fabel schnell zum Höhepunkt, der Niederlage des Löwen und dem Triumph der Mücke, deren abruptes Ende abschließend in wenigen Versen (V. 30–34) berichtet wird, die sich metrisch spiegelbildlich zu den Versen 9–29 verhalten (zwei Alexandriner gefolgt von zwei Achtsilblern). Die umfangreiche Moralität erhält durch die Einbeziehung des Lesers in der einleitenden Frage und die doppelte ›Lehre‹ besonderes Gewicht. In Übereinstimmung mit Grundtendenzen der Fabelgattung bekräftigt sie die Macht der scheinbar Schwachen, warnt vor Überheblichkeit und mahnt zur Vorsicht. Damit entspricht sie ebenso wie die anschließende ›Doppelfabel‹ *Le lion et le rat / La colombe et la fourmi* zweifellos individuellen Erfahrungen La Fontaines zum Zeitpunkt ihrer Abfassung.

II 11/12 Le lion et le rat / La colombe et la fourmi

28 *Croquant:* »Gueux, misérable qui n'a aucun bien, qui en temps de guerre n'a pour toutes armes qu'un croc [(Fang-)Haken]. Les paysans qui se révoltent sont de pauvres croquants« (Furetière).

34 *Vilain:* »Dans le vieux langage, signifiait un roturier, un paysan« (Richelet).

In den vorliegenden Fabeln greift La Fontaine das erstmals in *La mort et le malheureux* und *La mort et le bûcheron* (I 15 und 16) praktizierte Verfahren der ›Doppelfabel‹ wieder auf. Zu beiden Fabeln lassen sich entsprechende ›Quellen‹ bei Äsop finden; doch folgt La Fontaine vermutlich der kommentierten Ausgabe der *Fables d'Ésope, phrygien* ([4]1639) des Jean Baudoin, der ausdrücklich auf die Identität der aus beiden Fabeln zu ziehenden ›politischen Lehre‹ hingewiesen hatte. La Fontaine stellt seine doppelt formulierte ›Moral‹ seinen Fabeln voran, um »ihre Wahrheit« an zwei Beispielen »zu bezeugen«. Das erste Beispiel (V. 5–16) wird zahlenmäßig zu gleichen Teilen in Achtsilblern und Alexandrinern vorgetragen, möglicherweise um die Gleichwertigkeit von Löwe und Ratte auch metrisch zu unterstreichen, wobei allerdings keine Zuweisung des Alexandriners an den Löwen und des Achtsilblers an die Ratte – oder parodistisch umgekehrt – erfolgt. Möglicherweise enthält auch der zweite Halbvers von V. 7 eine diskrete Anspielung auf anders geartete Reaktionen des Löwen wie z. B. in *La génisse, la chèvre et la brebis, en société avec le lion* (I 6), *Le lion et le moucheron* (II 9) und anderen Fabeln. Insgesamt ist die kurze Darstellung mit längeren Reflexionen (V. 7–11) durchsetzt, was auf die Handlungsführung eher retardierend wirkt. Auffällig ist schließlich die zusätzliche ›Moral‹ zum Abschluß dieser ersten Fabel, die auf einem anderen Aspekt der Handlung insistiert als die einleitende ›Doppelmoral‹. – V. 21 leitet zur Fortsetzung des ›Beweises‹ anhand »noch kleinerer Tiere« über. In gemächlich und sensibel ausmalenden Alexandrinern schildert der Erzähler zunächst das ›solidarische‹ Verhalten von Taube und Ameise, die ihrerseits, kaum vor dem Ertrinken gerettet – besonders evokativ wirken in diesem Zusammenhang die Metaphern des »Ozeans« und des »Vorgebirges« (V. 22 und 26) –, den Bauernburschen an dem tödlichen Schuß auf die Taube hindert. Der zweite, schnell erzählende Teil dieser zweiten Fabel (V. 27–36) vollzieht die für die Träume in den Fabeln charakteristische Aufwärtsbewegung, um dann abrupt und ernüchternd wieder auf den Boden der Wirklichkeit zurückzuführen (vgl. I 5 *Le loup et le chien*, V. 30 ff.; VII 9 *La laitière et le pot au lait*). Auch hier beendet eine zusätzliche ›Moral‹, die ebensowenig wie die der ersten Fabel mit der einleitenden ›Moral‹ zu tun hat, die Erzählung. Die vorliegende ›Doppelfabel‹ ist also ein höchst komplexes Gebilde, das aufgrund der Erzählerintervention V. 7 ff. und der verschiedenen ›Lehren‹ die dargestellten Handlungen vielfältig perspektivisch bricht und in der Eindeutigkeit relativiert, die die einleitende ›Moral‹ postuliert hatte. Schließlich bewirkt auch die Einführung des »croquant« in der zweiten Fabel, daß diese in Inhalt und Aussage nicht einfach eine Doppelung, sondern, bei deutlicher Akzentverlagerung, eine Pointierung der ersten darstellt. In sehr viel höherem Maße als die erste Fabel illustriert sie den Gedanken der ›Solidarität der Schwachen gegenüber den Starken‹ (selbst wenn die ›Moral‹ V. 37 in eine andere Richtung verweist) und verleiht auch dieser ›Doppelfabel‹ vom Ende her den für die Fabelgattung insgesamt charakteristischen ›oppositionellen‹ Charakter. Clément Marot (1496–1544) hatte in seiner im Gefängnis geschriebenen *Épître à Lyon Jamet* (1526) auf die äsopische Fabel vom Löwen und der Ratte zurückgegriffen, weil er in ihr ein Spiegelbild seiner eigenen Situation sah. Auch für La Fontaine liegt der erste Impuls zur Beschäftigung mit diesem traditionellen Thema im eigenen Erleben. Man versteht daher die innere Geschichte der 1. Fabelsammlung falsch, wenn man die vorliegende ›Doppelfabel‹ über die ästhetische Würdigung hinaus gehaltlich nicht ebenso wie *Le lion et le moucheron* im Zusammenhang mit seinem Foucquet-Erlebnis, und das heißt als Ausdruck eigener schmerzlicher Erfahrungen sieht. Von diesem ›politischen‹ Gehalt der Fabel sollte auch die gelungene ästhetische Gestaltung ebensowenig ablenken wie ihre durch die zahlreichen ›Moralitäten‹ bedingte perspektivische Disparatheit.

Jasinski, *Premier recueil*, Bd. 1, S. 354–359.
J.-P. Collinet, *Le monde littéraire de La Fontaine*, Paris 1970, S. 188–191.

II 13 L'astrologue qui se laisse tomber dans un puits

11 *ce Livre qu'Homère:* Homer hat ein solches »Buch des Schicksals« nicht »besungen«. Gemeint ist vermutlich, daß er und die von ihm inspirierten Dichter dem Schicksal in ihren Werken einen großen Platz eingeräumt haben.

30 *Firmament:* »Le premier et le plus haut des cieux sur lesquels les étoiles fixes sont attachées« (Furetière). – La Fontaine ist hier also noch dem ptolemäischen Weltbild verpflichtet; vgl. dagegen VII 17 *Un animal dans la lune*, V. 23.

36 *certaines influences:* Selbst wenn La Fontaine die Astrologie und ihre Vorhersagen in Form von Horoskopen bekämpft, hält er doch an der Vorstellung eines »gewissen Einflusses« der Sterne fest. Allerdings seien dessen Wirkungen unbekannt und nicht erforschbar.

41 *souffleurs:* Der Einfluß von Wahrsagern, Sterndeutern, Alchimisten usw. war am französischen Königshof beträchtlich. Am 10. September 1660 schreibt der Arzt Guy Patin, dessen Korrespondenz ein wichtiges zeitgenössisches Dokument ist: »La Cour est pleine de charlatans.« La Fontaine wird mehrfach auf das Thema zurückkommen; vgl. VIII 16 *L'horoscope*.

44 *Spéculateur:* »Celui qui s'attache à la contemplation des choses relevées et difficiles« (Richelet).

46 *baîllent:* La Fontaine verwechselt *bâiller* ›den Mund aufreißen, gähnen‹ und *béer*: »Ouvrir la bouche d'une façon niaise et admirative. Se dit figurément de ceux qui désirent quelque chose ardemment« (Furetière).

Die unmittelbare Quelle der Fabel ist Äsop; doch findet sich das Thema ebenfalls bei Plato (*Theaitetos*), wo der weise Thales in einen Brunnen fällt. Die bildlichen Darstellungen des Themas sind zahllos. – Den vier knappen Versen der Erzählung folgt bei La Fontaine eine 34 Verse umfassende philosophische Reflexion, deren »leçon« (V. 16) darin besteht zu zeigen, daß der Wunsch des Menschen nach Erkenntnis der Zukunft eitel ist. Der Beweis erfolgt in Form einer dreifachen Argumentation auf rational-logischer (V. 14–17), theologischer (V. 18–29) und kosmologischer Ebene (V. 30–38) und mündet in allen Fällen in den Nachweis entsprechender Paradoxien. Auf den Mittelteil folgt eine zweigliedrige ›Moral‹: Zunächst eine heftige Invektive gegen jene Astrologen, die an den europäischen Fürstenhöfen ihr Unwesen treiben (V. 39–42); sodann eine aktuelle Nutzanwendung aus der einleitenden Erzählung. Anhand der paradoxen Geschichte des Sternenguckers, der in den Brunnen fällt, illustriert La Fontaine die antike moralphilosophische Maxime, nach der sich der (epikuräische) Weise eine Erforschung der Zukunft nicht nur verbietet, weil sie notwendig spekulativ bleibt, sondern eine solche Erkenntnis ihm auch gleichgültig ist. Entsprechende Erörterungen ziehen sich von Epikur über Lukrez und Horaz zu Pierre Gassendi (1592–1655), dem Erneuerer der epikuräischen Philosophie im 17. Jh., und seinem ›Vulgarisator‹ François Bernier (1620–88), mit dem La Fontaine befreundet war. Die aus dieser Maxime resultierende praktische Folgerung ist für La Fontaine die Ablehnung der »astrologie judiciaire«, d. h. einer rein spekulativen Astrologie (im Gegensatz zur Astronomie) und daraus sich herleitender Sekundärwissenschaften. La Fontaine greift mit seiner Fabel ein brisantes aktuelles Thema auf (vgl. dazu Jasinski sowie Anm. zu V. 41). Dabei zeigt die rationale Argumentation des Mittelteils ebenso wie der paradoxe Charakter der einleitenden Erzählung und der abschließenden ›Moral‹, daß er in ›frühaufklärerischer‹ Manier vor allem an die intellektuellen Fähigkeiten seiner Leser appelliert. *L'astrologue qui se laisse tomber dans un puits* ist die erste große philosophische Fabel der 1. Sammlung. In **Les devineresses* (VII 14) und *L'horoscope* (VIII 16) wird La Fontaine das Thema erneut aufgreifen und damit seine fortdauernde Aktualität bestätigen.

G. Tronquart, »Notule sur La Fontaine et astrologie«, in: *XVIIe Siècle* 60 (1963) S. 49–59.
Jasinski, *Premier recueil*, Bd. 1, S. 359–365.
Grimm, »La Fontaine, Lucrèce et l'épicurisme«.

III 1 Le meunier, son fils, et l'âne

[Widmung] *À M. D. M.:* Hinter der Abkürzung verbirgt sich mit großer Wahrscheinlichkeit La Fontaines treuester Freund Monsieur de Maucroix; vgl. auch Kommentar.

5 *feinte:* wie »mensonge« ein Schlüsselbegriff zur Bezeichnung des fiktiven Charakters der Dichtung und insbesondere der Fabel. – »Le principal point de la Poésie est de savoir bien feindre, bien inventer un sujet« (Furetière).

8 *à Racan Malherbe l'a conté:* La Fontaine hatte eine große Bewunderung für Honorat de Racan (1589–1670), den Verfasser elegisch gestimmter *Bergeries*; Racan seinerseits war ein Schüler François de Malherbes (1555–1628); es wird berichtet, La Fontaine sei sich seiner Berufung zum Dichter bewußt geworden, als er zufällig einen Offizier eine Ode Malherbes habe vortragen hören. Malherbe und Racan sind also die ›Lehrmeister‹ (vgl. V. 10) Maucroix' und La Fontaines.

43 *trois bons Marchands:* In einer für die Kenntnis der sozialen Schichtung der Provinzbevölkerung wichtigen Passage setzt Vauban in seinem *Projet de dîme royale* (1707) die »bons marchands« mit den »bourgeois rentés et les plus accommodés« auf eine Stufe.

46 *menez Laquais à barbe grise:* Der Sprecher gibt vor, den Greis für einen Diener zu halten, der seinen Herrn begleitet.

53 *Fait le veau:* »On appelle figurément un grand sot, un homme fainéant ou incapable d'affaires, un veau. On dit, être étendu comme un veau pour dire, être couché tout de son long« (Furetière).

68 *se prélassant:* Die Wörterbücher des 17. Jh.s verzeichnen »prélasser« nicht; P. Robert, *Dictionnaire alphabétique et analogique de la langue française*, definiert es wie folgt: »Prendre un air important, une attitude, une démarche nonchalante et satisfaite«, und zitiert diesen Vers.

74 f. *Nicolas ... Jeanne ... la chanson le dit:* Die zweite Strophe dieses Volksliedes, dessen Protagonisten Nicolas und Jeanne sind, lautet: »Adieu, cruelle Jeanne; / Si vous ne m'aimez pas / Je monte sur mon âne, / Pour galoper au trépas. / – Courez, ne bronchez pas, / Nicolas; / Surtout n'en revenez pas.«

Die ganz in Alexandrinern abgefaßte Fabel gehört zu den bekanntesten Fabeln La Fontaines. Als Quelle verweist der Autor V. 8 auf die

Mémoires pour la vie de Malherbe, eine Art Anekdotensammlung aus dem Leben Malherbes, die dessen Freund und Schüler Racan zusammengestellt hat. Sie sind zwar erst 1672 erschienen, doch konnte La Fontaine die hier erzählte Anekdote von Freunden gehört haben (vgl. zu einem ähnlichen Vorgang Kommentar zu VII 17 *Un animal dans la lune* und zu XI 7 *Le paysan du Danube*). Dabei ist der Stoff möglicherweise indischen Ursprungs und liegt in zahlreichen unterschiedlichen Fassungen und bildlichen Darstellungen vor. – Das Abfassungsdatum der Fabel ist umstritten. Einige Forscher setzen es in das Jahr 1647, in dem La Fontaine und sein Freund François de Maucroix (1619–1708), dem die Widmungsinitialen offensichtlich gelten, wichtige Entscheidungen beruflicher und privater Art bezüglich ihres weiteren Lebensweges haben treffen müssen; die in den Fabeln insgesamt auffällige formale Besonderheit der durchgängigen Verwendung des Alexandriners könnte ebenfalls die These einer frühen Abfassung stützen. Andere Forscher bezweifeln, daß der gerade sechsundzwanzigjährige La Fontaine bereits eine solch komplexe und vollkommene Fabel habe schreiben können; auch widerspricht eine solch frühe Abfassung der verbreiteten These eines Beginns der Fabelproduktion im Zusammenhang mit La Fontaines Foucquet-Erlebnis, also nach 1661. Möglich erscheint schließlich die Annahme eines ersten frühen Entwurfes und einer späteren Überarbeitung etwa 1665. Die ursprüngliche biographische Verwurzelung der Fabel kann jedenfalls kaum in Frage gestellt werden.

Wie die Einleitungsfabeln der Bücher II–VI beginnt auch *Le meunier, son fils, et l'âne* mit einer an Maucroix gerichteten poetologischen Reflexion (V. 1–6), die jedoch über das Bindeglied »Rivalen des Horaz« usw. (V. 9 f.) unmittelbar zu Racan und Malherbe überleitet. Damit gibt der Erzähler (La Fontaine) die Erzählerrolle an Racan ab, der nunmehr jene Fragen vorträgt, die Malherbe mit einer Geschichte beantworten möchte (V. 13–26). Auf diese Geschichte, die die eigentliche Fabel ausmacht (V. 27–80), folgt abschließend die ›Moral‹ (V. 81–84), die ebenfalls aus der Erzählperspektive Malherbes gesprochen ist, sich aber über den unmittelbaren Adressaten Racan hinaus auch als Antwort des Erzählers La Fontaine auf eigene Fragen wie auf Fragen Maucroix' bezieht. Die komplizierte Verschachtelung der Erzählperspektive wird im eigentlichen Fabelkorpus noch gesteigert durch eine zusätzliche Erzählerintervention, die entweder aus der Perspektive Malherbes oder aus der des ihm übergeordneten La Fontaine stammt (V. 34), sowie durch direkte Stellungnahmen der in das Fabelgeschehen implizierten Protagonisten. – La Fontaines wichtigste Änderung der vorgegebenen ›Quelle‹ in Racans *Mémoires*, die aber, wie V. 27 verdeutlicht, nicht seine einzige ist, besteht darin, daß er die Reihenfolge der dort vorgegebenen ›Verhaltensmuster‹ (1: der Vater auf dem Esel; 2: der Sohn auf dem Esel; 3: Vater und Sohn auf dem Esel; 4: Vater und Sohn zu Fuß hinter dem Esel) umkehrt und unter witziger Zuspitzung mit der letzten, auffälligsten und dümmsten Variante beginnt. Dabei läßt er sich möglicherweise von rezeptionsästhetischen Überlegungen leiten, insofern er sein Publikum einleitend durch eine besonders auffällige Form von Dummheit fesseln möchte. Im übrigen erweitert er die vier recht trocken erzählten Szenen seiner Vorlage zu fünf witzig ausgestatteten Episoden (V. 31–41; 42–49; 49–57; 57–67; 68–80), die insofern doppelt und antithetisch klimaxförmig angeordnet sind, als die offensichtlich von Episode zu Episode wachsende Dummheit der Protagonisten seitens des Vaters letztlich doch zu der heilsamen Einsicht führt, notwendige Entscheidungen in freier Selbstbestimmung unabhängig von der Meinung anderer zu treffen.

Das häufige Auftreten des Freiheitsthemas in der 1. Sammlung (vgl. I 5 *Le loup et le chien* und I 9 *Le rat de ville et le rat des champs*) ist Transposition und Spiegelung eigener Lebensproblematik im Medium einer vorgegebenen literarischen Thematik. In diesem Sinn verstanden, zeigen die mittels der Tierallegorie argumentierenden Freiheitsfabeln des 1. Buches das Schwanken eines auf Freiheit bedachten La Fontaine, der sich nach der Verhaftung Foucquets seines materiellen Unterhaltes beraubt sieht und wohl einen Augenblick geschwankt haben mag zwischen der Möglichkeit eines ›offiziellen‹, von Colbert und dem König ›pensionierten‹, aber unfreien Dichterdaseins und der materiell zunächst ungesicherten, jedoch freien Existenz außerhalb des protegierten Dichterclans. Sehr konsequent festigt sich allmählich die Entscheidung für die Freiheit über **Contre ceux qui ont le goût difficile* (II 1) bis hin zu *Le meunier, son fils, et l'âne*.

Die Schlußredaktion der Fabel dürfte in die Zeit nach der endgültigen Verurteilung Foucquets (22. Dezember 1664) fallen und zeigt La Fontaines Ratlosigkeit angesichts seines weiteren Lebensweges. Fester denn je ist er entschlossen, unabhängig von allen ihm erteilten Ratschlägen, entsprechende Entscheidungen in freier Selbstbestimmung zu treffen. – Das Freiheitsthema klingt in der 1. Sammlung mit **Le cheval s'étant voulu venger du cerf* (IV 13) allmählich aus, um in den Hoffabeln (vgl. VI 14 *Le lion malade et le renard*) seine negative Fortsetzung zu finden. In *Le paysan du Danube* (XI 7) wird es, auf die höchste politische Ebene gehoben, eine pathetische Steigerung erfahren und schließlich in **Les compagnons d'Ulysse* (XII 1) und *Le philosophe scythe* (XII 20) philosophisch abgehandelt werden.

P. Clément, *Histoire de Colbert et de son administration*, Paris 1874, Bd. 2, S. 227–257. [Zur Frage der Gratifikationen bzw. ›Pensionen‹.]
L. Spitzer, »›Le meunier, son fils et l'âne‹«, in: L. S., *Interpretationen zur Geschichte der französischen Lyrik*, Heidelberg 1961, S. 62–83.
Jasinski, *Premier recueil*, Bd. 1, S. 80 f., Bd. 2, S. 11–16.
G. Couton, »À propos du ›Meunier, son fils et l'âne‹. Quelques vœux«, in: *Mélanges historiques et littéraires sur le XVIIe siècle. Offerts à Georges Mongrédien par ses amis*, Paris 1974, S. 273–277.
J. Riesz, »Metamorphosen einer Fabel. La Fontaines ›Le meunier, son fils et l'âne‹«, in: *Stimmen der Romania. Festschrift für W. Th. Elwert zum 70. Geburtstag*, hrsg. von G. Schmidt und M. Tietz, Wiesbaden 1980, S. 343–357.

III 2 Les membres et l'estomac

8 *Sans rien faire:* Im Ancien régime war es den Angehörigen des Adels untersagt, eine auf Lebensunterhalt bzw. Gelderwerb gerichtete Tätigkeit auszuüben.
30 *Maintient:* »Donner secours et protection« (Furetière).
33 *Ménénius:* Menenius Agrippa, römischer Konsul des Jahres 503 v. Chr., erzählt bei Livius, *Ab urbe condita* II 32, dem aufständischen Volk die Fabel vom Magen und den Gliedern und veranlaßt es auf diese Weise, seinen Platz im Gemeinwesen wieder einzunehmen.
38 *Les tributs, les impôts:* »tribut« (von lat. *tributum*) bezeichnet jede Form von direkten, personenbezogenen Abgaben; demgegenüber bezeichnet »impôt« die auf Waren erhobenen (indirekten) Steuern.

Mit dem 3. Fabelbuch weitet sich der Horizont. Politische Fragen drängen zunehmend in den Vordergrund; so in der vorliegenden Fabel die Frage nach der angemessenen Regierungsform, die für La Fontaine grundsätzlich nur die Monarchie sein kann. Auffällig jedoch einleitend (V. 1–5) der despektierliche Tonfall: Warum hat er die Fabel nicht programmatisch an den Anfang des Buches oder der

Sammlung gestellt? Warum der abschätzige Vergleich des Königtums mit dem Magen? Die eigentliche Fabel gliedert sich sodann in zwei Teile: V. 6–23 erzählen die Parabel der gegenseitigen Abhängigkeit des Magens und der Glieder, worauf in den Versen 24–44 die ›Nutzanwendung‹ folgt. Wichtig für La Fontaines Verständnis des Königtums ist die durch die Parabel illustrierte Interdependenz aller Glieder des Staates. Insofern sind V. 25–32 weniger ein Lob des Königtums als vielmehr eine Art Fürstenspiegel, der eine ideale Monarchie zur Anschauung bringt. Diese kritische Tendenz der Fabel wird durch einige perspektivisch aus der Sicht der Glieder eingefügte Spitzen (V. 7 f., 10) unterstrichen. Auch die abschließende Erzählung nach dem Vorbild des Livius schafft einen Gegensatz (V. 35–38), wie er in dieser Zuspitzung für den Ausgang der Fabel keineswegs notwendig wäre. Ohne das Prinzip des Königtums ausdrücklich in Frage zu stellen, zeigt La Fontaine durch die antithetisch pointierte Kritik der »mécontents« (V. 35) soziale Mißstände auf und mahnt indirekt an die Pflichten des Königtums. – Unter den zahlreichen Darstellungen des aus Livius bekannten Stoffes, »insigne entre les fables« (V. 43), ist La Fontaines Fabel eine der kunstvollsten und kritischsten. Der Autor wird in *Le soleil et les grenouilles* (VI 12) und *Le milan, le roi, et le chasseur* (XII 12) auf das Thema zurückkommen; doch vgl. gleichfalls III 4 *Les grenouilles qui demandent un roi.*

Vossler, *La Fontaine und sein Fabelwerk*, S. 142–144.
H. Gombel, *Die Fabel »Vom Magen und den Gliedern« in der Weltliteratur*, Halle 1934.
Spitzer, »Die Kunst des Übergangs bei La Fontaine«, S. 180–185.
Jasinski, *Premier recueil*, Bd. 2, S. 16–21.
Champigneul, »L'absolutisme royal«.

III 4 Les grenouilles qui demandent un roi

4 *Jupin:* von La Fontaine gebildete burleske Diminutivform.
14 *Soliveau:* »Pièce de bois dont on fait les planchers« (Furetière); im übertragenen Sinn: ein Mensch ohne moralische Kraft und Autorität.
20 *fourmilière:* wörtl.: Ameisenhaufen; im übertragenen Sinn: »Ce qui est en grande quantité en quelque lieu« (Furetière).
35 *débonnaire:* »Doux, grâcieux, clément« (Furetière); wird jedoch vorwiegend synonym zu »sot« (›Dummkopf, Trottel‹) verwendet.

Im Gegensatz zu der thematisch nahestehenden Fabel *Les membres et l'estomac* (III 2), die das Königtum bereits als gegebene Herrschaftsform hinnimmt, stellt die vorliegende Fabel in allgemeinerer Form die Frage nach der wünschenswerten Regierungsform. Doch ist ihre Aussage nur schwer zu erfassen. Haben die Frösche nicht recht, sich über einen untätigen und unfähigen König zu beklagen? Und ist es nicht verständlich, daß sie erst recht keinen Tyrannen wollen? Einen Großteil der Fabel nimmt die Darstellung des friedfertigen (V. 5), wenngleich schwachen Königs (V. 35) ein. Gewiß kann er keine Leistungen aufweisen, die ihm die Sympathie des Volkes einbrächten. Gerade die Mitte, die positive Aussage über den König, fehlt in dieser Fabel. Insofern erscheinen die Klagen der Frösche durchaus berechtigt. Doch zuvor lebten sie in einem »état Démocratique« (V. 2), mit dem sie ebenfalls unzufrieden waren. Der Umstand, daß *Les grenouilles qui demandent un roi* sich bereits unter den zehn Fabeln des Ms. Conrart findet (vgl. Kommentar zu *Le renard et l'écureuil*, S. 388 ff.), läßt darauf schließen, daß die Fabel im Zusammenhang mit dem Sturz Foucquets entstanden ist. Es ist daher wahrscheinlich, daß der Übergang von dem »état Démocratique« zum »pouvoir Monarchique« (V. 4) als Anspielung auf den Regierungswechsel von Mazarin / Foucquet zu Ludwig XIV. / Colbert verstanden werden darf. Der Akzent der Fabel liegt dann weniger auf der Darstellung des seinem Wesen nach friedfertigen und gutmütig-trotteligen »Soliveau« (V. 14); im Gegenteil richtet sich die Invektive gegen die Frösche als diejenigen, die sich mit keiner Situation zufriedengeben. La Fontaine gibt sich ihnen gegenüber nicht etwa als Verteidiger der bestehenden Ordnung aus. Vielmehr spricht er sich selbst und den ›Fröschen‹ (ein traditionelles Bild des Volkes) resigniert Mut zu, den gegenwärtigen Zustand zu akzeptieren. Die Fabel ist kein enthusiastisches Plädoyer für das Königtum, aber doch, aus Furcht vor Schlimmerem, dessen resigniertes In-Kauf-Nehmen. In stilistischer Hinsicht ist beachtenswert, daß La Fontaine das brisante Thema der wünschenswerten Staatsform großenteils burlesk verfremdet (Verwendung des dem Thema ›unangemessenen‹ Siebensilblers V. 1 ff., 7 ff., 14, 27 ff.; dreimalige Verwendung des ›burlesken‹ »Jupin« im ›hohen‹ Alexandriner) und damit scheinbar die Aufmerksamkeit des Lesers von der Komplexität des Inhalts auf die eigenwillige formale Gestaltung lenkt.

Jasinski, *Premier recueil*, Bd. 2, S. 24–32.
Grimm, »Stratégies de désorientation«.

IV 2 Le berger et la mer

2 *Amphitrite:* die griechische Meeresgöttin; ihr Name wird hier metonymisch für das Meer verwendet.
12 *Coridon / Tircis:* Namen von Hirten aus der Hirtendichtung.
13 *Pierrot:* Name eines Bauern oder Dieners.

Die Fabel gehört zur Gruppe der Handels- und Reisefabeln und steht am Anfang einer differenzierten Behandlung dieses Themas (vgl. V 2 *Le pot de terre et le pot de fer*; VII 11 *L'homme qui court après la fortune, et l'homme qui l'attend dans son lit*; VII 13 *L'ingratitude et l'injustice des hommes envers la fortune*; IX 2 *Les deux pigeons*; X 2 *La tortue et les deux canards*). Ausgangspunkt all dieser Fabeln ist der antike moralphilosophische Gemeinplatz, daß der Mensch sich selbst und seinen Sorgen auch durch eine Ortsveränderung nicht entfliehen kann. In deutlicher Anlehnung an eine entsprechende Formulierung bei Horaz (*Oden* III 1,37–40: Was auch immer der Reiche in Angriff nehmen mag, ob Luxusbauten, Seefahrt oder Pferderennen, »die schwarze Sorge wird immer hinter ihm im Sattel sitzen«) wandelt La Fontaine diesen Gedanken in den genannten Fabeln ab und zeigt damit, daß es sich um eine Konstante seines Denkens handelt. – Die Moralität der in ihrem Aufbau klaren Fabel überrascht zunächst aufgrund ihrer Länge (V. 21–31), dann jedoch vor allem wegen des ausdrücklichen, ungewohnten Hinweises auf die Aktualität der zuvor erzählten Parabel. In einem für die Gesamtinterpretation der 1. Fabelsammlung methodisch grundlegenden Aufsatz hat J. Fabre die sich hinter der Fabel verbergende Aktualität aufgezeigt: Die Geschichte des Schäfers und die daraus abgeleitete ›Moral‹ sind ein deutlich entzifferbarer Angriff auf Colberts ambitiöse, weltumspannende Handelspolitik, zu der vor allem die Investition privaten Kapitals notwendig war. Mit einer in der 1. Fabelsammlung selten zu findenden Offenheit weist La Fontaine seine Leser in der abschließenden Moralität auf diesen Gegenwartsbezug hin. Die Fabel ist ein überzeugendes Beispiel dafür, wie ein Gemeinplatz der epikuräischen Moralphilosophie zum Zwecke einer politisch motivierten Opposition aktualisiert werden kann.

Fabre, »L'aventure et la fortune«.
Chupeau, »La Fontaine et le refus du voyage«.
Jasinski, *Premier recueil*, Bd. 2, S. 86–92.
Grimm, *La Fontaine*, S. 74–76.
– »La Fontaine, Lucrèce et l'épicurisme«.
– »›Dieu nous préserve du voyage‹«.

IV 4 Le jardinier et son seigneur

2 *Demi Bourgeois, demi manant:* »bourgeois« ist hier nur indirekt eine soziologische Kategorie; »manant«, von lat. *manere* ›auf dem Lande leben‹, also ›der Bauer‹, ebenfalls ohne pejorative soziologische Konnotationen; der Gartenfreund besitzt ein Landhaus »en certain village« und kann es sich leisten, einen großen Teil des Jahres dort zu verbringen.

7 *Margot:* in der Literatur vertrauter Name eines jungen Bauernmädchens.

8 *jasmin d'Espagne:* Spanischer Jasmin, indischen Ursprungs und erst seit kurzem aus Spanien importiert, galt als Luxuspflanze, die eine sorgfältige Pflege verlangte.

10 *au Seigneur du Bourg:* Der Gartenbesitzer besitzt nicht das nur dem Adel vorbehaltene Jagdrecht; daher wendet er sich an den adeligen Herrn des Dorfes.

11 *goulée:* »Grande bouchée, ce qu'on avale tout d'un coup sans reprendre haleine« (Furetière).

15 *Miraut:* Name eines Jagdhundes.

19 *partie:* Ein im voraus abgesprochener Plan. »Se dit de tous les divertissements où on engage certaines personnes et à certains jours« (Furetière).

44 *planches, carreaux:* »la planche« bezeichnet ein längliches Gartenbeet, während »le carreau« (heute »le carré«) ein quadratisches Beet meint.

53 *jeux de Prince:* sprichwörtlicher Ausdruck, von Antoine Oudin 1640 in seinen *Curiosités françaises* wie folgt definiert: »Jeu de prince, qui ne plaît qu'à celui qui le fait, un fâcheux jeu qui offense.«

Le jardinier et son seigneur ist eine der bekanntesten und gelungensten Fabeln der 1. Sammlung. Eine mögliche Vorlage findet sich in den *Fabulae aesopicae* des Joachim Camerarius (Leipzig 1564); doch ist die extrem kurze Handlung dort zugespitzt auf die Veranschaulichung der Moral des »mala mutata peioribus« – »Das Schlechte gegen Schlimmeres eingetauscht«. Vieles spricht dafür, daß La Fontaine eine wahre Geschichte zum Anlaß nimmt und zu einer reich ausgestatteten, realistischen Szenenfolge gestaltet, der die Züge einer kleinen Komödie eignen. So schildert er nach der Vorstellung des »Gartenfreundes« liebevoll den Rahmen der künftigen Handlung und knüpft durch die Einführung des Hasen den dramatischen

Knoten (V. 1–10); die Zerstörung der Idylle durch den Hasen nötigt den Gartenfreund jedoch, beim Herrn des Dorfes um Abhilfe zu bitten (V. 11–18); also begibt sich der »Seigneur« in das Haus des »jardinier« und läßt es sich dort gutgehen (V. 19–38); die Jagdvorbereitungen, die Jagd selbst und vor allem die verheerenden Verwüstungen werden sodann breit geschildert (V. 39–57), bevor die abschließende Moral recht überraschend aus der Fabelhandlung eine (außen)politische ›Lehre‹ zieht, doch so, daß der letzte Vers wiederum indirekt auf die Fabelhandlung zurückverweist (V. 58–61). – Alle Protagonisten, der Herr ebenso wie der Gärtner und seine Tochter, haben durchaus individuelle Züge, und auch die ›Beschreibung‹ des Gartens, sowohl in seinem idyllischen wie in seinem verwüsteten Zustand (V. 4–8, 44–50), hat ebenso wie die der Küchenszene den Charakter eines realitätshaltigen Genrebildes der Epoche. Die Aussage der Fabel ist indes nicht leicht auszumachen. Denn in seiner naiven Gutgläubigkeit besitzt der Gartenfreund keineswegs nur positive Züge, wie auch die Apostrophe der ›Moral‹ (»Petits Princes«, V. 58) auf übergeordneter Ebene zeigt. Nichtsdestoweniger war er vermutlich auch für La Fontaines Zeitgenossen in höherem Maße eine Identifikationsfigur als der »Seigneur du Bourg« (V. 10). Dessen ›Ungezwungenheit‹ und unreflektierte Selbstverständlichkeit werden mit deutlicher Anteilnahme von seiten des Erzählers dargestellt (vgl. V. 28 »sottises«; V. 39 »embarras«; V. 43 ff. »le pis« sowie »pauvre potager« und das anaphorische »adieu«; V. 49 »horrible et large plaie«, all dies im Gegensatz zu »félicité«, V. 9). Der Ausgangspunkt der Fabel ist daher mit einiger Wahrscheinlichkeit das jahrhundertealte Vorrecht des Adels – hier vertreten durch den »Seigneur du Bourg« –, das jedem Nichtadeligen, sei er »marchand, artisan, bourgeois, paysan et roturier« – »Händler, Handwerker, Bürger, Bauer und Nichtadeliger«, unter Androhung strengster Strafen jede Form von Jagd verbot. Diese überlieferten Bestimmungen wurden 1669, also ein Jahr nach Erscheinen der Fabel, in einem Erlaß neu geregelt, ohne daß die bestehenden Privilegien in irgendeiner Form abgemildert worden wären. Mit einem für die 1. Fabelsammlung außergewöhnlich anmutenden erzählerischen Prunk kritisiert La Fontaine also nicht allein bestehende Privilegien und Mißstände, sondern ebenso in Vorbereitung befindliche Verordnungen, über deren Einhaltung er als Oberforstmeister (Maître des Eaux et Forêts) zu wachen hatte. Und er selbst, von seinen Zeitgenossen bereits als »bonhomme« qualifiziert, konnte sich den resignierten Ausruf des »bon homme« der Fabel,

»Ce sont là jeux de Prince« (V. 53), voll zu eigen machen. Ob man in der abschließenden ›Moral‹ eine Anspielung auf den Krieg Hollands gegen England und zugleich eine Warnung an die Holländer gegenüber dem derzeitigen Verbündeten Frankreich zu sehen hat (Jasinski), entzieht sich einer eindeutigen Beurteilung. Wie auch immer sind die Schlußverse eine geschickte Ablenkung der Aufmerksamkeit des Lesers von dem Fabelgeschehen in eine allgemeinere ›politische‹ Richtung, wobei der letzte Vers jedoch wiederum auf die Fabelhandlung zurückverweist. Kennzeichnend für die zurückhaltende Kritik La Fontaines in der 1. Fabelsammlung ist die Tatsache, daß er den genannten Mißstand am Beispiel eines in der Adelshierarchie relativ niedrig stehenden »Seigneur du Bourg« zeigt; damit verhält er sich genauso wie Molière, der tendenziell ähnliche Kritik auf Kosten der politisch machtlosen Gruppe der Marquis artikulierte, um sich selbst nicht unnötig in Gefahr zu begeben.

L. Guignot, »L'esprit juridique dans les *Fables* de La Fontaine«, in: RHLF 32 (1925) S. 177–211.
Jasinski, *Premier recueil*, Bd. 2, S. 99–103.

IV 6 Le combat des rats et des belettes

21 *peuple Souriquois:* Hier wie auch anderwärts verwechselt La Fontaine Ratten und Mäuse; vgl. auch I 9 *Le rat de ville et le rat des champs.*

23 f. *Artapax, Psicarpax, Méridarpax:* etwa: Brot-, Krümel- und Mülldieb; zur Herkunft der Namen vgl. Kommentar.

47 *jonchée:* »Herbes, fleurs ou joncs qu'on épanche sur le chemin quand on veut faire honneur au passage de quelque personne« (Richelet).

Sowohl Äsop als auch Phädrus (IV 6) erzählen von dem Feldzug der Ratten gegen die Wiesel. Darüber hinaus verwendet La Fontaine als Vorlage das pseudohomerische Kleinepos *Batrachomyomachia*, den *Froschmäusekrieg*. – In burleskem Stil schildert *Le combat des rats et des belettes* daher den Krieg zwischen Wieseln und Ratten, der, in einem für die Ratten günstigen Augenblick vom Zaun gebrochen, für diese mit einem schrecklichen Blutbad endet. Auch ihre Anführer können das Verhängnis nicht aufhalten (V. 22–31): Sie werden Opfer ihres aufwendigen und darum verhängnisvollen Federschmucks. – Die Moralität (V. 49–56) könnte den Gedanken nahelegen, die Fabel sei eine Abwandlung von *Le chêne et le roseau* (I 22): Der Mächtige kommt zu Fall, während der Schwache sich durch Anpassung bzw. größere Geschicklichkeit zu retten weiß. Doch steht die Moralität nur in einem lockeren, ›desorientierenden‹ Verhältnis zur Fabel, deren unbestreitbarer Mittelpunkt der Krieg ist. Allerdings richtet der Erzähler sein Augenmerk nicht auf dessen ruhmreiche Seite. Seine Kriegsdarstellung enthält keinerlei positives Element. Der Haß zwischen den Ratten und Wieseln wird nicht genauer begründet; auch der Kriegsausbruch ist willkürlich und wird nur durch die Illusion der Ratten begründet, momentan die stärkere Partei zu sein; und als dann die Entscheidung gefallen ist, richtet sich das Interesse des Erzählers wiederum auf einen unehrenhaften Aspekt: Die Flucht und den Tod der Heerführer (V. 36–48). Ihre Bezeichnung als Brot-, Krümel- und Mülldiebe erfolgt in Anlehnung an den *Froschmäusekrieg*; doch muß man in diesen Namen zugleich eine Anspielung auf die ausbeuterischen Einquartierungen der Soldaten sehen, unter denen vor allem die einfache Bevölkerung zu leiden hatte (vgl. I 16 *La mort et le bûcheron*, Anm. zu V. 10). Auch die Darstellung der Soldaten ist nicht positiver. Sie werden nur auf der für sie freilich glücklich endenden Flucht gezeigt. Ihre Bezeichnung als »racaille« (V. 33) und »populace« (V. 45) sind bewußt abwertende Begriffe, die entweder aus der Perspektive der »Princes« (V. 2) zu verstehen sind oder aber, entsprechend der herabsetzenden Bezeichnung der Heerführer, als Ausdruck einer allgemeinen Abwertung der Soldateska. – Die ›Moral‹ schließlich bedeutet entweder ein Ablenken auf einen unverbindlichen moralischen Gemeinplatz, oder aber sie ist eine Warnung an die »Grands« (V. 56), die als erste damit rechnen müssen, kriegerische Unternehmungen mit dem Leben zu bezahlen. In solcher Konzentration auf das Negative ist die Fabel eine eindeutige Stellungnahme gegen den Krieg. – Stilistisch ist auffällig, daß La Fontaine sich hier zum ersten Mal innerhalb der 1. Sammlung durchgehend des burlesken Stils bedient, der aufgrund der gesuchten Diskrepanz von Form und Inhalt letzteren in starkem Maße zu relativieren scheint (vgl. auch VI 14 *Le lion malade et le renard*).

Jasinski, *Premier recueil*, Bd. 2, S. 106–115.
Grimm, *La Fontaine*, S. 96–104.
– »Stratégies de désorientation«.

IV 12 Tribut envoyé par les animaux à Alexandre

6 *un fils de Jupiter, un certain Alexandre:* Anspielung auf das Orakel des Jupiter Ammon, der Alexander zum Sohn Jupiters erklärte und vorhersagte, er werde Herr der Erde sein; La Fontaine bezieht sich auf die *Historia Alexandri Magni* IV 7 des Quintus Curtius Rufus.

12 *La Déesse au cent bouches:* Umschreibung für das Gerücht, die »Fama«; von Vergil (*Aeneis* IV 181–183) als schreckenerregendes Geschöpf mit vielen Mündern dargestellt; vgl. auch V. 5.

14 *Empereur:* »Titre d'honneur que les soldats donnaient à un général d'armée après le gain d'une bataille (sous la république romaine)« (Furetière).

15 *lige:* »Ce mot signifie vassal« (Richelet); es wird auch adjektivisch verwendet.

20 *hommage:* die Anerkennung der Lehnspflicht, deren materieller Ausdruck der Tribut ist.

38 *fait:* »Une part de quelque chose qu'on a partagée ensemble« (Furetière).

73 f. *Corsaires ... leurs affaires:* dem Spanischen entlehntes Sprichwort, das sich bereits in Mathurin Régniers 1608 veröffentlichter *Satire XII* findet. Furetière führt es ebenfalls auf.

Entgegen der die Fabel einleitenden Behauptung konnte keine antike Vorlage ausfindig gemacht werden. La Fontaines Quelle ist vermutlich eine Erzählung im *Narrationum Sylva* (Basel 1567) des Gilbertus Cognatus (Gilbert Cousin). Der zweifellos bewußt falsche Hinweis gehört zu La Fontaines Arsenal von Desorientierungsstrategien und hat Alibifunktion. Dies läßt auf eine besondere Aktualität der Fabel schließen. – Auf dem Hintergrund des Alexanderkultes der frühen Regierungsjahre Ludwigs XIV. wird man die Fabel auf Ereignisse und Situationen dieser Zeit beziehen müssen. Ihre Handlung spielt zum Zeitpunkt der Machtübernahme durch einen neuen Herrscher. Allerdings bedeutet dessen Identifizierung mit Alexander keine uneingeschränkte Huldigung; dahinter verbirgt sich zugleich die Furcht vor einer Eroberungspolitik, die auf Unterwerfung der umgebenden Völker ausgerichtet ist (V. 7, 13, 17). Hauptthema der Fabel ist jedoch der Geldbedarf des »Nouvel Empereur« (V. 14) und die unrechtmäßige Aneignung des ihm von den Tieren zugedachten Tributs durch »Monseigneur le Lion« (V. 35). Im Zusammenhang der thematischen Ausweitung, die ab dem 3. Fabelbuch zu beobachten ist (vgl. Kommentar zu III 2 *Les membres et l'estomac*), enthält die Fabel eine deutliche Kritik am unersättlichen Finanzbedarf der neuen Regierung unter Colbert und dessen rüden Methoden der Geldbeschaffung (vgl. dazu IV 8 **L'homme et l'idole de bois*). Dieses Geld wurde dringend benötigt sowohl zur Finanzierung weitreichender Kriegspläne (vgl. IV 6 *Le combat des rats et des belettes* und V 19 *Le lion s'en allant en guerre*) als auch für die privaten Bedürfnisse des Königs, doch ebenso für ambitiöse Bauvorhaben wie Versailles und eine verschwenderische Kulturpolitik (die sog. »Pensionen«) oder die Intensivierung von Handel und Wirtschaft (vgl. Kommentar zu IV 2 *Le berger et la mer*). Dabei wird man in der Opposition des mächtigen Löwen zu Alexander sowie in beider Habgier eine sichere Anspielung auf Colbert und Ludwig XIV. sehen dürfen. Insgesamt wird man also *Tribut envoyé par les animaux à Alexandre* als eine nicht präziser datierbare Episode aus der Anfangsphase der eigenständigen Herrschaftsausübung Ludwigs XIV. verstehen müssen. – In ihrer Haupthandlung (V. 29–67) hat die Fabel überraschende Ähnlichkeit mit *La génisse, la chèvre et la brebis, en société avec le lion* (I 6). Doch verdeutlichen vor allem die Schlußverse, wie sehr sich das Interesse La Fontaines inzwischen verlagert hat: Das Verhältnis von Macht und Gerechtigkeit, das er in der genannten Fabel des 1. Buches am Verhalten eines Löwen gegenüber schwachen Tieren demonstriert hatte (vgl. auch I 10 *Le loup et l'agneau*), ist nunmehr sekundär geworden. Die daraus resultierende Komplexität von *Tribut envoyé par les animaux à Alexandre* ist kennzeichnend für die sich allmählich vollziehende Horizonterweiterung La Fontaines.

P. Clément, *Histoire de Colbert et de son administration*, Paris 1874, Bd. 1, S. 369–399.
G. Mongrédien, *Colbert*, Paris 1963, S. 127 ff.: »Colbert châtelain«.
Jasinski, *Premier recueil*, Bd. 2, S. 119–126, 138–144.
J. Grimm, »Alexanderdarstellungen zur Zeit Ludwigs XIV.; eine themengeschichtliche Untersuchung«, in: *Romanistisches Jahrbuch* 23 (1972) S. 74–102.
– »Stratégies de désorientation«.

IV 17 Parole de Socrate

Die unmittelbare ›Quelle‹ der Fabel ist Phädrus III 9, in der sich Sokrates ›belehrend‹ an seine Freunde wendet. Durch die Aussageform der ›Moralität‹ hat La Fontaines Fabel verglichen mit der

Vorlage einen eher konstatierenden Charakter. – Die Freundschaft ist eines der zentralen Themen der epikuräischen Philosophie. Sie ermöglicht den Zusammenschluß Gleichgesinnter, der häufig zu einer Art elitärer Aussonderung und zu einem ›Rückzug ins Private‹ führt. Epikuräisch verstandene Freundschaft ist rational begründet und ›interessiert‹ und geht oft Hand in Hand mit einer mehr oder minder heftigen Ablehnung und Kritik alles ›Öffentlichen‹, ›Politischen‹; es eignen ihr daher durchaus oppositionell-konspirative Züge. – In *Parole de Socrate* greift La Fontaine das Thema erstmals – und einmalig in der 1. Sammlung – auf. Die Abfassung der Fabel, mit 14 Versen eine der kürzesten der Sammlung, fällt mit Sicherheit in die Zeit des allmählichen Abbröckelns des alten Freundeskreises um Foucquet. Seine Treue gegenüber dem gestürzten Minister hatte La Fontaine, nicht ohne sich damit in Gefahr zu begeben, in einer *Ode au roi* und einer *Élégie* (OD, S. 528 ff.) manifestiert. *Parole de Socrate* ist der nüchterne und ernüchterte Blick auf die Zerbrechlichkeit einer Form menschlicher Beziehungen, der der Autor, allen Zeugnissen nach zu urteilen, weit mehr Wert beimißt als der institutionalisierten Ehe. Seine negative Fortsetzung findet das Thema ›Freundschaft‹ daher in der 1. Sammlung sowohl in den Darstellungen mißachteter oder verletzter Dankbarkeit (**Le cerf et la vigne*, V 15; **Le villageois et le serpent*, VI 13), als auch ›unvernünftiger‹ Liebe (**Le lion amoureux*, IV 1) und insbesondere ehelicher Beziehungen (vgl. VI 20 **La discorde* und dazu XII 8 *La querelle des chiens et des chats, et celle des chats et des souris*). In der 2. Sammlung wird es sodann eine großartige Entfaltung erfahren (vgl. VIII 11 *Les deux amis*; XII 15 *Le corbeau, la gazelle, la tortue, et le rat*).

Jasinski, *Premier recueil*, Bd. 2, S. 156–158.

V 1 Le bûcheron et Mercure

[Widmung] *À M. L. C. D. B.*: Der Adressat der Fabel läßt sich nicht mit Sicherheit ermitteln; mit einiger Wahrscheinlichkeit ist es jedoch M. le Comte de Brienne. Der Graf von Brienne (1636–98) hatte schon in seiner Jugend höchste Staatsämter bekleidet, war jedoch 1662 in Ungnade gefallen. La Fontaine wird mit ihm zusammen 1670 den Sammelband *Poésies chrétiennes et diverses* herausgeben.

3 *curieux:* im 17. Jh. häufig synonym mit »attentif«, »méticuleux« bzw. »minutieux«.

9 *principal but:* Das »oberste Ziel« Äsops besteht in der Verbindung des Angenehmen mit dem Nützlichen, des »plaire« mit dem »instruire«; vgl. V. 11.

21 f. *ce chétif animal ... se rendre égal:* Hinweis auf die Fabel *La grenouille qui se veut faire aussi grosse que le bœuf* (I 3).

25 f. *Les Agneaux aux Loups ... La Mouche à la Fourmi:* Hinweis auf die Fabeln *Le loup et l'agneau* (I 10) und **La mouche et la fourmi* (IV 3).

31 *Qui porte ... la parole:* Gemeint ist Merkur, der Götterbote, der jedoch in dieser Fabel keine Liebesbotschaft übermittelt; vgl. V. 32.

47 *Je n'y demande rien:* »demander« hier als juristischer Fachterminus im Sinne von »réclamer« – ›Anspruch erheben auf etwas‹.

Die Eröffnungsfabeln des 5. und des 6. Buches enthalten zusammen mit einigen Passagen der *»Préface« (»Vorrede«) der 1. Sammlung und deren Widmung an den Dauphin (s. S. 20) wichtige poetologische Äußerungen zur Fabel, die in der 2. Sammlung durch die Widmung an Mme de Montespan (s. S. 108 f.) sowie vor allem durch *Le pouvoir des fables* (VIII 4) ergänzt und abgerundet werden. Die Einleitungsverse der das 6. Buch eröffnenden Doppelfabel *Le pâtre et le lion / Le lion et le chasseur* seien deshalb hier zitiert.

Le pâtre et le lion

(VI 1)

Les Fables ne sont pas ce qu'elles semblent être.
Le plus simple animal nous y tient lieu de Maître.
Une Morale nue apporte de l'ennui;
Le conte fait passer le précepte avec lui.
En ces sortes de feinte il faut instruire et plaire,
Et conter pour conter me semble peu d'affaire.
C'est par cette raison qu'égayant leur esprit,
Nombre de gens fameux en ce genre ont écrit.
Tous ont fui l'ornement et le trop d'étendue.
On ne voit point chez eux de parole perdue.
Phèdre était si succinct qu'aucuns l'en ont blâmé.
Ésope en moins de mots s'est encore exprimé.
Mais sur tous certain Grec renchérit et se pique
D'une élégance Laconique.
Il renferme toujours son conte en quatre Vers;

Bien ou mal, je le laisse à juger aux Experts.
Voyons-le avec Ésope en un sujet semblable.
L'un amène un Chasseur, l'autre un Pâtre, en sa Fable.
J'ai suivi leur projet quant à l'événement,
Y cousant en chemin quelque trait seulement.
[...]

Der Hirte und der Löwe

(VI 1)

Die Fabeln sind nicht das, was sie zu sein scheinen.
Das einfachste Tier dient uns hier als Lehrmeister.
Eine nackte Moral bringt nur Verdruß;
die Erzählung macht die Lehre leichter verdaulich.
In dieser Art von Dichtung muß man belehren und vergnügen,
und erzählen nur um des Erzählens willen erscheint mir von geringem Interesse.
Aus diesem Grunde auch hat manch berühmter Mann
in dieser Dichtungsart geschrieben und dabei seinen Geist erheitert.
Alle haben Ausschmückung und Weitschweifigkeit vermieden.
Es gibt bei ihnen kein überflüssiges Wort.
Phädrus war so bündig, daß einige ihn deshalb getadelt haben.
Äsop drückte sich in noch weniger Wörtern aus.
Doch sie alle übertrumpft ein gewisser Grieche und brüstet sich einer lakonischen Eleganz.
Er faßt seine Erzählung immer in vier Verse;
ob gut, ob schlecht, das lasse ich die Fachleute beurteilen.
Vergleichen wir ihn mit Äsop in einem ähnlichen Gegenstand;
der eine führt einen Jäger, der andere einen Hirten in seine Fabel ein.
Ich bin ihrer Vorlage in bezug auf die Handlung gefolgt
und habe unterwegs nur hier und dort einige Feinheiten eingewoben.
[...]

13 *certain Grec:* laut einer Anmerkung La Fontaines Gabrias, in Wahrheit der im 3. Jh. v. Chr. lebende Babrias, dessen Fabeln im 17. Jh. nur durch eine spätere griechische Kurzfassung in Vierzeilern bekannt waren. Der authentische Fabeltext wurde erst im 19. Jh. gefunden und 1844 veröffentlicht.

14 *Laconique:* auf die Einwohner Spartas, in der Provinz Lakonien gelegen, bezogen, die sich im Gegensatz zu den Athenern nur kurz, d. h. lakonisch, ausdrückten.

Wenn die in der neueren Forschung vertretene These richtig ist, der Ausgangspunkt für La Fontaines Fabelproduktion liege in seinem Foucquet-Erlebnis (vgl. Kommentar zu *Le renard et l'écureuil*, S. 388 ff.), stellt sich die Frage, warum er sich dann der ›indirekten‹ Fabel und nicht, wie z. B. sein Zeitgenosse Boileau, der ›direkten‹ Verssatire bedient hat. Die Gründe dafür sind unterschiedlicher Art. Von ausschlaggebender Bedeutung ist zunächst die Tatsache, daß die Tierfabel durch die Transposition alles Geschehens eine Form der Desorientierung ermöglicht wie keine andere literarische Gattung. Diese Erkenntnis verbindet sich mit der – allerdings erst später programmatisch formulierten – Einsicht in den ›animalischen‹ Natur- bzw. Triebcharakter des Menschen und erhält erst rückblikkend eine philosophische Rechtfertigung (vgl. X 14 *Discours à Monsieur le Duc de La Rochefoucault*). Und schließlich bietet die Fabel gegenüber der meist umfangreicheren Verssatire den Vorteil der Indirektheit: Sie ist im Unterschied zu der vielfach philosophische Fragen erörternden diskursiven Satire vorwiegend eine Erzählgattung. Nicht zufällig sind »récit«, »conte« und »conter« sowie das metaphorische »peindre«, wie auch die vorliegenden Verse zeigen, Schlüsselbegriffe zur Charakterisierung von La Fontaines Fabelästhetik. Jede Form des Erzählens aber ist eine erste Rücknahme eines wie auch immer gearteten pädagogischen, satirischen oder polemischen Impulses. Statt der direkten Erörterung eines Problems oder der unmittelbaren Hinwendung an eine Person in der Satire schlägt der Fabelerzähler einen indirekten Weg ein. Die Entscheidung für den einen oder den anderen Weg ist sowohl eine Frage des ›Temperaments‹ bzw. der Fähigkeiten (»C'est là tout mon talent«, V 1, V. 17) als auch eine der Taktik bzw. der Strategie. In Übereinstimmung mit den Erfordernissen des gesellschaftlichen Umgangs, wie er ihm in einer höfisch strukturierten Gesellschaft allein möglich erscheint, entscheidet sich La Fontaine daher für eine indirekte Form der Einflußnahme: Im Gefolge des ›lächelnden‹ Satirikers Horaz möchte er »tourner le vice en ridicule« und wie sein Vorbild dabei »plaire« und »instruire« miteinander verbinden. Grundsätzlich unterschieden ist ein solches Verhalten von demjenigen des frühen und späten Boileau, der eher der Devise des ›zürnenden‹ Satirikers Juvenal folgt: »Facit indignatio versum« – »Die Empörung diktiert den Vers«. Eine solche Form der Überredungskunst, hier durch »la force« (V 1, V. 14 f.) signalisiert, hat La Fontaine in seinen Fabeln nur einmal praktiziert (vgl. XI 7 *Le paysan du Danube*). In den Einleitungsversen der vorliegenden Fabeln V 1 und VI 1 reflektiert er diese beiden gegensätzlichen Formen rhetorischen Verhaltens und bestimmt zugleich die seiner eigenen Situation und seinen Fähigkeiten angemessene ›Überredungskunst‹.

Die Einleitungsverse von *Le bûcheron et Mercure* (V. 1–10) mit ihrer mutmaßlichen Widmung an den Grafen von Brienne zeigen einmal mehr die biographischen Verflechtungen La Fontaines mit den Kreisen des ›oppositionellen‹ Hofadels. Dessen an den Regeln der »honnêteté« ausgerichtetem »goût« (V. 1) fühlt auch er sich verpflichtet, und das heißt: Ablehnung aller Pedanterie (»éviter un soin trop curieux«, »l'effort ambitieux des vains ornements«, »vouloir trop bien faire«, V. 3, 4, 6), und statt dessen »plaire« (V. 5). Doch bleibt dieser Wille zum »plaire«, wie allgemein in der Ästhetik der klassischen Epoche, eng an die moralische Verpflichtung des »instruire« gebunden (V. 11). Die Verse 11–17 müssen zunächst als Ausdruck der Einsicht in die eigenen begrenzten Möglichkeiten verstanden werden; doch wird unmittelbar anschließend (V. 18 ff.) diese Erkenntnis fruchtbar gemacht und umgemünzt in eine Poetik der Fabel, die zwar nirgends heutigen begrifflichen Bedürfnissen entsprechend formuliert wird, in ihren Grundzügen jedoch deutlich hervortritt. La Fontaine insistiert zunächst auf dem Erzählcharakter seiner Fabeln, der zum einen in der konsequent durchgeführten Darstellung des Verkehrten (»La sotte vanité jointe avecque l'envie«, V. 19), sodann aber in einer doppelten Bildtechnik zum Ausdruck komme: »J'oppose quelquefois, par une double image . . .«, V. 23. In beiden Fällen handelt es sich um ein indirektes Verfahren, das er jedoch als sich selbst angemessener betrachtet als ein direktes Vorgehen (»attaquer avec des bras d'Hercule«, V. 16). Die zum Abschluß der Widmung eingeführte Metapher der »ample Comédie« ist möglicherweise als Hinweis auf Molière zu verstehen, mit dessen Komödien La Fontaines Fabeln in ihrer Zielsetzung übereinstimmen; mit größerer Wahrscheinlichkeit handelt es sich jedoch um die Wiederbelebung der vor allem in der Barockliteratur beliebten Schauspielmetapher, der zufolge das bunte Treiben der Welt ein großes Schauspiel ist. So verstanden, schließt sich die »demokratische Aufzählung« (Spitzer) der daran beteiligten Protagonisten sinnvoll an und leitet zur eigentlichen Fabel über. Ihre Besonderheit besteht nicht nur darin, die V. 23 beschriebene ›doppelte Bildtechnik‹ unmittelbar zu illustrieren (V. 33–55; 56–65); sie ist auch eines der insgesamt seltenen Beispiele isometrischer Fabeln, insofern sie einschließlich der ›Moral‹ durchgängig im Zehnsilbler geschrieben ist.

Die Einleitung zur Doppelfabel VI 1/2 **Le pâtre et le lion / Le lion et le chasseur* ist eine unmittelbare Fortsetzung der in *Le bûcheron et Mercure* begonnenen poetologischen Reflexion. Doch enthält sie über bereits dort formulierte Gedanken hinaus (die doppelte Zielsetzung von »plaire et instruire«; die Vermeidung von überflüssigem »ornement«) entscheidend Neues: das nur scheinbar Vordergründige der Fabel; ihr allgemein allegorischer und lehrhafter Charakter; die Notwendigkeit der Ausschmückung, damit das pädagogische Ziel erreicht werde; der Verzicht jedoch auf Kunst nur um der Kunst willen – all das kommt in den Versen 1–6 mit wünschenswerter Klarheit zum Ausdruck. Die Fabel bzw. allgemeiner: die Kunst hat für La Fontaine in erster Linie Aussagefunktion, und ihr ästhetisches Moment, das »plaire«, steht in einem funktionalen Verhältnis zum moralischen, dem »instruire«. Daher hat die Fabelerzählung (»conte«) für ihn primär die Aufgabe, »die Lehre leichter verdaulich zu machen« (V. 4). Die Verse 7–16 sollen sodann ein solch funktionales Verhältnis von Inhalt und Form der Fabel durch den Ausblick auf die Fabeltradition legitimieren, bevor La Fontaine in den folgenden Fabeln an einem doppelten Beispiel zeigt, wie er dem »projet« Äsops folgt und dieses lediglich durch »quelque trait« (V. 19 f.) auflockert.

Eine lange Forschertradition hat La Fontaines hier gemachte Äußerung nicht gebührend ernst genommen und die Fabeln vorwiegend oder ausschließlich ästhetisch gewürdigt, ohne ihnen auch inhaltlich gerecht zu werden. In der Tat läßt sich ein solches Vorgehen durch die Verabsolutierung entsprechender gegenteiliger Äußerungen rechtfertigen. Festzuhalten ist jedoch, daß La Fontaine mit der hier vertretenen Überzeugung in vollem Einklang mit den großen Schriftstellern seiner Zeit steht, die sich fast einstimmig die von dem einflußreichen Theoretiker Jean Chapelain (1595–1674) vertretene Forderung zu eigen machen: »La fin de la poésie est l'utilité, bien que procurée par le moyen du plaisir« – »Das Ziel der Dichtung ist der Nutzen, auch wenn er mittels des Vergnügens erreicht wird«.

L. Spitzer, »Die Kunst des Übergangs bei La Fontaine«.
– »*Le meunier, son fils et l'âne*«, in: L. S., *Interpretationen zur Geschichte der französischen Lyrik*, Heidelberg 1961, S. 79–83.
G. Couton, *La poétique de La Fontaine*, Paris 1957, S. 33–38.
N. Elias, *Die höfische Gesellschaft*, Neuwied / Berlin 1969, S. 162–168.
Grimm, *La Fontaine*, S. 8–22; 36–40.
– »Stratégies de désorientation«.

V 2 Le pot de terre et le pot de fer

22 *à trois pieds:* Die beiden Töpfe haben je drei Füße.

Die Fabel, die vermutlich aufgrund der ›Nobilitierung‹ zweier Hausratsgegenstände zu Protagonisten der Handlung die Phantasie vieler Illustratoren angeregt hat, variiert im erzählenden Teil das Reisethema (vgl. IV 2 *Le berger et la mer*), das jedoch in der abschließenden ›Moral‹ eine moralphilosophische Ausweitung erfährt. Die Reise endet, ebenso wie alle anderen in den Fabeln dargestellten, in einer Katastrophe, die hier durch die Ungleichheit der beiden Reisegefährten begründet wird. – Die Maxime, sich nur mit seinesgleichen zu verbinden, wird schon im Alten Testament (*Jesus Sirach* 13,2) am Beispiel des Ton- und des Eisentopfes illustriert und hat darüber hinaus in der Fabelliteratur eine lange Tradition. Die von La Fontaine hier also erneut bewiesene ›zeitlose Weisheit‹ erfährt jedoch im 17. Jh. eine Aktualisierung: »Quand un faible plaide contre un puissant, on dit que c'est un pot de terre contre un pot de fer«: »Wenn ein Schwacher gegen einen Mächtigen klagt, sagt man, das ist ein Tontopf gegen einen Eisentopf« (Furetière). Durch solche Konnotationen wurden für einen zeitgenössischen Leser vermutlich wiederum Assoziationen an den Foucquet-Prozeß hervorgerufen. Doch ungeachtet solcher Bezugsmöglichkeiten stellt die Fabel ein kleines erzählerisches Meisterwerk dar. Schnelligkeit der Erzählung, Anschaulichkeit der gegensätzlichen Protagonisten und die mitfühlende Präsenz eines zugleich ironisch distanzierten Erzählers sind ihre herausragenden Qualitäten. Metrisch veranschaulicht überdies der dominierende ›holprige‹, von La Fontaine selten verwendete Siebensilbler (28 von 31 Versen) den ›humpelnd-hinkenden‹ Gang der Töpfe, während die Katastrophe und – teilweise – die ›Moral‹ im ›hohen‹ Alexandriner dargestellt werden.

V 9 Le laboureur et ses enfants

3 *Laboureur:* Richelet definiert: »celui qui cultive la terre avec la charrue«; die Texte des 17. und 18. Jh.s weisen jedoch den »laboureur« als selbständigen Bauern aus im Gegensatz zum unselbständigen Landarbeiter, dem »paysan«.

In *Le laboureur et ses enfants* gestaltet La Fontaine einen in der Fabelliteratur bereits mehrfach behandelten Stoff, so daß es schwer ist zu entscheiden, welcher Vorlage er folgt. Im Mittelpunkt der Fabel steht die mahnende Rede des Vaters, dessen Ratschlägen die Kinder ohne Widerspruch folgen. Auffällig ist die doppelte ›Moral‹, in der der Erzähler zu Beginn und Ende der Fabel auf der »sagesse« (V. 16) der Arbeit insistiert. Das hier verherrlichte Arbeitsethos dürfte entscheidend dazu beigetragen haben, daß *Le laboureur et ses enfants* in fast allen Schulanthologien zu finden ist. Begünstigt wird dieser pädagogische Erfolg der Fabel des weiteren dadurch, daß sie eine der wenigen ist, in der Kinder als Protagonisten auftreten, Kinder freilich, denen es an jeglicher ›Kindlichkeit‹ mangelt. Dieselbe Beobachtung gilt für die in ihrer Personenkonstellation identische Fabel **Le vieillard et ses enfants* (IV 18), deren pädagogischer Nutzen kaum geringer veranschlagt werden dürfte, zumal ihre ›Moral‹ den Nutzen der vom Vater anempfohlenen Eintracht im Gegensatz zum zerstörerischen und schwächenden Eigennutz der Kinder preist (vgl. Kommentar zur Widmung Buch I–VI, S. 265 f.). – Das im Zentrum der vorliegenden Fabel stehende Thema der beharrlichen Arbeit war bereits in *La cigale et la fourmi* (I 1) angeklungen und wird abgewandelt in *Le lièvre et la tortue* (VI 10) wieder aufgenommen werden. Die Häufigkeit, mit der der ›zerstreute‹ La Fontaine gerade dieses Thema behandelt, könnte auf den ersten Blick überraschen; andererseits haben vor allem Paul Valéry, doch ebenso Sainte-Beuve, Gohin und Spitzer mit Nachdruck auf die unermüdliche Arbeit hingewiesen, die allein die nur scheinbar ›mit leichter Hand‹ geschriebenen Fabeln (und andere Texte La Fontaines) zu jenen vollkommenen Kunstwerken hat werden lassen, die sie heute für uns darstellen. Valéry möchte »restituer au labeur du poète le mérite d'une œuvre qu'on attribue à l'inspiration seule d'un génie facile« – »(endlich) wieder der Mühe des Dichters das Verdienst eines Werkes zuerkennen, das man allein der Inspiration eines mühelos schreibenden Genies zuspricht«; die »facilité« sei bei La Fontaine »le comble de l'art« (*Au sujet d'»Adonis«*). Man wird daher auch *Le laboureur et ses enfants* jene poetologische Dimension zubilligen dürfen, die die obengenannten Fabeln, in denen das Thema der Arbeit anklingt, mutatis mutandis ebenfalls besitzen.

V 11 La fortune et le jeune enfant

6 *vingt brasses:* »brasse« ist urspr. die Länge zweier ausgestreckter Arme; daraus abgeleitet ein Längenmaß der Marine (1,62 m). Dem entspricht im Deutschen das Klafter.

19 *de tous Échos:* Die Erstausgabe 1668 gibt die Fassung »de tous escots«; »escot« ist der Beitrag des einzelnen zu einer gemeinsamen Mahlzeit. Zu verstehen ist demnach: »Wir verpflichten das Schicksal zu einem Beitrag an allen – guten oder schlechten – Ereignissen unseres Lebens.« – Alle späteren Ausgaben zu Lebzeiten La Fontaines haben die Fassung »de tous Échos«; zu verstehen wäre danach: »Wir lassen alle Echos davon widerhallen.« »Écho« läge auf gleicher metaphorischer Ebene wie »répondre« in V. 18 und leitete sinngemäß zu V. 20 über.

Die unmittelbare Vorlage der Fabel ist eine längere Passage aus Mathurin Régniers *Satire XIV*, V. 85–92 (ersch. 1613; zu Régnier als Vorlage vgl. auch IV 12 *Tribut envoyé par les animaux à Alexandre*, Anm. zu V. 73 f.; VIII 14 *Les obsèques de la lionne*, V. 17 ff. und Kommentar); doch hat das Thema der (Nicht-)Verantwortlichkeit Fortunas für das menschliche Handeln bzw. das der Eigenverantwortlichkeit des Menschen darüber hinaus in der Fabelliteratur eine lange Tradition. Im Vergleich zu Régnier konzentriert und vermenschlicht La Fontaine seine Darstellung jedoch merklich: Neun ›schnelle‹ Achtsilbler in der nur 15 Verse umfassenden Erzählung; der Hinweis auf die Bedrohlichkeit des »sehr tiefen Brunnens«, auf dessen Rand zu schlafen einen »großen Unverstand« verrät; Präsenz des Erzählers in den einfühlsamen Versen 4–6; das »sachte Wecken« des Schülers durch die mütterlich stilisierte Fortuna; insgesamt überhaupt ein Mitgefühl für den jugendlichen Protagonisten, wie er in den Fabeln selten ist, wo Kinder, und insbesondere Schüler, (fast) grundsätzlich negativ dargestellt werden (vgl. IX 5 **L'écolier, le pédant et le maître d'un jardin*; I 19 **L'enfant et le maître d'école*; Widmung Buch I–VI, S. 20). Zu all dem kommt eine proportional zur Erzählung auffallend lange, acht Verse umfassende ›Moral‹. Deren Tendenz ist eindeutig: sie tadelt die Neigung des Menschen, für alles Negative im Leben das Schicksal, eine höhere Macht verantwortlich zu machen. Logisch resultiert daraus der Gedanke der Eigenverantwortlichkeit, der in der ›Moral‹ zwar mitschwingt, in der Fabelerzählung allerdings durch das Eingreifen Fortunas relativiert wird. Régnier hatte seine Darstellung einleitend eindeutig in diese Richtung orientiert und sie zum Abschluß zusätzlich mit einem entsprechenden Kommentar versehen. La Fontaines Haltung erscheint dagegen eher schwankend; doch erhellt sich die hier nur zögernd zum Ausdruck kommende Tendenz in der 1. Sammlung durch benachbarte Fabeln wie *Le laboureur et ses enfants* (V 9) und wird in den großen philosophischen Fabeln der 2. Sammlung auf der Basis des Gassendismus eine differenziertere und zugleich entschiedenere Antwort erhalten.

V 19 Le lion s'en allant en guerre

4 *dessein:* bezeichnet ein großes politisches Projekt. »Se prend aussi pour la pensée d'un grand ouvrage qu'on trace grossièrement en petit pour l'exécuter et finir en grand« (Furetière). Der »Grand Dessein« Richelieus war die Schwächung der habsburgischen Monarchie.
guise: »Manière, façon« (Académie); vgl. auch V. 19 »talent«.
9 *pratiques:* »Intrigues, cabales« (Richelet).

Die Fabel, die bereits im Titel kriegerische Unternehmungen ankündigt, schildert den ersten Hofrat innerhalb der 1. Fabelsammlung und ist insofern zwei Themenkreisen zuzuordnen: den Hoffabeln (vgl. VI 14 *Le lion malade et le renard*) und den Kriegs- bzw. Friedensfabeln (vgl. IV 6 *Le combat des rats et des belettes*). Die Moralität preist den umsichtigen und weisen Herrscher, der jeden seiner Untertanen seinen Fähigkeiten entsprechend einzusetzen weiß (V. 17–20). Die Tierallegorie löst sich zum Ende der Fabel hin auf: Der Löwe (V. 1) wird zum König (V. 13), um abschließend als kluger Monarch (V. 17) verherrlicht zu werden. Die Fabel enthält keinerlei kritischen Nebenton; auch in der Moralität läßt sich nirgends Ermahnung, Tadel oder gar Kritik finden. Kein Zweifel, daß La Fontaine Ludwig XIV. meint, der zum Erbfolgekrieg gegen Spanien und die Niederlande (1667–68) rüstet (vgl. V. 4 »dessein«), wobei der König mit Vorliebe auf verdienstvolle Offiziere aus dem Bürgertum zurückgreift. Hier scheint für den Erzähler das positive Element der Fabel zu liegen, weshalb er nicht mit Königslob spart. Doch hat dieses in den Fabeln immer strategische Bedeutung und dient dazu, anderweitig formulierte Kritik zu neutralisieren (vgl. XII 10 *L'écrevisse et sa fille*). Die warnende Stellungnahme eines Pazifisten, der Unrecht, Grauen und Elend des Krieges kennt, kann man in der vorliegenden Fabel kaum sehen.

Jasinski, *Premier recueil*, Bd. 2, S. 255–259.
J.-J. Gabas, »La Fontaine et la louange de Louis XIV«, in: *Seventeenth Century French Studies* 6 (1984) S. 111–119.

VI 10 Le lièvre et la tortue

5 *léger:* hat sowohl die Bedeutung von ›leichtfüßig‹ wie von ›leichtfertig‹.

7 *quatre grains:* »grain«, heute ›Korn‹, ist eine alte Gewichtseinheit und entspricht dem deutschen »Gran«. Laut Furetière sind zwei Gran Nieswurz nötig, um jemanden vom Wahnsinn zu heilen; der Hase verordnet der Schildkröte also eine doppelte Dosis.

15 *Calendes:* Die »Kalenden« entsprechen dem ersten Tag des Monats im römischen Kalender; da es im griechischen Kalender keine »Kalenden« gibt, bedeutet die Redensart »renvoyer aux calendes (grecques)«: ›auf den Sankt-Nimmerleins-Tag verschieben‹.

20 *train de Sénateur:* Der majestätische Gang der römischen Senatoren war sprichwörtlich.

22 *se hâte avec lenteur:* Anspielung auf das Sprichwort »Hâtez-vous lentement«, das auf das Lateinische »Festina lente« zurückgeht und dem deutschen »Eile mit Weile« entspricht.

Le lièvre et la tortue gehört zu den bekanntesten Fabeln La Fontaines, deren Schönheit mit Recht gerühmt wird: Der lebhafte Dialog der Protagonisten, der nach der einleitenden sprichwortartigen ›Moral‹ medias in res führt und dem zu Ende der Fabel die witzig pointierende Rede der Schildkröte entspricht; die Zeichnung der gegensätzlichen Charaktere von Hase und Schildkröte und ihr entsprechendes Verhalten, das in sich beschleunigendem Kontrast nach kunstvollem Enjambement in V. 31 zu dem überraschenden Ende führt; die syntaktische Untermauerung des hartnäckigen Bemühens der Schildkröte durch asyndetisch verbundene Hauptsätze, und demgegenüber als Kontrast die Einbettung dieser syntaktischen Struktur in größere, ›elegantere‹ Zusammenhänge (V. 21 f.; 23–28); schließlich die Präsenz des Erzählers, der bewußt eklektisch mit seinen Quellen umgeht und den Leser daran teilnehmen läßt (V. 9–12), der sich des weiteren verständnisvoll in den wirklichkeitsvergessenen Hasen versetzt und ihm neben anderen Dingen noch Zeit zum Schlafen (La Fontaines Lieblingstätigkeit; vgl. VII 11 *L'homme qui court après la fortune, et l'homme qui l'attend dans son lit*; XI 4 *Le songe d'un habitant du Mogol*, V. 35 ff.) einräumt; nicht zuletzt der Rhythmuswechsel zwischen Alexandriner, Zehn- und Achtsilbler – all dies verbindet sich scheinbar selbstverständlich miteinander zu einem Gebilde von höchst raffinierter Schönheit.

Dabei ist nicht mit Eindeutigkeit auszumachen, auf welche der zahlreichen möglichen ›Quellen‹ sich La Fontaine genau stützt; keine der möglichen Vorlagen besitzt auch nur annähernd den hier skizzierten künstlerischen Reichtum. Spiegelbild solch ästhetischer Überlegenheit sind gerade jene Verse, in denen sich der Erzähler über die ›realistische‹ Detailtreue seiner Vorlagen hinwegsetzt (V. 11 f.) – Von der Aussage her besteht die Bedeutung der Fabel darin, daß sie den Wert eines poetologischen und politischen Selbstporträts hat. Denn La Fontaine, wenn wir ihn mit dem Erzähler der Fabel einmal gleichsetzen, ist gerade jener zerstreute Hase: wirklichkeitsfremd und ständig auf der Verliererseite wie dieser und sich am liebsten in den Schlaf flüchtend; zugleich ist er aber auch die hartnäckige Schildkröte, die sich vermessen auf einen Zweikampf einläßt, dabei das Ziel nie aus den Augen verliert und schließlich triumphierend dasteht. Kein Zweifel, daß beide Protagonisten La Fontaine besonders am Herzen liegen. Das Umfeld, in dem die Fabel im 6. Buch plaziert ist und das auch in der vorliegenden Auswahl ansatzweise deutlich wird, erhellt über die subjektiv künstlerische Dimension hinaus auch die politische Dimension der hier von der Schildkröte an den Tag gelegten Hartnäckigkeit und ihres Triumphes über den ›leichtfertigen‹ (V. 5) Hasen (vgl. auch V 9 *Le laboureur et ses enfants*).

VI 12 Le soleil et les grenouilles

1 *Tyran:* Das Wort wird von den Wörterbüchern des 17. Jh.s allgemein im neuzeitlichen, pejorativen Sinn definiert. Im Zusammenhang der griechischen ›Stimmung‹ dieser Fabel erscheint es erlaubt, dem Begriff die neutrale Bedeutung ›absoluter Herrscher‹ zu belassen.
liesse: von lat. *laetitia*; »Vieux mot qui signifie joie et qui entre encore dans le burlesque et le style le plus simple« (Richelet).
16 *Styx:* In der griechischen Mythologie einer der sumpfigen Flüsse der Unterwelt.

Auf dem Hintergrund der in der Regierungszeit Ludwigs XIV. verwendeten Sonnensymbolik, die allein eine Identifizierung der Sonne mit dem Monarchen erlaubte, stellt die Fabel innerhalb der 1. Sammlung die entschiedenste Absage an das Prinzip der Monarchie dar. Sie wurde vermutlich zum Zeitpunkt der zweiten Schwangerschaft der Königin im Sommer 1666 abgefaßt. Insbesondere der Schluß dieser in ihrem Versmaß sehr abwechslungsreichen Fabel verdient aufgrund seiner Ambivalenz besondere Beachtung. Die meisten Herausgeber lassen die Rede Äsops in V. 16 nach ». . . l'eau du Styx« enden. In der Originalausgabe findet sich jedoch weder hier noch sonst ein Redezeichen. So bleibt unklar, ob der letzte Satz noch zur Rede Äsops gehört oder aber als abschließender Kommentar La Fontaines zu verstehen ist. Eine solche Doppeldeutigkeit ist zweifellos intendiert und das Verfahren Bestandteil von La Fontaines Strategien der Desorientierung. In der Übersetzung wurde der Schluß Äsop zugewiesen. Zur Neutralisierung der Brisanz der Fabel trägt auch ihre bewußt unauffällige Stellung in der Mitte des 6. Buches bei.

R. Mousnier, »Le Roi-Soleil«, in: *La France au temps de Louis XIV*, Paris 1965 (Coll. »Âges d'Or et Réalités«), S. 85–127.
Jasinski, *Premier recueil*, Bd. 2, S. 317–321.
Grimm, »Stratégies de désorientation«.

VI 14 Le lion malade et le renard

Diese Fabel versetzt den Leser erstmals in das blutrünstige Klima der Hoffabeln der 2. Sammlung: »Roi des Animaux« (V. 1); »ses vassaux« (V. 3); »ambassade« (V. 4); »les Députés et leur suite« (V. 7); »l'Édit du Prince« (V. 11) u. a. m. sind Begriffe, die die Fabel eindeutig in die Sphäre des Hofes und der Staatspolitik verweisen. Dargestellt wird, im Tiergewand nur lose verhüllt, die alles unterdrückende Macht des »Roi des Animaux«. Zusammen mit der benachbarten Fabel *Le soleil et les grenouilles* (VI 12) richtet sich die Fabel erstmals entschieden gegen den Königshof. Ob die Rede des Fuchses wörtlich im Sinne einer physischen Vernichtung zu verstehen ist, mag dahingestellt bleiben. Es wird jedoch schon hier deutlich, wie sich das Hofthema mit dem Komplementärthema der Freiheit verbindet. Im Unterschied zu *Le loup et le chien* (I 5) und *Le rat de ville et le rat des champs* (I 9) ist aber das die Freiheit bedrohende Element nunmehr der Hof, wobei wichtig ist festzuhalten, daß La Fontaines Hoffabeln mit einer entschiedenen Absage an diesen Hof beginnen (vgl. V. 20 f.). Weiterhin kann man nur bewundernd auf den Mut La Fontaines hinweisen, diese Fabel bereits in der ersten, dem Dauphin gewidmeten Sammlung zu veröffentlichen. Zwar rückt er sie nicht wie *Les animaux malades de la peste* (VII 1) an eine kompositorisch exponierte Stelle; auch verfremdet er die Fabelhandlung durch die Nachahmung einer alten Kanzleisprache. Doch gerade das archaisierende Sprachgewand ist nur ein formales Alibi, das die immer dominant bleibende Grausamkeit der Fabel nicht aufhebt. – Auffällige Ähnlichkeit in der Ausgangsposition der vorliegenden Fabel besteht mit *Le lion, le loup, et le renard* (VIII 3), einer bereits 1671 in den *Fables nouvelles et autres poésies* erschienenen Hoffabel. Zwischen der Abfassung der beiden Fabeln besteht also ein verhältnismäßig geringer zeitlicher Abstand. Wir dürfen davon ausgehen, daß La Fontaine um etwa 1666 Zugang zum Hof gefunden hat. Die beiden Fabeln, die Vorlagen Äsops aufgreifen, sind daher nicht primär ästhetisch geglückte ›Variationen‹ traditioneller Themen, sondern unmittelbarer Ausdruck persönlicher Erfahrungen und Beobachtungen im Umkreis des Hofes.

Grimm, »Stratégies de désorientation«.

À Madame de Montespan

[Widmung Buch VII–XI]

[Überschrift] *Montespan:* Françoise de Mortemart, Marquise de M. (1641–1707), war von 1667 an mehr als ein Jahrzehnt die einflußreiche Mätresse Ludwigs XIV., dem sie acht Kinder gebar. Sie war ebenso schön wie geistreich und besaß noch dazu einen sicheren Geschmack (vgl. V. 21 f.). Sie förderte Racine, Boileau, La Fontaine u. a.; zum Zeitpunkt der Widmung ist ihre Stellung am Hofe unbestritten. Heftig kompromittiert durch die »Affaire des poisons« (vgl. VIII 16 *L'horoscope*), sinkt ihr Einfluß allmählich. Doch bleibt sie bis 1691 am Hof.

1 *vient des immortels:* In der *»Préface« (Vorrede) zur 1. Sammlung hatte La Fontaine seine Verwunderung darüber ausgedrückt, daß in der Antike die Fabel nicht göttlicher Herkunft war. Möglicherweise durch den Erfolg seiner 1. Sammlung bestärkt, läßt er sie jetzt ›vom Himmel herabsteigen‹; vgl. auch Widmung Buch I–VI, S. 20.

6 *Le Sage:* Äsop.

7 *charme:* hier im etymologischen Sinn von lat. *carmen.* – »Puissance magique par laquelle les sorcières font des choses merveilleuses au-dessus des forces ou contre l'ordre de la nature« (Furetière).

10 *à son gré:* ist zu beziehen auf »un charme« (V. 7), hier mit »Zauberlied« übersetzt.

11 *Olympe:* von La Fontaine Mme de Montespan beigelegter Name. Als Mätresse eines Gottes, d. h. Ludwigs XIV., ist sie selbst eine Göttin, die ebenso ›verführt‹ wie die Kunst Äsops. Ihre daraus sich ergebende Apotheose (V. 5) ermöglicht V. 11 das auf Homer, *Ilias* I 604, zurückgehende Bild.

27 f. *d'un plus grand maître ... le partage:* doppeldeutige Verse: Der »Meister« ist entweder Ludwig XIV., der allein Mme de Montespan angemessen »loben« kann, oder aber ein Dichter, der eine hohe Gattung pflegt und nicht, wie La Fontaine, die ›anspruchslose‹ Fabel.

31 *livre favori:* Unterstellt La Fontaine, die 2. Fabelsammlung sei bereits bei Erscheinen das Lieblingsbuch der Mme de Montespan? Wahrscheinlicher ist der Bezug auf ihn selbst, so wie Boileau 1701 die letzte Ausgabe seiner Werke als »édition favorite« bezeichnete.

Die Bedeutung der Widmung der 2. Fabelsammlung an Mme de Montespan liegt vor allem in den einleitenden Versen, die eine hymnische Verklärung der Fabel und der ihr eigenen indirekten Überredungsform (»art de persuader«) sind (V. 1–10). Die sich anschließenden Verse haben eher traditionellen Charakter. Das gilt sowohl für das hyperbolische Lob der Adressatin, der La Fontaine es zu danken habe, wenn seine Fabeln die Zeit überdauern (V. 11–22); doch ebenso die Bescheidenheitsgeste, nur ein Größerer könne angemessen ihr Lob singen (V. 23–28), wie schließlich die Bitte, die Adressatin möge huldvoll das »Lieblingsbuch« der Fabeln fördern, durch das der Autor sich Unsterblichkeit erhofft. Den Schluß der Widmung bilden eine erneute Verklärung der Fabel und die Versicherung, der Beschützerin Tempel errichten zu wollen. Der hier artikulierte Ruhmesgedanke; die Hoffnung, durch das eigene Werk die Zeiten zu überdauern; das Gelöbnis, dem Gönner ein ebensolches Denkmal zu errichten – all dies sind Gedanken, die La Fontaine den *Oden* des Horaz (insbesondere *Oden* III 30) entnommen hat. Der Reiz der Widmung liegt dabei in der galanten Darbietung solch enkomiastischer Gemeinplätze, die frei ist von jeder aufdringlichen und unglaubwürdigen Schmeichelei. – Wichtig sind jedoch die in den einleitenden Versen erstmals von La Fontaine vollzogene ›Vergöttlichung‹ der Fabelgattung und der Lobpreis der indirekten, aber unwiderstehlichen Macht der ihr eigenen Einflußnahme. Ganz ohne Zweifel spricht aus diesen Versen eine größere Bewußtheit und Erfahrung der Möglichkeiten der Fabel – ein Wissen, das sich La Fontaine in einem mehr als zehnjährigen Umgang mit der Gattung inzwischen erworben hat. Andererseits hat Spitzer zeigen können, daß der Autor in diesen Versen, die durch entsprechende Äußerungen aus der *»Préface« und der *Prosawidmung der 1. Sammlung an den Dauphin ergänzt werden, das antike rhetorische Verfahren der ›sanften Stilführung‹ (»suavitas«) bzw. Psychagogik formuliert, das schon Horaz in seinen *Satiren* angewendet hatte. Schlüsselwörter zur Kennzeichnung einer solchen Stilführung sind die im etymologischen Bedeutungsfeld von »charme« angesiedelten Begriffe: »rendre l'âme attentive, la tenir captive, attacher, mener à son gré les cœurs et les esprits«, zu denen sich aus den genannten Parallelpassagen noch »s'insinuer« und »insensiblement« gesellen.– Die poetologische Bedeutung der vorliegenden Widmung wird abschließend noch einmal durch die Verwendung der zentralen Metapher »mensonge« (V. 38) zur Charakterisierung der Fabel unterstrichen (vgl. auch Widmung Buch I–VI, S. 20, sowie VIII 14 *Les obsèques de la lionne*).

Spitzer, »Die Kunst des Übergangs bei La Fontaine«.
Grimm, »Stratégies de désorientation«.
Collinet, »L'image de la femme«.

VII 1 Les animaux malades de la peste

5 *Achéron:* in der griechischen Sage einer der Flüsse der Unterwelt, hier metaphorisch für die Unterwelt insgesamt verwendet.
55 *on cria haro:* juristischer Fachausdruck aus der Normandie: sich über einen Schuldigen empören und ihn vor den Richter bringen.
59 *pendable:* »Qui mérite la mort, la corde, la potence« (Furetière).

Als Eröffnungsfabel der 2. Sammlung erfreut sich *Les animaux malades de la peste* ebensolcher Bekanntheit und Beliebtheit wie *La cigale et la fourmi*, die Eröffnungsfabel der 1. Sammlung. Keine La Fontaine- oder Fabelmonographie, in der sie nicht mehr oder minder ausführlich inhaltlich, kompositorisch und/oder stilistisch gewürdigt würde. Darüber hinaus werden in zahlreichen Aufsätzen Einzelaspekte behandelt: politische oder theologische Implikationen der Fabel; Besonderheiten der Erzählstruktur; stilistische Eigenheiten wie z. B. die doppelte retardierende, ›preziöse‹ Periphrase, die endlich zur namentlichen Nennung der Pest führt, oder die Bedeutung des dreisilbigen Echoreimes in V. 29: Bagatellisiert er das Vergehen des Löwen oder hebt er es im Gegenteil besonders hervor? – La Fontaines Fabel beruht auf einer langen literarischen Tradition. Das zentrale Thema der Beichte und, darauf folgend, das der Bestrafung bzw. Absolution war seit dem ausgehenden 15. Jh. in der Predigtliteratur verbreitet; doch auch in Fabel- und Emblemsammlungen finden sich entsprechende Darstellungen. Über solche möglichen ›Quellen‹ hinaus hat Jasinski eine »Mazarinade« des Jahres 1652 entdeckt, die das gleiche Thema in einem zeitgeschichtlich präzis faßbaren Kontext behandelt. (Die literarische Gattung der Mazarinade bezeichnet Lieder und Pamphlete, die während der Fronde gegen den Kardinal Mazarin verfaßt wurden.) Manches Detail von *Les animaux malades de la peste* spricht dafür, daß La Fontaine die als *Fable du lion, du loup et de l'âne* betitelte Mazarinade gekannt hat, und da sie durch eine entsprechende Aktualisierung in der abschließenden ›Moral‹ unzweideutig die Verletzung des Rechts durch die Mächtigen auf Kosten der Schwachen anklagt, wird man auch *Les animaux malades de la peste* zunächst als eine Fabel des Problemkreises ›Macht und Gerechtigkeit‹ ansehen müssen. In ihrer Erzählstruktur erinnert sie auffällig an *Le loup et l'agneau* (I 10): in beiden Fällen eine in ihrer Absurdität sich steigernde Darstellung des ›Verkehrten‹, die jetzt freilich abschließend mit einem kurzen, konstatierenden Kommentar versehen wird. Dabei ist die Ambivalenz des Ausdrucks »jugement de Cour« (vgl. II 2 *Conseil tenu par les rats*) sprachliches Signal für die Stellung der Fabel zwischen Justiz- und Hofsatire. Die Tatsache schließlich, daß *Les animaux malades de la peste* ebenso wie die 10 Fabeln des Ms. Conrart und die 15 Fabeln des Ms. Sainte-Geneviève (vgl. Kommentar zu I 10 *Le loup et l'agneau*) handschriftlich überliefert ist (im Ms. Trallage der Bibliothèque de l'Arsenal, dort datiert auf 1674), kann auch hier als Beweis besonderer Aktualität gewertet werden. Doch ungeachtet der Frage, ob die Fabel primär als Satire auf eine pervertierte Justiz und damit als fernes Echo des Foucquet-Prozesses oder aber als Hofsatire mit einem mehr oder minder klaren Bezug zum Hofe Ludwigs XIV. zu verstehen ist, bleibt doch die Kühnheit außergewöhnlich, mit ihr die soeben Mme de Montespan gewidmete Sammlung zu eröffnen. Auch in *Les animaux malades de la peste* verbirgt sich unter dem Schleier vollendeter Kunst bitter erfahrene persönliche Wahrheit.

Ein Einzelaspekt verdient abschließend besonders hervorgehoben zu werden: Couton versteht die Verse »Vous leur fîtes, Seigneur, / En les croquant beaucoup d'honneur« (V. 37 f.) als ein ironisches Infragestellen der absolutistischen, vor allem von Colbert verfochtenen Auffassung, der König sei unumschränkter Herrscher über Leben und Eigentum seiner Untertanen. Auf diesen Gedanken hatte bereits Taine (*La Fontaine et ses Fables*, S. 81) hingewiesen. Selbst wenn damit nur ein Nebenaspekt hervorgehoben würde, unterstriche dies erneut die Aktualität der Fabel und die Kühnheit des Autors. In *Le chat, la belette, et le petit lapin* (VII 15) wird La Fontaine ähnliche Fragen in gleich beiläufiger Weise zur Diskussion stellen.

Vossler, *La Fontaine und sein Fabelwerk*, S. 145–153.

E. Winkler, »›Les animaux malades de la peste‹; La Fontaine et Bossuet«, in: *Neuphilologische Monatsschrift* 10 (1939) S. 217–235.

G. Couton, »La leçon politique d'une fable«, in: IL 12 (1960) S. 71 f.

Jasinski, *Premier recueil*, Bd. 1, S. 91–94.

M. Robert, »Une hypothèse sur la signification du personnage du ›berger‹ dans ›Les animaux malades de la peste‹ de Jean de La Fontaine«, in: *Studia Universitatis Babes-Bolyai. Series philologica* 15,2 (1970) S. 131–138.

R. Godenne, »Une imitation oubliée des ›Animaux malades de la peste‹ par Eustache Le Noble. ›Le Conte du Passager et du Lion, du Renard et de l'Âne‹«, in: *Romance Notes* 15 (1973/74) S. 118–122.

H. Lafay, »›Les animaux malades de la peste‹. Essai d'analyse d'intertextualité«, in: *Romanistische Zeitschrift für Literaturgeschichte* 1 (1977) S. 40–49.

VII 6 La cour du lion

11 *Fagotin:* ein von dem Marionettenschauspieler Brioché an der Porte de Nesle vorgeführter gelehrter Affe. Molière erwähnt ihn in *Tartuffe* II 3,666.

19 *Pluton:* Beiname des Hades, des griechischen Gottes der Unterwelt.

27 *Caligula:* der römische Kaiser Caligula (12–41 n. Chr.) ließ beim Tode seiner Schwester alle Höflinge, die nicht weinten, ebenso hinrichten wie diejenigen, die weinten, weil dies eine Beleidigung der durch den Tod zur Göttin erhobenen Schwester war.

36 *répondre en Normand:* »On dit qu'un homme répond en Normand lorsqu'il ne dit ni oui ni non, qu'il a crainte d'être surpris, de s'engager« (Furetière).

La cour du lion greift das in *Le lion malade et le renard* (VI 14) erstmals behandelte Hofthema wieder auf und entwirft zusammen mit den Darstellungen des Hofes in *Le lion, le loup, et le renard* (VIII 3) und *Les obsèques de la lionne* (VIII 14) ein höchst wirklichkeitsbezogenes Bild der Verhältnisse am königlichen Hof (vgl. auch VII 1 *Les animaux malades de la peste*). Die Ausgangsposition all dieser Fabeln ist identisch: die Zusammenkunft aller Vertreter des Tierreichs und eine unterschiedlich schnell sich vollziehende Anthropomorphisierung der Protagonisten. Im Vergleich zu *Le lion malade et le renard* sind in der vorliegenden Fabel die dreifache Erzählerintervention (V. 15 f., 17, 26 f.) und die an die Höflinge gerichtete moralisch zweifelhafte ›Moral‹ (V. 33–36) als Ausdruck einer größeren Freiheit des Erzählers und einer Intensivierung seiner Kritik zu verstehen. Drohend im Mittelpunkt der Fabel steht der Monarch der Tiere, dessen auf der Ebene der Erzählerintervention vorgenommene Gleichsetzung mit Caligula als eine unerhörte Provokation anzusehen ist. Provozierend ist weiter, daß die Höhle (»antre«, V. 2 und 22) der früheren Fabel nunmehr zum konkreten »Louvre« (V. 14) geworden ist. Doch wie schon in *Le lion malade et le renard* bedient sich La Fontaine vor allem im Einleitungsteil der Fabel (V. 1–14) eines ›desorientierenden‹, antikisierenden Sprachstils, der hier wie dort allerdings kaum von der Brutalität und moralischen Fragwürdigkeit des Geschehens ablenken kann. Erwähnenswert ist schließlich, daß »colère« (V. 21) als Reimwort keine Ergänzung hat – ein in den Fabeln einmaliger Vorgang –, es sei denn, man wolle die durch mehr als zehn Verse getrennten »plaire / sincère« (V. 34/35) als solche auffassen, was jedoch ebenso außergewöhnlich wäre. (Für eine weiterführende Interpretation vgl. Kommentar zu VIII 14 *Les obsèques de la lionne*).

VII 9 La laitière et le pot au lait

10 *faisait triple couvée:* Zu verstehen ist entweder: »Sie ließ dasselbe Huhn dreimal brüten«, oder: »Sie ließ drei Hühner gleichzeitig brüten«. Die letztere Übersetzung ist vorzuziehen.

28 *farce:* Ein solcher Schwank ist unbekannt und nicht überliefert; doch erwähnt Rabelais ihn bereits in *Gargantua*, Kap. 33.

32 *Picrochole, Pyrrhus:* Picrocholus wird bei Rabelais, *Gargantua*, Kap. 26 ff., erwähnt, Pyrrhus bei Plutarch, *Leben des Pyrrhus*, Kap. 14, sowie bei Boileau, *Épître* I 61 ff.; Picrocholus ist eine Phantasiegestalt.

La laitière et le pot au lait bildet mit der sich unmittelbar anschließenden Fabel **Le curé et le mort* in thematischer und struktureller Hinsicht eine Einheit: im Mittelpunkt beider Fabeln ein Träumer, hier das »Milchmädchen« (V. 7) Perrette, dort der Pfarrer Jean Chouart. In einem Leichenwagen begleitet dieser einen Toten zur letzten Ruhe und malt sich liebevoll und genüßlich die kleinen Vergünstigungen aus, die die Bestattung mit sich bringen wird, als der Wagen bei einem Stoß umkippt und der Bleisarg mit dem Toten auch den Pfarrer unter sich begräbt. – **Le curé et le mort* gründet auf einer wahren Begebenheit, die Mme de Sévigné in einem Brief vom 26. Februar 1672 erzählt; am 9. März schickt sie ihrer Tochter La Fontaines Fabel per Brief zu, kennt aber zu diesem Zeitpunkt *La laitière et le pot au lait* nicht, deren Abfassung also später liegen dürfte. – Im Gegensatz zu **Le curé et le mort* beruht *La laitière et le pot au lait* auf einer literarischen Vorlage (Bonaventure des Périers, um 1510 – um 1544, *Nouvelles récréations et joyeux devis*, ersch. 1558). An das liebevoll ausgestaltete Porträt Perrettes (V. 1–6) schließt sich der Traum in inhaltlicher und stilistischer Progression an: von der Darstellung in Autorperspektive und indirekter Rede zu direkter Rede überleitend, die in Ich-Form endet. Auf dem Höhepunkt angelangt, bricht die Ernüchterung herein, wobei die Aufzählung V. 23 die Reihenfolge des Traums umkehrt. Dann wendet der Erzähler den Blick der Protagonistin in die Zukunft, um mit einer heute nicht verifizierbaren ›literarhistorischen Notiz‹ (V. 29) zu enden. *La laitière et le pot au lait* ist bekannter als **Le curé et le mort*. Das liegt zum einen zweifellos in dem Sympathie erweckenden Porträt Perrettes begründet; zum anderen aber in der sich an die Fabel anschließenden, 13 Verse umfassenden ›Moral‹, eine wahre Apologie des Traumes, die in drei einleitenden verallgemeinernden Fragen und mittels einer für die Fabeln typischen »demokratischen Aufzählung« (L. Spitzer) die Allgemeingültigkeit des Folgenden unterstreicht (in der Originalausgabe findet sich nach V. 33 ein Fragezeichen und nicht, wie in fast allen neueren Ausgaben, ein Punkt). Die anschließende ›Strukturbeschreibung‹ des Phänomens Traum gleicht in formaler Hinsicht der Darstellung von Perrettes konkretem Traum: Ein allmähliches Ansteigen, gefolgt von einem jähen Absturz (V. 35–41, 42 f.). In diesen Versen exemplifiziert La Fontaine, was er in der ›Moral‹ zu **Le curé et le mort* noch in drei kurze Verse gefaßt hatte: »Proprement toute notre vie / Est le curé Chouart, qui sur son mort comptait, / Et la fable du *Pot au lait*« – »Unser ganzes Leben ist haargenau / der Pfarrer Chouart, der auf seinen Toten baute, / und die Fabel vom Milchkrug.« – Die ›Apologie des Traumes‹ steht also verbindend und kommentierend zwischen zwei Fabeln, in denen der gleiche Vorgang an verschiedenen Beispielen illustriert wird. Der Traum ist jeweils ein progressives Sich-Entfernen des Träumenden von der Wirklichkeit in eine stufenweise sich erhebende ideale Welt. Doch das »s'écarter« (V. 39) stößt sich schließlich wieder an der Wirklichkeit und endet mit einem ernüchternden »rentrer en soi-même« (V. 42). Sowohl für Perrette als auch für den Pfarrer Chouart ist die »flatteuse erreur« (V. 35) nur der Moment einer Illusion und die Rückkehr in die Wirklichkeit um so schmerzhafter und verhängnisvoller. Das Traumthema erweist sich somit als komplementär zum Reisethema (vgl. die beiden anschließenden Fabeln): So wie die reale Reise in allen Fällen ein unheilvolles Ende findet, enden auch die Traum-›Reisen‹ stets in der Ernüchterung. Der unvermeidliche Rückfall in die Realität wird von La Fontaine aber nicht als Grund dafür empfunden, der Versuchung des Traumes auszuweichen. Im Gegenteil: Trotz des Wissens um seine Zerbrechlichkeit, um die Notwendigkeit des »Phantasiedébâcle« (Spitzer), gibt es für ihn kaum etwas Befreienderes, als dieses zerbrechliche Glück auszukosten: »Il n'est rien de plus doux« (V. 34). Denn im bewußt realisierten Wachtraum erweist sich die Überlegenheit des Geistes über die Wirklichkeit, deren ›letztendliche Unaufhebbarkeit‹ durch das abschließende »rentrer en soi-même« allerdings sanktioniert wird. Die Träume in den Fabeln (vgl. II 12 *La colombe et la fourmi*) sind daher domestizierte »histoire de fous«, also Narrengeschichten, die die »folie«, die diese in einem beglückenden Akt der Befreiung vollziehen (vgl. IX 15 *Le mari, la femme, et le voleur*), bis zu einem idealen Gipfelpunkt durchspielen, um dann jedoch wieder die Rückkehr in die übermächtige Wirklichkeit zu vollziehen (vgl. unter diesem Aspekt auch X 9 *Le berger et le roi*, sowie die anders strukturierten Freundschaftsfabeln *Les deux amis*, VIII 11, *Les deux pigeons*, IX 2, und *Le corbeau, la gazelle, la tortue, et le rat*, XII 15), die sich nach Überwindung entsprechender Angstträume in eine utopisch stilisierte Idealität menschlichen Zusammenlebens erheben, um dort zu verweilen.

Spitzer, »Die Kunst des Übergangs bei La Fontaine«, S. 172 ff.

B. Magné, »›La laitière et le pot au lait‹, ou les comptes de Perrette«, in: *Cahiers de Littérature du XVIIe siècle* 4 (1982) S. 67–89.

E. Branan, »Rêve et velléité de solitude chez La Fontaine«, in: *Biblio 17*, Bd. 21 (1984) S. 225–238.

VII 11 L'homme qui court après la fortune, et l'homme qui l'attend dans son lit

12 *devenu pape:* Der damalige Papst, Innozenz XI. (1671–89), entstammte einer Mailänder Bankiersfamilie. Doch andere Päpste waren Söhne von Fischern (Sixtus IV.), Schuhmachern (Urban IV.) oder Hirten (Benedikt XI.) gewesen. Ein Gärtnerssohn läßt sich nirgends als Papst finden. – Die ernüchternden Ausführungen der folgenden Verse haben die 1673 beginnenden und über zwanzig Jahre dauernden Auseinandersetzungen Ludwigs XIV. mit der römischen Kurie zum Hintergrund: Aufgrund einer Ordonnanz Ludwigs sollten die französischen Bischöfe dem königlichen Regalrecht unterworfen werden. – Damit ist ein Terminus post quem für die Abfassung der Fabel gegeben.

15 *La Fortune a-t-elle des yeux?:* Die Glücksgöttin Fortuna wird traditionell mit verbundenen Augen dargestellt. – Die Doppeldeutigkeit des im französischen Original jeweils mit Majuskel beginnenden Begriffs, d. h. »la Fortune« als Allegorie der Glücksgöttin ›Fortuna‹ und zugleich als das durch sie verkörperte ›Glück‹ bzw. ›Schicksal‹, konnte in der deutschen Übersetzung nicht wiedergegeben werden; der Begriff wird daher je nach Sinnzusammenhang verschieden übersetzt.

17 f. *Le repos . . . des Dieux?:* Entsprechend der epikuräischen Lehre besteht das höchste Gut der Götter in der Ausgeglichenheit der Seele, griech. »ataraxia«, d. h. »repos«; La Fontaine folgt Lukrez, *De rerum natura* II 646–648.

21 *son sexe en use ainsi:* La Fontaine vergleicht die Unbeständigkeit der Glücksgöttin Fortuna (vgl. V. 8) mit der Unbeständigkeit der Frauen.

30 *suivez votre humeur inquiète:* vgl. IX 2 *Les deux pigeons*, V. 20 und Anm. dazu.

39 *au coucher, au lever:* Das nach strenger Etikette geregelte öffentliche Zubettgehen und Aufstehen Ludwigs XIV. bot den Höflingen die Möglichkeit, sich mit ihren Anliegen unmittelbar an den König zu wenden.

42 *ce dit-il:* und nicht, wie in nahezu allen Ausgaben, »se dit-il«; die Formel ist im 17. Jh. geläufig; »ce« resümiert das eben Gesagte oder weist auf das unmittelbar Folgende hin.

51 *Surate:* an der Westküste Indiens gelegen, der wichtigste Absatzmarkt des mongolischen Reiches; Colbert hatte 1669 dort ein Handelskontor eröffnet.

53–55 *Âmes de bronze ... l'abîme défier:* freie Übersetzung von Horaz, *Oden* I 3,9–12.
63 *Mogol:* vgl. XI 4 *Le songe d'un habitant du Mogol*, Anm. zum Titel.

Kommentar: s. VII 13 *L'ingratitude et l'injustice des hommes envers la fortune.*

VII 13 L'ingratitude et l'injustice des hommes envers la fortune

5 *Atropos:* die Parze, die den Lebensfaden abschneidet.
9 f. *sa canèle / Ce qu'il voulut:* Da sich in der Originalausgabe nach »canèle« kein Komma findet, ist vermutlich nicht zu verstehen: »Er verkaufte alles, was er wollte«, wie es in den meisten neueren Ausgaben durch die irreführende Interpunktion suggeriert wird.
12 *il plut dans son escarcelle:* La Fontaine bedient sich des Ausdrucks in Anlehnung an ein Sprichwort: »On dit de celui qui a beaucoup hérité qu'il a bien plu dans son écuelle« (Furetière; *écuelle*: Napf, Schüssel).
13 *doubles ducats:* Der doppelte Dukaten war eine Goldmünze, die z. Z. Ludwigs XIV. ein Vielfaches der gebräuchlichen Münzen wog und dementsprechenden Wert besaß.
17 *un si bon ordinaire:* wörtl.: eine so köstliche Tagesration.

VII 11 / VII 13 Die beiden Fabeln stellen die unmittelbare Fortsetzung des erstmals in *Le berger et la mer* (IV 2) aktualisierten Reisethemas dar. Der größere Umfang und die differenziertere Erzähltechnik zeigen die künstlerische Entwicklung an, die La Fontaine innerhalb des Jahrzehnts, das zwischen der Veröffentlichung der 1. und der 2. Fabelsammlung liegt, durchlaufen hat. Dies wird besonders an der Art der Erzählerinterventionen in *L'homme qui court après la fortune, et l'homme qui l'attend dans son lit* deutlich: Eine umfangreiche Reflexion, an die sich ein Dialog des Erzählers mit einem fiktiven Gesprächspartner anschließt (V. 1–10, 11–21), eröffnet die Fabel; darauf folgt die Erzählung, die, durch eine weitere Intervention unterbrochen (V. 53–55), ohne explizite ›Moral‹ in einem paradoxen Schlußbild endet. Wichtig für das Verständnis der Fabel ist, daß der Glücksuchende nach entsprechenden Erfahrungen nicht nur dem Hof enttäuscht den Rücken kehrt

(V. 33–50), sondern auf der Jagd nach dem Glück einer östlichen Handelsroute folgt, die Colbert für Frankreich erschlossen hatte. Die Erwähnung der Stadt Surate, in der Colbert 1669 ein Handelskontor gegründet hatte, gibt der Passage (V. 51 f.) eine besondere Pointe, die durch die bereits erwähnte Unterbrechung des Erzählvorgangs in Form einer pathetischen Apostrophe noch verstärkt wird. Zwar ist die Verwünschung des ersten Seefahrers ein traditionelles literarisches Motiv (vgl. Horaz, *Oden* I, 3,9–12), doch erfährt es im Zusammenhang dieser Fabel eine außergewöhnliche Aktualisierung. Ist der Protagonist in *L'homme qui court après la fortune, et l'homme qui l'attend dans son lit* in soziologischer Perspektive nur schwer zu situieren, so ist der Handelskaufmann in *L'ingratitude et l'injustice des hommes envers la fortune* der Vertreter einer aufstrebenden sozialen Schicht. Die in ihrem Aufbau übersichtliche Fabel – auf die zwei gegensätzliche Bilder in fast gleicher Länge darstellende Erzählung (V. 1–20, 21–38) folgt die abschließende ›Moral‹ (V. 39–46) – akkumuliert, schon jetzt (1678 ersch.) entsprechende Passagen in La Bruyères *Caractères* (1688) antizipierend, technisches Vokabular aus dem Handels- und Finanzleben (vgl. vor allem V. 19 ff.). Abenteuerlust und der Drang nach großen Geschäften situiert sie in die Zeit eines blühenden, auf die Seefahrt sich gründenden Kommerzialismus. Besonders erwähnenswert ist in V. 21 die erste literarische Verwendung des Begriffs »profit« im neuzeitlichen, kapitalistischen Sinn. (In IV 2 *Le berger et la mer*, V. 14, hat der im Plural verwendete Begriff allgemeinere Bedeutung.)

In beiden Fabeln illustriert La Fontaine, vordergründig betrachtet, traditionelle moralphilosophische Gemeinplätze: die Verurteilung von Maßlosigkeit und innerer Rastlosigkeit, die in der Jagd nach Reichtum und dem vermeintlich damit verbundenen Glück zum Ausdruck kommt. Ungleich wichtiger ist indes die im Medium dieser Themen vorgenommene aktuelle Zeitkritik. So sind die Verse 33–50 den Hoffabeln (vgl. Kommentar zu VI 14 *Le lion malade et le renard*) zuzuordnen; aussagekräftiger noch sind die Ziele, die der Reisende auf seiner Jagd nach dem Glück anstrebt: Sie liegen auf dem Wege und in der Fortsetzung einer fernöstlichen Handelsroute, die von Colbert durch die Errichtung eines Handelskontors in Surate favorisiert wurde. Damit wird der umfangreiche Schlußteil der Fabel zu einer ausdrücklichen Kritik an der Colbertschen Handelspolitik. Um nämlich Frankreich in der Konkurrenz zu den Seemächten Spanien und Holland handelspolitische Weltgeltung zu verschaffen, hatte Colbert 1664 die Compagnie des Indes Orientales gegründet, die den Handel mit Indien organisieren sollte. François Charpentier (1620–1702), Mitglied der Académie française, forderte in einer Reklameschrift mit dem Titel *Discours d'un fidèle sujet du roi* die französische Öffentlichkeit zur Kapitalanleihe auf und formulierte abenteuerliche Versprechungen, die eine hohe, gefahrlose Rendite in Aussicht stellten. Von den 15 Millionen Pfund, die zur Gründung der Gesellschaft und zum Ausbau der Handelskontore notwendig waren, sind jedoch 1668 erst 5 Millionen zusammengekommen. Die freiwillige Subskription wird in weiten Teilen der Bevölkerung als eine neuartige Form der Steuer empfunden. Die Korrespondenz des Arztes Guy Patin (vgl. II 13 *L'astrologue qui se laisse tomber dans un puits*, Anm. zu V. 41) bezeugt an vielen Stellen das Mißtrauen und die Widerstände, auf die Colberts Pläne in weiten Kreisen der Bevölkerung stießen. Hinzu kamen Fehlschläge (Unwetter, Piraterie), so daß der Compagnie Jahre hindurch ein wechselvolles Schicksal beschieden war, bis der König ihr 1682 das Handelsprivileg entzog. Die ebenfalls 1664 gegründete Compagnie des Indes Occidentales, die den Handel mit Amerika betreiben sollte, mußte wegen mangelnder Erfolge bereits 1674 wieder aufgelöst werden. Auch der Compagnie du Nord und der Compagnie du Levant, 1669 bzw. 1670 gegründet, erging es ähnlich. – Vor diesem wirtschaftspolitischen Hintergrund sind die beiden Handelsfabeln des 7. Buches, doch auch *Le berger et la mer* (IV 2) zu sehen. Sie sind Ausdruck eines philosophisch begründeten Mißtrauens, doch auch einer ›politisch‹ motivierten Schadenfreude am Scheitern wichtiger Projekte des ehrgeizigen Colbert, der die Nachfolge des gestürzten Foucquet angetreten hatte. – Hand in Hand mit den auf den Außenhandel gerichteten Bemühungen geht Colberts Bestreben, Frankreich auch im Innern zu einer autonomen und konkurrenzfähigen Industrie- und Handelsnation zu entwickeln. So entsteht eine neue soziale Schicht, die des sich bereichernden und sich zu einer politischen Macht entwickelnden Bürgertums, das das überlieferte – feudale – Gesellschaftsgefüge bedroht. *L'ingratitude et l'injustice des hommes envers la fortune* entwirft daher das Porträt eines zeittypischen, zu plötzlichem Reichtum gelangten Handelsherrn, auf dessen schnellen sozialen Aufstieg hier allerdings ein ebenso schneller wie tiefer Sturz folgt. An seinem Beispiel entwickelt La Fontaine ein von nun an heftig diskutiertes Thema: das des Luxus und seiner vorhandene gesellschaftliche Strukturen zerstörenden oder aber soziale Entwicklungen fördernden Funktion. Die Abfassung der Fabel fällt in eine Zeit, da sich das Bürgertum durch seinen neu erworbenen Reichtum anschickt, mit dem Adel auf dem Gebiet des täglichen Luxus zu konkurrieren. Luxus wird daher zu einem gesellschaftlichen Ferment (V. 13–16); andererseits stellt sich die Frage, ob nicht Luxus notwendig ist als gesellschaftspolitisches Korrektiv in Hinsicht auf eine gerechtere Sozialstruktur. Die Fabel läßt keinen Zweifel daran aufkommen, daß La Fontaine im Gegensatz etwa zu Voltaire (*Le mondain*) dem hier gleich zweimal mit »Torheit« assoziierten Luxus eine negative, weil vorhandene Strukturen gefährdende Funktion zuweist. Sein Handelsherr ist bereits einer jener Parvenus, wie La Bruyère, Lesage und andere Autoren sie später häufig darstellen werden. Im übrigen wurde auch Colbert von einem Großteil seiner Zeitgenossen, La Fontaine eingeschlossen, als ein solcher Parvenu angesehen.

W. Sombart, *Luxus und Kapitalismus*, Berlin 1912.
G. Atkinson, *Les relations de voyage au XVIIe siècle et l'évolution des idées*, Paris 1922.
Champigneul, »La Fontaine et les voyages par voie de terre«.
Chupeau, »La Fontaine et le refus du voyage«.
Defrenne, »Le stéréotype du voyage et son utilisation poétique et narrative dans l'œuvre de La Fontaine«.
Grimm, »›Dieu nous préserve du voyage‹«.

VII 15 Le chat, la belette, et le petit lapin

5 *pénates:* die Penaten, in der römischen Mythologie die Gottheiten, die Häuser und Städte beschützen; im übertragenen Sinn »porter ses pénates«: sich einrichten.

15 *tous les Rats du pays:* Die Ratten sind die natürlichen Feinde der Wiesel; vgl. IV 6 *Le combat des rats et des belettes.*

25 *la coutume et l'usage:* »coutume« ist das einem einzelnen oder einer Gemeinde zustehende ›Gewohnheitsrecht‹, das sich aus längerer Nutzung (»usage«) herleitet; es wurde nach entsprechender Zeit schriftlich fixiert und besaß daher Gesetzescharakter (»loi«, V. 21 und 26).

31 *Raminagrobis:* bei Rabelais, *Tiers Livre*, Kap. 21, der Name eines alten französischen Dichters; bei Voltaire ist er der König der Katzen.

33 *chattemite:* aus lat. *cattus* und *mitis* gebildet. – »Vieux mot et burlesque qui signifie hypocrite« (Richelet).

34 *bien fourré:* Die Richter trugen als Kennzeichen ihrer Würde Pelze. Schon Rabelais bezeichnete sie als »chats fourrés«.
38 *fourrée:* hier: heimtückisch, bösartig. »On dit proverbialement: Un innocent fourré de malice, en parlant d'un homme qui est méchant dans l'âme et qui semble en apparence être simple« (Furetière).
39 *Grippeminaud:* Der Name, gebildet aus *gripper* ›packen, schnappen‹ und *minaud* bzw. *minet* ›Katze, Mieze‹, geht zurück auf eine Satire von Clément Marot (*Le Grup*, 1542), vor allem aber auf Rabelais' *Cinquième Livre*, Kap. 11–13; dort ist Grippeminaud der »archiduc des chats fourrés«.

In Form eines sorgfältig komponierten Dramas schildert die Fabel einen komplexen Rechtsfall und gehört, so betrachtet, in den Bereich der Justizsatire. Auf die ›Exposition‹ (V. 1–10) folgen ein zweiaktiger Dialog der beiden Protagonisten sowie ein Porträt des von ihnen gemeinsam angenommenen Richters (V. 11–24, 25–36), während der letzte ›Akt‹ (V. 36–45) die überraschende Lösung des Rechtsfalls darstellt. Daran schließt sich eine ›Moral‹, die der Fabel eine umfassendere politische Bedeutung zuzuweisen scheint, die allerdings durch eine Anspielung in der späteren Fabel *Le pouvoir des fables* (VIII 4, V. 6 ff.) in Frage gestellt wird. Im Zentrum also steht der Streit zwischen dem auf Eigentumsrechte pochenden Hasen und dem diese Rechte bestreitenden ›revolutionären‹ Wiesel. Damit konkurrieren zwei Rechtsauffassungen: »coutume« und »usage« (V. 25) auf der einen und das Recht des »premier occupant« (V. 17 und 29) auf der anderen Seite. Zur Legitimation seiner Position bemüht der Hase »maître et seigneur« sowie eine lange Ahnenreihe (V. 27), ohne in naiver Verblendung zu bemerken, daß sein Eigentumsanspruch letztlich auf ebendemselben Gesetz basiert, das er in Frage stellt. Parallel zu diesem Rechtsstreit zieht La Fontaine, sozusagen en passant, das Prinzip der Erbmonarchie in Zweifel (V. 20), ohne jedoch ein solch schwerwiegendes Problem ausführlicher zu erörtern oder gar zu entscheiden. Er orientiert statt dessen die Fabel abschließend in den Bereich der Justizsatire: Die empörende Art der Prozeßführung (V. 37–45) hat auffallende Ähnlichkeit mit analogen Darstellungen in **L'huître et les plaideurs* (IX 9) bzw. in *Les animaux malades de la peste* (VII 1). Nichtsdestoweniger ist das Sinnzentrum der Fabel vermutlich in den Versen 20–24 zu sehen, die fast genau deren Mitte ausmachen. – Ein verwirrendes Spiel mit Eigennamen, die biblische oder literarische

Assoziationen evozieren (V. 23 f., 28, 31, 39, 43) und die Verwendung einer reich differenzierten juristischen bzw. staatsrechtlich relevanten Terminologie (V. 1, 4, 20, 38, 47) machen ebenso wie überraschende Wortschöpfungen, die Freude am pittoresk schmükkenden Detail und ein allgegenwärtiger Humor diese in ihrer Aussage nur schwer faßbare Fabel zu einem bedeutsamen literarischen Meisterwerk.

M. Haillant, »Explication de texte. ›Le Chat, la Belette et le Petit Lapin‹, in: IL 25 (1973) S. 93–98.

M. Vincent, »Naming names in La Fontaine's ›Le chat, la belette et le petit lapin‹, in: *Romanic Review* 73 (1982) S. 292–301.

VII 17 Un animal dans la lune

1/3 *un Philosophe ... Un autre Philosophe:* Entsprechend einer langen Kommentatorentradition handelt es sich um Demokrit und Heraklit. La Fontaine bezieht sich auf Montaigne, *Essais* II 12: »Sur ce même fondement qu'avait Héraclius et cette sienne sentence que toutes choses avaient en elles les visages qu'on y trouvait, Démocritus en tirait une toute contraire conclusion, c'est que les sujets n'avaient du tout rien de ce que nous y trouvions.« Doch waren die Fragen durchaus aktuell und wurden von der zeitgenössischen Philosophie diskutiert; vgl. Kommentar.

14 *J'en dirai ... les raisons:* La Fontaine war zeit seines Lebens von dem Gedanken fasziniert, in Anlehnung an Lukrez ebenfalls ein großes philosophisches Lehrgedicht zu schreiben, hat diesen Plan allerdings nicht ausgeführt; vgl. jedoch die zahlreichen philosophisch orientierten Fabeln der vorliegenden Ausgabe sowie II 13 *L'astrologue qui se laisse tomber dans un puits*, X 14 *Discours à Monsieur le Duc de La Rochefoucault*, XI 9 *Les souris et le chat-huant.*

18 *Que serait-ce ... nature:* »Was, wie groß wäre die Sonne, dies Auge der Natur, wenn ich sie von nahem sähe?« Doch ist neben der vorgeschlagenen Übersetzung ein anderer Sinn möglich: »Was wäre diese Sonne anderes als das Auge der Natur?« Ein solch prätentiöser Metaphernstil entspricht jedoch nicht der eher schlichten Argumentationsform La Fontaines.

23 *sa machine:* Der Begriff bezieht sich primär auf »la terre«, doch sinngemäß auch auf »le soleil«. La Fontaine lehnt das Zeugnis der Sinne hinsichtlich Form und Bewegung von Sonne und Erde als

trügerisch ab. Vgl. auch I 16 *La mort et le bûcheron*, Anm. zu V. 8. – V. 22 enthält wie beiläufig La Fontaines Bekenntnis zum kopernikanischen Weltbild. In *L'astrologue qui se laisse tomber dans un puits* (II 13, V. 30) hatte er sich noch im Sinne des ptolemäischen Weltbildes geäußert.

48 *la guerre entre tant de puissances:* Der Hollandkrieg, in den neben Frankreich und Holland auch das Reich, Schweden und später Spanien verwickelt sind.

49 *Le Monarque:* Gemeint ist Karl II., der die naturwissenschaftlich bedeutsame Royal Society of London gegründet hatte; vgl. auch V. 64 ff.

61 *les filles de Mémoire:* Die Musen sind Töchter des Zeus und der Mnemosyne, der Göttin des Gedächtnisses.

Die komplexe Fabel zählt zu den schwierigsten, doch auch schönsten Fabeln La Fontaines. In einem ersten Teil (V. 1–41) erörtert der Autor, von gegensätzlichen Positionen ausgehend, erkenntnistheoretische Fragen, die er zum Abschluß dieses Teils am Beispiel des im Monde sichtbaren Frauenkopfes illustriert. Dies Beispiel ermöglicht den Übergang zum Mittelteil (V. 42–53). Der Schluß (V. 54–72) ist ein Lobpreis Englands, das sich im Frieden den Wissenschaften und Künsten widmen kann.

Die im ersten Teil erörterten erkenntnistheoretischen Fragen sind antiken Ursprungs. Doch wurde die Frage nach dem Wert der Sinneseindrücke ebenso in der zeitgenössischen kartesianischen und gassendistischen Philosophie diskutiert. 1674/75 war die Abhandlung *Recherche de la vérité* des Descartes-Anhängers Nicolas de Malebranche (1638–1715) erschienen, der die Quellen der Irrtümer unserer Erkenntnis einer systematischen Analyse unterzog und eine aus acht Regeln bestehende Methode vorschlug, die die Erkenntnis der Wahrheit ermögliche. Auf diesem philosophiegeschichtlichen Hintergrund ist La Fontaines Fabel entstanden. Allerdings hebt er aus Gründen einer klareren Beweisführung die Ausgangspositionen deutlicher gegeneinander ab, als dies in Wirklichkeit der Fall war. Charakteristisch für sein ›frühaufklärerisches‹ Erkenntnisethos ist besonders die V. 31 der Vernunft zugewiesene Schiedsrichterfunktion.

Der philosophiegeschichtliche Hintergrund dieser Fabel ist in einen politischen eingebettet, der der gleiche ist wie in *Le pouvoir des fables* (VIII 4). Ihre Abfassung fällt mit Sicherheit in die Kriegsjahre 1672–78, also in die Zeit des 2. Hollandfeldzuges. Das herausragende Ereignis des ersten Kriegsjahres war die mit vielen Opfern erkaufte Überquerung des Rheins (»Le passage du Rhin«), genauer gesagt, eines Nebenflusses des Rheins, der Yssel. Es ist von den zeitgenössischen Künstlern hundertfach gefeiert worden, wird allerdings bezeichnenderweise von La Fontaine nirgends erwähnt. In ihrer Bedrängnis hatten die Holländer ein Friedensangebot gemacht, das jedoch von Frankreich nicht angenommen wurde. Im April 1672 hatte sich Karl II. von England mit Ludwig XIV. zu einer antiholländischen und anti-protestantischen Koalition zusammengeschlossen. Unter dem Druck der englischen Öffentlichkeit und des Parlaments muß er jedoch im Februar 1674 mit Holland einen Friedensvertrag abschließen.

Das vermeintlich im Mond sichtbare »neue Tier« (V. 43), das Karl II. als zwischen den Fernrohrlinsen versteckte Maus enthüllt, dient La Fontaine als Ausgangspunkt einer kurzen Attacke gegen die Astrologie (vgl. II 13 *L'astrologue qui se laisse tomber dans un puits*). Doch wird mit der Entlarvung von deren Eitelkeit der Übergang geschaffen zum Lob Englands, das sich des Friedens erfreut und wo Wissenschaften und Künste blühen. In diesen Versen (54–72), in denen La Fontaine sich hinter keiner Tierallegorie schützend verbirgt, tritt sein Verfahren besonders deutlich zutage. Pompöse Siegesmetaphorik beherrscht V. 56, und auch die folgenden Verse mit der starren Opposition des »à nos ennemis de craindre les combats, / À nous de les chercher« wirken traditionell. Desgleichen gehört der Hinweis auf die Gewißheit geschichtlichen Ruhmes vor der Nachwelt in den Bereich der hier praktizierten Panegyrik. Der folgende Gedanke, durch die Litotes (»ne point quitté«) effektvoll gesteigert, ist Höhepunkt der bisherigen Huldigung: Unter Ludwig XIV. sonnt sich das Land nicht nur in kriegerischem Ruhm; auch die Künste blühen. Doch ist die Aussage der Verse 61 und 62, vor allem im Zusammenhang des lakonischen »Nous goûtons des plaisirs«, eher schwach. V. 63 führt endlich den Begriff ein, der zum beherrschenden Mittelpunkt dieses Schlußabschnittes wird: »La paix« (vgl. auch V. 71 sowie V. 67 »apaiser« und V. 66 »en repos«); er ist das Ziel aller Wünsche und, wenn er eintreten sollte, kein Anlaß zu »Seufzern«. Durch die Opposition von »souhaits« und »soupirs« und die ausdrückliche Verneinung eines Gedankens, der nach den kriegstrunkenen und siegesbewußten Versen nicht zu erwarten war, erlangt dieser Vers besondere Intensität, die durch den folgenden Halbvers noch gesteigert wird. Damit ergibt sich als Opposition:

62	Nous	goûter	des plaisirs
64	Charles	jouir	en (la paix)

Die folgenden Verse enthalten eine boshafte Unterstellung: Karl II. könnte sich wie Ludwig XIV. durch Kriegstaten auszeichnen und auf diese Weise seinem Land Frieden schenken. Doch der irreal begonnene, auf Zukünftiges weisende Satz endet im Indikativ Präsens: »Bereits heute lebt England im Frieden«. Die damit insinuierte Überlegenheit Karls II. über Ludwig XIV. geht – auf dem Hintergrund einer langen Tradition des Herrscherlobes, in der La Fontaine mit dieser Passage steht – auch daraus hervor, daß Karl Kriegs- und Friedenskünste miteinander verbinden könnte (vgl. V. 64), während Ludwig XIV. trotz V. 61 f. nur Kriegsfürst ist: »le premier des Césars« (V. 70). Als besonders eindringlich erweist sich in den drei klimaxförmig angelegten abschließenden Fragen die Gegenüberstellung des Friedensfürsten Augustus und des Feldherrn Cäsar, die die vorher nicht ausgeführte Opposition zwischen dem Friedensfürsten Karl II. und dem Kriegsherrn Ludwig XIV. auf geschichtlich-mythologischer Ebene nun endlich gefahrlos durchführen. Die Entscheidungsfrage, die in einer Litotes Augustus über Cäsar stellt, überspielt die Herabsetzung des letzteren durch Hinzufügung zweier elativischer Attribute (»les fameux exploits du premier des Césars«). Durch bewußte Wiederholung und Intensivierung einzelner Ausdrücke kehren die Verse 71 und 72 sodann zum Anfang dieses Abschnittes (V. 54 und 55) zurück. Der kunstvolle Aufbau, seine zwar traditionelle Panegyrik und die alles beherrschende, zugunsten des englischen Königs entschiedene Opposition zwischen dem Friedensfürsten Karl II. und dem kriegerischen Ludwig XIV. machen diese Passage zu einem in der zeitgenössischen Literatur einmaligen Friedenshymnus. – Dabei wird die Einheit der bei erster Lektüre höchst heterogen anmutenden Fabel durch eine ›sanfte Stilführung‹ gesichert, die den Leser ›unvermerkt‹ von erkenntnistheoretischen Fragen über ein allgemeines zu einem konkreten Beispiel führt. An diesem werden sodann ›frühaufklärerische‹ Vernünftigkeit und empirisches Handeln demonstriert, die in einem von Krieg sich fernhaltenden England im Gegensatz zum kriegführenden Frankreich einen Nährboden finden, auf dem Wissenschaften und Künste gedeihen können.

Die La Fontaine als Ausgangspunkt der Fabel dienende Anekdote findet sich in dem satirischen Gedicht *The Elephant in the Moon*, das Samuel Butler (1612–80) gegen die Royal Society of London geschrieben hatte und das 1678 noch nicht veröffentlicht war. Doch konnte La Fontaine durch seine zahlreichen in England weilenden (teils dorthin geflohenen, teils verbannten) Freunde davon Kenntnis erlangt haben. Die Fabel ist Ausdruck eines von nun an wachsenden Interesses französischer Intellektueller an England (vgl. VIII 4 *Le pouvoir des fables*; XII 23 **Le renard anglais*).

Spitzer, »Die Kunst des Übergangs bei La Fontaine«.

E. R. Curtius, *Europäische Literatur und lateinisches Mittelalter*, Bern ^{2}1954, Kap. 9: »Helden und Herrscher«, S. 176 ff.

L. Petit, *La Fontaine et Saint-Évremond ou La tentation de l'Angleterre*, Toulouse 1953.

VIII 3 Le lion, le loup, et le renard

3 *abus:* bezeichnet entweder laut Académie »erreur« oder ist juristischer Fachausdruck in der Bedeutung von »empiètement« (›Eingriff, Übergriff‹).

5 *de tous arts:* der unterschiedlichsten Ausbildung, Schulen und Methoden, auch der offiziell nicht zugelassenen Schulmedizin.

9 *se tient clos et coi:* kann in doppelter Weise verstanden werden: 1. wie hier übersetzt, als tautologische Formulierung aus »avoir, tenir la bouche close« und »se tenir coi« im Sinne von »tranquille, qui ne fait point de bruit« (Richelet); 2. als Zusammenziehung zweier Vorgänge, d. h. »se tenir clos« – »in der Höhle eingeschlossen halten« (vgl. V. 12) und »se tenir coi«.

10 *en:* bezieht sich auf die Verben des Verses 9; das ›Fernbleiben‹ des Fuchses benutzt der Wolf, um daraus für sich beim König ›Hof zu machen‹.
daube: wörtl.: behandelt mit Faustschlägen; in übertragener Bedeutung synonym zu »médire«; vgl. auch V. 38.

Die vorliegende Fabel gehört mit *Les animaux malades de la peste* (VII 1), *La cour du lion* (VII 6) und *Les obsèques de la lionne* (VIII 14) zu den wichtigen Hoffabeln der 2. Sammlung und rundet mit diesen zusammen das ›Porträt‹ des Hofes ab. Strukturell verbindet sie daher zahlreiche Gemeinsamkeiten mit den genannten Fabeln: Ausgangspunkt der Handlung ist auch hier die Versammlung aller Tiere – vertreten durch die Ärzte der verschiedenen Gattungen – am Hof (V. 4–7); im Mittelpunkt des Geschehens hier ein »lion décrépit« (V. 1), der jedoch bereits in dem in Autorperspektive gesprochenen Vers 3 anthropomorphisiert wird; mit dem Hinweis auf den »coucher du Roi« (V. 10) erhält die Fabel sodann unübersehbar ein zeitgenössisches Lokalkolorit, das, ähnlich wie die Erwähnung des »Louvre« in *La cour du lion*, V. 14, auf den Hof Ludwigs XIV. verweist. Eine weitere wichtige Übereinstimmung besteht schließlich mit *Les obsèques de la lionne*: Beide Fabeln zeigen den König sozusagen als ›Publikum‹ einer erzählerischen Darbietung, mittels derer der Protagonist, durch Verleumdung in Gefahr geraten, doch die Gunst des Herrschers zurückgewinnt und sein Leben rettet. – *Le lion, le loup, et le renard* zielt auf eine ›Moral‹, die sich mit feierlicher Apostrophe an die »Herren Höflinge« richtet und der ähnliche Bedeutung zukommt wie der ›Definition‹ des Hofes in *Les obsèques de la lionne*, V. 17–23. Das hohe Maß solch zeitgenössischer Aktualisierung des traditionellen, auf Äsop zurückgehenden Fabelthemas zeigt sich besonders eindringlich beim Vergleich der ›Moralitäten‹: Äsops Fabel mündet in die allgemeine Lehre, daß der Betrüger oft in seine eigene Falle läuft. (Für eine weiterführende Interpretation vgl. Kommentar zu VIII 14 *Les obsèques de la lionne*).

VIII 4 Le pouvoir des fables

[Widmung] *Barillon:* Paul de B. ist von September 1677 bis 1688 französischer Botschafter am Hofe Karls II. von England.

7 f. *les débats / Du Lapin et de la Belette:* vgl. VII 15 *Le chat, la belette, et le petit lapin*; vgl. dort auch V. 46.

19 *Hydre:* Die Hydra von Lerna, ein schlangenartiges Gebilde, besaß neun Köpfe; schlug man ihr einen ab, wuchsen zwei nach. Herkules gelang es, sie zu überwältigen.

25 *Parnasse:* Gebirge bei Delphi; galt als Sitz Apolls und der Musen.

35 *Un Orateur:* nach Äsop der Redner Demades.

42 *fit parler les morts:* Er bediente sich der rhetorischen Figur der Prosopopeia, die Tote, Abwesende oder leblose Gegenstände als sprechend einführt.

44 *L'animal aux têtes frivoles:* Der Vergleich des Volkes mit einer vielköpfigen Hydra entstammt Horaz, *Epistulae* I 1,76; *frivole:* »Ce qui n'est d'aucune valeur, qui n'a rien de solide qui mérite qu'on le considère« (Furetière).

54 *Cérès:* Die Schutzgöttin Athens ist Pallas bzw. Minerva. Doch war Ceres in Attika aufgenommen worden, als sie auf der Suche

nach ihrer Tochter Proserpina den Einwohnern den Getreideanbau brachte; sie besaß ein Heiligtum in Eleusis.

60 *Philippe:* Philipp von Mazedonien, der Athen bedroht. Die Passage ist der *1. Philippica* des Demosthenes nachgebildet.

67 *Peau d'âne:* Die Geschichte von der Eselshaut ist Bestandteil der französischen Volksmärchentradition; Molière erwähnt sie in *Le Malade imaginaire* II 8; Perrault wird sein Märchen 1694 veröffentlichen.

Der politische Hintergrund der Fabel ist der gleiche wie der in *Un animal dans la lune* (VII 17): Das englische Parlament hatte 1674 einen Friedensschluß mit Holland erzwungen und drängte auf eine Koalition Englands mit den Niederlanden. Die Verse 18 ff. der Fabel verweisen auf den Kampf Frankreichs gegen die bisherige kontinentaleuropäische Koalition, bestehend aus den Niederlanden, Spanien, dem Reich und Schweden. Durch den Eintritt Englands in diese Koalition erwüchse Ludwig XIV. ein neuer Feind. Der französische König, mit Herkules gleichgesetzt, müßte erfahren, wie die Koalition seiner Feinde (»cette hydre«, V. 19) sich um einen Kopf vergrößerte. Am 10. Januar 1678 sieht sich Karl II. unter dem Druck der Öffentlichkeit gezwungen, mit den Niederlanden ein Bündnis zu schließen. Die Mission Barillons (»détourner ce coup«, V. 23) schlägt also fehl. Die Fabel ist nicht in gleicher Weise wie *Un animal dans la lune* ein Hymnus auf den Frieden. Doch ist auch hier die Sehnsucht nach Frieden zusammen mit der immer deutlicher werdenden Anglophilie des alternden La Fontaine das auslösende Moment. – Wichtig ist diese Fabel jedoch in erster Linie unter dem Gesichtspunkt der Fabelästhetik. Sie illustriert eine Form der Überredungskunst, die La Fontaine als der Gattung eigen und allein für erfolgversprechend ansieht. In einem antithetisch angelegten Bild wird im zweiten Teil der Fabel (V. 34–64) die Umstimmung und Gewinnung einer Zuhörerschaft exemplifiziert. In einer ersten Erzählbewegung schildert La Fontaine das auf unmittelbare Wirkung gerichtete Verhalten des Redners gegenüber seinen Zuhörern. Doch ist der doppelte, direkte Versuch der Überredung erfolglos (V. 34–38, 39–42). Der dann gewählte »autre tour«, die Erzählung einer Fabel, fesselt das Volk jedoch unmittelbar. Was dem Redner mit einer gesteigerten Rhetorik also nicht gelungen war, erreicht er mittels einer ›anspruchslosen‹ Fabel (V. 61–64). Vom Ende der Fabel ergibt sich ein Brückenschlag zu deren ›Prolog‹ (V. 1 ff.): Im gegensätzlichen Verhalten des Redners der Erzählung möge der Empfänger der Fabel einen Spiegel seines eigenen Verhaltens am englischen Hof sehen. Wie der Redner der Erzählung muß auch Barillon eine ganze Nation zu überzeugen versuchen. Ausgeschlossen, weil zur Erfolglosigkeit verurteilt, ist die Weise des »forcer les cœurs« (V. 37), von Erfolg gekrönt allein der »autre tour« (V. 48), und gerade dieser wird dem Empfänger im Prolog suggeriert. Dabei ergibt sich ein bis ins Wörtliche reichender Gegensatz (V. 21–23) zur ersten Vorgehensweise des Redners der Erzählung (V. 34–47): Dem »forcer les cœurs« mit den Mitteln der Rhetorik entspricht das »adoucir les cœurs« als empfehlenswerte Methode; dem »art tyrannique«, den »figures violentes« und dem »parler fortement« der Rhetorik steht das ›geschmeidigere‹ Verhalten eines »esprit plein de souplesse« gegenüber, der »par éloquence et par adresse« seinen Partner zu überzeugen sucht. – Die in *Le pouvoir des fables* entwickelte Fabelästhetik ist die unmittelbare Fortsetzung der in *Le bûcheron et Mercure* (V 1) und der Widmung der Bücher VII–XI (s. S. 108 f.) begonnenen poetologischen Selbstreflexion. Doch ist La Fontaines Position jetzt wesentlich entschiedener als früher: In doppelter – begrifflicher und bildhafter – Opposition illustriert *Le pouvoir des fables* die Möglichkeiten der Gattung an einem zeitgeschichtlich aktuellen Problem, und zwar in bewußterer Abgrenzung gegenüber einer ›Überredungskunst‹ (vgl. V 1 *Le bûcheron et Mercure*, V. 16: »attaquer avec des bras d'Hercule«, sowie hier »art tyrannique«, »figures violentes«), die nur scheinbar größeren Erfolg verspricht (vgl. zur Fortsetzung der Diskussion XI 7 *Le paysan du Danube* und XII 10 *L'écrevisse et sa fille*).

Grimm, »Le pouvoir des fables«.

VIII 11 Les deux amis

1 *Monomotapa:* Königreich der Kaffern, in Südafrika gelegen; nur in diesem fernen, exotischen Land finden sich wahre Freunde und wahre Freundschaft.

9 *Morphée:* Morpheus, der griechische Gott des Traumes. Er spendet den Menschen Schlaf, indem er sie mit einer Mohnblume berührt.

Wie die themenverwandte Fabel *Les deux pigeons* (IX 2) ist auch *Les deux amis* in Frankreich Zierstück unzähliger Fabel- bzw. Lyrikanthologien. Ihre unmittelbare Vorlage ist Pilpay, so daß es sich für

La Fontaine anbot, sein Idealbild einer vollkommenen Freundschaft ebenfalls in ein fernes Land zu verlegen. – Nach einer kurzen Einleitung (V. 1–4), in der das an *Le paysan du Danube* (XI 7) erinnernde Thema des »bon sauvage« ironisch mitschwingt, evoziert der Erzähler das für den Fabelkosmos zentrale Kontrastthema des Schlafes (vgl. VII 11 *L'homme qui court après la fortune, et l'homme qui l'attend dans son lit*), um sodann die Besorgnis des ersten Freundes zu zeigen (V. 5–9). Der dreifachen Reaktion des zweiten Freundes (V. 10) entsprechen drei klimaxförmig angeordnete Gegenfragen (V. 11–18), die durch die abschließende Antwort des ersten Freundes in ihrer Sensibilität noch überboten werden (V. 19–23). Die ›Moral‹ (V. 24–31), die in einer einleitenden Doppelfrage den Leser unmittelbar mit einbezieht, identifiziert, gewiß nicht zufällig, Freundschaft zweimal (V. 24 und 31) mit Liebe. Im Mittelpunkt steht jedoch das mit zarten Pinselstrichen entworfene Bild der ›wahren Freundschaft‹ (V. 26, vgl. auch V. 1). Der hier vorwiegend verwendete Alexandriner unterstreicht den fast feierlich anmutenden Charakter der Fabel. – Gern zitiert wird im Zusammenhang von *Les deux amis* Taines Satz: »Nul n'a parlé de l'amitié comme La Fontaine, avec une émotion si vraie et si intime« – »Niemand hat mit solch aufrichtiger und inniger Bewegtheit von der Freundschaft gesprochen wie La Fontaine« (*La Fontaine et ses Fables*, S. 30 f.). Dem ist nichts grundsätzlich Neues hinzuzufügen. Allerdings sollte auch immer die Kontrastfunktion berücksichtigt werden, die das Thema der Freundschaft (sowie das des Schlafes) und damit *Les deux amis* im Kontext der sie umgebenden Fabeln, aber auch in den Fabelbüchern insgesamt besitzt. *Les deux amis* folgt unmittelbar auf **L'ours et l'amateur des jardins*, eine Fabel, die ähnlich wie *Le pot de terre et le pot de fer* (V 2) die Gefahr einer Verbindung zwischen Ungleichen illustriert und mit der ›Moral‹ endet: »Rien n'est si dangereux qu'un ignorant ami; / Mieux vaudrait un sage ennemi« – »Nichts ist so gefährlich wie ein tölpelhafter Freund; / besser wäre da schon ein kluger Feind«. Beide Fabeln bilden also ein sich ergänzendes Diptychon der Freundschaft, das kompositorisch in etwa die Mitte des stark epikuräisch geprägten 8. Buches einnimmt und daher auch innerhalb dieses Buches wiederum in vielfältige Wechselbeziehungen eingebunden ist. Darüber hinaus verlängert *Les deux amis* thematisch die komplexe Fabel *L'homme qui court après la fortune, et l'homme qui l'attend dans son lit* (VII 11) und wird im 9. Buch in *Les deux pigeons* (XI 2) eine Fortsetzung finden. Innerhalb der 2. Fabelsammlung schließlich ist die Fabel die unmittelbare Fortsetzung von *Parole de Socrate* (IV 17) und hat hier ähnlich vielfältige Kontrastfunktionen. Ein besonders auffälliger Gegensatz ergibt sich dabei zum Existenzkampf der Höflinge in den Hoffabeln, und hier insbesondere zu den entsprechenden Fabeln des gleichen Buches, *Le lion, le loup, et le renard* (VIII 3) und *Les obsèques de la lionne* (VIII 14).

Couton, »Le livre épicurien des *Fables*«.
R. Faurisson, »La belle énigme des ›Deux amis‹ de La Fontaine (VIII 11)«, in: IL 24 (1972) S. 183–184.

VIII 14 Les obsèques de la lionne

23 *de simples ressorts:* Das Bild bezieht sich auf die kartesianische Theorie der »animaux-machines«, derzufolge die Tiere seelenlos wie die Triebfedern eines Uhrwerks agieren. In seinem **Discours à Madame de La Sablière* (Ende Buch IX) lehnt La Fontaine diese Theorie entschieden ab. Doch vgl. auch X 14 *Discours à Monsieur le Duc de La Rochefoucault* und XI 9 *Les souris et le chat-huant.*
30 *comme dit Salomon:* vgl. *Sprüche Salomos* 20,2: »Das Schrecken des Königs ist wie das Brüllen eines jungen Löwen.«
38 *mânes:* die Manen, römische Totengeister, die die Römer als ›gute Götter‹ verstanden.

Die vorliegende Fabel ist die komplexeste der sog. ›Hoffabeln‹ (vgl. VII 6 *La cour du lion* und VIII 3 *Le lion, le loup, et le renard*). Dies gilt zunächst hinsichtlich ihres Aufbaus. An einen Einleitungsteil (V. 1–16) schließt sich ein sieben Verse umfassender Erzählerkommentar (V. 17–23) an, auf den dann die eigentliche Fabelerzählung (V. 24–51) folgt, die wiederum eine vierzeilige ›Moral‹ beschließt (V. 52–55). Die doppelte Präsenz des Erzählers in ›Kommentar‹ und ›Moral‹ wird durch mehrere Interventionen wirksam gesteigert (V. 11, 14, 24 f., 28, 30 f.), so daß sich die Handlung selbst perspektivisch vielfältig gebrochen darbietet. – Zur Komplexität der Erzählstruktur kommt die des Inhalts: Wie schon in früheren Hoffabeln findet auch hier eine Zusammenkunft aller Tiere (V. 2 »chacun«) statt, und zwar ›in der Höhle des Löwen‹ (V. 13 »antre«). Doch stehen im Mittelpunkt nicht so sehr »la colère du Roi« (V. 30) und ein daraus sich ableitender eklatanter Rechtsbruch, der sich zwar anzubahnen droht, aber durch ein geschicktes Manöver des Hirschs vereitelt wird. Die abschließende ›Moral‹ ist nicht primär in

Fortsetzung des ›Kommentars‹ und wie die entsprechenden Schlußverse in *La cour du lion* an die Adresse der Höflinge gerichtet; sie hat vielmehr die Funktion einer poetologischen Selbstbestimmung La Fontaines, worauf bereits die entsprechenden Schlüsselwörter »songe/mensonge« hinweisen. Mit einer in den Fabeln seltenen Offenheit formuliert La Fontaine hier seine Strategie des Königslobs (vgl. V 19 *Le lion s'en allant en guerre* und XII 10 *L'écrevisse et sa fille*). Nicht nur seine Hoffabeln, sondern letztlich sein gesamtes Fabelwerk ist eine differenzierte Kritik an der Politik Ludwigs XIV. in nahezu allen ihren Manifestationen; und auch wenn sie sich in Form von »agréables mensonges« präsentiert, müßte sie den König notwendig mit Empörung erfüllen. Doch geschickt in Lob und Schmeicheleien verpackt, wird der ästhetisch zubereitete Köder verdaulich, d. h. die Kritik annehmbar gemacht und der Kritiker damit letztlich zum Freund des Kritisierten.

Besondere Aufmerksamkeit verdient die Fabel aufgrund der im Erzählerkommentar gegebenen ›Definition‹ des Hofes. Dessen Bezeichnung als »pays« erklärt sich für Couton (vgl. *La politique de La Fontaine*, Paris 1959, S. 25) als Übertragung aus der zeitgenössischen Kartenmode, deren bekanntestes Erzeugnis die »Carte du Pays de Tendre« (»Karte des Liebesreiches«, 1654) ist. Doch findet sich der Ausdruck bereits 1598 in Mathurin Régniers *Satire* III 77 ff. ebenfalls in einer ›Definition‹ des Hofes, die in formaler und inhaltlicher Hinsicht Ähnlichkeit mit derjenigen La Fontaines besitzt. Allgemeiner gesprochen, steht La Fontaine mit seiner Hofdefinition (und den entsprechenden Hoffabeln) in einer in die Antike zurückreichenden Tradition der literarischen Hofsatire (Horaz, *Epistulae* I 10; Vergil, *Georgica* II 458 ff.; Lucan, *Pharsalia* VIII 493 ff.), die ihre Kritik oft mit den gleichen Begriffen, Bildern und Metaphern artikuliert und die kaum ein Jahrzehnt nach Publikation der 2. Fabelsammlung im Kapitel »Du Souverain et de la République« von La Bruyères *Caractères* (1688) eine literarisch gleichwertige Fortsetzung finden wird. Verglichen mit den entsprechenden Darstellungen sind La Fontaines Fabeln allerdings wesentlich unerbittlicher und grausamer. Der Autor nutzt die Möglichkeit, die die Fabelgattung durch die Übertragung sämtlichen Geschehens in das Tierreich bietet, zum schonungslosen Nachweis des als amoralisch triebhaft verstandenen Charakters der menschlichen Natur voll aus.

Wie mit besonderer Eindringlichkeit *Le lion, le loup, et le renard* (VIII 3) zeigt, ist das Leben am Hof ein »bellum omnium contra omnes«, ein fortwährender Krieg aller gegen alle. Die Darstellung des Hofes vermittelt Couton »den Eindruck eines Dschungel(krieges), einer Welt ohne Mitleid, fern jeder Moral, allein den biologischen Kräften ausgeliefert« (»une impression de jungle, d'un monde impitoyable, étranger à la morale, livré aux seules forces biologiques«; *La politique de La Fontaine*, S. 27). Eine solche Interpretation geht, philosophisch, auf Thomas Hobbes' (1588–1679) bekannte Formel »homo homini lupus« (»der Mensch ist dem Menschen ein Wolf«) zurück, auf die sich La Fontaine in **Les compagnons d'Ulysse* (XII 1, V. 94) ausdrücklich beruft. Und auch der Prediger Jacques-Bénigne Bossuet (1627–1704) schreibt: »Les hommes, naturellement loups les uns aux autres« (»Die Menschen, von Natur aus einer dem anderen ein Wolf«; *Politique tirée des propres paroles de l'Écriture sainte*, 1679, VIII 4,2). Doch nichts wäre falscher, als in La Fontaines Hoffabeln wieder einmal nur literarisch gelungene Variationen traditioneller Themen und die Illustration einer scheinbar zeitlos gültigen pessimistischen Anthropologie sehen zu wollen. N. Elias hat die Struktur der »Höfischen Gesellschaft« unter Bezug auf die Epoche Ludwigs XIV. als eine streng hierarchisch geordnete »Konfiguration« beschrieben, deren einzelne Elemente durch ein Netzwerk von Interdependenzen eng miteinander verflochten sind. Das von La Fontaine entworfene Bild des Hofes erhebt zwar nirgends den Anspruch der systematischen Darstellung einer solchen Gesellschaft. Doch ist trotz seines skizzenhaften Charakters seine mimetische Funktion offenbar: An der Spitze des Tierreichs steht ein unumschränkter Herrscher, der seine theologisch legitimierte Macht (vgl. VII 6 *La cour du lion*, V. 1 f.) skrupellos ausnutzt. Selbstgefälligkeit, Eigensucht, Willkür und Ungerechtigkeit sind die ihn kennzeichnenden Züge. Kaum weniger negativ ist das Bild der ihn umgebenden Tiere, deren Charakterlosigkeit jedoch von oben her bedingt ist: Um bestehen zu können, bleibt ihnen nur die Möglichkeit der Anpassung und der Aufgabe der eigenen Identität. Die absolute Macht des Königs bedarf indes, um sich ihrer selbst zu versichern, immer wieder neu der Bestätigung gerade durch jene, die von ihr abhängig sind. So verstanden, sind La Fontaines Hoffabeln Ausdruck einer historisch präzis zu beschreibenden gesellschaftlichen Situation. Ihre Abfassung fällt in eine Zeit, da die Zentralisierung der Staatsgewalt in einer Hand zum Abschluß gekommen ist und sich die Monarchie, auf erste außenpolitische Erfolge gestützt, auch im Innern gefestigt hat. Eng damit verbunden ist die politische Entmachtung der alten Feudalaristokratie. Der Sturz Foucquets und sein sich über Jahre hinziehender

Prozeß erhalten vor diesem Hintergrund symbolische Bedeutung als ein zentrales Ereignis auf dem Wege der Überwindung überlieferter gesellschaftlicher Machtstrukturen. Hand in Hand mit der schrittweisen Domestizierung des Adels geht seine ständig wachsende materielle Abhängigkeit vom Königshof. Die Ausübung eines Berufs war dem Adel bei Androhung des Entzugs seiner Privilegien strengstens verboten. Die materiellen, speziell finanziellen Mittel des Großteils des Adels sind jedoch erschöpft. Am Hofe aber wird er zu ständigen Repräsentationsausgaben verpflichtet, zu denen das restliche Vermögen verwendet wird; und ist dieses ausgegeben, erhält er vom König entsprechende Geschenke, die die Abhängigkeit weiter vergrößern. Diese Maßnahmen zielen auf die endgültige politische Neutralisierung der alten Feudalaristokratie und sollen deren erneute Verbindung mit dem Bürgertum gegen die Monarchie wie in der Fronde verhindern. Aus dem einst unabhängigen Hochadel wird daher ein domestizierter Hofadel, dessen wesentliche Funktion darin besteht, sich selbst am Hofe zu repräsentieren. Und wie der Hofadel, um seinen Repräsentationspflichten nachzukommen, vom finanziellen Wohlwollen des Königs abhängt, folgt in diesem Interdependenzsystem für den König daraus die Pflicht, den Adel standesgemäß, und das heißt: anders als das Bürgertum, zu beschäftigen. Die zahllosen Kriege Ludwigs XIV. erklären sich großenteils aus solchen ›Systemzwängen‹: Kriegerische Leistungen sollen dem Adel die Illusion der Eigenständigkeit und Unersetzbarkeit geben. – Ein wichtiges Instrument der Institutionalisierung eines solch komplexen gesellschaftlichen Gebildes ist das ausgeklügelte Hofzeremoniell, das die Entfaltung einer klar gestuften Hierarchie ermöglicht. Denn dieses erst schafft die Möglichkeit, die seit dem Ende der Fronde ständig wachsende materielle Abhängigkeit des Feudaladels endgültig zu sanktionieren, indem die meisterliche Handhabung der Möglichkeiten eines solchen hierarchischen Systems seitens Ludwigs XIV. einen permanenten Konkurrenzdruck innerhalb des Hofadels zur Folge hat. So betrachtet, erfüllt das Hofzeremoniell eine wichtige Doppelfunktion: Es fördert die endgültige Domestizierung des Hofadels und dient zugleich der Systemsicherung des Absolutismus. – Das streng hierarchisch gegliederte Tierreich der La Fontaineschen Hoffabeln und die tödlichen Kämpfe, die sich seine Repräsentanten untereinander liefern, sind Abbild der hier skizzierten historischen Situation. Die Gründe für ein solch kritisches Hofporträt sind komplex und liegen zunächst in La Fontaines ungebrochenem persönlichen Freiheitsbedürfnis (vgl. I 5 *Le loup et le chien*); zu individualpsychologischen kommen jedoch zeitgeschichtliche Gründe hinzu: das allgemeine Nachlassen der anfänglichen Begeisterung für die Monarchie Ludwigs XIV. ab etwa dem Beginn des 2. Hollandfeldzuges (1672); und schließlich gibt es gruppenspezifische Gründe, d. h. die Übernahme der Perspektive des entmachteten, ›oppositionellen‹ Feudaladels, in dessen Kreisen La Fontaine vornehmlich verkehrt und der aus den angedeuteten Gründen heraus keine andere Möglichkeit sieht, als sich nolens volens den Zwängen der Höfischen Gesellschaft zu fügen.

Taine, *La Fontaine et ses Fables*, S. 73–161.
N. Elias, *Die höfische Gesellschaft*, Neuwied/Berlin 1969, S. 102–119, 178 bis 221.
A. Couprie, »Autour du thème de la Cour dans les *Fables* de La Fontaine: problèmes méthodologiques«, in: IL 32 (1980) S. 54–57.

VIII 16 L'horoscope

23 *inquiet:* vgl. IX 2 *Les deux pigeons*, Anm. zu V. 20.
30 *la laine et les pinceaux:* hier sinngemäß frei übersetzt, in Anlehnung an den zeitgenössischen Terminus technicus »lainer une tapisserie«; wörtl. etwa: Wollgerüst und Pinsel.
46 *chute:* wörtl.: Fall; Wort- und Bedeutungsspiel, durch das bereits auf V. 53 verwiesen wird.
64 *conjonction:* Als Konjunktion bezeichnet man das nahe Beieinanderstehen zweier Planeten.
67 *Jupiter le voulait ainsi:* Der Vers drückt den Gedanken eines imaginären Gesprächspartners aus, der ein Anhänger der Astrologie ist. »Jupiter« spielt mit der Doppelbedeutung ›antike Gottheit‹ und ›Planet‹. Gemeint ist hier der Planet. La Fontaine stellt ihn in seiner Entgegnung als einen aus einfachster, unbeseelter Materie (»sans connaissance«) gebildeten Körper vor; das entspricht der epikuräischen Lehre von einer hierarchisch gegliederten, vom Unbeseelten zum Beseelten aufsteigenden Welt aus Atomen.
76 *L'état où nous voyons l'Europe:* Anspielung auf die Hollandkriege; vgl. auch VII 17 *Un animal dans la lune*. Die Astrologen konnten ein solch unheilvolles Ereignis nicht voraussehen.
79–82 *L'immense éloignement . . . nos actions?:* Die Verse enthalten neue Einwände gegen die Astrologie; der folgende Halbvers drückt dagegen, wie V. 67, wiederum den Einwand eines ihrer Adepten aus.

Eine in Aufbau und Argumentation vielschichtige ›Doppelfabel‹, in der La Fontaine nach *L'astrologue qui se laisse tomber dans un puits* (II 13) und **Les devineresses* (VII 14) ein letztes Mal gegen die Astrologie und ihren unheilvollen Einfluß zu Felde zieht. Der Prozeß gegen die Marquise von Brinvillers (1630–76) hatte 1676 die Machenschaften von Wahrsagern und Giftmischern sowie die dazugehörige Kundschaft im Umkreis des Hofes ans Licht gebracht. Nach Erscheinen der 2. Fabelsammlung enthüllte ein weiterer Prozeß gegen die Wahrsagerin Voisin (1640–80) das ganze Ausmaß der sich von 1670 bis 1680 erstreckenden »Affaire des poisons«, in die einflußreiche Kreise des Hofes, u. a. Mme de Montespan, die Mätresse des Königs, sowie möglicherweise auch Racine und andere mehr, verstrickt waren. Daher wurden die Ermittlungen eingestellt; doch kam es zu vierunddreißig öffentlich vollstreckten Todesurteilen. – Auf diesem aktuellen Hintergrund greift La Fontaine ein aus der Tradition der epikuräischen Philosophie vertrautes Thema auf: die Unerschließbarkeit der Zukunft, die zu erforschen der epikuräische Weise sich ohnehin verbietet. Thesenförmig formuliert daher die einleitende ›Moral‹ (V. 1 f.) das Paradox, das bereits die Argumentation von *L'astrologue qui se laisse tomber dans un puits* strukturierte. Dieses wird sodann durch zwei aus der Antike bekannte Beispiele illustriert (V. 3–43, 44–54). Dabei besteht die Eigenheit der vorliegenden ›Doppelfabel‹ darin, daß beide Beispiele dem menschlichen Bereich entnommen sind, La Fontaine also nicht, wie in anderen Fällen (vgl. vor allem VII 4 **Le héron / La fille*), menschliches Verhalten sich in dem der Tiere spiegeln läßt. Den Beweisen auf Beispielebene folgt eine zweiteilige abschließende ›Moral‹, deren umfassender erster Teil (V. 55–86) aufgrund seines Gesprächscharakters der vorwiegend physikalisch-naturwissenschaftlichen Argumentation größeres Gewicht verleiht. Im Schlußteil (V. 87–92) verweist La Fontaine noch einmal auf die ›Doppeldeutigkeit‹ seiner Beispiele, die in logischer Hinsicht nichts anderes sind als ein gesteigertes Paradox. Die rationale Appellstruktur der Fabel entspricht hier, ähnlich wie in *L'astrologue qui se laisse tomber dans un puits*, ›frühaufklärerischen‹ Intentionen. Ab etwa 1680 werden Autoren wie Pierre Bayle und Fontenelle sich in ihrem Kampf gegen Aberglauben und verwandte Erscheinungen gleicher Argumentationsformen bedienen.

F. Funck-Brentano, *Le drame des poisons*, Paris 1899, ²1948.
G. Mongrédien, *Mme de Montespan et l'Affaire des poisons*, Paris 1953.

G. Tronquart, »Notule sur La Fontaine et l'astrologie«, in: *XVIIe Siècle* 60 (1963) S. 49–59.
B. S. Ridgely, »Astrology and Astronomy in the Fables of La Fontaine«, in: *Publications of the Modern Language Association of America* 80 (1965) S. 180–189.
P. Dandrey, »La fable double de ›L'horoscope‹. Une poétique implicite de La Fontaine«, in: *XVIIe Siècle* 31 (1979) S. 277–286.

VIII 24 L'éducation

1 *Laridon:* französische Transkription von lat. »laridum« (frz. »lard«).
18 *Tournebroches:* »Un nom qu'on donne à un chien qu'on a dressé à tourner une roue, dont le mouvement sert à tourner la broche« (Furetière).

Die Vorlage zu *L'éducation* ist vermutlich nicht Äsop, sondern Plutarch (um 50 – um 125 n. Chr.), *Moralia* I 5: Lykurg, der Gesetzgeber Spartas, zeigt am Beispiel zweier von gleichen Eltern abstammender Kinder, wie aufgrund von verschiedenen Ernährungsgewohnheiten sich der eine auf einen Hasen, der andere aber auf einen Suppennapf stürzt. Die daraus gezogene Lehre lautet, daß entsprechende Nahrung und Gewohnheiten, vor allem aber Disziplin notwendig seien, damit im Herzen des Menschen Tugend entstehen könne. Die Vorlage ist für La Fontaine Anlaß zur Erörterung der Frage der Erziehung, die für ihn als Fabeldichter besondere Bedeutung besitzt. Wenn der pädagogisch-moralische Anspruch der Fabelgattung, den La Fontaine in der Widmung der Bücher I–VI (s. S. 20) und auch in der *Prosawidmung und der *»Préface« der 1. Sammlung wie selbstverständlich hervorhebt, konkrete Bedeutung haben soll, liegt es nahe, dies auch mittels einer Fabel zu illustrieren. Aufschlußreich ist nun allerdings die Beobachtung, daß La Fontaine außer in *L'éducation* nirgends zu dieser Frage Stellung bezieht; hier kommt sein Erziehungspessimismus dafür um so unverhüllter zum Ausdruck. Wie zahlreiche Fabeln (vgl. IX 7 *La souris métamorphosée en fille*) zeigen, gehört es zu den Konstanten seines Denkens, »qu'on suit toujours ses aïeux et son père« (V. 21). Dies illustriert höchst anschaulich der Cäsar der vorliegenden Fabel. Die Nichtbefolgung einer vorgegebenen »nature« (V. 7 und 23; La Fontaine zieht im allgemeinen den Begriff »naturel« vor) ist dagegen immer nur im Negativen möglich, als Prozeß der Degenerierung (vgl. V. 14 und 22), nirgends jedoch die Steigerung oder Sublimierung eines schwachen oder gefährdeten Naturells. Dies ist auch der Tenor der Moralität V. 21–24. *L'éducation* ist eine der pessimistischsten Fabeln La Fontaines, deren ›Lehre‹ allen jenen zu denken geben sollte, die wie selbstverständlich von der pädagogisch-didaktischen Zielsetzung seiner Fabeln überzeugt sind. Der Tragweite des behandelten Gegenstandes entspricht in metrischer Hinsicht der ›hohe‹ Alexandriner, dessen sich La Fontaine hier bevorzugt bedient.

J.-P. Collinet, »La Fontaine et les problèmes de l'éducation«, in: *Le XVII*[e] *siècle et l'éducation. Actes du Colloque de Marseille 1971*, Marseille 1972, S. 143–152.

VIII 26 Démocrite et les Abdéritains

1 *Que j'ai toujours haï . . .!:* Übersetzung aus Horaz, *Oden* I 3,1: »Odi profanum vulgus et arceo«.

3 *milieux:* hier sinngemäß frei übersetzt; »milieu« ist als Fachterminus der Physik bzw. Optik in den Wörterbüchern des 17. Jh.s nicht belegt, jedoch in der *Encyclopédie* und in E. Littré, *Dictionnaire de la langue française* (unter Hinweis auf diesen Vers).

5 *Le maître d'Épicure:* Demokrit aus Abdera in Thrazien (um 460 – um 370) ist zusammen mit Leukippos (um 460 – um 370) der Begründer einer rein materialistischen, auf Atomen beruhenden Physik. Seine Lehre wurde von Epikur (um 341 – um 270) weiterentwickelt und von dessen ›Schüler‹, dem Römer Lukrez (um 98 – um 55), in dem Lehrgedicht *De rerum natura* dem Abendland in verbindlicher Form übermittelt.

16–18 *Aucun nombre . . . infinis:* La Fontaine hat diese Vorstellung nahezu wörtlich der Vorlage zu dieser Fabel entnommen (vgl. Kommentar).

23 *accorder les débats:* »débat« bezeichnet i. a. zivilrechtlich relevante Streitigkeiten, doch ist wahrscheinlich gemeint, daß Demokrit auch in politische Streitfragen schlichtend eingriff.

34 *Les labyrinthes d'un cerveau:* La Fontaines Quelle präzisiert, daß Demokrit das Gehirn sezierte, um die Gehirnwindungen zu studieren; zu deren Bezeichnung ist »labyrinthes« im 17. Jh. nicht belegt.

49 *Que sa voix est la voix de Dieu?:* Anspielung auf das lateinische Sprichwort »Vox populi, vox Dei«.

Eine programmatische Fabel, die einem Bekenntnis La Fontaines zur materialistischen Philosophie Demokrits bzw. Epikurs gleichkommt. Die einleitende und abschließende ›Moral‹ (V. 1–4, 45–49) orientiert die Fabel scheinbar in Richtung einer sich an Horaz inspirierenden Verurteilung des ›gemeinen Volkes‹. Dies entspricht epikuräischem Denken. Doch steht die Verwendung einer doppelten »moralité« hier im Dienste einer Strategie der Desorientierung, mittels derer La Fontaine die Aufmerksamkeit des Lesers vom eigentlichen Fabelkorpus ablenken möchte. Dieses wiederum besteht aus einer in zwei Teile sich gliedernden Darstellung der epikuräischen Philosophie: V. 5–24 führen in der der Satire eigenen Umkehrperspektive wichtige Elemente einer auf der Atomlehre beruhenden Physik ein: Erforschung des Universums, Pluralität der Welten, Unendlichkeit des Raumes; V. 25–44 vermitteln in der Darstellung der Begegnung der beiden ›Weisen‹ Hippokrates und Demokrit ein positives Bild der gleichen Philosophie, wobei deren drei Teilbereiche, wenngleich nicht systematisch dargestellt, so doch deutlich erkennbar werden: die Logik (vgl. V. 41 »esprit« im Zusammenhang der Verse 30–35); die Physik (vgl. V. 41 »l'homme« sowie V. 16 ff., d. h. insgesamt die Stellung des Menschen im Kosmos); die Ethik (vgl. V. 42 »la morale«). La Fontaines Quelle ist vermutlich die Sammlung der apokryphen Briefe des Hippokrates in den *Conférences d'Hippocrate et de Démocrite, traduites du grec en français avec un commentaire* von Marcellin Bompart, Paris 1632. Der erste Teil seiner Fabel entspricht dabei z. T. wörtlich (vgl. Anm. zu V. 16–18) dem ersten Brief, der zweite Teil dem achten (und letzten). Kennzeichnend für La Fontaines (›früh)aufklärerische‹ Haltung in naturwissenschaftlichen Fragen ist sein Hinweis auf Demokrits These von der »pluralité des mondes«, die Fontenelle 1686 in seinen *Entretiens sur la pluralité des mondes* vehement verteidigen wird; ferner die in V. 34 enthaltene Anspielung auf die von der fortschrittlichen Medizin seiner Zeit geübte Praxis des Sezierens (vgl. Anm. zu V. 34). Unter dem Vorwand und im Schutze einer Verurteilung des ›gemeinen Volkes‹ ist seine Fabel daher ein geschicktes und zugleich leidenschaftliches Plädoyer für die materialistische Philosophie Demokrits bzw. Epikurs und ihr auf Rationalität und Experiment beruhendes Erkenntnisethos. Beides entspricht zugleich den tiefsten Überzeugungen La Fontaines, dessen ›Engagement‹ nicht nur in der doppelten »moralité«, sondern auch in der dreimaligen Intervention von seiten des

Erzählers (V. 6–8, 27–29, 39) ihren stilistischen Niederschlag findet.

Grimm, »Stratégies de désorientation«.
– »La Fontaine, Lucrèce et l'épicurisme«.
G. Milhaud, »La Fontaine à l'avant-garde des sciences et de la philosophie«, in: *Europe* 515 (März 1972) S. 73–83.

IX 2 Les deux pigeons

12 *Qui:* vgl. I 10 *Le loup et l'agneau*, Anm. zu V. 7.
20 *l'humeur inquiète:* »humeur inquiet« bzw. »âme inquiète« (V. 80), »das unstete Naturell«, sind in der Sekundärliteratur Schlüsselbegriffe zur Charakterisierung des ›späten‹ La Fontaine; vgl. XII 15 *Le corbeau, la gazelle, la tortue, et le rat*, Anm. zur Widmung. – *inquiet:* »Se dit aussi d'un homme inconstant qui ne peut demeurer en une place; et de celui qui a l'humeur bouillonne et remuante« (Furetière).
40 *appas:* weibliche Reize, Verlockungen; Wortspiel mit *appât* ›Köder‹. Die Pluralbildung ist im 17. Jh. für beide Wörter oft identisch.
70 *quelquefois:* Im Sinne von ›einmal‹ ist das Wort im 17. Jh. veraltet, die Bedeutung wird hier jedoch vom Sinnzusammenhang nahegelegt.
76 *le fils de Cythère:* Cythera bezeichnet sowohl die Insel gleichen Namens wie auch die Liebesgöttin Aphrodite bzw. Venus; ihr Sohn ist Amor.

Obwohl zu den bekanntesten Fabeln La Fontaines zählend (schon Kleist hat sie, wenngleich mit großen Freiheiten, ins Deutsche übersetzt: *Phöbus. Ein Journal für die Kunst*, hrsg. von H. v. Kleist und A. H. Müller, Dresden 1808, Nachdr. Darmstadt 1961, S. 32–34) und Schmuckstück unzähliger Anthologien, haben *Les deux pigeons* die Interpreten vor scheinbar unlösbare Probleme gestellt: Wer sind die Protagonisten dieser Fabel? Sind es Liebende (V. 1) oder aber Brüder (V. 6, 16, 24)? Und wovon handelt sie? Von Freundschaft? Von Liebe? Oder von Freundschaft unter Brüdern, die einer Liebe gleicht? Die hier vorgelegte deutsche Fassung vergrößert die Verwirrung durch die Übersetzung von »frère« durch »Schwester« entsprechend dem weiblichen Geschlecht von dt. »die Taube« im Gegensatz zu frz. »le pigeon«. Ungeachtet solch philologischer Quisquilien kann jedoch kaum bezweifelt werden, daß

Les deux pigeons eine Liebesfabel ist. Dafür spricht zunächst die jahrhundertealte Tradition der Taubensymbolik, doch ebenso – und insbesondere – die Struktur der Fabel selbst: In einem weitgehend dialogisch gestalteten ersten Teil (V. 1–30) erfolgt die Schilderung einer bedrohten Liebesidylle, aus der einer der Liebenden, durch seine »âme inquiète« getrieben, zeitweilig ausbrechen möchte; im zentralen Mittelteil (V. 31–64) findet der Leser sodann die ›Beschreibung der Reise‹ (vgl. V. 26), auf der sich all jene bösen Vorahnungen bewahrheiten, mit denen die zurückgebliebene Taube zuvor gewarnt hatte. In anschaulichen Bildern entfaltet dieser Teil nacheinander die V. 14–17 geäußerten Befürchtungen, so daß auch die hier unternommene Reise, wie nahezu alle Reisen in den Fabeln, im Unglück zu enden droht. In dem mit einer doppelten Apostrophe ›An die Liebenden‹ beschwörend einsetzenden Schlußteil kontrastiert der Erzähler das zuvor dargestellte Beispiel eines von »humeur inquiète« bedrohten Liebesglücks mit der Erfahrung eigener, absoluter Liebe, die ihm in der Jugend vergönnt gewesen sei. Statt der zuvor dargestellten konkreten Reise »in ferne Länder« (V. 4) hätte sie ihm allenfalls eine solche »zu nahen Ufern« (V. 66) erlaubt. Dieser Evokation eigener erfüllter Jugendliebe (V. 65–77) steht sodann in den Schlußversen (V. 78–83) die Schilderung des gegenwärtigen Zustandes gegenüber: In vier symmetrisch um einen Ausruf gruppierten Fragen entwirft der alternde Erzähler von sich das Porträt einer rastlosen, von Liebessehnsucht getriebenen »âme inquiète«. Durch kunstvoll im Text verstreute Signale (vgl. z. B. »voyage«, V. 4, 26, 65; »humeur / âme inquiète«, V. 20 und 80) sowie durch parallel oder antithetisch angeordnete Bilder, Beschreibungen und Reflexionen bilden die Fabelerzählung und die Schlußreflexion eine notwendig miteinander verknüpfte Einheit, deren einziges Thema die Liebe ist. Von der Kritik ist oft »der Durchbruch persönlicher Lyrik in der so objektiven Dichtungsgattung der Fabel bewundert worden« (Spitzer, S. 91). Von den Schlußversen her betrachtet, ist die Fabel ein frühes Beispiel ›romantischer Bekenntnislyrik‹ des zum Zeitpunkt der Veröffentlichung achtundfünfzigjährigen La Fontaine (vgl. auch Anm. zu V. 20). Die vor allem in den Versen 70–78, doch auch anderweitig mit zahlreichen literarischen Reminiszenzen durchsetzte Fabel (so sind V. 5–15 ein Echo auf die Klage der von Vergil verlassenen Dido; vgl. Vergil, *Aeneis* IV 309–311) ist wie auch *Les deux amis* (VIII 2), *Le songe d'un habitant du Mogol* (XI 4), *Le corbeau, la gazelle, la tortue, et le rat* (XII 15) und *Le juge arbitre, l'hospitalier, et le solitaire* (XII 29) den ›positiven Gegenfabeln‹

zuzuordnen, die im Gesamtkosmos der Fabeln jenen Pol markieren, von dem aus deren ansonsten insgesamt kritisch-satirische Darstellung überhaupt erst möglich wird.

L. Spitzer, »›Les deux pigeons‹«, in: L. S., *Interpretationen zur Geschichte der französischen Lyrik*, Heidelberg 1961, S. 84–95.
Chupeau, »La Fontaine et le refus du voyage«.
Champigneul, »La Fontaine et les voyages par voie de terre«.
Soriano, »Amour et désir sous Louis XIV«.
M. Vincent, »Fragmented Lovers' Discourse: Textuality and Sexuality in La Fontaine's ›Les deux pigeons‹«, in: PFSCL 9 (1982) S. 675–690.
Defrenne, »Le stéréotype du voyage et son utilisation poétique et narrative dans l'œuvre de La Fontaine«.

IX 7 La souris métamorphosée en fille

10 *ciron:* Die Milbe wurde von der Naturwissenschaft des 17. Jh.s (Pascal, Gassendi) als kleinstes dem Auge sichtbares Lebewesen angesehen.
12 *Pythagore:* Die Neuplatoniker erklärten gewisse Elemente der Philosophie des Pythagoras, unter anderem die von ihm vertretene Lehre der Seelenwanderung, durch eine – vermutlich imaginäre – Reise nach Indien; vgl. auch XII 12 *Le milan, le roi, et le chasseur*, V. 84.
18 f. *le fils de Priam . . . la grecque beauté:* Priamus' Sohn Paris hatte Helena geraubt; daraus entstand der Trojanische Krieg.
34 *Borée:* Boreas, bei den Griechen ein rauher Nordwind.
57 *cet argument circulaire:* Wortspiel mit »circulaire«, insofern La Fontaine zunächst eine ›Kreisargumentation‹ vorführt, die von der Sonne ausgeht und wieder zu ihr zurückführt; zugleich deckt er im weiteren Verlauf V. 60 ff. einen ›Zirkelschluß‹ auf, den Furetière unter »cercle« wie folgt definiert: »Se dit aussi en logique, du vice d'un argument qui suppose le principe qu'il doit prouver.« In diesem logischen Sinn kennen die Wörterbücher des 17. Jh.s »circulaire« nicht.
69 *organe:* hier im Sinne von ›Organismus, Körper‹; vgl. V. 71 »ce corps bien organisé«.

Ausgangspunkt dieser auf eine Vorlage aus Pilpays *Livre des lumières* zurückgehenden Fabel ist der in ausführlichen Erzählerinterventionen (V. 3 f., 6–12) kommentierte Glaube der Hindus und Buddhisten an die Seelenwanderung. Den überraschenden Ausgang seiner Geschichte versieht der Erzähler unter Hinweis auf den Gedanken, kein Lebewesen könne je seinen Ursprung verleugnen, mit einem ironischen Kommentar (V. 45–50), um sodann den ›Sophismus‹ seiner Vorlage zu entlarven (V. 51–59). Der Nachweis der »fausseté« der Seelenwanderung, die mit der Aufdeckung von Pilpays Zirkelschluß erbracht worden ist (V. 60–63), führt ihn schließlich zu Überlegungen, in denen das ›System‹ der Seelenwanderung vorgestellt wird: Alle Lebewesen sind ›aus dem gleichen Holz geschnitzt‹, d. h. bestehen aus beseelter Materie (»trempe«, V. 67). Doch handeln sie ihrem Körperbau entsprechend unterschiedlich und besitzen vor allem verschiedene Seelen. In witziger Zuspitzung erklärt der Erzähler das Verhalten des ›Mäusemädchens‹ mit diesem wesensmäßigen Unterschied zwischen Mensch und Tier, und er sieht damit abschließend als erwiesen an, daß niemand seiner eigenen Natur entkommen kann. – In dieser komplexen Fabel gelingt La Fontaine der ›Beweis‹ (vgl. V. 59 und 63) zweier eng miteinander verknüpfter ›Thesen‹: die der Unveränderlichkeit eines einmal dem Menschen zuteil gewordenen »naturel« (V. 77 f.); und sodann die der ›Falschheit‹ der Seelenwanderung (V. 60 und 62) bei gleichzeitigem Festhalten an der Vorstellung einer hierarchisch gestuften, unterschiedlich beseelten ›Welt aus Atomen‹. – Vor allem aufgrund des letztgenannten Themas gehört die Fabel zur Gruppe jener philosophischen Fabeln, in denen La Fontaine, in mehr oder minder direkter Auseinandersetzung mit entsprechenden Thesen Descartes', den Tieren eine ›Seele‹ zuerkennt, d. h. die Fähigkeit, sich zu erinnern, zu empfinden, zu denken (vgl. X 14 *Discours à Monsieur le Duc de La Rochefoucault*; XI 9 *Les souris et le chat-huant*). In diesem Zusammenhang spielte in der zeitgenössischen Philosophie das Problem der Seelenwanderung eine große Rolle, denn ihr »System« (V. 64) kam der Vorstellung eines universal beseelten Kosmos in hohem Maße entgegen. Gassendi und Bernier widmeten ihr daher lange Ausführungen; La Fontaine vertritt auch in der vorliegenden Fabel die vor allem im **Discours à Madame de la Sablière* differenziert dargestellte These einer hierarchisch gestuften Weltordnung, in der Pflanze, Tier und Mensch – wenngleich wesensmäßig verschieden – ›beseelt‹ sind. In V. 67 ff. nimmt La Fontaine diese Argumentation in allerdings nur schwer verständlicher Verkürzung auf oder entfaltet sie erstmals (über die Chronologie der beiden Texte läßt sich nichts Verbindliches sagen). Hier wie dort ist dabei die Vorstellung einer Abhängigkeit der ›Seele‹ von dem sie beherbergenden »organe« (V. 69; vgl. *Discours*, V. 234) entscheidend. Die Ablehnung der Seelenwanderung ist daher nicht nur aufgrund des in der Fabelerzählung demonstrierten ›Zirkelschlusses‹ (V. 57) logischer, sondern grundsätzlicherer, ›ontologischer‹ Art. Auf der so geschaffenen Basis fällt es La Fontaine dann leicht, eines seiner Lieblingsthemen einzuführen: das der Unveränderlichkeit eines einmal gegebenen »naturel«. Dieser Gedanke spielt in zahlreichen Fabeln eine zentrale Rolle, was sich besonders deutlich durch einen Vergleich mit der thematisch fast identischen, erzähltechnisch jedoch eher traditionellen frühen Fabel **La chatte métamorphosée en femme* (II 18) ergibt. Weitere Abwandlungen des Themas finden sich in **L'ivrogne et sa femme* (III 7) sowie **La femme noyée* (III 16), doch ebenfalls in **Les devineresses* (VII 14), *L'éducation* VIII 24) und *L'écrevisse et sa fille* (XII 10), um nur die wichtigsten zu nennen. – Fragt man nach den Gründen für die Häufigkeit dieses Themas, so liegen sie möglicherweise in dem letztlich ›konservativen‹ Weltbild La Fontaines, in dem trotz vielfältiger und differenzierter Detailkritik die Möglichkeit radikaler Veränderungen keinen Raum findet. – Aufgrund ihrer formalen »diversité«: einleitend ein langsamer Erzählrhythmus, mit Erzählerinterventionen durchsetzt; sodann ein beschleunigter Erzählrhythmus mit Dominanz des Achtsilblers im zentralen Mittelteil, V. 21 ff.; dort ebenfalls eine sehr freie Reimgestaltung mit mehrfachen Binnenreimen; Vorherrschen des Alexandriners V. 45 ff. im Nachweis der »fausseté« der Seelenwanderung, einleitend durch einen doppelten Ausruf und eine den Leser einbeziehende Apostrophe ebenso intensiviert wie durch das verkürzende und beschleunigende Resümee im Mittelteil; sodann eine erneute rhythmische Beschleunigung der philosophischen Argumentation – aufgrund solcher »diversité« also, die die Gewichtigkeit der behandelten Themen (fast) überspielt, gehört *La souris métamorphosée en fille* zu den gelungensten philosophischen Fabeln der 2. Sammlung.

Busson, »La Fontaine et l'âme des bêtes«.

IX 11 Rien de trop

7 *Cérès:* römische Göttin des Ackerbaus.
8 *les guérets:* eigtl.: Brachland.
9 *En superfluités s'épandant:* wörtl.: weitet sich in Überflüssigem aus.

Der Titel der Fabel ist die Übersetzung einer schon den Apollontempel von Delphi schmückenden Inschrift, die sowohl Sokrates als auch den Sieben Weisen zugeschrieben wird und La Fontaine in der lateinischen Fassung »Ne quid nimis« von Jugend an vertraut gewesen sein dürfte. In ihrem moralphilosophischen Gehalt ist sie identisch mit der Horazschen Formel »Est modus in rebus« (»Es gibt ein Maß in allen Dingen«) sowie insbesondere mit dem Begriff der »mediocritas«, die beide im Werk des römischen Dichters eine zentrale Rolle spielen. Welche Bedeutung das Werk des Horaz (um 65 – um 8 v. Chr.), der wie La Fontaine überzeugter Epikuräer war, inhaltlich und stilistisch für La Fontaine gehabt hat, zeigen die Arbeiten von Spitzer und Marmier. Ausgangspunkt der La Fontaineschen Fabel ist also ein moralphilosophischer Gemeinplatz, der wie selbstverständlich auch in der Fabelliteratur seinen Niederschlag gefunden hat. So greift La Fontaine hier auf eine Fabel des italienischen Humanisten Laurentius Abstemius (15. Jh.) zurück, die er in seiner Hauptquelle, der *Mythologia Aesopica* des Isaak Nikolaus Nevelet (1610), gefunden hatte. Allerdings möchte Abstemius am Beispiel der gleichen Protagonisten zeigen, daß keine ›Maßlosigkeit‹ von unbegrenzter Dauer ist, sondern bald von ›Jupiter‹ bestraft wird. Im Vergleich zu dieser Vorlage ist La Fontaines Aussage sehr viel allgemeiner. Sowohl die Einleitung (V. 1–6) wie auch der Schluß (V. 25–28) haben verallgemeinernde Tendenz: Kein Lebewesen ist von der Beobachtung des Erzählers ausgenommen; die Maßverletzung gilt nicht nur im Negativen, sondern auch im Positiven (V. 6); Kleine und Große (V. 26) sollen sich angesprochen fühlen. Diese pessimistische ›Moral‹ veranschaulicht die Fabelerzählung, die in (scheinbar) hierarchischer Stufung von der Pflanze über das Tier zum Menschen ›emporsteigt‹, um in der ernüchternden Feststellung zu enden, der Mensch sei von allen Lebewesen das maßloseste. Die Verknüpfung der einzelnen Handlungselemente ist bei La Fontaine jedoch stringenter als bei Abstemius. Auf der Basis der in dem *Discours à Monsieur le Duc de La Rochefoucault* (X 14) und in *Les souris et le chat-huant* (XI 9) entfalteten materialistischen Philosophie Epikurs kann La Fontaine zwischen Mensch und Tier keinen grundsätzlichen Unterschied erkennen. Allerdings artikuliert sich in der vorliegenden Fabel ein ungleich radikalerer Pessimismus als in den zuvor genannten (vgl. auch XII 8 *La querelle des chiens et des chats, et celle des chats et des souris*). – Ein konkreter Anlaß zur Abfassung von *Rien de trop* läßt sich nicht ausmachen. Doch gehört das Thema der Maßverletzung bzw., positiv gewendet, der »médiocrité« (›Goldene Mitte‹; lat. »aurea mediocritas«) zu jenen Themen, die unmittelbar kennzeichnend sind für das geistig-moralische Porträt La Fontaines, und es hat innerhalb des gesamten Fabelkosmos normgebende Funktion (vgl. VII 5 **Les souhaits*). Ohne dabei jeweils explizit präsent zu sein, bildet es den philosophisch begründeten, positiven Gegenpol zahlreicher Fabeln, insbesondere der Reise- und Handelsfabeln (vgl. VII 11 *L'homme qui court après la fortune, et l'homme qui l'attend dans son lit*), doch ebenso zahlreicher Hoffabeln (vgl. X 9 *Le berger et le roi*).

Spitzer, »Die Kunst des Übergangs bei La Fontaine«.
J. Marmier, *Horace en France, au dix-septième siècle*, Paris 1962, S. 245–259, 311–339.
F. Schalk, »Mediocritas im Romanischen«, in: F. S., *Exempla romanischer Wortgeschichte*, Frankfurt a. M. 1966, S. 211–254.
Grimm, »La Fontaine, Lucrèce et l'épicurisme«.

IX 15 Le mari, la femme, et le voleur

32–34 *cet amant ... à travers la flamme:* Die Verse gehen auf eine authentische Anekdote zurück, die Tallemant des Réaux (1619 bis 1692) in seinen *Historiettes* erzählt. Jean de Villa Mediana, Dichter und Edelmann, ließ aus Liebe zu Elisabeth von Frankreich, der Frau Philipps IV. von Spanien, das Gebäude, in dem sie sich anläßlich einer Theateraufführung befand, anzünden, »afin de pouvoir l'embrasser impunément«, während er sie rettete und ihr seine Leidenschaft gestand. Aus Eifersucht ließ der König ihn 1621 töten.

Gattungsmäßig gehört *Le mari, la femme, et le voleur* zur kleinen Gruppe jener ›Erzählfabeln‹ (»fable-conte«), deren Protagonisten ausschließlich Menschen sind und die aufgrund ihres ›gauloisen‹ Charakters und ihrer misogynen Tendenz der Tradition der Fabliaux zuzuordnen sind (vgl. VI 21 **La jeune veuve* und VII 2 **Le mal marié*). Obwohl ihre Vorlage Pilpays *Livre des lumières* entstammt, könnte sie daher ebensogut in einer der entsprechenden Sammlungen von La Fontaines *Contes et nouvelles* erscheinen. Der ›gauloise‹ Charakter der Fabel ist vermutlich der Grund dafür, daß sie in keiner bisherigen Anthologie von La Fontaines Fabeln zu finden ist und mitunter selbst in Gesamtausgaben (offensichtlich aus Schicklichkeitsgründen) ausgelassen wird (vgl. die ansonsten vorzügliche Ausgabe der Fabeln von R. Radouant, Paris 1929). – Der

Aufbau der Fabel ist von einer für eine gute Erzählung bzw. Novelle prototypischen Klarheit und Linearität: Einführung der Protagonisten (V. 1 f.); allgemeine Beschreibung der Ausgangssituation bzw. des Verhältnisses zwischen Mann und Frau (V. 3–8); Reflexionen des Erzählers (V. 9–15); Hinführung auf die »sich ereignete unerhörte Begebenheit« (so Goethes Novellendefinition im Gespräch mit Eckermann vom 29. Januar 1827) und deren Folgen (V. 16–28); die ›Moral‹ der Erzählung (V. 28–31); schließlich eine zweite, kürzere Erzählung zur Bekräftigung dieser ›Moral‹ (V. 32–34), an die sich eine zweite ›Moral‹ anschließt (V. 35–38). Aufgrund der Komplementärerzählung und ihrer ›Moral‹ kann die Fabel der Gruppe der ›Doppelfabeln‹ zugeordnet werden, obwohl sie die Komplexität und Qualität dieser Fabelkategorie nicht erreicht (vgl. I 15 *La mort et le malheureux* und I 16 *La mort et le bûcheron*). – Inhaltlich verdient die Fabel Beachtung, weil sie wie keine andere das ›Lob der Torheit‹ singt. Ausgangspunkt der Handlung ist die Aufzählung einer Fülle von Widersprüchlichkeiten: Ein verliebter Ehemann; verliebt noch dazu in seine eigene Frau; zwar ist er »jouissant« und doch zugleich »malheureux«; so klagt er über die Lieblosigkeit der Frau, obwohl er wissen müßte, daß Liebe und Ehe sich ausschließen; dazu eine Frau, die sich der Liebe nicht verweigert, obwohl sie ihren Mann nicht liebt; dies alles gipfelnd in den Widersprüchen der ›unerhörten Begebenheit‹: Die nächtliche Szene im Ehebett, bei der der Ehemann, trotz des ›Genusses ehelicher Rechte‹ unglücklich, endlich bei Auftauchen des Diebes das langersehnte Glück erfährt, das zugleich sein materielles Unglück (und seinen Untergang?) bedeutet. Ihren Höhepunkt hat die Geschichte daher in der Anrede des Diebes von seiten des Ehemannes als »ami voleur« und der Einladung, er möge sich materiell an seinem Hab und Gut einschließlich des Hauses schadlos halten. Die folgende Anekdote illustriert ein zweites Mal dies ›Lob der Torheit‹ an einem aktuellen, allseits bekannten Beispiel. Zugleich drückt der Erzähler (La Fontaine) in einer für ihn typisch gedämpften Form seine Freude an diesem letzten »conte« aus (vgl. das doppeldeutige »emporter« in V. 34 und 35). In der anschließenden völkerpsychologischen Überlegung, deren Aktualität aus den engen familiären und politischen Verflechtungen zwischen der französischen und der spanischen Monarchie resultiert, ordnet er ein letztes Mal, wie schon an anderer Stelle, spanische »grandeur« bzw. »orgueil fou« französischer »folie« bzw. »sotte vanité« über (vgl. VIII 15 **Le rat et l'éléphant*, V. 1–8).

In einem grundlegenden Aufsatz hat M. Soriano auf die zentrale Bedeutung des Themas der »folie« in den Fabeln La Fontaines hingewiesen. Das Attribut »fou, fol, folle« sowie das Substantiv »la folie« qualifizieren in den Fabeln ein Verhalten jenseits der zeitgenössischen ›höfischen‹ Normen der »honnêteté«, besonders aber jenseits der »raison«; »folie« signalisiert daher den Gegenpol zu »sagesse« und »raison«. In der Darstellung der zahllosen »fous« seiner Fabeln macht La Fontaine also ein jenseits der genannten Normen angesiedeltes Verhalten lächerlich. Andererseits kommen mittels der »folie« häufig genug machtvolle, meist tabuisierte Bereiche des Unbewußten zum Ausdruck, die jedoch unmittelbar dem Verdikt der »raison« unterworfen werden. *Le mari, la femme, et le voleur* ist nun zusammen mit **Le fou qui vend la sagesse* (IX 8) innerhalb der zwölf Fabelbücher das einzige Beispiel, das mit einem Triumph der »folie« endet, die vom Erzähler noch dazu ausdrücklich gutgeheißen wird. In diesem Außer-Kraft-Setzen zeittypischer Normen, und das heißt in der Befreiung des Individuums von kollektiven Zwängen, bestehen daher die Einzigartigkeit und die Bedeutung der vorliegenden Fabel. Intensiviert wird ihre Aussage noch dadurch, daß das ›Lob der Torheit‹ bzw. der Akt der Emanzipation ausgerechnet in jenem Bereich illustriert wird, der von alters her das Mißtrauen der Epikuräer – und also auch La Fontaines – verdient, dem der Liebe (vgl. IV 1 **Le lion amoureux* und XII 15 *Le corbeau, la gazelle, la tortue, et le rat*). – Abschließend sei auf die strukturelle Nähe der vorliegenden Fabel zu den sog. Traumfabeln verwiesen (vgl. VII 9 *La laitière et le pot au lait*): Während die zahlreichen Träume der Fabeln meist mit dem ernüchternden Absturz in die Wirklichkeit ein jähes Ende finden, vollziehen die »histoires de fous« der vorliegenden Fabel allen Anfechtungen und Widersprüchen der »raison« zum Trotz in einem vom Erzähler ausdrücklich gebilligten Akt des »emportement« die Befreiung von gesellschaftlichen Zwängen und ermöglichen damit ein bisher für verboten erachtetes Glück.

Soriano, »Les histoires de fous chez La Fontaine«.
Collinet, »L'image de la femme«.

X 2 La tortue et les deux canards

10 *République:* Furetière und Richelet definieren das Wort übereinstimmend im heute üblichen Sinn von »État ou Gouvernement populaire«. Vor allem auf die ›demokratischen‹ Niederlande, den (handels)politischen Erbfeind Frankreichs, fand der Begriff Anwendung.

24 *Oison:* wörtl.: kleine Gans; La Fontaine unterscheidet gelegentlich nicht eindeutig zwischen Ente und Gans, Maus und Ratte usw.

Nach Indien und Japan (vgl. VII 11 *L'homme qui court après la fortune, et l'homme qui l'attend dans son lit* und VII 13 *L'ingratitude et l'injustice des hommes envers la fortune*) tritt im 10. Buch Amerika als Reiseziel in den Vordergrund (vgl. X 15 *Le marchand, le gentilhomme, le pâtre, et le fils de roi*). Damit verlagert sich zugleich die kritische Intention. Standen in den Fabeln des 7. Buches Colberts Wirtschaftspolitik und damit implizit La Fontaine bedrohlich erscheinende Veränderungen der Sozialstruktur seiner Zeit im Mittelpunkt, so wird die Reise jetzt zur weltumspannenden Erkundung, die die Relativierung vertrauter Lebensformen nahelegt. – Die Protagonisten der vorliegenden Fabel entstammen erstmals im Zusammenhang des Reisethemas dem Tierreich. Doch auch ihre Reise, hier utopisch als Luftreise vorgestellt, endet mit einer Katastrophe: Aus Unvorsichtigkeit, Eitelkeit und Schwatzsucht findet die Schildkröte den Tod. Damit erhält die Fabel von ihrem Ende her eine starke moralphilosophische Note. Allerdings wird mit dem Tod der Schildkröte nicht ›die Neugier‹ schlechthin bestraft, sondern allein eine selbstgefällige »vaine curiosité« (V. 34), die im Gegensatz steht zu derjenigen des wißbegierigen Odysseus, der aus einer solchen weltumspannenden Reise zu »profitieren« (V. 11) in der Lage wäre. Um dies anzudeuten, bedient sich La Fontaine des beliebten Stilmittels der »demokratischen Aufzählung« (Spitzer), die es ihm V. 10 ff. gestattet, die Staatsformen der Republik und der Monarchie unvermittelt nebeneinander zu rücken und so indirekt seinen Leser zum Vergleich einzuladen. Beides ist also für diese späte Fabel kennzeichnend: Die sozusagen en passant suggerierte Gleichwertigkeit gegensätzlicher Staatsformen, aus deren Vergleich ein kluger Reisender Nutzen zu ziehen vermag, und die eher traditionelle, moralphilosophische Verurteilung individueller Aufgeblähtheit und Selbstgefälligkeit.

X 9 Le berger et le roi

1 *démons:* »Certains esprits ou génies qui apparaissent aux hommes, tantôt pour leur servir, tantôt pour leur nuire« (Furetière).
15 *Pasteur de gens:* eine der Bibel und Homer entlehnte Vorstellung und Formulierung; »pasteur de peuples« im Frz. geläufiger.
22 *en:* bezieht sich auf V. 15–17.
37 *aventure:* überraschend eintretendes Ereignis, dessen Qualität attributiv oder durch den Kontext bestimmt werden muß; »aventure heureuse, bizarre, étrange« (Académie).
59 *médiocrité:* Mittelmäßigkeit im Sinne von lat. »aurea mediocritas« (›die goldene, gute, gesunde Mitte‹); »ce qui n'a ni excès ni défaut« (Furetière).
65 *machineurs:* vermutlich von La Fontaine nach *machinateur* gebildet.

Die Fabel gehört zu jenen längeren philosophischen Fabeln des 10. Buches, in denen nicht nur die Stellung des Menschen im Kosmos und sein Verhältnis zu den Tieren erörtert werden (vgl. X 1 **L'homme et la couleuvre* sowie insbesondere X 14 *Discours à Monsieur le Duc de La Rochefoucault*), sondern ebenso solche der individuellen Lebensführung, und d. h. auch der Stellung des einzelnen in der Gemeinschaft. Aufgrund der Kritik an den Hofintrigen (V. 52 ff., 65) gehört sie zum einen zur Gruppe der Hoffabeln (vgl. VI 14 *Le lion malade et le renard* u. a. m.), zum anderen aber illustriert sie epikuräisches Gedankengut: das Lob der »aurea mediocritas« (V. 59) und damit einhergehend den Wahlspruch der französischen Epikuranhänger: »Pour vivre heureux, vivons cachés!« – Die in ihrem Aufbau klare Fabel, in der entsprechend der Gewichtigkeit des Gehalts der Alexandriner dominiert, ist vermutlich ein spätes Echo auf La Fontaines Foucquet-Erlebnis. Das bestätigen nicht nur überraschende Übereinstimmungen mit *Le renard et l'écureuil* (s. S. 258 f.) im Wort- und Bildmaterial, vor allem die Verwendung des gleichen Reimschemas »faîte – tête« (V. 75 f. zu V. 10 f.); auch der Hinweis in V. 10 (er gehört in den Katalog der Desorientierungsstrategien La Fontaines) ist trotz ausdrücklicher gegenteiliger Versicherung eher ein Beweis für die ungebrochene Aktualität des Themas, das hier allerdings, wie auch die abschließende Frage in V. 76 f. zeigt, eine allgemein gültige Gestaltung erfährt.

F. Schalk, »Mediocritas im Romanischen«, in: F. S., *Exempla romanischer Wortgeschichte*, Frankfurt a. M. 1966, S. 211–254.
Grimm, »La Fontaine, Lucrèce et l'épicurisme«.

X 14 Discours à Monsieur le Duc de La Rochefoucault

[Untertitel] *Les lapins:* Herausgebertitel, der erst ab 1709 vereinzelt in einigen Ausgaben zu finden ist.
4 *ces gens-là:* bezieht sich generalisierend auf V. 2 »L'homme«. Eine Übersetzung des ersten Halbverses »Le Roi de ces gens-là« etwa durch »Der Herr der Schöpfung« ist daher, wenngleich stilistisch verlockend, sinngemäß falsch.
17 *qui n'y pensait guère:* wörtl.: der kaum darauf gefaßt war.

Dieser *Discours* ist die unmittelbare Fortsetzung und Ergänzung des das 9. Buch beschließenden **Discours à Madame de La Sablière* (vgl. XII 15 *Le corbeau, la gazelle, la tourtue, et le rat*, Anm. zur Widmung), der den erläuternden Untertitel »Sur l'âme des animaux« – »Über die Seele der Tiere« erhalten hat. Philosophisch betrachtet geht es in den beiden *Discours* um das gleiche Problem: den Nachweis der ›Beseeltheit‹ der Tiere, und das heißt weiter der Beseeltheit der Materie insgesamt. Auf der Basis eines von Epikur entwickelten und von Lukrez dem Abendland als System übermittelten materialistischen Weltbildes, das von Pierre Gassendi (1592–1655) übernommen und mit Rücksicht auf die zeitgenössische Theologie abgemildert für das ›christliche‹ 17. Jh. (unter starken Vorbehalten) annehmbar gemacht worden war, entwickelt La Fontaine im **Discours à Madame de La Sablière* die Vorstellung einer hierarchisch gestuften und unterschiedlich beseelten ›Welt aus Atomen‹ (so der deutsche Titel von Lukrez' Lehrgedicht *De rerum natura*), in der den Tieren, in deutlichem Gegensatz zu Vorstellungen, die Descartes vertreten hatte, die Fähigkeiten zu denken, zu fühlen, sich zu erinnern und sogar vorausschauend zu planen, zugestanden werden (vgl. XI 9 *Les souris et le chat-huant*). Diese Gedanken greift La Fontaine im vorliegenden *Discours* wieder auf, ohne sie indes weiterzuentwikkeln; doch insistiert er hier klarer als in dem Mme de La Sablière gewidmeten *Discours* auf der aus solcher materialistischen Weltsicht sich ergebenden Gleichheit des menschlichen Verhaltens mit dem der Tiere.
Auf den mit dem *Discours à Monsieur le Duc de La Rochefoucault* erhobenen philosophischen, logisch-›diskursiven‹ Anspruch weist der Begriff »discours« hin, der in deutlicher Anlehnung etwa an Descartes' *Discours de la méthode* (1637) gewählt worden sein dürfte. »discours« und verwandte Begriffe wie »harangue« und »éloquence« haben für La Fontaine grundsätzlich negative Konno-

tationen (vgl. XI 7 *Le paysan du Danube*). Daher ist er auch hier darauf bedacht, dem im »discours«-Begriff (vgl. V. 52 und 57) enthaltenen philosophischen und rhetorischen Anspruch gerecht zu werden, indem er seine ›Beweise‹ (V. 9 und 52) ebenso wie in den anderen Fabeln in Form von Bildern und Vergleichen vorbringt. Dabei deckt der von dem Herausgeber Charpentier (1709) dem *Discours* beigegebene Untertitel (der später oft zum Allein- oder Obertitel wurde) nur einen Aspekt der La Fontaineschen Argumentation ab.

Der *Discours* ist dem Herzog von La Rochefoucauld (1613–80) gewidmet, Verfasser von Maximen und Reflexionen, die wegen ihrer oft vieldeutigen Kürze die Bewunderung der Zeitgenossen hervorriefen. Die poetologisch wichtigen Verse 52 ff. sind als eine entsprechende Anspielung zu verstehen: La Fontaine möchte auch seinem philosophischen »discours« – wie seinen Fabeln überhaupt – die gleiche prägnante Kürze geben, wie sie den *Maximen* La Rochefoucaulds eignet. Im übrigen hatte La Fontaine dem mit ihm befreundeten La Rochefoucauld, dessen skeptisches Welt- und Menschenbild er teilte, bereits die Fabel **L'homme et son image* (I 11) gewidmet (vgl. V. 63 f.). Die neuerliche Widmung des *Discours* ist nun darin begründet, daß dessen zentraler Gedanke: ›die Menschen verhalten sich untereinander wie die Tiere‹, von La Rochefoucauld stammt (V. 70). Dessen erst nach seinem Tode publizierte *Réflexions diverses* enthalten die Abhandlung »Du rapport des hommes avec les bêtes«, in der der Autor unzählige Tierarten Revue passieren läßt, Differenzierungen vornimmt und Parallelen zwischen dem Verhalten von Menschen und Tieren zieht. Aus dem umfangreichen ›Bestiarium‹ La Rochefoucaulds greift La Fontaine, der den Text im Manuskript gelesen haben dürfte, nur zwei Beispiele heraus, und zwar in umgekehrter Reihenfolge: zuerst das der Hasen, die unfähig sind, aus Erfahrungen zu lernen; sodann das der Hunde, die mit wütendem Gekläff ihren Besitz gegen Eindringlinge verteidigen. Um der Kürze und Prägnanz der Beweisführung willen verzichtet La Fontaine auf eine Häufung der Beispiele, wie er sie bei La Rochefoucauld vorgefunden hatte (V. 52). – Daraus ergibt sich folgender Aufbau des *Discours*: In einer kurzen Einleitung (V. 1–9) skizziert der Erzähler, von der Beobachtung des gleichen Verhaltens bei Mensch und Tier ausgehend, die philosophische Ausgangsbasis seiner Fabel: die Beseeltheit der gesamten Natur. Es folgt das liebevoll ausgeschmückte Beispiel der Hasen, dem sich die unmittelbare ›Anwendung‹ auf die Menschen anschließt (V. 10–27, 28–34);

die Parallelität zwischen den unvorsichtigen Verhaltensweisen von Mensch und Tier wird dabei durch die Wiederholung von »sous les mains« (V. 27 und 34) auch sprachlich signalisiert (was in der Übersetzung nicht wiedergegeben werden konnte). Das ›Beispiel‹ der Hasen leitet zu einer kürzer gefaßten ›allgemeinen Beobachtung‹ (V. 35) über, die der Autor an den Hunden illustriert, deren Verhalten – unter einer Fülle aktueller Bezüge – auf das Verhalten der Menschen übertragen wird (V. 36–51). Auch hier signalisiert die Wiederholung von »intérêt« (V. 40 und 43) auf sprachlicher Ebene das identische Verhalten von Mensch und Tier. Die bereits erwähnte ›poetologische‹ Überleitung (V. 52–57) führt abschließend zur prunkvoll ausgestatteten Huldigung La Rochefoucaulds, die den rhetorischen Erfordernissen der Peroratio eines »discours« vollauf entspricht und in ihrer ›Direktheit‹ in sorgfältig erarbeitetem stilistischem Gegensatz steht zu der ansonsten ›indirekten‹ Stilführung des Erzählers innerhalb der Fabel. Mit Recht gilt daher der *Discours à Monsieur le Duc de La Rochefoucault* ästhetisch als eine der gelungensten ›Doppelfabeln‹ La Fontaines, die das Fundament liefert, auf dem die »hundertaktige Menschheitskomödie« (*Le bûcheron et Mercure*, V 1, V. 27) der Fabeln philosophisch basiert. Historisch-soziologisch begründet ist die hier sich offenbarende pessimistische Welt- und Menschensicht, die nicht das Tier aus der überlegenen Perspektive des Menschen definiert, sondern gerade umgekehrt (vgl. auch X 1 **L'homme et la couleuvre* und XII 8 *La querelle des chiens et des chats, et celle des chats et des souris*), zu einem großen Teil in den in der ›Höfischen Gesellschaft‹ gemachten Beobachtungen (vgl. VIII 14 *Les obsèques de la lionne*). Auch die ästhetische Vollkommenheit des *Discours* vermag indes über ihren abgrundtiefen Pessimismus nicht hinwegzutäuschen.

Jasinski, »Sur la philosophie de La Fontaine«.
– »Encore La Fontaine et Bernier«.
H. Busson, »La Fontaine et l'âme des bêtes«.
– »À propos de ›La Fontaine et Bernier‹«.
– / F. Gohin (Hrsg.), *La Fontaine, »Discours à Madame de La Sablière« (Sur l'âme des animaux). Commentaire littéraire et philosophique*, Paris 1938, ²1950.
Ph. A. Wadsworth, »La Fontaine et La Rochefoucauld«, in: *The Romanic Review* 46 (1955) S. 241–249.
J.-P. Collinet, *Le monde littéraire de La Fontaine*, Paris 1970, S. 218–220.
Grimm, »La Fontaine, Lucrèce et l'épicurisme«.

X 15 Le marchand, le gentilhomme, le pâtre, et le fils de roi

4 *Bélisaire:* Belisar (um 500–565), byzantinischer Feldherr, der seinen Lebensunterhalt erbetteln mußte, nachdem Kaiser Justinian (527–565) ihm sein Vertrauen entzogen hatte.
8 *points:* hier: Fachausdruck der Astronomie, der die Sternenkonstellation zum Zeitpunkt der Geburt eines Menschen bezeichnet.
14 *leur aventure passée:* vgl. X 9 *Le berger et le roi*, V. 37.
31 *l'Inde:* Amerika insgesamt, nicht nur Mittelamerika, das Kolumbus auf seiner Reise nach Indien entdeckt hatte, behielt lange den Namen »Indes« bzw. »Indes occidentales«; vgl. auch V. 25.
32 *jargon:* »Une langue factice dont les gens d'une même cabale conviennent afin qu'on ne les entende pas, tandis qu'ils s'entendent bien entr'eux« (Furetière).

Die in ihrem Aufbau klar gegliederte Fabel (V. 1–48 eine linear erzählte Geschichte mit einer eingelagerten Erzählerintervention: V. 19–23; V. 49–52 die abschließende ›Moral‹) gehört aufgrund ihrer thematischen Komplexität sowohl zu den Reise- und Handelsfabeln (vgl. IV 2 *Le berger et la mer*) als auch zu den Sozialfabeln (vgl. I 16 *La mort et le bûcheron*), doch schließlich ebenso zu den ›Königsfabeln‹ (vgl. III 2 *Les membres et l'estomac*). Der Königssohn, der nur die Staatslehre unterrichten kann, ist in der ausweglosen Situation der Schiffbrüchigen ebenso überflüssig wie der Adelige, der eine Wissenschaft vermitteln möchte, deren elitärer Jargon nur Eingeweihten verständlich ist. Das gleiche gilt für den Händler. Dies hat zur Folge, daß die für das 17. Jh. fraglos gültige Sozialhierarchie in der Fabel unter dem Zwang der Lage wie selbstverständlich nicht nur außer Kraft gesetzt, sondern umgekehrt wird. Allein der Hirte erweist sich intellektuell und praktisch der Situation gewachsen, eine Tatsache, die durch die ironische Intervention des Erzählers noch hervorgehoben wird. Insbesondere diese Verse, doch ebenso die Fabel insgesamt, zeigen eindringlich, wie nahe die Fabelgattung trotz allem erzählerischen Prunk, den La Fontaine hier entfaltet, ihrem Ursprung als Instrument der Sozialkritik verhaftet geblieben ist. Als aktuelle Kritik muß schließlich auch die einleitend beschriebene Situation der Schiffbrüchigen verstanden werden (vgl. VII 13 *L'ingratitude et l'injustice des hommes envers la fortune*). Die in früheren Fabeln sich vielfach nur auf Teilaspekte richtende Kritik ist hier sehr viel grundsätzlicher und konsequenter, da sie die soziale

Sonderstellung des Adels und (indirekt) die des Königs mit einbezieht. Als neue positive Norm wird statt dessen ein der Gemeinschaft verpflichtetes (bürgerliches) Arbeitsethos eingeführt (vgl. V. 18 sowie das wichtige Motiv der Hand V. 43 und 52), das bereits Voltaire und das 18. Jh. antizipiert.

XI 4 Le songe d'un habitant du Mogol

[Titel] *Mogol:* auch »Moghol« oder »Moghul«, Name der islamischen Dynastie mongolischer Abstammung, die von 1526 bis 1858 von Delhi aus im Norden des heutigen Indien regierte; zugleich der Name des von ihr beherrschten Reiches sowie seiner Einwohner (vgl. V. 1).

1 *Vizir:* arab., wörtl.: Stütze; hoher Würdenträger, Minister.

8 *Minos:* König von Kreta, berühmt wegen seiner Gerechtigkeit, wurde nach seinem Tode als Richter in die Unterwelt versetzt.

25 *qui:* vermutlich im Sinne von »qu'est-ce qui«, vgl. I 10 *Le loup et l'agneau*, Anm. zu V. 7.

Die vorliegende Fabel bildet trotz der offensichtlichen Heterogenität ihrer beiden Teile eine sinnvolle Einheit. Berühmtheit und Eigenständigkeit hat mit einem gewissen Recht das ›Lob der Einsamkeit‹ V. 18 ff. erlangt. La Fontaine folgt hier mit einiger Freiheit Vergils Lob des Landlebens in den *Georgica* II 458 ff. Die einleitende ›Fabel‹ geht dagegen mit großer Wahrscheinlichkeit auf eine Vorlage des persischen Dichters Sadi zurück, die, von André du Ryer ins Französische übersetzt, 1634 unter dem Titel *Gulistan ou l'empire des roses* erschienen war. ›Fabel‹ und ›lyrische Reflexion‹ stehen jedoch in enger innerer Beziehung zueinander und bilden eine eng verflochtene Einheit. – Die ›Fabel‹ gliedert sich in drei Teile: die Erzählung des Traumes (V. 1–6), den Hinweis auf seine Außergewöhnlichkeit und das darin begründete Erwachen des erstaunten Schläfers sowie seine Hinwendung an einen Traumdeuter (V. 7–11), und schließlich dessen Erklärung (V. 12–17). Im mittleren Teil häufen sich die Hinweise auf die Außergewöhnlichkeit des Traumes (»étrange, contre l'ordinaire, se méprendre, surpris, mystère«), der jedoch »einen Sinn haben« soll (V. 13). Der verstärkte Gebrauch des entsprechenden Vokabulars ist sprachliches Indiz für den paradoxen Charakter der Geschichte selbst, auf dem V. 1–6 und 15–17 insistieren. Wie schon in anderen Fabeln (*L'astrologue qui se laisse tomber dans un puits*, II 13; *L'horoscope*, VIII 16), bedient sich La Fontaine auch hier, und zwar zweimal, der Appellstruktur des Paradoxes, um die Aufmerksamkeit seiner Leser zu gewinnen; doch während die ›Erklärung‹ des Traumdeuters das Paradox kommentarlos aktualisiert, vollzieht der Traum selbst die höhere Bewertung der Verhaltensweise des Wesirs. Mit großer Wahrscheinlichkeit haben La Fontaines erste Leser den Eremiten, der den Wesiren den Hof macht, mit den jesuitischen Hofprälaten, und den Wesir, der die Einsamkeit sucht, mit den Politikern, die sich periodisch in ein Kloster zurückzogen, identifiziert (vgl. G. Couton in seiner Ausgabe der *Fables*, S. 529). Genauer betrachtet, besitzt daher der erste Teil von *Le songe d'un habitant du Mogol* eine typische Fabelstruktur, insofern er aus einer Erzählung und einer abschließenden, rein konstatierenden ›Moral‹ besteht. – Die Überleitung zum zweiten Teil geschieht im Schutze der rhetorischen Figur der Präteritio; denn der Erzähler »wagt« ja durchaus, »dem Wort des Traumdeuters etwas hinzuzufügen«. Fast schon katalogartig enthält die ›Reflexion‹ eine Aufzählung jener Themen, die zu den positiven Gegenthemen der Fabeln insgesamt gehören: den ungetrübten Genuß bescheidener Güter (»médiocrité«); das sorglose Auskosten der einsamen Natur; die Wonnen eines nur von willkommenen Träumen erfüllten Schlafes. Hinzu kommt der Katalog der in der Einsamkeit zu behandelnden Dichtungsthemen. Dabei ist besonders – bei Scheitern der ›großen‹ Dichtung – die Beschwörung der Naturdichtung hervorzuheben (V. 31–33). Doch auch der Gegenpol, von dem aus das ›Lob der Einsamkeit‹ erst seinen vollen Wert erhält und verständlich wird, scheint an zwei Stellen durch: »Loin des cours et des villes« und »Je ne dormirai point sous de riches lambris« (V. 26 und 35). Von der ›Reflexion‹ auf die ›Fabel‹ zurückblickend, erweist sich deren Paradox daher jetzt nur noch als ›Scheinparadox‹; denn die dort suggerierte Bewertung (»un plaisir / Aussi pur qu'infini tant en prix qu'en durée«, V. 2 f.) hat durch das ›Wagnis‹ des Erzählers nunmehr ihre endgültige Bestätigung gefunden. Zugleich zeigt vor allem dieser Teil der Fabel das antithetische, durch die Erzählerfigur bedingte Grundschema, das in den Fabeln waltet. – Im doppelten Schutz der Traumfiktion und eines nur ›rhetorischen Alibis‹ formuliert *Le songe d'un habitant du Mogol* eine Absage an »la cour et la ville« (V. 26) und den Rückzug in die Einsamkeit mit einer Eindeutigkeit, wie er in der 2. Fabelsammlung einmalig ist (doch vgl. XII 29 *Le juge arbitre, l'hospitalier, et le solitaire*). Ein solcher ›Rückzug in die Innerlichkeit‹ bzw. in das Private findet sich mit gleicher Intensität allenfalls noch in den Freundschaftsfabeln (vgl. VIII 11 *Les deux amis*). In *Le songe d'un habitant du Mogol* wird jedoch die ›politische‹ Motivation einer solchen ›Flucht‹ ungleich deutlicher sichtbar. Auch wenn sich zum zweiten Teil über Vergil hinaus unzählige Einzel›quellen‹ nachweisen lassen, handelt es sich hier wiederum nicht um eine nur literarisch höchst gelungene Neugestaltung bekannter Gemeinplätze. Ihre unbezweifelbare Aktualität erhält die Fabel über das immanente Kontrastthema des Hofes hinaus insbesondere durch ihre Opposition zu den Hoffabeln der 2. Sammlung (vgl. VIII 14 *Les obsèques de la lionne*). – Die lyrische Intensität der ganz in Alexandrinern abgefaßten ›Reflexion‹ hat mit Recht die Bewunderung zahlreicher Kommentatoren hervorgerufen. Richtig ist auch, daß La Fontaine die äsopische Fabelgattung hier noch entschiedener als beispielsweise in *Les deux pigeons* (IX 2) im Sinne einer ›romantischen Bekenntnislyrik‹ transzendiert. Solche den zweiten Teil verabsolutierenden Beobachtungen sollten allerdings die Zusammengehörigkeit der scheinbar disparaten Teile von *Le songe d'un habitant du Mogol* nicht vergessen lassen.

R. Zuber, »›Le songe d'un habitant du Mogol‹. Étude littéraire«, in: *Bulletin de la Faculté des Lettres de Strasbourg* 41 (1962/63) S. 361–370.

P. Mahmoud, »›Le songe d'un habitant du Mogol‹ et l'historiette du ›Gulistan‹«, in: *Romance Notes* 14 (1972/73) S. 517–523.

D. Kremers, »›Le songe d'un habitant du Mogol‹«, in: H. Hinterhäuser (Hrsg.), *Die französische Lyrik. Von Villon bis zur Gegenwart*, Düsseldorf 1975, Bd. 1, S. 181–191, 369.

G. Lenoir, »La Fontaine et Virgile. Étude sur les sources de la fable ›Le songe d'un habitant du Mogol‹ (XI 4)«, in: *Présence de Virgile. Actes du Colloque 1976 (Paris E. N. S., Tours)*, hrsg. von R. Chevallier, Paris 1978, S. 377–382.

XI 7 Le paysan du Danube

3 *l'erreur du Souriceau:* Rückverweis auf VI 5 **Le cochet, le chat, et le souriceau* (*Das Hähnchen, die Katze und die kleine Maus*), die sinngemäß mit der gleichen Moralität endet: »Garde-toi, tant que tu vivras, / De juger des gens sur la mine.« – »Hüte dich, solange du lebst, / die Leute nach ihrem Aussehen zu beurteilen.«

7 *Marc-Aurèle:* In La Fontaines Vorlage (vgl. Kommentar) wird die Geschichte dem römischen Kaiser und Philosophen Marc Aurel (121–180 n. Chr.) in den Mund gelegt. In Marc Aurels Werk findet sie sich dagegen nirgends.

9 *on connaît les premiers:* Die Häßlichkeit des Sokrates, von Alkibiades in Platons *Gastmahl* beschrieben, war sprichwörtlich; Äsop beschreibt La Fontaine in *La vie d'Ésope le phrygien* als »difforme et laid de visage, ayant à peine figure d'homme«.

24 *Je supplie ...:* Gebetsformel, mit der im Altertum alle wichtigen öffentlichen und privaten Handlungen eingeleitet wurden.

Le paysan du Danube ist mit 94 Versen die längste Fabel der 2. Sammlung und darf allein aufgrund dieser Tatsache besondere Aufmerksamkeit beanspruchen. Auch formal ist sie einmalig innerhalb der Fabeln: Nach einer Einleitung, in der vorwiegend der Donaubauer beschrieben wird (V. 1–22), enthalten V. 23–84 die Rede, die dieser vor dem römischen Senat hält. Die abschließenden zehn Verse beschreiben deren Wirkung auf die versammelten Senatoren. Entsprechend dieses Aufbaus enthält die Rede die wichtigsten Aussagen der Fabel. – Eine Datierung der Fabel über das Erscheinungsdatum hinaus (1679) ist nicht möglich. Doch legen der Quellenbefund und die Fabelsituation den Schluß nahe, daß es sich um eine späte Fabel des Themenkreises ›Krieg und Frieden‹ handelt: Nicht mehr die Fragwürdigkeit des Krieges steht im Zentrum der Fabel (vgl. IV 6 *Le combat des rats et des belettes*), sondern dessen negative Folgen für die eroberten Provinzen. – Nach der sprichwortartig formulierten ›Moral‹ und dem Hinweis auf seine Quelle gibt La Fontaine ein Porträt des linkisch-grobschlächtigen Donaubauern, der als Abgesandter der Donaustädte vor dem Senat Klage über die Habgier der römischen Soldaten führen soll. In ihrer sorgfältig abwägenden und differenzierenden Argumentation stellt die Rede des Donaubauern ein rhetorisches Prunkstück dar, das ganz im Gegensatz zu seinem ›ungepflegten‹ Äußeren steht. Die Abfolge seiner Gedanken läßt sich vereinfacht wie folgt darstellen: Von scheinbarer Selbstbezichtigung ausgehend (V. 23–32), führt die Rede über geschichtsphilosophische Reflexionen (V. 33–38; vgl. insbesondere V. 35 die Vorstellung des »juste retour«) und über die Frage der Legitimation von Herrschaft und daraus sich ableitender Unterdrückung (V. 39–50) zu offener Anklage der römischen Gewaltherrschaft (V. 51–62), deren Folge die Zerstörung einer in sich ruhenden Ordnung ist (V. 63–76). Daraus resultiert die Erfahrung einer ›Verkehrten Welt‹ (vgl. Kommentar zu I 10 *Le loup et l'agneau*), die der Donaubauer bei seiner Ankunft in Rom in der Realität bestätigt findet (V. 77–84). So triumphiert am Ende der Rede römische Unrechtsherrschaft über die natürliche, aber ohn-

mächtige Ordnung der Germanen. – Ein zentraler Gedanke in der Argumentation des Donaubauern ist das schon bei Montaigne (*Essais* I 31, »Des cannibales«; III 6, »Des coches«) ausführlich erörterte Thema des ›Kannibalismus‹ oder des ›Guten Wilden‹ bzw. der Überlegenheit der Natur über die Kultur. Wenige Jahre vor Ausbruch der »Querelle des Anciens et des Modernes« mußten insbesondere die Verse 45–50 mit ihrer Diskreditierung der römischen Hochkultur, mit der jedoch die französische gemeint war, außerordentlich provozierend wirken. Denn so wie z. B. Corneille im Gewand seiner Römertragödien Fragen zeitgenössischer Staatspolitik dargestellt hat, umgibt auch La Fontaine ein hochaktuelles Problem mit dem lockeren Mantel der Romallegorie: Kein Zweifel, daß die Eroberungspolitik Ludwigs XIV. in den Niederlanden und Deutschland der eigentliche Anstoß zu dieser Fabel ist. Dabei kommt es La Fontaine zwar durchaus auf die Betonung der Eigenständigkeit fremder Kulturen an (vgl. V. 43–46); doch entscheidender ist die Kritik an der Eroberungspolitik selbst.
Schlüsselwort der Fabel ist nicht zufällig »avarice« (V. 20, 30, 59, 76; vgl. ferner V. 47 »avidité«; V. 76 »rapine«, V. 60 »rien ne suffit«). Damit wird in dieser Fabel jedwede Form von Eroberungspolitik überhaupt in Frage gestellt. Die einleitende Devise (V. 1) und der Gedanke, ihre Richtigkeit statt an Äsop und Sokrates an dem literarisch noch nicht besetzten Donaubauern zu illustrieren, sind ebenso ein Ablenkungsmanöver vom Inhalt der Fabel wie der Schlußgedanke, der das Modellhafte der Redekunst des Donaubauern betont. Auch der Hinweis auf Marc Aurel als Quelle kann nicht den Gedanken aufkommen lassen, es handele sich in dieser Fabel primär um einen Wettkampf in mustergültiger Eloquenz. La Fontaine hat den Stoff der Fabel vermutlich den erst 1680 veröffentlichten *Parallèles historiques* seines Freundes François Cassandre entnommen (vgl. zu diesem Verfahren auch Kommentar zu VII 17 *Un animal dans la lune*). Ein aufschlußreicher Vergleich dieses Textes mit La Fontaines Fabel findet sich bei Taine. Im übrigen bezeugen zahlreiche zeitgenössische Dokumente die Aktualität seiner Fabel. – Eine stilistische Analyse von *Le paysan du Danube* wäre unter dem Aspekt der Rhetorisierung der Fabel und der von La Fontaine bewußt inszenierten Verletzung rhetorischer Regeln durch den zu einem »ours mal léché« (V. 13) stilisierten Donaubauern lohnend. Die in dessen Rede praktizierte direkte Form der Überredung hat La Fontaine (vgl. VIII 4 *Le pouvoir des fables*) als der Fabel und sich selbst unangemessen abgelehnt. Verwendet er sie (höchst selten) in

den Fabeln, muß man den entsprechenden Passagen besondere Bedeutung zumessen. Das einzige konsequent durchgeführte Beispiel ist nun die Rede des Donaubauern. Bezeichnenderweise sind die Senatoren voller Bewunderung für diese Form der »éloquence«, die hier in Verbindung mit »grand cœur« und »bon sens« eine positive Bewertung erfährt (V. 85–87). Doch ist damit zugleich die äußerste Grenze der in den Fabeln möglichen Rhetorik erreicht, die daher auch vom Redner abschließend in doppelter Weise abgemildert wird: »Ce discours, un peu fort«; »Une plainte, un peu trop sincère« (V. 81 und 84). La Fontaines gesamte Fabelproduktion unterliegt dem Gebot der indirekten Einflußnahme. Auch in Fragen der Rhetorik ist er zutiefst von der Richtigkeit des Satzes überzeugt: »Plus fait douceur que violence« – »Sanftheit bewirkt mehr als Gewalt« (**Phébus et Borée*, VI 3, V. 40). Die rhetorische Sonderstellung des anklagenden »discours« des Donaubauern ist formales Pendant zu einem sich in den Fabeln insgesamt nur hier in dieser Offenheit manifestierenden Affekt der ›Empörung‹ gegenüber einem zentralen Aspekt der Politik Ludwigs XIV. Für den ansonsten dem ›lächelnden‹ Satiriker Horaz folgenden La Fontaine gilt hier, einmalig in den Fabeln, die Devise des ›empörten‹ Juvenal: »Facit indignatio versum« – »Die Empörung diktiert den Vers«. Daher dürfen die Schlußverse der Rede des Donaubauern mit gleichem Recht auf La Fontaine bezogen werden.

Taine, *La Fontaine et ses Fables*, S. 273–286.
Vossler, *La Fontaine und sein Fabelwerk*, S. 132–135. [Mit Übersetzung.]
G. Atkinson, *Les relations de voyage au XVIIe siècle et l'évolution des idées*, Paris 1922, Kap. 4: »Le bon Sauvage«, S. 63–81.
R. Gonnard, *La légende du Bon Sauvage*, Paris 1946, Kap. 4: »La légende au 17e siècle«, S. 54–70.
M. Gutwirth, »›Le paysan du Danube‹. Dialogue à trois voix, Guivaram, La Fontaine, Hippolyte Taine«, in: *Mélanges de littérature et d'histoire offerts à G. Couton*, Lyon 1981, S. 383–391.
Grimm, »Stratégies de désorientation«.

XI 9 Les souris et le chat-huant

10 *Atropos:* die Parze, die den Lebensfaden durchschneidet; der Schrei der Eule wurde als Todesbote angesehen.
30 *ressort:* vgl. VIII 14 *Les obsèques de la lionne*, Anm. zu V. 23.

Die Fabel gehört zu jenen wenigen, die La Fontaine in der Buchausgabe mit einem Kommentar versehen hat (vgl. I 15 *La mort et le malheureux*). Wie in den anderen Fällen ist dies auch hier ein eindeutiger Beweis dafür, daß die Fabeln (wie übrigens kaum anders zu erwarten) vor der Veröffentlichung in den Salons zirkulierten und diskutiert wurden. – Das Sujet der Fabel ist dem Autor gesprächsweise vermittelt worden. Es findet sich in dem *Abrégé de la philosophie de Gassendi* (1678) des François Bernier (1620–88), das eine Art Vulgarisation der Philosophie Epikurs darstellt. Wie La Fontaine verkehrte auch Bernier regelmäßig im Salon der Mme de La Sablière (vgl. XII 15 *Le corbeau, la gazelle, la tortue, et le rat*, Anm. zur Widmung); dort ist die Geschichte erzählt worden, bevor Bernier sie in seinen *Abrégé* aufnahm. – Gegenstand der Fabel ist der Nachweis der Vernunftbegabtheit der Tiere; »raison, raisonner, argument« sind daher Schlüsselwörter (V. 16, 32–34). Das »Wunder« (V. 2) im Verhalten der Nachteule besteht allerdings nicht allein in ihrer Denkfähigkeit; sie kann sogar vorausschauend für die Zukunft sorgen (V. 25) und steht daher mit dem Menschen auf einer Stufe (V. 40 f.). Die von ihr vollzogenen Überlegungen entsprechen voll und ganz der auch für den Menschen verbindlichen Logik (»art de penser«, V. 42) des Aristoteles. Damit ist am Ende der Fabel am Beispiel der Nachteule der Beweis für die Vernunftbegabtheit der Tiere allgemein erbracht und die These Descartes', der ihnen allenfalls ein mechanisches Denk- und Erinnerungsvermögen zubilligte, widerlegt. – Der Aufbau der Fabel entspricht diesem Willen zur Beweisführung: In der Einleitung (V. 1–7) das Insistieren auf dem wunderbaren, doch wahren Charakter der nachfolgenden Geschichte, die sodann das Zentrum der Fabel bildet (V. 8–27). Darauf folgt eine erste Intervention, in der der Erzähler triumphierend feststellt, daß durch das Verhalten der Nachteule die kartesianische Theorie der »animaux-machines« eindeutig widerlegt sei (V. 28–33). Als zusätzlicher Beweis dient anschließend ein pointierendes Resümee der Argumentation der Nachteule, das um der größeren Wirksamkeit willen in direkter Rede vorgetragen wird (V. 34–40). Den Schluß der Fabel bildet eine erneute, den Leser unmittelbar einbeziehende Autorintervention (V. 40–43).

Innerhalb der das Problem der »âme des animaux« behandelnden Fabeln nimmt die vorliegende eine Sonderstellung ein. Wie im **Discours à Madame de La Sablière* ergreift La Fontaine auch hier in einer in den Salons lebhaft geführten philosophischen Diskussion Partei. Dabei ist die Intention der vorliegenden Fabel dieselbe wie in dem genannten *Discours* (These: »Das Tier ist ebenso vernunftbegabt wie der Mensch«) und unterscheidet sich insofern deutlich von dem *Discours à Monsieur le Duc de La Rochefoucault* (X 14; These: »Der Mensch verhält sich ebenso unvernünftig und unmoralisch wie das Tier«). Allerdings erscheint La Fontaine die in *Les souris et le chat-huant* illustrierte These in ihrer Verallgemeinerung selbst nicht haltbar, weshalb er einen erläuternden Kommentar anfügt. Busson glaubt, der Autor habe die Fabel zu einem Zeitpunkt geschrieben, da er sich erst mit den gassendistischen Thesen vertraut machte; die wesentlich differenzierteren Äußerungen im **Discours à Madame de La Sablière*, die eine gewisse Zurücknahme der hier vertretenen Positionen bedeuten, seien dagegen Ausdruck einer intimeren Kenntnis der materialistischen Philosophie Epikurs. Doch habe La Fontaine nicht darauf verzichten wollen, diese ›hübsche Fabel‹ trotz der im ›Kommentar‹ zum Ausdruck kommenden kritischen Distanz in seine Sammlung aufzunehmen.

Jasinski, »Sur la philosophie de La Fontaine«.
– »Encore La Fontaine et Bernier«.
H. Busson, »La Fontaine et l'âme des bêtes«.
– »À propos de ›La Fontaine et Bernier‹«.
– / F. Gohin (Hrsg.), *La Fontaine, »Discours à Madame de La Sablière« (Sur l'âme des animaux). Commentaire littéraire et philosophique*, Paris 1938, ^{2}1950.
Grimm, »La Fontaine, Lucrèce et l'épicurisme«.

XII 8 La querelle des chiens et des chats, et celle des chats et des souris

1 *La Discorde:* Discordia, die Göttin des Streits und der Zwietracht.
33 *Souriquois:* burleske Wortschöpfung La Fontaines; vgl. IV 6 *Le combat des rats et des belettes*, V. 21 und Anm.
37 *ne s'en trouva que mieux:* wörtl.: fand sich dadurch in einer um so besseren Lage.
46 *chez les Barbacoles:* Barbacole, von lat. *barbam colere* ›den Bart pflegen‹, ist der Name eines Schulmeisters in einem Ballett Lullis. (Zeitgenössische Illustrationen zeigen die Schulmeister oft mit sorgfältig gepflegten Bärten.)

Der philosophische Ausgangspunkt der Fabel entstammt der Kosmogonie des Empedokles (um 490 – um 435 v. Chr.). Die dort vertretene These eines ›ewigen Krieges‹ der Elemente untereinander überträgt La Fontaine im Anschluß an die generalisierenden Verse 1–3 zum Schluß der Einleitung (V. 1–9) auf das gesellschaftliche Zusammenleben. Im Mittelteil der Fabel (V. 10–37) folgt La Fontaine einer Fabel des Guillaume Haudent mit dem etwa gleichlautenden Titel *La guerre des chiens, des chats et des souris* (Rouen 1547). Die abschließende Moralität entspricht in Inhalt und Umfang der Einleitung; allerdings wird der pessimistische Grundtenor jetzt theologisch neutralisiert. – Die Fabel gehört nicht unbedingt zu den beliebten Anthologiestücken La Fontaines. Das liegt zum einen an der Schwierigkeit der vielfach der Gerichts- und Militärsprache entlehnten Fachausdrücke; darüber hinaus aber fügt sich eine solch pessimistische Fabel, die »Zwietracht« und »ewigen Krieg« zum »Naturgesetz« (V. 1, 9, 40) erhebt und dieses dann durch entsprechende Auseinandersetzungen im Tierreich illustriert, ohne daß irgendwo ein Lichtblick zu sehen wäre, nicht unbedingt in das traditionelle La Fontaine-Bild ein. Und doch ist *La querelle des chiens et des chats* nichts anderes als die pessimistisch-resignierte Bilanz aus zahlreichen zuvor konkret geschilderten Einzelfällen. Anders gesagt: Die Fabel ist die ›philosophische‹ Fortsetzung insbesondere der Hoffabeln, die ebenfalls ein »bellum omnium contra omnes«, allerdings auf dem Hintergrund der ›Höfischen Gesellschaft‹, darstellten. Sie setzt aber auch genuin philosophische Fabeln wie den *Discours à Monsieur le Duc de La Rochefoucault* (X 14, insbesondere V. 43–51) fort und ebenso solch pessimistische Fabeln wie *Rien de trop* (IX 11), **L'homme et la couleuvre* (X 1), **Le loup et les bergers* (X 5) oder **Les compagnons d'Ulysse* (XII 1): in letzterer wird menschliches Zusammenleben unter Rückbezug auf Hobbes wie folgt definiert: »Pour un mot quelquefois vous vous étranglez tous: / Ne vous êtes-vous pas l'un à l'autre des loups?« – »Eines Wortes wegen erwürgt ihr euch mitunter alle: / Seid ihr nicht einer dem andern wahre Wölfe?« (V. 93 f.). Die Eigentümlichkeit von *La querelle des chiens et des chats* im Vergleich zu diesen Fabeln besteht vor allem in der Verallgemeinerung des Prinzips der »Discorde« zu einem Kosmos und menschliches Zusammenleben regelnden universalen Naturgesetz. Eine solche Entwicklung war grundsätzlich bereits im Augenblick der Entscheidung La Fontaines für die Fabelgattung als bevorzugtes Ausdrucksmittel impliziert. Doch in dem Maße, wie sich sein Horizont, von konkreten Erfahrungen ausgehend, allmählich weitete und die Fabeln vor allem ab der 2. Sammlung zusehends an Wirklichkeitsgehalt gewannen, präzisiert und radikalisiert sich im Laufe eines mehr als dreißigjährigen Umgangs mit der Gattung auch der Pessimismus, der schon bei ihrer Wahl Pate gestanden hatte. Der Hinweis auf die vorletzte Fabel der 1. Sammlung kann dies besonders anschaulich machen. Sie ist **La discorde* (VI 20) betitelt und schildert den Abstieg der Zwietracht aus dem Himmel auf die Erde und ihre Suche nach einer Heimstatt. Nach langem rastlosen Umherirren findet sie schließlich den Ort ihrer Bestimmung: die Ehe. Welche konkreten Bezüge zur Biographie La Fontaines man in dieser Fabel auch hat aufdecken können, so bleibt doch ihr amüsant-anekdotischer Charakter bestimmend. Davon ist in *La querelle des chiens et des chats* nichts mehr zu spüren. Der radikalisierte Pessimismus dieser späten Fabel ›erklärt‹ sich zunächst zweifellos durch die schmerzhafte Erfahrung des eigenen Alterns, doch in höherem Maße noch durch die Beobachtung des ab etwa 1680 ständig desolater werdenden Zustandes Frankreichs: Fortwährende Kriege, finanzielle Miseren, Hungersnöte im Zusammenhang mit Unwettern, ein immer starrer und engstirniger (re)agierender Ludwig XIV. verdunkeln nicht nur den individuellen Horizont La Fontaines; auch in den späten *Satiren* (1693 ff.) Boileaus, in den *Caractères* (1688) La Bruyères und sogar den religiösen Trauerspielen Racines (*Esther*, 1689; *Athalie*, 1691) ist das Anwachsen eines wenngleich abgestuften, so doch grundsätzlich gleichen Pessimismus zu beobachten. Insofern ist *La querelle des chiens et des chats* genuiner ›philosophischer‹ Ausdruck der Spätzeit der Regierung des ›Sonnenkönigs‹. Ob V. 42 als Ausdruck echter christlicher Überzeugung verstanden werden darf oder nicht eher unverbindliche rhetorische Floskel ist, entzieht sich einer eindeutigen Beurteilung (vgl. die gleichlautende, allerdings im Präsens formulierte Aussage in **Le gland et la citrouille*, IX 4, V. 1). Der Versuch, die materialistische Philosophie Epikurs mit christlichen Elementen zu durchdringen und annehmbar zu machen, hat selbst Gassendi, immerhin Propst des Kapitels von Digne, vor dem Verdacht des Atheismus und entsprechenden Vorwürfen und Angriffen nicht bewahrt. In La Fontaines Fabeln lassen sich nirgends, in seinem Gesamtwerk kaum eindeutige christliche Elemente aufzeigen. Insofern kann es geraten erscheinen, V. 42 letztlich als das theologische Alibi eines überzeugten Epikuräers und »libertin« zu verstehen.

H. Busson, *La religion des classiques (1660–1685)*, Paris 1948, S. 271–297.
Grimm, »Le livre XII des *Fables* de La Fontaine«.

XII 10 L'écrevisse et sa fille

9 *une Ligue à cent têtes:* die 1686 geschlossene Augsburger Liga, die bis zum Frieden von Rijswijk (1697) nahezu ganz Europa gegen Frankreich vereinte.
29 *Bellone:* Bellona ist die römische Kriegsgöttin.

Der historische Kontext der Fabel ist folgender: Die Augsburger Liga vereint ab etwa 1686 ganz Europa gegen Frankreich (vgl. V. 9). Ende 1688 haben die französischen Truppen einen Vorstoß in die Pfalz unternommen und das für uneinnehmbar gehaltene Philipsburg in wenigen Tagen erobert. 1689 und 1690 ändern sich jedoch die Kriegspläne: Die Franzosen ziehen sich vom rechten auf das linke Rheinufer zurück (der Rhein als ›natürliche Grenze‹), um Truppen für den Krieg gegen England freizumachen. Im Einklang mit der französischen Öffentlichkeit lobt La Fontaine den zunächst unverständlichen Rückzug (vgl. V. 11 »secret«) als einen Akt politischer Klugheit. Das Vorgehen des Königs wird im zweiten Teil (V. 18 ff.) am Beispiel des Krebses illustriert; zugleich tritt ein neuer, hier zunächst überraschender Gedanke in den Vordergrund: Die Macht eines einmal gegebenen unveränderlichen Charakters, ein Lieblingsthema La Fontaines (vgl. IX 7 *La souris métamorphosée en fille*); doch kommt der Erzähler abschließend noch einmal auf die Methode des »tourner le dos à son but« (V. 27 f.) zurück. – Die Fabel hat kaum das Interesse von Kritikern und Interpreten geweckt. In der Tat wirken ihre Uneinheitlichkeit und die doppelte Intention verwirrend. Eindeutig (und störend) erscheint allein das hyperbolische Lob des Königs und seiner Kriegführung. Damit könnte die Fabel als hinreichend erklärt gelten. Doch welchen Zweck hat die Wendung im zweiten Teil? V. 22 muß als Schlüsselvers zum Verständnis von La Fontaines später Fabelpoetik des 12. Buches gelesen werden. Andere Kriegsfabeln (vgl. XI 7 *Le paysan du Danube*) haben gezeigt, daß er ein entschiedener Gegner der Kriegspolitik Ludwigs XIV. ist. Warum sagt er es nicht geradeheraus? Warum lobt er den König in aufwendiger Periphrase (V. 8 f.) und erwähnt ihn nach mythologischer Stilisierung noch dazu namentlich (V. 15 f.), wenn er dessen Kriegspolitik verurteilt? V. 22 ist ein ausdrücklicher Hinweis auf das hier praktizierte Verschlüsselungsverfahren, durch das sich der geübte Leser ebensowenig blenden lassen sollte wie die Feinde Ludwigs XIV. Auch La Fontaine gehört mit seinen Fabeln zu jenen, »qui, pour couvrir quelque puissant effort, / Envisagent un point directement contraire« (V. 4 f.). Ebenso sind die Verse 10 und 11 zunächst auf den König Ludwig XIV. zu beziehen, haben dann jedoch auch die Funktion einer poetologischen Selbstbestimmung des späten La Fontaine. Daher ist das hyperbolische Lob des Königs im Sinne des Anvisierens eines »point directement contraire« (V. 5) letztlich eine Verurteilung von dessen Kriegspolitik. – In der Entwicklung eines indirekten »art de persuader« markiert *L'écrevisse et sa fille* in Fortsetzung von *Le pouvoir des fables* (VIII 4) eine letzte Stufe: Seinem unveränderlichen Naturell entsprechend kann La Fontaine sich nicht anders als ›indirekt‹ artikulieren. Allerdings ist der Grad der Indirektheit seiner ›Überredungskunst‹ im 12. Buch entsprechend der ständig wachsenden Erstarrung und Intoleranz der Monarchie Ludwigs XIV. ebenfalls gestiegen. In **Les compagnons d'Ulysse* (XII 1), einer Fabel, deren Ausgangssituation mit der von *L'écrevisse et sa fille* identisch ist, erfährt diese Taktik La Fontaines eine weitere Illustration. (Vgl. auch die ebenfalls nicht im vordergründigen Sinn, sondern e contrario zu verstehende erste Fabelversion in *Le milan, le roi, et le chasseur*, XII 12, V. 36–74, von *L'écrevisse et sa fille* nur durch eine Fabel getrennt; vgl. ferner zur Strategie des Königslobes Kommentar zu VIII 14 *Les obsèques de la lionne*).

XII 12 Le milan, le roi, et le chasseur

[Widmung] *Conti:* François-Louis de Bourbon, Prinz von Roche-sur-Yon und C. (1664–1709), ein Neffe des Großen Condé, hatte 1688 Marie-Thérèse de Bourbon, eine Enkelin desselben, geheiratet. Conti hatte 1685 im Mittelpunkt eines Skandals gestanden: Seine Korrespondenz, in der er sich freimütig über Person und Politik Ludwigs XIV. sowie über Mme de Maintenon, zu jener Zeit dessen Mätresse, geäußert hatte, war beschlagnahmt worden und er selbst in Ungnade gefallen. Mit ihm waren zahlreiche Personen kompromittiert, die zu La Fontaines engem Freundeskreis gehörten. Noch auf seinem Totenbett erlangt der Große Condé 1686 von Ludwig XIV. die Begnadigung Contis. Dieser Gnadenakt, vom König nur unwillig vollzogen, steht verschlüsselt im Mittelpunkt der Fabel.

5/7 *le courroux / Achille:* der Zorn des Achilleus und seine Folgen sind Gegenstand von Homers *Ilias* (vgl. dort V. 1 f.).

19 *Hymen:* der Gott der Hochzeit.

29 *Bourbon:* Marie-Thérèse de B., künftige Gemahlin des Prinzen von Conti, Enkelin des Großen Condé.
36 *Milan:* Greifvogelart, zur Gruppe der Adler zählend.
55 *leurre:* eine mit einem Köder ausgestattete, aus rotem Leder geformte Vogelattrappe, die den Adler auf die Faust des Falkners zurücklocken soll.

Varianten

... fit un Oiseau de proie. 35
Je change un peu la chose. Un peu? J'y change tout.
La Critique en cela me va pousser à bout,
Car c'est une étrange femelle;
Rien ne nous sert d'entrer en raison avec elle.
Elle va m'alléguer que tout fait est sacré;
Je n'en disconviens pas, et me sais pourtant gré
D'altérer celui-ci; c'est à cette licence
Que je dois l'acte de clémence,
Par qui je donne aux Rois des leçons de bonté.
Tous ne ressemblent pas au nôtre.
Le monde est un marchand mêlé;
L'on y voit de l'un et de l'autre.
Ici-bas le beau ni le bon
Ne sont estimés tels que par comparaison.
Louis seul est incomparable.
Je ne lui donne point un éloge affecté;
L'on sait que j'ai toujours entre-mêlé la Fable
De quelque trait de vérité.
Revenons à l'Oiseau, le fait est mémorable.
Un Milan, de son nid ... 36

... était-ce un si grand mal? 74
Si je craignais quelque censure,
Je citerais Pilpay touchant cette aventure,
Ses récits en ont l'air: il me serait aisé
De la tirer d'un lieu par le Gange arrosé.
Là, nulle humaine Créature ... 75

84 *Pythagore:* Pythagoras gilt als einer der Vermittler der Lehre von der Seelenwanderung; vgl. IX 7 *La souris métamorphosée en fille*, Anm. zu V. 12.

101 *l'Animal porte-sonnette:* Den Jagdvögeln wurde eine Glocke um den Hals oder an den Fuß gebunden.

114 *Vulcain, clopinant:* vgl. *Ilias* I 599 ff.

Varianten

... ein Raubvogel tat. 35
Ich ändere die Sache ein wenig. Ein wenig? Ich ändere alles.
Dame Kritik wird mich erbarmungslos in die Ecke treiben;
sie ist ein gerissenes Weibsbild.
Mit ihr sich einigen zu wollen, ist zwecklos.
Sie wird mir vorhalten, daß jede Tatsache heilig ist.
Ich bin durchaus nicht anderer Meinung, und doch weiß ich mir Dank,
diese hier zu ändern; dieser dichterischen Freiheit
verdanke ich den Gnadenakt,
durch den ich den Königen eine Lehre in Sachen Güte erteile.
Alle gleichen nicht dem unsrigen.
Die Welt ist ein großes Durcheinander;
man findet dort von allem etwas.
Auf Erden werden das Gute und das Schöne
nur im Vergleich miteinander wertgeschätzt.
Ludwig allein ist über jeden Vergleich erhaben.
Ich spende ihm mitnichten ein übersteigertes Lob;
man weiß, daß ich der Fabel zu allen Zeiten
ein Körnchen Wahrheit beigemengt habe.
Doch kommen wir zum Vogel zurück; die Geschichte ist denkwürdig.
Ein Milan, langjähriger Besitzer ... 36

... War das ein so großes Übel? 74
Wenn ich eine Zensur befürchtete,
zitierte ich Pilpay hinsichtlich dieses Abenteuers.
Seine Erzählungen sehen so aus: Es wäre mir ein leichtes,
es an einem Ort sich zutragen zu lassen, den der Ganges durchfließt.
Dort rührt kein menschliches Wesen ... 75

Il croyait sa fortune faite,
Lorsque sur ce chasseur l'animal se rejette,
Et de ses ongles tout d'acier,
Sauvage encor et tout grossier,
Hape le nez du pauvre Sire:
Lui de crier, chacun de rire . . .

C'est le plaisir des Dieux. Jupiter rit aussi,
Bien qu'Homère en ses vers lui donne un noir soucy,
Ce Poète assure en son Histoire
Qu'un Ris inextinguible en l'Olympe éclata.
Petit ni grand n'y résista,
Quand Vulcain clopinant s'en vint verser à boire.
Que le peuple immortel fût assez grave ou non . . .

Die Fabel ist mit 120 Versen, vorwiegend Alexandrinern, eine der längsten La Fontaines und erlangt textgeschichtlich besonderes Gewicht dadurch, daß sie in zwei Fassungen erhalten ist: Die nach La Fontaines Tod in den *Œuvres posthumes* veröffentlichte Fassung gibt, wie manches Detail erschließen läßt, einen früheren Textzustand wieder als die von La Fontaine zu Lebzeiten publizierte. Das erlaubt einen wichtigen Einblick in seine Arbeitsweise. – Auf vier einleitende Verse, die den Gnadenakt Ludwigs XIV. gegenüber Conti bereits relativieren, folgt ein rhetorisch prunkvolles, wenngleich traditionelles Epithalamium (Hochzeitslied) zur Verherrlichung Contis und seiner Gemahlin (V. 5–35). Dann erst beginnt die Fabel, die in doppelter Version die Geschichte des Falkners erzählt, der einen Gabelweih gefangen hat und die seltene Beute seinem König als Geschenk darbringen möchte (V. 36–74, 89–107). Dazwischen eingelagert sind Überlegungen über die Seelenwanderung, die durch die indische Vorlage der Fabel (Pilpay) begründet scheinen (V. 75–88). Auf die zweite Fabelfassung folgt abschließend eine Apologie des Lachens. – Einen ersten Hinweis auf den Sinn der Fabel gibt die auf die erste Erzählung folgende Reflexion (V. 75 ff.). Sie bedeutet eine Relativierung der zunächst als außergewöhnlich dargestellten königlichen Milde: Warum sollte das, was bei Pilpay als selbstverständlich angesehen wird, bei dem König der Fabel als beispielhaft gelten? Doch wird dieser Schluß nicht explizit gezogen, sondern aus der indirekten Perspektive unbeteiligter Personen (V. 79) suggeriert. Die zweite Version treibt die Relativierung weiter, indem sie eine gegenteilige Reaktion auf ein sich nur in Nuancen

Er glaubte sein Glück gemacht,
als auf den Jäger das Tier sich stürzt
und mit seinen Krallen ganz aus Stahl,
wild noch und ganz ungeschliffen,
des armen Teufels Nase schnappt.
Laut schreit er auf, ein jeder ...

Lachen ist das Vergnügen der Götter. Auch Jupiter lachte,
obwohl Homer ihm in seinen Versen finstere Sorgen zuschreibt.
Der Dichter versichert in seiner Geschichte,
daß ein unauslöschliches Gelächter im Olymp ausbrach.
Ob klein oder groß, keiner widerstand,
als Vulkan humpelnd zu trinken reichte.
Ob die Unsterblichen nun ernst waren oder nicht ...

unterscheidendes gleiches Geschehen darstellt. Damit werden durch einen ebenfalls nicht ausdrücklich vollzogenen logischen Schluß König und Falkner auf eine Stufe gestellt. Vom Ende der Fabel her ergibt sich folgender ungelöster Syllogismus: 1. »Alle lachen über den Falkner; 2. Auch Könige und Götter hätten in einem solchen Fall gelacht; 3. Warum wird also im ersten Fall über den König nicht gelacht? bzw. positiv formuliert: Es wäre durchaus angemessen, auch in der ersten Erzählung, also über den König, zu lachen.« Erstmals und einmalig in den Fabeln wird hier ein König zu einer lächerlichen Gestalt. Dabei erfolgt die Nivellierung seiner Person aufgrund der Einsicht in die Gleichheit biologischer Gegebenheiten (V. 47). Die ›neue Lehre‹ der Fabel, von La Fontaine scheinbar selbst wieder in Frage gestellt (V. 117–119), besteht daher in der These, daß sich ein König in nichts von einem gewöhnlichen Menschen unterscheide. In seiner letzten ›Königsfabel‹ treibt La Fontaine mit dem König ein perfides Spiel: ›Unter der Hand‹, in Wahrheit jedoch sehr bewußt, wird eine scheinbare Huldigung des Königs zur zwingend suggerierten Verneinung von dessen Sonderstellung. – Die Fabel ist La Fontaines letztes Wort in Sachen Königtum; weiter konnte ein Schriftsteller seiner Zeit kaum gehen, ohne sich in äußerste Gefahr zu begeben. Aus Gründen des offensichtlichen zeitgeschichtlichen Bezuges ist La Fontaine bemüht, seine Kritik durch den Rückbezug auf eine in Wahrheit nicht vorhandene Quelle abzumildern. Die Analyse der Varianten der Erstfassung in den *Œuvres posthumes* ermöglicht jedoch den Beweis, daß er sich hier eines Verfahrens bedient, dessen bewußt irreführende Funktion er sich von Anbeginn seiner Tätigkeit als Fabelautor zunutze gemacht hat (vgl. Kommentar zu *Le renard et l'écureuil*, S. 388 ff.).

J.-P. Collinet, *Le monde littéraire de La Fontaine*, Paris 1970, S. 221–225.
J. Eymard, »Une source linguistique de la fable ›Le milan, le roi et le chasseur‹«, in: *Cahiers de littérature du XVIIe siècle* 2 (1980) S. 179–188.
R. Chambers, »Narrative in Opposition. Reflections on a La Fontaine Fable«, in: *French Forum* 8 (1983) S. 216–231.
Grimm, »Stratégies de désorientation«.

XII 15 Le corbeau, la gazelle, la tortue, et le rat

[Widmung] *La Sablière:* Marguérite de La S., geb. Hessein (1636–93), war die Frau eines Jugendfreundes La Fontaines. Schon früh von ihrem Mann getrennt, unterhielt sie, eine hochgebildete Frau, ab etwa 1670 einen der intellektuell anregendsten freigeistigen Salons des damaligen Paris, Foyer aller ›frühaufklärerischen‹ Tendenzen der Zeit. Ab etwa 1673 bis zu ihrem Tode gewährte sie La Fontaine in ihrem Haus Unterkunft und widmet sich ab etwa 1680 nach ihrer Konversion zum Katholizismus der Armen- und Krankenpflege. La Fontaine hat ihr drei wichtige Texte gewidmet: den Ende Buch IX der Fabeln angefügten **Discours à Madame de La Sablière* (1678/79), der, später mit dem Untertitel »Sur l'âme des animaux« versehen, die wichtigsten Elemente seiner Philosophie enthält (vgl. X 14 *Discours à Monsieur le Duc de La Rochefoucault*); ferner anläßlich seiner Aufnahme in die Académie française (1684) einen gleichlautenden *Discours à Madame de La Sablière* (OD, S. 644–646), ein Selbstporträt des alternden Dichters, in dem er seine Unbeständigkeit und »inquiétude« (vgl. IX 2 *Les deux pigeons*, Anm. zu V. 20) beklagt; und schließlich ein Jahr später in den *Ouvrages de prose et de poésie* die vorliegende Fabel.

4 *ce bel art qu'ont les Dieux inventé:* Periphrase für die Dichtung.

8 *Iris:* Dichtername der Mme de La Sablière; in der antiken Mythologie war Iris die Botschafterin der Götter und stand also »in Junos Diensten« (V. 9); laut La Fontaines hyperbolischem Lob würden sich »Juno und der Herr der Götter« (V. 10) ihrerseits rühmen, die Botschaften der Iris-Sablière zu übermitteln.

24–26 *mortels . . . Héros . . . Demi-Dieux . . . Dieux:* Hinweis auf die Offenheit des Salons der Mme de La Sablière, in dem nicht nur ›einfache (bürgerliche) Sterbliche‹ wie z. B. La Fontaine, sondern auch Halbgötter und, hyperbolisch, selbst Götter wie vermutlich die Familie der Conti (vgl. XII 12 *Le milan, le roi, et le chasseur*) verkehrten. Doch jede eindeutige Identifikation bleibt notwendig spekulativ.

77 *à l'égard du cœur:* Die Gazelle wird zwar als »au pied léger«, d. h. ›leichtfüßig‹, charakterisiert; doch in bezug auf ihr Herz ist sie nicht »léger«, also nicht ›leichtfertig, oberflächlich‹. Vgl. VI 10 *Le lièvre et la tortue*, Anm. zu V. 5.

97 *Pauvre Chevrette de montagne:* Die Gleichsetzung der Gazelle mit einem Bergzicklein hat La Fontaine der Vorlage bei Pilpay entnommen.

127 *l'Infante:* Der langsame und majestätische Gang der Schildkröte wird mit demjenigen einer spanischen Infantin verglichen.

140 [s. Variante] *sa sœur:* Die Schwester der Liebe ist die Freundschaft.

Variante

À qui donner le prix? Au cœur si l'on m'en croit.
Que n'ose et que ne peut l'amitié violente?
Cet autre sentiment que l'on appelle Amour
Mérite moins d'honneurs; cependant chaque jour
    Je le célèbre et je le chante;
Hélas! il n'en rend pas mon âme plus contente.
Vous protégez sa sœur, il suffit; et mes vers
Vont s'engager pour elle à des tons tout divers.
Mon maître était l'Amour; j'en vais servir un autre,
    Et porter par tout l'univers
    Sa gloire aussi bien que la vôtre.

Wem gebührt der Preis? Dem Herzen, wenn man mir glauben will.
Was wagt und was kann nicht alles die starke Freundschaft?
Das andere Gefühl, das man Liebe nennt,
verdient weniger Ehren; tagtäglich indessen
preise ich es und besinge es.
Ach, es macht meine Seele deshalb nicht zufriedener.
Ihr beschützt seine Schwester; das genügt. Und meine Verse
Wollen sich für sie verpflichten in ganz verschiedenen Tönen.
Mein Herr war die Liebe; ich werde jetzt einem anderen dienen
und das Universum erfüllen
mit seinem Ruhm wie mit dem Euren.

Die vorliegende Fabel, ein wahres »Epos der Freundschaft« (J.-P. Collinet, *Le monde littéraire de La Fontaine*, Paris 1970, S. 377), stellt eine Synthese zahlreicher bereits früher anklingender Themen dar und ist der wohl schönste, weil menschlichste und tröstlichste jener Texte, die La Fontaine seiner Gönnerin gewidmet hat. – Der Prolog (V. 1–53) ist ein rhetorisch prunkvoll gestaltetes Enkomion, d. h. ein Preislied, das den im ersten Vers beschworenen Tempel, den La Fontaine seiner Freundin schon immer habe widmen wollen, vom Portal über das Gewölbe bis zu den Wänden vor dem inneren Auge des Lesers entstehen läßt, um schließlich in der Apsis das Bild der Gönnerin und der ihr zu Füßen liegenden Schar der Bewunderer zu entwerfen (V. 7, 13, 16, 20 ff.). Doch ist die »ébauche confuse« (V. 41) des Tempels nur im Irrealis gegenwärtig; erst V. 28 ff. erfolgt schrittweise der Übergang in den Indikativ Präsens. Nach der kunstvoll retardierten Anrede an Mme de La Sablière (V. 35) wird die im weiteren wichtige Gegenüberstellung von Liebe und Freundschaft eingeführt und die höhere Bewertung der letzteren suggeriert (V. 35–46). Die folgenden Verse (47–53) stehen im Gegensatz zum Vorhergehenden und haben überleitende Funktion: Freundschaft ist nur unter Aufhebung jeder Form von Hierarchie möglich. Darum kann ein König niemals jene Freundschaft erfahren, wie sie im Mittelteil der Fabel am Beispiel der »douce société« (V. 55) demonstriert werden wird. – Der Gedanke, einem einflußreichen Gönner Geschenke zu machen bzw. einen Tempel zu errichten (vgl. VIII 4 *Le pouvoir des fables*, V. 24 f.; Widmung Buch VII–XI, V. 40 f., S. 110), ist in den Fabeln (und der enkomiastischen Lyrik) ebenso traditionell wie die höhere Wertschätzung der Freundschaft im Vergleich zur Liebe und schließlich die Gegenüberstellung von uneigennütziger Freundschaft und den Praktiken einer ›Höfischen Gesellschaft‹. Doch werden diese und andere Gemeinplätze (vgl. den Unsagbarkeitstopos V. 30 ff.) in dem durchgängig aus Zehnsilblern bestehenden Prolog durch die höchst kunstvolle, zugleich aber keineswegs aufdringliche Verwendung rhetorischer und metrischer Mittel (Anapher, Apostrophe, Parenthese, Präteritio; assonantische Reimabfolge V. 28–33, Binnenreime, Klangassoziationen u. a. m.) zu einem ›Preislied‹ von – zumindest bei La Fontaine – einmaliger klanglicher, bildlicher und gedanklicher Intensität und Schönheit verbunden, dessen adäquate Übersetzung kaum möglich ist und das vermutlich deshalb besonders suggestiv anmutet, weil Freundschaft hier erstmals als eine die Liebe sublimierende Beziehung zwischen Mann und Frau dargestellt wird. Bedeutsam ist in diesem Zusammenhang die Verwendung des Motivs der Androgyneität, die als Koinzidenz gegensätzlicher Attribute absolute Vollkommenheit signalisiert: Denn so wie Mme de La Sablières »esprit«, »beauté d'homme« und »grâces de femme« (V. 32 f.) zu einer höheren Einheit verbindet, wird auch durch sie die Liebe zwischen Mann und Frau auf die höhere Stufe der Freundschaft gehoben.

Der in Aufbau und Handlung leicht verständliche Mittelteil möge für sich sprechen. Mit ihrer in den Fabeln einmalig heterogenen und zugleich doch harmonischen Personenkonstellation beweist die »douce société« (V. 55) der Protagonisten untereinander und im Kampf gegen den todbringenden Jäger so viel Feingefühl, Witz, Intelligenz und Tatkraft, daß sie das schon utopisch anmutende Verhalten der *Deux amis* (VIII 11) an Uneigennützigkeit noch übertrifft. Thematisch ist insbesondere der Schluß des Mittelteils (V. 100 ff.) eine variierende Wiederaufnahme der Doppelfabel *Le lion et le rat / La colombe et la fourmi* (II 11/12). – Im ›Epilog‹ setzt der Hinweis auf *Ilias* und *Odyssee* die hyperbolische Vorstellung der Tempelwidmung des Enkomions insofern pointiert fort, als zahlreiche Parallelstellen der Fabeln die Unlust und Unfähigkeit La Fontaines zu ›epischer Breite‹ dokumentieren (vgl. X 14 *Discours à Monsieur le Duc de La Rochefoucault*, V. 52 ff.; XI 4 *Le songe d'un habitant du Mogol*, V. 26 ff.). Über ein knappes Resümee, das die Notwendigkeit eines jeden Protagonisten für den glücklichen Ausgang der Handlung noch einmal unterstreicht, gelangt der Erzähler sodann zu einem höchst suggestiven Schlußvers. – Die in den *Ouvrages de prose et de poésie* 1685 veröffentlichte Erstfassung der Fabel enthält an dieser Stelle noch zehn weitere Verse, in denen La Fontaine, zum ›Prolog‹ zurückkehrend, die Macht der »violente amitié« ein letztes Mal preist. In der endgültigen Fassung konnte er sie, vor allem auch im Umfeld des 12. Buches (vgl. dazu unten), fortlassen, da sie nichts grundsätzlich Neues mehr hinzufügten.

Zusammen mit **Le renard anglais* (XII 23), ebenfalls 1685 erstmals publiziert und Mme Harvey, der Schwester des englischen Botschafters in Paris, wo sie seit 1683 lebt, gewidmet, ist die vorliegende Fabel, freilich in höherem Maße als **Le renard anglais*, ein einzigartiger Hymnus – und der wohl schönste der französischen Literatur – auf die Freundschaft. Die Häufigkeit und Intensität, mit der La Fontaine das Thema in diesen Jahren behandelt, erklären sich, wie viele Eigentümlichkeiten des 12. Buches, aus einem grundsätzlich geänderten ›Zeitgeist‹, verglichen mit dem der Jahre 1660–80, der sich in den ersten beiden Sammlungen niederschlägt. In der Widmung des **Renard anglais* entwirft La Fontaine, fast en passant, eine Soziologie der Freundschaft, wenn er an Mme Harvey »le don d'être amie / Malgré Jupiter et les temps orageux« – »die Fähigkeit zur Freundschaft / trotz Jupiter und den stürmischen Zeiten« lobt. In der langen Fabel des **Renard anglais* (74 Verse) diskret versteckt, artikuliert der Vers eine ebenso heftige wie allgemeine Zeitkritik, auf deren Hintergrund das zentrale epikuräische Thema der Freundschaft hier neue Aktualität gewinnt. – Von der melancholisch-skeptischen Feststellung der Seltenheit und Zerbrechlichkeit der Freundschaft in *Parole de Socrate* (IV 17) wandelt es sich zur Darstellung einer Freundschaft ungleicher Freunde, die eigene Wege gehen, ohne sich deshalb zu entfremden, und die sich schließlich im Bewußtsein einer bewährten Freundschaft wiederfinden (*L'homme qui court après la fortune, et l'homme qui l'attend dans son lit*, VII 11), zu dem utopisch anmutenden Idealbild vollkommener Freundschaft in *Les deux amis* (VIII 11). Von da mündet es in *Les deux pigeons* (IX 2) in die Darstellung vollkommener Liebe und findet zugleich Verwendung als aussöhnendes Element zwischen zwei im Krieg sich befeindenden Nationen (*Le pouvoir des fables*, VIII 4). Vor dem insgesamt verdüsterten Hintergrund des 12. Buches geht es schließlich in das hymnische Lob der Freundschaft zwischen Mann und Frau über. Die utopisch stilisierten Freundschaftsbilder der Fabeln zeigen die uneigennützige, gewährende und verständnisvoll verzeihende, mitunter auch kämpferisch hilfsbereite Verbindung Gleichberechtigter (»violente amitié«), die in Freiheit miteinander verkehren. Kaum ein anderes Thema ist so wie das der Freundschaft geeignet, die immense künstlerische und menschliche Entwicklung zu veranschaulichen, die La Fontaine während der rund dreißig Jahre, in denen er Fabeln schreibt, durchläuft. – Die strukturelle Kontrastfunktion des Themas im 12. Buch und darüber hinaus in den Fabeln insgesamt geht im Falle von *Le corbeau, la gazelle, la tortue, et le rat* beispielhaft aus ihrer Plazierung innerhalb des 12. Buches hervor. So wird in der unmittelbar vorangehenden Fabel **L'amour et la folie* letztere dazu verurteilt, »der Liebe als Führer zu dienen« (V. 31), und die nachfolgende Fabel *La forêt et le bûcheron* geißelt die Undankbarkeit eines Holzfällers gegenüber seinem Wohltäter, dem Wald. Weiterreichende Kontrastbezüge bestehen darüber hinaus zu *La querelle des chiens et des chats, et celle des chats et des souris* (XII 8) sowie zu *Le milan, le roi, et le chasseur* (XII 12).

S. Menjot d'Elbène, *Madame de La Sablière*, Paris 1923.

L. Petit, »Mme de La Sablière et François Bernier«, in: *Mercure de France* 308 (1950) S. 670–683.
P. Clarac, *La Fontaine, l'homme et l'œuvre*, Paris ³1969, S. 112–114.
Jasinski, »La ›tendre amitié‹ avec Madame de La Sablière«.
Collinet, »L'image de la femme«.

XII 16 La forêt et le bûcheron

9 *gagne-pain:* wörtl.: Broterwerb; bezieht sich auf die Axt.

Wie *Le corbeau, la gazelle, la tortue, et le rat* (XII 15) und *Le philosophe scythe* (XII 20) erschien auch *La forêt et le bûcheron* bereits 1685 in den *Ouvrages de prose et de poésies*, gehört also nicht zu La Fontaines letzten, erstmals im 12. Buch veröffentlichten Fabeln. Dennoch markiert sie deutlich eine späte Phase innerhalb seiner Fabelproduktion, und zwar nicht so sehr aufgrund ihres Themas, als vielmehr wegen der Form und Intensität ihrer ›Moral‹. – Ein konkreter Anlaß für die Abfassung der Fabel, deren Quelle nicht Äsop, sondern die illustrierte Ausgabe der *Cento favole* des Giovanni Mario Verdizotti (Venedig 1599) ist, läßt sich nicht ausmachen. – Ihre Handlung ähnelt stark der von **Le cerf et la vigne* (V 15), in der der Hirsch jene Weinblätter frißt, die ihn soeben noch vor den Blicken der ihn verfolgenden Meute geschützt hatten, und er also anschließend eine leichte Beute der Hunde wird. Die ›Moral‹ der nur 14 Verse langen Fabel lautet: »Vraie image de ceux qui profanent l'asile / Qui les a conservés« – »Wahres Abbild jener, die den Zufluchtsort schänden, / der ihnen Schutz gewährt hat«. Im Vergleich dazu fällt die ›Moral‹ der vorliegenden Fabel nicht nur sehr viel umfangreicher aus, sondern zugleich auch intensiver und resignierter. Sie steht damit auf einer Ebene mit derjenigen von **Le cerf malade* (XII 6) des gleichen Buches, in der der Erzähler unter deutlichem Bezug auf die 1. Catilinarische Rede Ciceros ausruft: »Ô temps, ô mœurs! J'ai beau crier!« – »O Zeiten, o Sitten! All mein Schreien ist vergeblich!« Die in beiden Fabeln zum Ausdruck kommende rhetorische Affektsteigerung ist kennzeichnend für den ›späten‹ La Fontaine, der seine ›Resignation‹ in zunehmendem Maße durch das Lob der Freundschaft (vgl. XII 15 *Le corbeau, la gazelle, la torture, et le rat*) und das des Rückzugs in die Einsamkeit (vgl. XII 29 *Le juge arbitre, l'hospitalier, et le solitaire*) ›kompensiert‹.

XII 20 Le philosophe scythe

1 *Scythe:* in der antiken Geographie ein Land nördlich des Schwarzen Meeres. Aus Skythien stammt der Philosoph Anarcharsis (6. Jh. v. Chr.), der wegen seiner Strenge bekannt war.

4 *vieillard de Virgile:* Anspielung auf den Greis von Galesa, der am Fuße der Mauern von Tarent einen bescheidenen, ihn jedoch beglückenden Garten besaß; vgl. Vergil, *Georgica* IV 125–133.

6 *satisfait et tranquille:* Das höchste Gut der Götter, ihr Glück (vgl. V. 7), besteht nach Epikur in der Ausgeglichenheit der Seele, d. h. deren »repos« bzw. »tranquillité«; vgl. VII 11 *L'homme qui court après la fortune, et l'homme qui l'attend dans son lit*, V. 17 f. und Anm.

18 *le noir rivage:* Periphrase für Lethe, einen der fünf Flüsse der Unterwelt; das Subjekt des Verses, »ils«, bezieht sich auf »les habitants« (V. 15); nach antiken mythologischen Vorstellungen wurden die Bäume von den Dryaden bewohnt, deren Schicksal eng mit dem des jeweiligen Baumes verbunden war; wenn der Baum starb, starben auch die Dryaden.

30 *indiscret:* synonym zu »sans discernement« (›ohne Unterscheidungsvermögen‹); vgl. auch Kommentar.

In der vorliegenden Fabel, die erstmals 1685 in den *Ouvrages de prose et de poésie* erschien, greift La Fontaine das zentrale Freiheitsthema auf, das sich in biographisch- und zeitbedingten Abwandlungen leitmotivisch durch die Fabelbücher zieht (vgl. III 1 *Le meunier, son fils, et l'âne*) und hier sowie in der langen und komplexen Eröffnungsfabel des Buches XII **Les compagnons d'Ulysse* eine letzte philosophische Ausgestaltung erfährt. – Die Vorlage der Fabel entstammt den *Noctes atticae* des Aulus Gellius (um 170 n. Chr.), der La Fontaine in erstaunlicher Treue folgt. Hier fand er bereits die Vorstellung von der Landwirtschaft bzw. dem Ackerbau als Metapher für die Kunst, menschliche Leidenschaften zu beschneiden, ohne zugleich die ihnen innewohnenden Lebenskräfte zu zerstören. Die Fabel verbindet einige für La Fontaine wichtige und typische Themen zu einer neuen gedanklichen Einheit. So verweist der letzte Gedanke auf die Fabel *Rien de trop* (IX 11), die bereits jene Maßlosigkeit illustrierte, deren sich auch der skythische Philosoph schuldig macht. Das Thema des mit Umsicht betriebenen Ackerbaus erlaubt La Fontaine sodann die Wiederaufnahme eines seiner Lieblingsthemen, dem des Gartens, der zu seiner Vollendung einer kunstvollen Pflege bedarf (vgl. IV 4 *Le jardinier et son seigneur*; IX 4 **L'écolier, le pédant, et le maître d'un jardin*; XI 8 **Le vieillard et les trois jeunes hommes*). Diese eng miteinander verwobenen Themen veranschaulicht die Fabel am gegensätzlichen Verhalten ihrer beiden Protagonisten. Die linear angelegte Erzählung mündet in eine Moralität, in der sich der Erzähler in eigenem Namen gegen eine übertriebene, undifferenzierte (»indiscret«, V. 30) Unterdrückung natürlicher Wünsche und Leidenschaften ausspricht, die für ihn den wesentlichen Reichtum des menschlichen Lebens darstellen. Hier erreicht die Fabel die Höhe der philosophischen Reflexion. Denn es wird deutlich, daß das entgegengesetzte Verhalten der Fabelprotagonisten der Illustration zweier philosophisch begründeter, gegensätzlicher Verhaltensweisen gegenüber den Trieben bzw. den Leidenschaften dient: der vom Erzähler abgelehnten stoischen, die als lebensfeindlich getadelt wird, und der epikuräischen, der seine ganze Sympathie gilt. Hier besteht auch die gedankliche Verbindung zu **Les compagnons d'Ulysse* (XII 1). Denn während dort die in Tiere verwandelten Gefährten des Odysseus die mögliche Rückverwandlung in Menschen ablehnen, weil sie (vermeintlich) frei wie Tiere ihren Leidenschaften folgen wollen, in Wahrheit jedoch deren Sklaven sind (»Ils croyaient s'affranchir suivants leurs passions, / Ils étaient esclaves d'eux-mêmes«, V. 105 f.), erlangt der Weise der vorliegenden Fabel im beherrschten Genuß der Leidenschaften die wahre Freiheit des epikuräischen Philosophen. – Die Kommentatoren haben die Fabel nahezu einmütig als eine Stellungnahme La Fontaines gegen den übertriebenen Rigorismus der Jansenisten von Port-Royal angesehen. Über diese (mögliche) punktuelle satirische Ausrichtung hinaus aber ist sie eine (altersbedingte?) abgeklärte Absage an jede Form von lebensfeindlichem moralischem oder ethischem Rigorismus. Der gleichzeitige Briefwechsel La Fontaines mit seinen im englischen Exil weilenden Freunden bestätigt, daß er in dem Weisen der Fabel auch für sich persönlich das Idealbild einer geglückten Lebensführung gesehen hat (vgl. OD, S. 664–673). Im Lobpreis einer vertrauensvollen Lässigkeit gegenüber der Natur, die nur in dem Maße beschnitten werden sollte, als dieses Beschneiden eine Korrektur ist, die nicht verstümmelt, sondern bereichert und dem volleren Lebensertrag und -genuß dient, liegt der philosophische Gehalt von *Le philosophe scythe*. Im Sinne Montaignes, auf den La Fontaine sich hier (indirekt) beruft, ist das Ideal ein optimistisches »s'accommoder aux ordres du destin« bzw. ein »suivre nature« und damit zugleich eine Bejahung behutsam geläuterter Leidenschaften, die als »le principal ressort« (V. 35) des menschlichen Lebens angesehen werden. Zugleich ist die Fabel mit ihrer persönlich gehaltenen ›Moral‹ ein Bekenntnis zu einer deutlich ins 18. Jh. weisenden Naturgläubigkeit, die in der Philosophie der Aufklärung ihren Niederschlag gefunden hat. Als »fable philosophique« bzw. »fable-conte« antizipiert sie schließlich gattungsmäßig den »conte philosophique« Voltaires und anderer Autoren.

XII 29 Le juge arbitre, l'hospitalier, et le solitaire

19 *Hospitalier:* »Religieux ou religieuse qui fait vœux de servir, d'assister les pauvres, les malades ou les passants qu'on reçoit dans leur hôpital« (Académie).

62 *abat:* Wortspiel mit den beiden Bedeutungen ›stürzen‹ und ›niederdrücken‹.

Die Fabel liegt in drei sich allerdings nur geringfügig unterscheidenden Fassungen vor, die ihren Entstehungshintergrund erhellen. Die Erstveröffentlichung erfolgt im Juni 1693 in dem von dem Jesuitenpater Dominique Bouhours herausgegebenen *Recueil de vers choisis*; der für uns verbindliche Text entstammt der von La Fontaine betreuten Originalausgabe des 12. Buches (September 1693); die dritte Fassung ist die der *Œuvres posthumes* (1696), die jedoch vermutlich den frühesten Textzustand spiegeln (vgl. Kommentar zu XII 12 *Le milan, le roi, et le chasseur*). Zusammen mit Inhalt und Tonfall der Fabel selbst situiert die Textgeschichte deren Abfassung mit großer Wahrscheinlichkeit zwischen Dezember 1692 (schwere Krankheit des über siebzigjährigen La Fontaine, Empfang der Sterbesakramente und Widerruf der *Contes*) und dem Frühjahr 1693 (Genesung La Fontaines). Auf diesem biographischen Hintergrund kommt *Le juge arbitre, l'hospitalier, et le solitaire* die Bedeutung eines »testament spirituel« (G. Couton in seiner Ausgabe der *Fables*, S. 556) zu, und nicht zufällig beschließt sie das 12. Fabelbuch und damit die Fabeln insgesamt. – Der Aufbau der Fabel ist leicht zu erfassen: Nach einer kurzen Einleitung, die der Einführung der drei Protagonisten dient, folgen nacheinander das ›Porträt‹ des Richters (V. 6–14), dann das des Krankenpflegers (V. 15–22) sowie die Bewertung ihres selbstlosen Handelns, das in beiden Fällen »nur Klagen und Murren erntet« (V. 23–31). Die Begegnung mit dem Einsiedler und ihre Gespräche bilden das positive gedankliche Zentrum der Fabel (V. 34–52), deren »leçon« (V. 66). Es schließt sich eine vielschichtige ›Moral‹ an, in der der Erzähler zunächst die Handlung resümierend wertet (V. 53–58), gefolgt von einer Apostrophe an »Beamte, Fürsten und Minister«, deren Arbeit mit der unbefriedigenden Tätigkeit des Richters und des Krankenpflegers verglichen wird (V. 59–65); zum Schluß kehrt der Erzähler zu sich selbst und seinem Werk zurück, um die ›Lehre‹ seiner Fabel Königen und Weisen und allen künftigen Zeiten anzuempfehlen. Worin besteht diese ›Lehre‹? – Die Darstellung der Tätigkeiten des Richters und des Krankenpflegers ist durchsetzt mit traditionellen Elementen der Justiz- und Ärztesatire, die allerdings in anderen Fabeln deutlicher hervortreten (vgl. IX 9, **L'huître et les plaideurs*; V 12 **Les médecins*; XII 6 **Le cerf malade*). Da beider Arbeit scheitert, kann daraus auch höchstens ex negativo eine Lehre gezogen werden. Positiv wird sie im Mittelteil der Fabel formuliert, auf dessen jansenistischen Charakter zahlreiche Kommentatoren hingewiesen haben. So sind bereits die Bezeichnung des Einsiedlers als »solitaire« (im Titel) und die Tatsache, daß die Vorlage der Fabel den *Vies des Pères du désert* des Jansenisten Arnauld d'Andilly (1589–1674) entstammt, deutliche Indizien für deren jansenistische ›Stimmung‹. Auch der Ort, an den sich der Eremit zurückgezogen hat, ist, im Gegensatz zu anderen Orten in den Fabeln, von jansenistischer Nüchternheit (V. 34 f.). Damit stimmt schließlich auch überein, daß das Treiben der Welt dem Erzähler in der ›Moral‹ als »divertissement« (›Zerstreuung‹) im Sinne Pascals, als ›Selbstentfremdung‹ erscheint: »Cependant on s'oublie . . .« (V. 58). Andererseits ist festzuhalten, daß das Gespräch der drei »Heiligen« (V. 1) allein um die Erkenntnis ihrer selbst kreist und das »Sich selbst erkennen« als »erste aller Mühen« (V. 39) bereits den Tempel zu Delphi zierte und ältester philosophischer Tradition entstammt (vgl. auch IX 11 *Rien de trop*). Christliches läßt sich daher in dem Ideal des Eremiten schwerlich ausmachen, und auch das selbstlose Handeln von Richter und Krankenpfleger ist nirgends ausdrücklich christlich motiviert. Ganz im Gegenteil: Am Schluß entziehen sich die drei ›Heiligen‹, vom Erzähler in der ›Moral‹ ausdrücklich sekundiert, der sozialen Ordnung und rechtfertigen dies mit einer ›Lehre‹, die ausgeprägt laizistische Züge trägt, epikuräischem Denken nicht fern steht und der die lockere jansenistische Umhüllung im Grunde nur als Alibi dient. – Der hier philosophisch begründete und durch Alter und Krankheit gerechtfertigte ›Rückzug ins Private‹ unterscheidet sich nur graduell, nicht aber substantiell von dem, den auch Freundschaftsfabeln wie *Les deux amis* (VIII 11) oder *Le corbeau, la gazelle, la tortue, et le rat* (XII 15) vollziehen. Daher ist auch *Le juge arbitre, l'hospitalier, et le solitaire* mehr als nur ein »testament spirituel«, d. h., sie enthält zugleich eine politische Botschaft. In dem skizzierten biographischen Kontext und auf dem allgemeinen politischen Hintergrund des 12. Buches tut La Fontaine hier einen Schritt, den der ›Menschenfeind‹ Alceste in Molières *Misanthrope* bereits 1666 vollzogen hatte, als er vor den Aporien der ›Höfischen Gesellschaft‹ in die Einsamkeit (»désert«, V. 50) floh. Rund ein Jahrzehnt später hatten sich zwei andere ›große, klassische‹ Autoren, Racine und Boileau, aus komplexen Gründen ebenfalls aus dem literarischen Leben zurückgezogen. Beide waren gegen Ende der achtziger Jahre wieder zur Literatur zurückgekehrt, Boileau, indem er die Satire radikalisierte, Racine, indem er seine christlichen Dramen mit politischen Anspielungen und deutlichen ›Empfehlungen‹ an den König durchsetzte. Zeitkritik einerseits (*La querelle des chiens et des chats, et celle des chats et des souris*; *Le milan, le roi, et le chasseur*) und ›Rückzug ins Private‹ andererseits (*Le corbeau, la gazelle, la tortue, et le rat*) sind auch die thematischen Schwerpunkte der Fabeln des 12. Buches, das sich, als Ganzes betrachtet, in hohem Maße mit der gleichzeitigen literarischen Produktion Racines, Boileaus, La Bruyères, doch auch Fénelons deckt und von daher einen hohen Grad an Repräsentativität erlangt.

Ph. A. Wadsworth, »Le douzième livre des *Fables*«, in: CAIEF 26 (Mai 1974) S. 103–115, 308–312.

B. Beugnot, »L'idée de retraite dans l'œuvre de La Fontaine«, ebd., S. 131–142, 315–320.

– »Autour d'un texte. L'ultime leçon des *Fables*«, in: TLL 13,2 (1975) S. 291–301.

Grimm, »Le livre XII des *Fables* de La Fontaine«.

Le renard et l'écureuil

Die Fabel wurde zu Lebzeiten La Fontaines nicht veröffentlicht. Seine Verfasserschaft kann auch nur, wenngleich mit großer Wahrscheinlichkeit, aus der Tatsache geschlossen werden, daß sie handschriftlich zusammen mit neun anderen Fabeln überliefert ist (Ms. Conrart der Bibliothèque de l'Arsenal), die sich sämtlich in La Fontaines 1. Fabelsammlung finden. Zu ihnen gehören in der vorliegenden Auswahl *Le corbeau et le renard* (I 2), *La grenouille qui se veut faire aussi grosse que le bœuf* (I 3), *Le rat de ville et le rat des champs* (I 6), *Le loup et l'agneau* (I 10) sowie *Les grenouilles qui demandent un roi* (III 4). Die Abfassung dieser Fabeln dürfte in engem Zusammenhang mit dem Sturz des Finanzministers Foucquet und dem gegen ihn angestrengten Prozeß stehen, der sich durch zahlreiche ›Unregelmäßigkeiten‹ auszeichnete. – Auch in *Le renard et l'écureuil* sind deutliche Anspielungen auf Foucquet nachweisbar. So befand sich insbesondere in dessen Wappen ein Eichhörnchen, und das Wappen war seinerseits mit der Devise »Quo non ascendam?« (»Bis wohin werde ich nicht emporsteigen?«) versehen. Abgefaßt wurde die Fabel vermutlich zu einem Zeitpunkt, da Foucquet noch nicht verurteilt war, also vor Dezember 1664, bzw. seine Anhänger noch mit seiner Begnadigung – und das heißt zugleich mit dem Sturz Colberts – rechneten, der hier als Fuchs dargestellt wird (vgl. V. 19 ff.). Für die zeitgenössischen Leser waren die Anspielungen dieser Fabel daher so offensichtlich, daß La Fontaine auf keinen Fall wagen konnte, sie zu veröffentlichen. Die Fabel bekräftigt die in der neueren Forschung vertretene These, daß der Impuls zu La Fontaines Beschäftigung mit der Fabelgattung im Foucquet-Erlebnis zu sehen ist (vgl. Kommentar zu I 22 *Le chêne et le roseau*). – La Fontaine hat die Einleitungsverse der vorliegenden Fabel in **Le lièvre et la perdrix* (V 17) wiederverwendet. Allerdings lauten die Verse 5 und 6 der ansonsten identischen Einleitung hier wie folgt: »Celui qu'en ces vers je propose, / Et les siens, ce sont même chose« – »Das von mir in diesen Versen vorgeschlagene Beispiel / und seine sind ein und dasselbe«. Auch **Le lièvre et la perdrix* ist vermutlich auf einer ersten Lektüreebene als ein (späteres) Echo des Foucquet-Erlebnisses zu interpretieren. Doch ›entschärft‹ La Fontaine eine entsprechende aktuelle Leseweise durch den Hinweis auf eine Vorlage, die er lediglich ›in Verse bringt‹ und die ihm also als Alibi dienen kann. Daher konnte **Le lièvre et la perdrix* auch gefahrlos veröffentlicht werden, während die Anspielungen in *Le renard et l'écureuil* zu transparent waren und der Leser noch dazu durch den Hinweis, die Geschichte entstamme einer »gewissen zeitgenössischen Chronik«, ausdrücklich zu einer entsprechenden Entschlüsselung aufgefordert wurde. Wichtig ist weiter, daß die Vorlage zu **Le lièvre et la perdrix* nicht Äsop, sondern Phädrus ist. Sollte La Fontaine sich getäuscht haben? Das ist kaum anzunehmen. Wahrscheinlicher ist hier wie anderwärts der bewußt irreführende Rekurs auf eine falsche (oder nicht existierende) Quelle, hinter der er sich als unschuldiger Erzähler verstecken kann. – Ästhetisch sicherlich kein

Meisterwerk, zeigt *Le renard et l'écureuil* jedoch den aktuellen Anlaß, der zur Abfassung dieser Fabel geführt hat, und eröffnet, methodologisch, den Weg, der zu einer entsprechenden Lektüre auch der übrigen Fabeln der 1. Sammlung führt. Schließlich ermöglicht sie durch den Vergleich mit **Le lièvre et la perdrix* die Einsicht in ein Desorientierungsverfahren, dessen La Fontaine sich noch in einer seiner letzten Fabeln bedienen wird (vgl. XII 12 *Le milan, le roi, et le chasseur*).

Jasinski, *Premier recueil*, Bd. 1, S. 62–195.
Grimm, *La Fontaine*, S. 76–88.
– »Stratégies de désorientation«.
Collinet, »La Fontaine et Foucquet«.
Sweetser, »Le mécénat de Foucquet«.

Bibliographie

1. Französische Geschichte des 17. Jahrhunderts und der Epoche Ludwigs XIV.

a) Gesamtdarstellungen; politische und Institutionengeschichte

Chatelain, U. V., *Le surintendant Nicolas Foucquet, protecteur des Lettres, des Arts et des Sciences*, Paris 1905, Nachdr. Genf 1971.

Clément, P., *Histoire de Colbert et de son administration*. 2 Bde., Paris 1874, Nachdr. Genf 1980.

Gaïffe, F., *L'envers du grand siècle. Étude historique et anecdotique*, Paris 1924.

Goubert, P., *Louis XIV et vingt millions de Français*, Paris 1966, Tb.-Ausg. Paris 1977 (Le Livre de Poche 8306).

Goubert, P. / Roche D., *Les Français et l'Ancien Régime*, 2 Bde., Paris 1984.

Grèce, M. de, *Louis XIV. L'envers du soleil*, Paris 1979.

Mandrou, R., *Louis XIV en son temps. 1661–1715*, Paris 1973.

Mongrédien, G., *L'affaire Foucquet*, Paris 1956.

– *Colbert, 1619–1683*, Paris 1963.

Murat, I., *Colbert*, Paris 1980.

Pillorget, R., »L'âge classique. 1661–1715«, in: G. Duby (Hrsg.), *Histoire de la France*, Bd. 2: *De 1348 à 1852*, Paris 1971, Kap. 5, S. 169–209.

b) Kultur- und Geistesgeschichte; Mentalitätsgeschichte

Adam, A., *Les libertins au XVIIe siècle*, Paris 1964

Ariès, Ph., *L'enfant et la vie familiale sous l'Ancien Régime*, Paris 1960, ²1973. Dt.: *Geschichte der Kindheit*, München 1975, Tb.-Ausg. München 1978 (dtv 4320).

Atkinson, G., *Les relations de voyage au XVIIe siècle et l'évolution des idées*, Paris 1922.

Bénichou, P., *Morales du grand siècle*, Paris 1948, Tb.-Ausg. Paris 1967 (Coll. »Idées« 143).

Busson, H., *La religion des classiques (1660–1685)*, Paris 1948.

Elias, N., *Die höfische Gesellschaft*, Neuwied/Berlin 1969.

Ferrier-Caverivière, N., *L'image de Louis XIV dans la littérature française de 1660 à 1715*, Paris 1981.

Grimm, J., »Alexanderdarstellungen zur Zeit Ludwigs XIV.; eine themengeschichtliche Untersuchung«, in: *Romanistisches Jahrbuch* 23 (1972) S. 74–102.

Pintard, R., *Le libertinage érudit dans la première moitié du XVIIe siècle*, 2 Bde., Paris 1943, Nachdr. Genf 1983.

Sombart, W., *Luxus und Kapitalismus*, Berlin 1912, Tb.-Ausg. u. d. T. *Liebe, Luxus und Kapitalismus*, München 1967 (dtv 458).

Tocanne, B., *L'idée de nature en France dans la seconde moitié du XVIIe siècle*, Paris 1978.

2. Literaturgeschichte

a) Zur französischen Literatur des 17. Jahrhunderts

Adam, A., *Histoire de la littérature française au XVIIe siècle*, 5 Bde., Paris 1948–56.

– *L'âge classique I: 1624–1660*, Paris 1968 (*Littérature Française*, Bd. 6).

Auerbach, E., »La Cour et la Ville«, in: E. A., *Vier Untersuchungen zur Geschichte der französischen Bildung*, Bern 1951, S. 12–50.

Clarac, P., *L'âge classique II: 1660–1680*, Paris 1969 (*Littérature Française*, Bd. 7).

Krauss, W., »Über die Träger der klassischen Gesinnung«, in: W. K., *Gesammelte Aufsätze zur Literatur- und Sprachwissenschaft*, Frankfurt a. M. 1949, S. 321–338.

Magendie, H., *La politesse mondaine et les théories de l'honnêteté en France au XVIIe siècle*, Paris 1925, Nachdr. Genf 1970

Marmier, J., *Horace en France, au dix-septième siècle*, Paris 1962.

Pomeau, R., *L'âge classique III: 1680–1720*, Paris 1971 (*Littérature Française*, Bd. 8).

Spitzer, L., *Interpretationen zur Geschichte der französischen Lyrik*, Heidelberg 1961.

Zuber, R. / Cuénin, M., *Le classicisme. 1660–1680*, Paris 1984 (*Littérature Française* / poche, Bd. 4).

b) Zur Gattung und Geschichte der Fabel

Antike Fabeln, eingel. und neu übertr. von L. Mader, Zürich 1951, Tb.-Ausg. München 1973 (dtv 6024).

Äsop / Phädrus, *Fabeln von Äsop / Äsopische Fabeln des Phädrus*, übertr. von W. Binder und J. Siebelis, München 1959.

Dithmar, R., *Die Fabel*, Paderborn 1971.

Der Fremdsprachliche Unterricht 65 (Febr. 1983): »Fabeln, Märchen und Abenteuergeschichten.«

Hasubek, P. (Hrsg.), *Die Fabel. Theorie, Geschichte und Rezeption einer Gattung*, Berlin 1982.

Kleukens, C. H., *Das Buch der Fabeln*, Leipzig ²1920. [Darin Einl. von O. Crusius: »Aus der Geschichte der Fabeln«, S. I–LXIII.]

Leibfried, E., *Fabel*, Stuttgart 1967, ⁴1982 (Sammlung Metzler 66).

–/Werle, J. M. (Hrsg.), *Texte zur Theorie der Fabel*, Stuttgart 1978.

Lindner, H., *Fabeln der Neuzeit. England, Frankreich, Deutschland. Ein Lese- und Arbeitsbuch*, München 1978.

Meuli, K., *Herkunft und Wesen der Fabel*, Basel 1954.

Nøjgaard, M., *La fable antique*, 2 Bde., Kopenhagen 1964–67.

Spoerri, Th., »Der Aufstand der Fabel«, in: *Trivium* 1 (1942) S. 31–62.

Tiemann, H., »Wort und Bild in der Fabeltradition bis La Fontaine«, in: H. Striedl / J. Winter (Hrsg.), *Buch und Vers. Festschrift für G. Hofmann*, Wiesbaden 1965, S. 237–260.

c) Die Fabel im 17. Jahrhundert

Audin, *Fables héroïques, comprenans les véritables maximes de la politique et de la morale*, Paris ²1660.

Baudoin, J., *Les fables d'Ésope Phrygien, illustrées de discours moraux, philosophiques & politiques*, Paris ⁴1639.

Furetière, A., *Fables morales et nouvelles*, Paris 1671.

Mythologia Aesopica, opera et studio Isaaci Nicolai Neveleti cum notis eiusdem in eadem, Frankfurt a. M. 1610.

Pilpay [Bidpaï], *Le livre des lumières ou La conduite des Rois*, composé par le sage Pilpay, Indien, traduit en français par David Sahid d'Ispahan, Paris 1644.

Saint-Glas, P. de, Abbé de Saint-Ussans, *Œuvres, contenant plusieurs fables d'Ésope mises en vers*, Paris 1670.

Villedieu, M.-C.-H. Desjardins, dame de Villedieu, *Fables et histoires allégoriques*, Paris 1670.

3. La Fontaine und die Fabeln

a) Ausgaben und Übersetzungen

Œuvres de Jean de La Fontaine, nouv. éd. revue [...] par H. Régnier, 11 Bde., 1 Bd. Album, Paris: Hachette, 1883–97 (Les Grands Écrivains de la France).

Œuvres diverses, texte établi et ann. par P. Clarac, Paris: Gallimard, 1958 (Bibliothèque de la Pléiade 62).
Fables, préc. d'une notice biogr. et litt. et acc. de notes gramm. et d'un lexique par R. Radouant, Paris: Hachette, 1929.
Fables choisies mises en vers, introd., notes et relevé de variantes par G. Couton, Paris: Garnier, 1962 (Classiques Garnier).
Fables, notes et comm. par P. Michel et M. Martin, 2 Bde., Paris: Bordas, 1964 (Les Petits Classiques Bordas).

Contes et nouvelles en vers, introd., notes et relevé de variantes par G. Couton, Paris: Garnier, 1961 (Classiques Garnier).
Discours à Madame de La Sablière sur l'âme des animaux, comm. litt. et philos. par H. Busson et F. Gohin, Paris: Droz, 1938, ^{3}1967.

Die Fabeln, Gesamtausgabe dt. und frz., übers. von E. Dohm, illustr. von G. Doré, Berlin 1877.
Volksausg., mit einer Einl. von P. Lindau, Berlin 1913. [Ohne Illustr.]
Neuausg., mit 300 Illustr. von G. Doré, Wiesbaden 1972.
Neuausg., Anm., Zeitt. und Nachw. von H. Lindner, mit 255 Illustr. von Grandville, München 1978. [Übers. der bei Dohm fehlenden Fabeln von G. Fabricius.] Tb.-Ausg. München 1981 (dtv 2094).
Neuausg., neu bearb. von Chr. Burgauner, mit 320 Illustr. von G. Doré, Remseck bei Stuttgart 1985.

Die Fabeln, ins Dt. übertr. von J. Wege, Leipzig 1883.
Fünfzig Fabeln von Lafontaine, in dt. Versen von K. Koch, mit 63 Scherenschn. von A. Thon, Halle a. d. S. 1917.
Fabeln, ins Dt. übertr. von Th. Etzel, mit 24 Taf. in Kupfertiefdr. nach den Stichen von J. B. Oudry, Berlin 1923.
Die Fabeln, Gesamtausg., übertr. von R. Mayr, mit 39 Illustr. von G. Doré, Wiesbaden 1948.
Fabeln [Ausw.], zweispr. Ausg., dt. Übertr. von W. Küchler, München 1948.
Hundert Fabeln, übertr. von Hannelise Hinderberger und N. O. Scarpi, Nachw. von Th. Spoerri, 100 Illustr. von G. Doré, Zürich 1965.

b) Forschungsberichte und Bibliographien

Chassang, A., »Essai de bilan des idées littéraires de La Fontaine«, in: IL 13 (1961) S. 217–225; 14 (1962) S. 35–44.
Gohin, F., *La Fontaine, études et recherches*, Paris 1937.
Grimm, J., *La Fontaines Fabeln*, Darmstadt 1976 (Erträge der Forschung 57).
– »La Fontaine – Être de papier? Von den Unzulänglichkeiten einer sich absolut setzenden strukturalistischen Narrativistik«, in: ZfSL 88 (1978) S. 97–121.
Lindner, H., »Vers le vrai La Fontaine? Anmerkungen zu einigen neuen Tendenzen der La Fontaine-Kritik aus Anlaß des jüngsten Forschungsberichts zu La Fontaines ›Fabeln‹«, in: ZfSL 87 (1977) S. 142–164.
Marmier, J., »Les livres VII à XII des *Fables* de La Fontaine et leurs problèmes«, in: IL 24 (1970) S. 199–204.
Mongrédien, G., *Recueil des textes et documents du XVIIe siècle relatifs à La Fontaine*, Paris 1973.
Rochambeau, R. de, *Bibliographie des œuvres de Jean de La Fontaine*, Paris 1912, Nachdr. New York 1970.
Stevens, E. S., *A Critical Bibliography of La Fontaine, 1900–1970*, Diss. University of North Carolina, Chapel Hill 1973. [Vgl. *Dissertation Abstracts* 34 (1973/74) Sp. 2657 A.)
van Baelen, J., »La Fontaine. Répertoire bibliographique de la critique 1955–1975«, in: PFSCL 7 (1977) S. 121–174.

c) Biographien und Gesamtdarstellungen

Boutang, P., *La Fontaine politique*, Paris 1981.
Clarac, P., *La Fontaine, l'homme et l'œuvre*, Paris 1947, [3]1969.
Collinet, J.-P., *Le monde littéraire de La Fontaine*, Paris 1970.
Couton, G., *La poétique de La Fontaine*, Paris 1957.
– *La politique de La Fontaine*, Paris 1959.
Europe 515 (März 1972): »La Fontaine.«
Gaucheron, J., »La Fontaine«, in: *Europe* 426 (Okt. 1964) S. 112–119.
Kirkinen, H., *Les origines de la conception moderne de l'homme-machine. Le problème de l'âme en France à la fin du règne de Louis XIV (1670–1715)*, Helsinki 1960.
Kohn, R., *Le goût de La Fontaine*, Paris 1962.
»La Fontaine«, in: CAIEF 26 (Mai 1974) S. 101–185, 308–334.
Mackey, A. E., *La Fontaine and his Friends. A Biography*, London 1972.

Menjot d'Elbène, S., *Madame de La Sablière*, Paris 1923.
Michaut, G., *La Fontaine*, 2 Bde., Paris 1912–14, [2]1929.
Orieux, J., *La Fontaine ou »La vie est un conte«*, Paris 1976.
Petit, L., *La Fontaine et Saint-Évremond ou La tentation de l'Angleterre*, Toulouse 1953.
Roche, L., *La vie de Jean de La Fontaine*, Paris [2]1913.
Travaux de linguistique et de littérature XIII,2 (1975): »La Fontaine.«
Ubersfeld, A., »La Fontaine«, in: *Histoire littéraire de la France*, Bd. 4: *1660–1715*, Paris 1975, S. 221–247.
Valéry, P., »Oraison funèbre d'une fable«, in: P. V., *Œuvres*, Bd. 1, Paris 1957 (Bibliothèque de la Pléiade), S. 495–498.
Wadsworth, Ph. A., *Young La Fontaine. A Study of his Artistic Growth in his Early Poetry and his First Fables*, Northwestern Univ. Press 1952.
Walckenaër, C. A., *Histoire de la vie et des ouvrages de Jean de La Fontaine*, Paris 1820.

d) Zu La Fontaines Fabeln allgemein und zu besonderen Themenkreisen

Beugnot, B., »L'idée de retraite dans l'œuvre de La Fontaine«, in: CAIEF 26 (Mai 1974) S. 131–142, 315–320.
Biard, J. O., *Le style des fables de La Fontaine*, Paris 1970.
Blavier-Paquot, S., »L'art de louer selon La Fontaine«, in: RHLF 69 (1969) S. 624–630.
Bornecque, P., *La Fontaine fabuliste*, Paris 1973.
Bourguignon, J., »Mythologie et mélange des tons dans les fables de La Fontaine«, in: TLL IV,1 (1966) S. 81–87.
Bray, B., »Avatars et fonctions du ›je‹ d'auteur dans les *Fables* de La Fontaine«, in: TLL XIII,2 (1975) S. 303–322.
Bürger, P., »La Fontaines Fabeln«, in: *Neues Handbuch der Literaturwissenschaft*, Bd. 10: *Renaissance und Barock*, Tl. 2, Frankfurt a. M. 1972, S. 316–327.
– »Die Fabeln La Fontaines zwischen aristokratischem Divertissement und bürgerlicher Moralerziehung«, in: P. B., *Aktualität und Geschichtlichkeit. Studien zum gesellschaftlichen Funktionswandel der Literatur*, Frankfurt a. M. 1977 (edition suhrkamp 879), S. 21–47.
Busson, H., »La Fontaine et l'âme des bêtes«, in: RHLF 42 (1935) S. 1–32; 43 (1936) S. 257–286.

Busson, H., »À propos de ›La Fontaine et Bernier‹«, in: RHLF 42 (1935) S. 631–636.
– »Trois fables anglaises de La Fontaine«, in: *Europe* 361/362 (Mai/Juni 1959) S. 184–198.
– »L'exotisme de La Fontaine dans les fables des livres VII à XII«, in: H. B., *Littérature et théologie*, Paris 1962, S. 143–193.
Champigneul, Y., »La Fontaine et les voyages par voie de terre«, in: RHLF 69 (1969) S. 913–934.
– »L'absolutisme royal. Une lecture de La Fontaine«, in: *Littératures. Mélanges littéraires*, hrsg. von J. Ethier-Blais, Montréal 1971, S. 27–60.
Chupeau, J., »La Fontaine et le refus du voyage«, in: IL 20 (1968) S. 62–72.
Clarac, P., »L'inquiétude de La Fontaine«, in: IL 1 (1949) S. 5–9.
Collinet, J.-P., »L'image de la femme dans les *Fables* de La Fontaine«, in: *Onze nouvelles études sur l'image de la femme dans la littérature française du dix-septième siècle*, hrsg. von W. Leiner, Tübingen/Paris 1984, S. 121–143.
– »La Fontaine et Foucquet«, in: *L'âge d'or du Mécénat (1598–1661). Actes du colloque international CNRS (mars 1983)*, hrsg. von R. Mousnier und J. Mesnard, Paris 1985, S. 273–282.
– Defrenne, M. / Champigneul, Y., »Le voyage de La Fontaine dans le Limousin«, in: *La découverte de la France au XVIIe siècle. Neuvième Colloque de Marseille*, Paris 1980, S. 43–63.
Couton, G., »Le livre épicurien des *Fables*. Essai de lecture du livre VIII«, in: TLL XIII,2 (1975) S. 283–290.
Dandrey, P., »Une révolution discrète. Les *Fables* de La Fontaine et l'esthétique de la continuité ornée«, in: PFSCL 9 (1982) S. 655–674.
Defrenne, M., »Le stéréotype du voyage et son utilisation poétique et narrative dans l'œuvre de La Fontaine«, in: *Voyages. Récits et imaginaire. Actes de Montréal*, hrsg. von B. Beugnot, Paris/Tübingen/Seattle: PFSCL, 1984 (*Biblio 17*, Bd. 11), S. 275–292.
Fabre, J., »L'aventure et la fortune dans les fables de La Fontaine«, in: *Bulletin de la Faculté des Lettres de Strasbourg* 29 (1950/51) S. 313–327.
Giraudoux, J., *Les cinq tentations de La Fontaine*, Paris 1938.
Gohin, F., *L'art de La Fontaine dans ses Fables*, Paris 1929.
Grimm, J., »Zum Druckprivileg von La Fontaines zweiter Fabelsammlung«, in: *Archiv für das Studium der neueren Sprachen und Literaturen* 207 (1970) S. 106–109.

Grimm, J., »Le pouvoir des fables. Ein Beitrag zur Ästhetik der La Fontaineschen Fabel«, in: ZfSL 80 (1970) S. 28–43.

– »La Fontaines Fabeln im Spiegel der Buchillustration«, in: *Fabula docet – Illustrierte Fabelbücher aus sechs Jahrhunderten*, Wolfenbüttel 1983 (Ausstellungskatalog der Herzog August Bibliothek 41), S. 50–66.

– »Les fables de La Fontaine – leur représentation figurée«, in: *Die Neueren Sprachen* 86 (1987) S. 37–47.

– »›Dieu nous préserve du voyage‹: voyages et commerce – voyages de commerce dans les *Fables* de La Fontaine«, in: *Colloque »Commerce et commerçants dans la littérature«, 25–26 oct. 1986 à Bordeaux* [in Vorb.].

– »Stratégies de désorientation dans les *Fables* de La Fontaine«, in: *Ouverture et Dialogue. Mélanges offerts à Wolfgang Leiner*, Tübingen 1988 [in Vorb.].

– »La Fontaine, Lucrèce et l'épicurisme, in: *Festschrift für Rudolph Baehr: »Literatur und Wissenschaft. Begegnung und Integration«*, Tübingen 1987, S. 41–54.

– »Le livre XII des *Fables* de La Fontaine – somme d'une vie, somme d'un siècle‹?«, in: *Colloque »Fins de siècles«, 2–7 juin 1985 à Tours* [in Vorb.].

Jasinski, R., »Sur la philosophie de La Fontaine dans les livres VII à XII des *Fables*« in: *Revue d'histoire de la philosophie et d'histoire générale de la civilisation* 1933, S. 316–330; 1934, S. 218–242. Wiederabdr. in: R. J., *À travers le XVIIe siècle*, Bd. 2, Paris 1981, S. 75–120.

– »Encore La Fontaine et Bernier«, in: RHLF 42 (1935) S. 401–407; 43 (1936) S. 317–320.

– *La Fontaine et le premier recueil des »Fables«*, 2 Bde., Paris 1966.

– »La ›tendre amitié‹ avec Madame de La Sablière«, in: R. J., *À travers le XVIIe siècle*, Bd. 2, Paris 1981, S. 121–174.

Lindner, H., *Didaktische Gattungsstruktur und narratives Spiel. Studien zur Erzähltechnik in La Fontaines Fabeln*, München 1975.

Petit, L., »Autour du procès Foucquet. La Fontaine et son oncle Jannart sous la griffe de Colbert«, in: RHLF 47 (1947) S. 193–210.

– »À propos d'une fable de La Fontaine, Quimper-Corentin, lieu d'exil«, in: RHLF 51 (1951) S. 468–471.

Richard, N., *La Fontaine et les Fables du deuxième recueil*, Paris 1972.

Soriano, M., »Histoire littéraire et folklore. La source oubliée de deux *Fables* de La Fontaine«, in: RHLF 70 (1970) S. 836–860.

Soriano, M., »Les histoires de fous chez La Fontaine«, in: *Stanford French Review* 1 (1977) S. 5–27.

– »Le ton inimitable de La Fontaine«, in: *Popular Culture in France (The Wolf and the Lamb). From the Old Régime to the Twentieth Century*, hrsg. von J. Beauroy, M. Bertrand und E. T. Gargan, Saratoga (Cal.) 1977, S. 39–51.

– »Fantasmes et complexe d'Œdipe à l'époque de Louis XIV. Problèmes de méthode et premiers résultats de recherches concernant La Fontaine«, in: PFSCL X,2 (1978/79) S. 177–194.

– »Psychanalyse, culture savante et traditions populaires ou ›Fantasme et complexe d'Œdipe à l'époque de Louis XIV?‹«, in: *Cultura/Letteratura popolare/dotta nel seicento francese*, Vorw. M. Soriano, Bari/Paris 1979, S. 221–235.

– »Amour et désir sous Louis XIV ou ›Entre la tête et le talon‹«, in: *Peuple et littérature*, Vorw. R. Mathé, Limoges 1981, S. 87–107.

Spitzer, L., »Die Kunst des Übergangs bei La Fontaine«, in: *Publications of the Modern Language Association of America* 53 (1938), S. 393–433. Wiederabdr. in: L. S., *Romanische Literaturstudien*, Tübingen 1959, S. 160–209. Frz.: »L'art de la transition chez La Fontaine«, in: L. S., *Études de style*, Paris 1970, S. 166–207.

Stackelberg, J. v., »War La Fontaine ein politischer Dichter? Zur Frage nach dem Aktualitätsbezug und dem Engagement in den ersten sechs Fabelbüchern«, in: *Tijdschrift voor de Studie van de Verlichting en van het Vrije Denken* 13 (1985) S. 159–183.

Sweetser, M.-O., »Le mécénat de Foucquet: la période de Vaux et ses prolongements dans l'œuvre de la Fontaine«, in: *L'âge d'or du Mécénat. (1598–1661). Actes du colloque international CNRS (mars 1983)*, hrsg. von R. Mousnier und J. Mesnard, Paris 1985, S. 263–272.

Taine, H., *La Fontaine et ses Fables*, Paris 1861, [19]1911.

Trintignan, H., *Les allégories politiques dans les »Fables« de La Fontaine*, Paris 1973 (Mémoire de maîtrise. Sciences politiques, Montpellier 1971).

Vossler, K., *La Fontaine und sein Fabelwerk*, Heidelberg 1919.

Wadsworth, Ph. A., »La Fontaine's Theories on the Fable as a Literary Form«, in: *Rice University Studies* LVII,2 (1971) S. 115–127.

– »La Fontaine and the Classical Ideal«, in: *Manifestoes and Movements*, Univ. of South Carolina 1980, S. 1–15.

Wogue, J., »Les idées politiques et sociales de La Fontaine«, in: *Revue bleue* 71 (1933) S. 529–533, 558–562.

Zeittafel

Zusammengestellt von Mena Grünefeld und Thomas Schmidt

1617	Charles de La Fontaine, Forstmeister (»Maître des Eaux et Forêts«) in Château-Thierry, heiratet Françoise Pidoux, verwitwete de Jouy.
1621	8. Juli: Geburt und Taufe des ersten Sohnes, Jean de La Fontaine.
1624–42	**Kardinal Richelieu ist leitender Minister Ludwigs XIII. (1610–43).**
1628	**Eroberung von La Rochelle**; Durchsetzung der königlichen Zentralgewalt gegen die den Hugenotten im Edikt von Nantes (1598) zugesprochene Autonomie.
bis 1635	Jugend und Schulzeit Jean de La Fontaines in Château-Thierry, wo er François de Maucroix kennenlernt.
1635	Gründung der Académie française.
1635–59	**Krieg Frankreichs gegen Spanien.**
ab 1636	La Fontaine setzt seine Ausbildung in Paris fort.
1641	27. April: La Fontaine tritt ins Pariser Oratorium ein, um Theologie zu studieren.
1642	Oktober: Nach 18 Monaten Probezeit verläßt La Fontaine den Orden und kehrt nach Château-Thierry zurück.
1643	**Kardinal Mazarin wird leitender Minister.**
1643–61	**Anna von Österreich führt die Regierungsgeschäfte für den minderjährigen Luwig XIV. (1643–1715).**
1645–47	La Fontaine studiert Jura in Paris; mit Maucroix, Furetière, Charpentier, A. de La Sablière, Pellisson, Tallemant des Réaux u. a. bildet er den literarischen Zirkel der »Palatins«, auch »Table Ronde« genannt.
1647	10. November: Ehevertrag mit Marie Héricart (1633 bis 1709), Nichte von Jacques Jannart, stellvertretender »Procureur Général du Roi auprès du Parlement de Paris« (Generalstaatsanwalt) und Mitarbeiter Foucquets.
1648–52	**Fronde gegen Mazarin und die Regentin**: letzte Revolte des Pariser Parlaments (1648–49: »Fronde parlementaire«) und des Hochadels (1650–52: »Fronde des Princes«) gegen das absolutistische Regierungssystem, die mit der politischen Entmachtung beider Gruppen endet.
1652	20. März: La Fontaine erwirbt das auf drei Jahre befriste-

te Amt des »Maître particulier triennal des Eaux et Forêts« im heimatlichen Château-Thierry.

1653 30. Oktober: Taufe von Charles de La Fontaine (1653 bis 1723), dem einzigen Kind La Fontaines; Maucroix ist Taufpate.

Nicolas Foucquet wird zum »Surintendant des Finances« (Finanzminister) ernannt.

1654 La Fontaine übersetzt und bearbeitet den *Eunuchus* von Terenz; das Werk wird ohne Nennung des Autors veröffentlicht.

1658 Über seine Frau und Jacques Jannart lernt La Fontaine Nicolas Foucquet kennen.

La Fontaine schreibt die *Épître à l'abbesse de Mouzon;* Foucquet findet daran Gefallen.

Tod des Vaters Charles de La Fontaine; La Fontaine erbt dessen Ämter, sieht sich aber zu Landverkäufen gezwungen, um seinen Bruder Claude (geb. 1623) auszuzahlen und die Schulden des Vaters zu begleichen. Er und seine Frau nehmen Gütertrennung vor.

La Fontaine widmet Foucquet sein Kleinepos *Adonis.*

1659 **Pyrenäenfrieden zwischen Frankreich und Spanien; Ludwig XIV. heiratet 1660 die Infantin Maria Theresia von Österreich.**

1659–61 La Fontaine arbeitet im Auftrage Foucquets am *Songe de Vaux* und wird in den Kreis um Foucquet, der ihn auch finanziell unterstützt, eingeführt; Kontakte zu Brienne, Perrault, Saint-Évremond, Mlle de Scudéry und zur Bankiersfamilie d'Hervarth.

1661 9. März: **Tod Mazarins und Beginn der persönlichen Regierung Ludwigs XIV.**

La Fontaine wird kurzfristig wegen widerrechtlicher Aneignung eines niederen Adelstitels (»écuyer«) verhaftet und 1662 zu einer Geldstrafe verurteilt.

17. August: Foucquet gibt in Vaux ein glanzvolles Fest zu Ehren Ludwigs XIV.

5. September: **Intrigen Colberts bewirken den Sturz Foucquets und die Einleitung eines Gerichtsprozesses gegen ihn.**

1662 März (?): La Fontaine publiziert anonym die Elegie *Aux nymphes de Vaux*, einen Appell an den König zugunsten Foucquets.

1663 30. Januar: La Fontaine übergibt Foucquet seine *Ode au Roi*, in der er erneut um die Begnadigung seines Freundes bittet; allerdings ist zweifelhaft, ob Ludwig XIV. das Gedicht je gelesen hat.
August/September: Er begleitet seinen Onkel Jacques Jannart ins Exil nach Limoges und schreibt von dort sechs Briefe an seine Frau, die *Relation d'un voyage de Paris en Limousin*. Rückkehr nach Paris zum Jahresende.

1664 Januar: Druckerlaubnis für die *Nouvelles en vers tirées de Boccace et de l'Arioste*.
14. Juli: La Fontaine tritt sein Hofamt als »gentilhomme servant« bei Marguérite de Lorraine, der Herzoginwitwe von Orléans (»Vieille Madame«), im Palais du Luxembourg an; seine Frau bleibt in Château-Thierry.
20. Dezember: **Verurteilung Foucquets (gest. 23. März 1680 in der Verbannung in Pignerol)**.
Colbert wird zum »Contrôleur Général des Finances« (Finanzminister) ernannt.

1665 Januar: *Contes et nouvelles en vers de M. de La Fontaine*.

1666 Januar: *Deuxième partie des Contes et nouvelles en vers, de M. de La Fontaine*.

1667 In Köln erscheinen drei sehr gewagte »contes« in einem Sammelband.

1667–68 **1. Erbfolgekrieg (Devolutionskrieg) Ludwigs XIV. gegen Spanien**; im Frieden von Aachen kommen Gebiete der Spanischen Niederlande an Frankreich, u. a. Lille.

1668 März: *Fables choisies, mises en vers. Par M. de La Fontaine* (124 Fabeln in sechs Büchern).

1669 Januar: *Les amours de Psyché et de Cupidon*; der Roman wird zusammen mit einer revidierten Fassung des *Adonis* veröffentlicht.

1670 La Fontaine verliert das beim Tode seines Vaters ererbte Amt eines »Maître des Eaux et Forêts«.

1671 Januar: *Contes et nouvelles de M. de La Fontaine. Troisième partie*.

1672 3. Februar: Tod der »Vieille Madame«; La Fontaine verliert damit sein letztes Amt.

1672–78 **2. Erbfolgekrieg Ludwigs XIV. gegen Holland**; im Frieden von Nimwegen muß Spanien erneut Gebiete der Spanischen Niederlande sowie die Freigrafschaft Burgund an Frankreich abtreten.

ab 1673 Mme de La Sablière, geb. Marguérite Hessein, protegiert und beherbergt La Fontaine in ihrem Hôtel, wo sie einen der führenden Salons von Paris unterhält; La Fontaine trifft hier Paul Barillon, Charles Perrault, François Bernier.

1673–82 **Regalienstreit**: Auseinandersetzungen zwischen Ludwig XIV., französischem Klerus und Papst; auf der Generalversammlung von 1681/82 stellt sich der französische Klerus offen auf die Seite des Königs gegen den Papst und proklamiert die »Freiheiten der Gallikanischen Kirche«. Damit geht die französische Kirche eine enge Verbindung mit dem absolutistischen Nationalstaat ein und wird Anwalt eines zunehmend verhaßteren politisch-gesellschaftlichen Systems.

1674 La Fontaine schreibt das Textbuch zu Lullis Oper *Daphné*.

Nouveaux contes de Monsieur de La Fontaine, nicht autorisierte Ausgabe sehr freizügiger Erzählungen.

1675 5. April: Ordonnanz der königlichen Polizei gegen die 1674 erschienene Ausgabe der *Nouveaux contes*.

1676 La Fontaine verkauft sein Geburtshaus in Château-Thierry, um seine Schulden zu begleichen.

1677–79 Druckerlaubnis für eine neue Ausgabe der *Fables choisies, mises en vers* in vier Bänden: Band 1 und 2 enthalten die 1668 veröffentlichten Fabeln, Band 3 enthält die heutigen Bücher VII und VIII, Band 4 die heutigen Bücher IX, X und XI; aus ungeklärten Gründen wird die Druckerlaubnis nach kurzer Zeit zurückgezogen, dann aber ohne weitere Begründung aufs neue gewährt.

1680 Mme de La Sablière wendet sich vom weltlichen Leben ab und widmet sich ganz religiösen Dingen. Sie siedelt in die Rue Saint-Honoré über; La Fontaine wohnt weiterhin in ihrem Haus.

»Affaire des Poisons«.

1681 **Im Zuge der Reunionspolitik »Zur friedlichen Eroberung der Rheingrenze« annektiert Frankreich Straßburg; feierlicher Einzug Ludwigs XIV. in die Stadt.**

1682 **Der Hof siedelt endgültig nach Versailles über.**

Januar: *Poème du Quinquina et autres ouvrages en vers de M. de La Fontaine*; La Fontaine widmet das Werk der wegen der »Affaire des Poisons« in Ungnade gefallenen und verbannten Herzogin von Bouillon.

1683 6. Mai: Die Comédie française führt La Fontaines Stück *Le rendez-vous* auf; es wird nur viermal gespielt und ist nicht erhalten.

La Fontaine beginnt seine unvollendet gebliebene Tragödie *Achille*.

30. Juli: **Tod der Königin Maria Theresia; Ludwig XIV. kann heimlich Mme de Maintenon heiraten.**

6. September: **Tod Colberts.**

15. November: La Fontaine wird als Nachfolger Colberts zum Mitglied der Académie française gewählt; der König verweigert die Bestätigung.

1684 24. April: Nach der Wahl Boileaus zum Mitglied der Académie bestätigt Ludwig XIV. die Wahl La Fontaines, der am 2. Mai seine Antrittsrede halten kann und einen *Discours à Mme de La Sablière* (nicht zu verwechseln mit dem gleichnamigen *Discours* am Ende von Buch IX) verliest.

1685 **Aufhebung des Edikts von Nantes.**

In der Affäre um Furetière, der in Konkurrenz zur Académie einen eigenen *Dictionnaire* herausgeben will, stimmt La Fontaine für den Ausschluß seines alten Freundes.

28. Juli: *Ouvrages de prose et de poésie des Sieurs de Maucroix et de La Fontaine*.

1686 La Fontaine verkehrt im Pariser Hôtel der Familie d'Hervarth und in deren Schloß in Bois-le-Vicomte.

1687 27. Januar: In der Académie-Sitzung wird Perraults *Siècle de Louis le Grand* verlesen: Beginn der »Querelle des Anciens et des Modernes«.

La Fontaine nimmt zur »Querelle« Stellung in seiner *Épître à Monseigneur l'Évêque de Soissons* (5. Februar) sowie in seiner *Lettre à Monsieur de Bonrepaux* (31. August).

1688 La Fontaine verkehrt bei der bekannten Lebedame Mme Ulrich sowie in den libertinistischen Zirkeln der Herzöge von Vendôme und Conti.

1688–97 **Erbfolgekrieg Ludwigs XIV. gegen die Pfalz**; im Frieden von Rijswijk behält Frankreich die besetzten Gebiete im Elsaß und gibt Lothringen an seinen Herzog zurück.

1691 28. November: Aufführung von *Astrée, tragédie lyrique, par M. de La Fontaine* (Musik von Colasse, dem Schwiegersohn Lullis); das Stück ist ein Mißerfolg.

1692 **Seesieg der verbündeten englischen und holländischen Flotten über die französischen Streitkräfte bei La Hogue.**

21. Oktober: Neuausgabe der Fabeln (von La Fontaine korrigiert), die 1668 und 1678–79 erschienen waren.

Dezember: La Fontaine erkrankt schwer; er beichtet und verbrennt das Manuskript eines noch nicht abgeschlossenen Theaterstückes.

1693 6. Januar: Tod der Mme de La Sablière; im Laufe des Sommers siedelt La Fontaine zu den d'Hervarth über.

12. Februar: Vor einer Abordnung der Académie distanziert sich La Fontaine öffentlich von den *Contes* und erhält das Sterbesakrament.

September: *Fables choisies*, das heutige Buch XII; einzelne Fabeln waren zuvor schon an anderer Stelle veröffentlicht worden.

1695 13. April: Jean de La Fontaine stirbt im Büßerhemd im Hause der d'Hervarth und wird am 14. April auf dem Cimetière des Saints-Innocents beigesetzt.

1696 *Les Œuvres posthumes de M. de La Fontaine* werden von Mme Ulrich herausgegeben.

Nachwort

1. Leben und Werk La Fontaines

Präzise Daten aus La Fontaines Kindheit und Jugend sind kaum überliefert. Zu einigen anderen Lebensabschnitten ist eine größere Zahl verläßlicher Angaben erhalten, doch entzieht sich der Mensch La Fontaine auch hier in eigentümlicher Weise dem Blick. Im Vergleich zu den anderen großen Autoren der französischen Klassik läßt sich sagen: Molières Charakter, so dunkel er auf den ersten Blick ist, bietet letztlich keine unüberwindbaren Schwierigkeiten;[1] Racine entzieht sich dem Beobachter wesentlich mehr; La Fontaine aber bleibt in allen seinen Lebensphasen undurchdringlich und widersprüchlich.[2]

Sein Geburtsdatum steht nicht mit absoluter Sicherheit fest. Getauft wird Jean de La Fontaine am 8. Juli 1621; der Eintrag ins Taufregister ist erhalten. Bei Berücksichtigung der Taufgepflogenheiten der Zeit ist anzunehmen, daß er entweder am gleichen oder aber am Vortage geboren wurde. Sein Vater, Charles de La Fontaine, entstammt dem Bürgertum der Champagne und ist »Conseiller du Roi« und

1 Vgl. J. Grimm, *Molière*, Stuttgart 1984 (Sammlung Metzler 212).

2 Zur Biographie La Fontaines vgl., über die für Einzelfragen immer noch unerläßlichen Arbeiten von C. A. Walckenaër *(Histoire de la vie et des ouvrages de Jean de La Fontaine*, Paris 1820) und L. Roche (*La vie de Jean de La Fontaine*, Paris ^{2}1913) hinaus, P. Clarac, *La Fontaine, l'homme et l'œuvre*, Paris ^{3}1969, die zuverlässigste Biographie des Dichters; die übersichtlichste stichwortartige Gesamtdarstellung der Vita La Fontaines findet sich in OD, S. XXI-XLVIII: »Tableau chronologique de la vie et des ouvrages de La Fontaine«; eine detaillierte »Chronologie«, die zeitgeschichtliche Ereignisse umfassend berücksichtigt, findet sich in der La Fontaine-Sondernummer der Zeitschrift *Europe* (515, März 1972), S. 167–182; die gut dokumentierte Monographie von J. Orieux, *La Fontaine ou »La vie est un conte«*, Paris 1976, trägt eher den Charakter einer »biographie romancée«; zu den Zirkeln, in denen La Fontaine verkehrte, vgl. A. E. Mackey, *La Fontaine and his Friends*, London 1972.

»Maître des Eaux et Forêts« des Herzogtums Château-Thierry; seine Mutter, Françoise Pidoux, entstammt einem bürgerlichen Haus aus dem Poitou und ist Witwe eines reichen Handwerkers aus Coulommiers. Geburtsort La Fontaines ist Château-Thierry in der Champagne, wo seine Eltern ein elegantes Haus besitzen, das noch heute großenteils erhalten ist und ein La Fontaine-Museum beherbergt.

Ob La Fontaine einen Teil seiner schulischen Ausbildung in Paris erhalten hat, ist fraglich. Allerdings begegnen wir ihm im Frühjahr 1641 in Paris, wo er in das »Oratoire« eintritt, d. h. in einen Orden, der auf praktische, innerweltliche Tätigkeiten vorbereitet. Offensichtlich soll oder will er Theologie studieren. Nach spätestens eineinhalb Jahren jedoch verläßt er das »Oratoire« wieder, ob freiwillig oder gezwungenermaßen, ist nicht auszumachen. Die Kenntnis des späteren Werkes läßt aber den Gedanken abwegig erscheinen, La Fontaine könnte ernsthafte Neigungen zum Priesterberuf gehabt haben. Kaum eine Berufsgruppe wird in seinem Werk, vor allem in den *Contes et nouvelles*, so heftig attackiert wie die der Geistlichen. Zwischen 1645 und 1647 studiert er jedenfalls in Paris Rechtswissenschaft. Gleichzeitig ist er regelmäßig Gast eines Kreises junger Dichter, der »Palatins (oder Chevaliers) de la Table Ronde«. Hier schließt er seine ersten dauerhaften Freundschaften: u. a. mit Pellisson, Furetière, Tallemant, Patru, Chapelain, Antoine de La Sablière. Eigene Dichtungen aus dieser Zeit sind weder erhalten noch überliefert.

Am 10. November 1647 wird zwischen ihm und Marie Héricart ein Heiratsvertrag geschlossen. Seine Frau ist kaum fünfzehn Jahre alt. Ob La Fontaine die Ehe freiwillig eingegangen ist oder eher dazu gedrängt wurde, läßt sich wiederum nicht mit Sicherheit sagen. Von Tallemant des Réaux, einem vertrauenswürdigen Chronisten der Zeit, ist der Satz überliefert: »Son père l'a marié, et lui, l'a fait par complaisance« (»Sein Vater hat ihn verheiratet, und er hat es aus

Gefälligkeit geschehen lassen«).[3] Wie das junge Paar seinen Lebensunterhalt bestreitet, welche Möglichkeiten La Fontaine hat, sein Leben materiell selbst abzusichern, liegt wiederum im dunkeln. Einen eigenständigen Beruf sehen wir ihn erst ab 1652 ausüben. In diesem Jahr erwirbt er käuflich das Amt eines »Maître des Eaux et Forêts« des Herzogtums Château-Thierry und hat zum ersten Mal in seinem Leben eigene, wenngleich bescheidene Einkünfte. Es fällt schwer, sich La Fontaine als glücklichen Ehemann und Familienvater vorzustellen – und doch ist am 30. Oktober 1653 die Taufe seines einzigen Sohnes Charles bezeugt. Bis zu diesem Zeitpunkt hat sein Leben keinerlei Besonderheiten aufzuweisen; es ist das eines dem wohlhabenden Bürgertum entstammenden jungen Mannes, der lange in materieller Abhängigkeit von seinen Eltern leben muß, der sich in der Theologie und Jurisprudenz versucht, um möglicherweise einen anderen Beruf als den väterlichen zu ergreifen, der jedoch nirgends zu einem Abschluß kommt und erst im Alter von dreißig Jahren ein Amt erwirbt, das ihn nun für etwa zwanzig Jahre seines Lebens schlecht und recht ernähren kann.

Die präzis auswertbaren Fakten bleiben auch weiterhin spärlich. Aus dem Sommer 1654 ist die Übersetzung einer Komödie von Terenz, des *Eunuchus*, belegt. Es ist die anstößigste und ausgelassenste Komödie des Römers, und die Frage stellt sich, warum La Fontaine gerade sie ins Französische übersetzt. Welche Abgründe einer scheinbar normal verlaufenden bürgerlichen Existenz tun sich hier auf und werden vermutlich durch das künstlerische Spiel nur notdürftig verdeckt? Chronologisch fällt die Übersetzung in die Hochblüte der Preziosität. Auch in Château-Thierry gibt es eine sog. »Académie des Beaux-Esprits«, die La Fontaines Frau eifrig besucht. Die Ehe mit ihr scheint nicht

3 Tallemant des Réaux, *Historiettes*, 2 Bde., hrsg. von A. Adam, Paris 1960–61, Bd. 1, S. 391 f.

besonders glücklich gewesen zu sein: Aus den Jahren 1657/1658 berichtet Tallemant des Réaux eine witzige Anekdote, die La Fontaines Gleichgültigkeit gegenüber den Verpflichtungen der Ehe veranschaulicht und ihn als »amoureux où il peut« (»verliebt, wo er nur kann«) bezeichnet.[4] Ist seine Übersetzung also sozusagen ein Tribut an den preziösen Zeitgeist, oder müssen wir darin den nur künstlerisch bewältigten Ausbruch aus bürgerlichen Lebensformen sehen? Wie dem auch sei: Der *Eunuque* ist ein erstes Dokument der nunmehr stets umfangreicher werdenden dichterischen Produktion La Fontaines.

Etwa in die gleiche Zeit, aus der die obige Anekdote überliefert ist, fällt La Fontaines erstes folgenreiches Zusammentreffen mit Nicolas Foucquet, dem mächtigen Finanzminister Mazarins, der in seinem Schloß in Vaux-le-Vicomte als großzügiger und kenntnisreicher Mäzen eine Schar namhafter Künstler um sich versammelt hatte.[5] La Fontaine konnte seine Aufmerksamkeit durch die pikante Versepistel *À l'abbesse de Mouzon*[6] auf sich lenken. Aus dieser Begegnung mit Foucquet resultiert eine Reihe kleinerer Gedichte höfisch-galanten Charakters: Balladen, Zehnzeiler, Versepisteln, deren Bedeutung über den aktuellen Anlaß, für den sie verfaßt wurden, nicht hinausreicht; es sind im wahrsten Sinn des Wortes Gelegenheitsgedichte, in denen sich La Fontaine als geschickter Verseschmied erweist, der sich die salonüblichen Gattungen mit Leichtigkeit anzueignen vermag.

Eine weitere Folge der Begegnung mit Foucquet ist 1658 die erste größere eigenständige und lebensfähige Publikation La Fontaines, das Kleinepos *Adonis*, das er Foucquet in einer luxuriösen kalligraphischen Fassung mit einem langen Widmungsbrief überreicht: »À Monsieur Foucquet, Ministre

4 Ebd.

5 Zur Rolle Foucquets als Politiker und Mäzen vgl. die materialreiche Monographie von U. V. Chatelain, *Le surintendant Nicolas Foucquet, protecteur des Lettres, des Arts et des Sciences*, Paris 1905.

6 Abgedruckt in OD, S. 491–493.

d'État [Staatssekretär], Surintendant des Finances [Finanzminister] et Procureur Général au Parlement de Paris [Generalstaatsanwalt].« Dieses rund 600 Alexandriner umfassende Kleinepos erzählt die Liebesgeschichte von Venus und Adonis; doch sind die heterogensten Elemente darin eingegangen: So ist die Schilderung einer leidenschaftlichen Liebe zwischen den ungleichen Protagonisten in eine anmutige, harmonische Natur eingebettet, die ihrerseits den Rahmen für Jagdszenen zwischen edlen und verwegenen Kriegern bildet. Höhepunkt des Gedichts ist der Kampf des Adonis mit dem Eber und sein, d. h. Adonis' Tod sowie die sich daran anschließende Totenklage aller Gefährten, vor allem aber die der Venus über das zerstörte Liebesglück.

La Fontaine rechnet *Adonis* der »poésie héroïque« zu, meint aber zugleich, daß es wegen seiner Kürze nur die Bezeichnung »idylle« verdiene. Zwischen diesen beiden Gattungen – der epischen und der elegischen – bahnt er sich einen eigenen Weg. Wenn im 17. Jahrhundert von heroischer Dichtung gesprochen wird, so ist immer das Epos gemeint. Für das Selbstverständnis La Fontaines und der um Foucquet versammelten Gesellschaft ist es bezeichnend, daß La Fontaine in seinem ersten großen Gedicht zu dieser Mischgattung greift: Auf der einen Seite steht die Darstellung ›kriegerischer‹ Heldentaten bei durchgängiger Verwendung des paarweise gereimten Alexandriners, und d. h. die Erfüllung der wesentlichen, mit der hohen epischen Gattung verbundenen Ansprüche; andererseits kann diese Gattung am Hofe Foucquets wegen eines mangelnden heroischen Selbstverständnisses nicht rein verwirklicht werden. So steht der idyllische Gehalt, d. h. die in einen harmonischen Naturrahmen eingebettete Liebesgeschichte, gattungsmäßig im Widerspruch zur hohen Form des Epos, während sie inhaltlich durchaus mit dem galanten Lebensgefühl des Hofes von Vaux-le-Vicomte korrespondiert. Kennzeichnend ist zugleich die über festgefügte soziale Grenzen sich hinwegsetzende Liebe zwischen der Göttin Venus und dem sterblichen Adonis, die vielleicht abbildhaft, vielleicht wunschbildhaft Einblick gewährt in die Freiheit der Beziehungen, wie sie für Foucquets Hof charakteristisch ist. *Adonis* ist reine, zweckfrei schöne Kunst, wie sie nur an einem freien Hof in freier, spielerischer Atmosphäre gedeihen kann. Mit diesem Kleinepos gelingt La Fontaine ein erstes zeitlos gültiges Meisterwerk.

Die unmittelbare, für den Fortgang seiner dichterischen Entwicklung bedeutsame Folge ist, daß Foucquet ihn darum bittet, ein Werk zur Verherrlichung und zum Ruhm von Vaux-le-Vicomte zu schreiben. Das Ergebnis entsprechender Bemühungen La Fontaines sind die später unter dem Titel *Le songe de Vaux* veröffentlichten neun Fragmente aus Prosa und Vers. La Fontaine hat nicht mit besonderem Eifer an diesem Projekt gearbeitet; denn mehr als zwei Jahre nach Auftragserteilung, zum Zeitpunkt der Verhaftung Foucquets (September 1661), sind lediglich jene neun Fragmente fertiggestellt, die der Dichter selbst auch nie zu einem eigenständigen Werk zusammengefügt hat. Im Juni 1659 kommt es zu einer Art vertraglicher Vereinbarung zwischen Foucquet und La Fontaine. In spielerischer Umkehrung der Sozialhierarchie verpflichtet sich der Dichter, seinem mächtigen Gönner eine »pension poétique« zu zahlen, d. h. das Tagesgeschehen am Hofe von Vaux-le-Vicomte regelmäßig mit kleinen Gelegenheitsproduktionen zu begleiten;[7] in Wahrheit erhält La Fontaine ein Stipendium als Hofdichter und wird, entsprechend der Terminologie der Zeit, »pensionnaire« Foucquets. Wie hoch der Betrag ist, den dieser vierteljährlich für La Fontaine aussetzt, ist nicht bekannt. Jedenfalls ist anzunehmen, daß La Fontaine von nun an über ausreichende Mittel verfügt. Denn über Foucquets Pension hinaus hat er noch jene Einkünfte, die sich aus seiner Stellung als Maître des Eaux et Forêts ergeben. Wahrscheinlich teilt er seine Zeit zwischen seinen Verpflichtungen in Château-Thierry und Vaux-le-Vicomte.

7 Die erhaltenen Texte finden sich in OD, S. 491–522.

Die Spanne zwischen 1659 und Mitte 1661, dem Zeitpunkt der Verhaftung Foucquets, ist vermutlich die glücklichste Zeit im Leben La Fontaines. Einerseits ist er materiell abgesichert, andererseits ist es ihm durch glückliche Umstände gelungen, sich neben seiner bürgerlichen Existenz einen sicheren Platz als angesehener Hofdichter an einem der elegantesten und geistreichsten Höfe zu erobern, die es neben dem Königshof gibt. Man wird sogar vermuten dürfen, daß vor dem Regierungsantritt Ludwigs XIV. das Ansehen des Foucquetschen Hofes größer ist als das des königlichen Hofes. Hier in Vaux-le-Vicomte lernt La Fontaine nicht nur Mme de Sévigné und vermutlich einen großen Teil der Mitglieder des Schwertadels, sondern auch Charles Perrault kennen, den späteren Märchendichter und Autor des Gedichtes *Le siècle de Louis le Grand*, das 1687 den Anlaß zum Ausbruch der »Querelle des Anciens et des Modernes« geben wird. Hier begegnet er auch Madeleine de Scudéry, die von vielen Kritikern als Vorbild für Molières *Précieuses ridicules* angesehen wird; daneben aber auch freigeistigen Autoren wie dem später nach England verbannten Saint-Évremond. Hier trifft er Maler, Musiker, Damen und Herren der adligen Gesellschaft, große Financiers, wie vor allem den vermögenden Bankier Barthélemy d'Hervarth, in dessen Haus er viele Jahre später Zuflucht finden wird. Der Aufenthalt am Hofe Foucquets ist für La Fontaine eine unschätzbare Schule des Geschmacks, aber eben eines standesspezifischen, höfisch-aristokratischen Geschmacks.

La Fontaines sorgloses Stipendiatendasein endet abrupt im September 1661 mit der Verhaftung Foucquets. Diesem wird Veruntreuung öffentlicher Gelder und Verschwörung gegen die Staatsgewalt vorgeworfen. In den folgenden Jahren, die für La Fontaine vor allem durch den Foucquet-Prozeß, der sich bis Ende 1664 hinzieht und mit der Verbannung des Angeklagten endet, ihre Prägung erhalten, führt der Dichter ein unruhiges und ungesichertes Leben. Er ist einer der wenigen, die dem gestürzten Minister die Treue halten. Das kommt in verschiedenen Werken zum Ausdruck: in der anonym veröffentlichten Elegie *Aux nymphes de Vaux*, die eine ergreifende Bitte um Begnadigung Foucquets ist, der in den Augen La Fontaines zu Unrecht verbannt wurde; dann aber vor allem in der direkt an den König adressierten *Ode au Roi*, wobei allerdings nicht auszumachen ist, ob Ludwig XIV. die Ode je gelesen hat.[8] In den Fabeln finden sich ebenfalls eindeutige, wenn auch verschlüsselte Hinweise auf die Freundschaft, die er Foucquet bewahrt hat.[9]

Im August 1663 unternimmt La Fontaine mit dem Onkel seiner Frau, Jacques Jannart, eine Reise ins Limousin. Jannart, der einst Substitut Foucquets als Generalstaatsanwalt war und in der Zeit des Prozesses den Kontakt zwischen dem Angeklagten und seinen Freunden organisierte, wird nach Limoges verbannt. La Fontaine begleitet ihn, ob freiwillig oder nicht, ist eine der umstrittensten Fragen seiner Biographie. An seine Frau schickt er einen überaus anmutigen Reisebericht in Briefform, halb Vers, halb Prosa, ein kleines Meisterwerk der Briefliteratur der Zeit und unter dem Titel *Relation d'un voyage de Paris en Limousin* in jeder Gesamtausgabe seiner Werke enthalten.[10]

Mitte 1664 ist La Fontaine wieder in Paris. Er findet eine Tätigkeit als »gentilhomme servant« im Hause der Marguérite de Lorraine, d. h. der »Vieille Madame«. Sie ist die Frau von Gaston d'Orléans, dem Bruder Ludwigs XIII., und residiert im Palais du Luxembourg. La Fontaine ist hier einer der neun »officiers« (etwa mit »Zeremonienmeister« zu übersetzen), die sich abwechselnd den Tischdienst teilen; er erhält das auch für damalige Zeit niedrige Gehalt von 200 Pfund jährlich, hat aber freie Kost – wenngleich keine

8 Vgl. OD, S. 528–532.
9 Vgl. *Le renard et l'écureuil*, S. 258 f., sowie X 9 *Le berger et le roi.*
10 So in OD, S. 533–568; vgl. darüber hinaus folgende kommentierte Einzelausgabe: *Lettres de J. de La Fontaine à sa femme ou Relation d'un voyage de Paris en Limousin*, hrsg. von Abbé Caudal, Paris 1966.

Unterkunft – und viel freie Zeit, die es ihm ermöglicht, gleichzeitig seinen Dienst in Château-Thierry zu versehen. Sicherlich war die Übernahme der Stelle zunächst nur ein Mittel, die andernfalls notwendig werdende Rückkehr und damit das Versinken in der Provinz zu vermeiden. La Fontaine hat somit einen festen »pied-à-terre« in Paris, der es ihm erlaubt, frühere Kontakte weiter zu pflegen und neue zu knüpfen. Die Stelle eines »gentilhomme servant« behält er bis zum Tode der Vieille Madame (1672).

Man kann die Bedeutung seines Aufenthaltes im Palais du Luxembourg kaum hoch genug einschätzen. Die Rivalitäten zwischen Gaston d'Orléans und Ludwig XIII., seinem herrschenden Bruder, sind geschichtsnotorisch. Gaston d'Orléans war ein kleinlicher und mittelmäßig begabter Geist, der an allen Komplotten gegen Richelieu teilgenommen hatte. Nach dessen Tod (1642) und dem seines Bruders (1643) bleibt er auch unter der Regentschaft Mazarins von der Macht ausgeschlossen. Er stirbt 1660. Als La Fontaine 1664 in den Dienst der Vieille Madame eintritt, ist diese also bereits seit vier Jahren Witwe. Es kann aber kein Zweifel daran bestehen, daß die Grundstimmung, die er hier kennenlernt, gegen das Königshaus gerichtet ist. Wenn ihm also der Zugang in den engeren Umkreis des Hofes gelingt, so findet er sich doch auf der Seite derer, die seit Generationen von der Macht ausgeschlossen sind und es auch weiterhin bleiben werden.

Über dieses Milieu hinaus lernt er andere Kreise kennen, die sich insgesamt durch eine verschiedenartig motivierte Opposition gegen den königlichen Hof auszeichnen. Hier wird der Nährboden sichtbar, auf dem die *Fables* und die *Contes et nouvelles* der folgenden Jahre entstehen werden und ihr primäres Publikum finden. So darf es als gesichert gelten, daß La Fontaine ab 1664 einen unmittelbaren Zugang zum Hôtel de Nevers findet, das von der Gräfin du Plessis-Guénégaud geleitet wird. Es ist ein Zentrum intellektueller, religiöser und politischer Opposition. Die Gräfin ist eine treue Foucquet-Freundin und -Anhängerin; zugleich sympathisiert sie, wie viele Angehörige ihrer Gesellschaftsschicht, mit den Jansenisten um Port-Royal. Im Hôtel de Nevers verkehren aber auch Mme de Sévigné und Mme de La Fayette, Monsieur de La Rochefoucauld und – zumindest zeitweise – Jean Racine; ferner der bereits genannte Paul Pellisson, hugenottischer Herkunft, der in drei aufsehenerregenden *Discours* Foucquet verteidigt hatte und daher zunächst in der Bastille einsitzen muß, später aber begnadigt wird, dann zum Katholizismus konvertiert und schließlich sogar zum »historiographe du Roi« avanciert; hier begegnet La Fontaine aber auch Monsieur de Barillon, einem Landsmann aus der Champagne, später Botschafter in England, dem die programmatische Fabel *Le pouvoir des fables* (VIII 4) gewidmet ist.

Ab 1664 verkehrt La Fontaine auch am Hofe der Herzöge von Bouillon. Einer der Herzöge, Godefroy-Maurice de Bouillon, war im September 1657 Inhaber des Herzogtums von Château-Thierry und damit sein unmittelbarer Vorgesetzter geworden. Er heiratet am 20. April 1662 die freigeistige Marie-Anne Mancini, eine Nichte Mazarins. Eine andere Nichte Mazarins, Marie Mancini bzw. de Mazarin, war von Ludwig XIV. leidenschaftlich geliebt worden und hatte sich große Hoffnungen gemacht, Königin von Frankreich zu werden. Aus Gründen der Staatsräson kam es jedoch nicht zu einer Eheschließung. Diese Brüskierung hat der Mazarin-›Clan‹ – das sind die Familien Bouillon, Vendôme und Conti – zeitlebens nicht überwinden können. Daher rührt eine offene Animosität, ja latente Feindschaft gegenüber dem königlichen Hof, die sich unter anderem darin zeigt, daß sowohl Marie-Anne Mancini als auch eine Schwester der Marie de Mazarin, Hortense de Mazarin, in den achtziger Jahren nach England verbannt werden. La Fontaine wird noch zu diesem Zeitpunkt mit der im Londoner Exil lebenden Herzogin von Bouillon im Briefwechsel stehen.[11] Jetzt aber, in den frühen Jahren nach dem Regierungsantritt Ludwigs XIV., hat er regelmäßigen Kontakt zu der Familie Bouillon. Hier atmet er eine freigeistige Atmosphäre, die in den *Contes et nouvelles*, zu deren Abfassung er von der Herzogin ausdrücklich ermuntert worden sein soll, am greifbarsten zum Ausdruck kommt.

Es beginnt nun die fruchtbarste Schaffensperiode im Leben La Fontaines; die Veröffentlichungen folgen jetzt schnell aufeinander. Fast im Jahresrhythmus erscheinen zwischen 1664 und 1667 vier – umfangmäßig ungleiche – Erzählsammlungen (*Contes et nouvelles*), die sich inhaltlich durch eine sehr freigeistige und antiklerikale Tendenz auszeichnen. Im Frühjahr 1668 folgt dann die 1. Fabelsammlung, d. h. die Bücher I–VI. Sie trägt den bescheidenen Titel *Fables choisies mises en vers par M. de La Fontaine* und enthält 124 Fabeln. Die schnelle Publikationsabfolge eines derart heterogenen und reichhaltigen Werkes wirft die Frage auf, wann La Fontaine mit dessen Abfassung begonnen hat, d. h., ob er bereits früher verfaßte Schriften erst jetzt zur Veröffentlichung freigibt oder ob seine dichterische Produktion erst im Augenblick seiner Loslösung aus dem Kreis um Foucquet begann. Die Gesamtinterpretation der Fabeln hängt, wie leicht zu vermuten ist, eng mit der Beantwortung dieser Frage zusammen.

Kaum ein Jahr nach Veröffentlichung der ersten Fabelsammlung erscheint der Roman *Les amours de Psyché et de Cupidon*, in dem La Fontaine eines der Lieblingsthemen Ludwigs XIV. aufgreift. Schon 1656 war der zukünftige König in einem Ballett gleichen Titels im Louvre als Tänzer aufgetreten; ein Jahr nach La Fontaine wird Molière das Thema in Form einer »tragédie-ballet« neu für den König bearbeiten, wobei ihm ganz offensichtlich La Fontaines Roman als Vorlage und Modell dient. Corneille, Quinault und Lulli arbeiten an dem Stück mit, das zu einem der

11 Vgl. OD, S. 668–673.

größten Theatererfolge Molières wird.[12] – La Fontaine jedoch, der seine Fabeln bereits dem Dauphin gewidmet hatte,[13] kann sich jetzt nicht entschließen, seinen Roman Ludwig XIV. als dem eigentlichen Adressaten zuzueignen, sondern widmet ihn der Herzogin von Bouillon. Wann er direkten Zugang zum Hof gefunden hat, ist wiederum strittig. Es ist aber möglich, daß dies im Zusammenhang mit *Les amours de Psyché et de Cupidon* geschah. – Wiederum zwei Jahre später, 1671, erscheinen nicht nur neue *Contes et nouvelles*, sondern auch ein Sammelband mit dem Titel *Fables choisies et autres poésies.* Darin sind acht neue Fabeln enthalten, die La Fontaine 1678 nach nicht einsichtigen Kriterien in die Bücher VII-IX der 2. Fabelsammlung aufnehmen wird. Insgesamt muß die Zeit von 1664 bis 1671 als seine fruchtbarste Schaffensperiode bezeichnet werden.

Die Jahre 1671 und 1672 sind durch zwei folgenschwere Ereignisse markiert: Im Januar 1671 quittiert er den Dienst als Maître des Eaux et Forêts, da er nicht über die notwendigen Mittel verfügt, dieses Amt erneut käuflich zu erwerben. Damit versiegt seine Haupteinnahmequelle. – Kaum ein Jahr später stirbt sodann die Vieille Madame. Als ihr »gentilhomme servant« verliert La Fontaine nicht nur den Platz, der ihm freien Lebensunterhalt garantierte, sondern zugleich auch seine letzte, wenngleich bescheidene Einnahmequelle. Von nun an steht er mittellos da. Die Jahre 1671/72 markieren daher eine wichtige Zäsur in seinem Leben, aber auch in seiner künstlerischen Entwicklung.

Doch das Glück – oder der Zufall – steht ihm hilfreich zur Seite. Denn ab 1673 nimmt Mme de La Sablière ihn in ihrem Hause auf. La Fontaine hatte ihren Ehemann, den wohlhabenden hugenottischen Bankier Antoine de La Sablière, der sich inzwischen von seiner Frau getrennt hat, bereits im Kreise der »Palatins de la Table Ronde« kennengelernt.

12 Vgl. Grimm, *Molière*, S. 132 f., 149 f.
13 Vgl. *À Monseigneur le Dauphin*, S. 20.

Durch die Trennung ist Mme de La Sablière in den Besitz ihrer umfangreichen Mitgift gelangt; außerdem muß ihr Mann ihr eine stattliche jährliche Pension bezahlen. Marguérite de La Sablière, die ihrerseits einer vermögenden hugenottischen Bankiersfamilie entstammt, ist im positivsten Sinn des Wortes eine »femme savante«. In ihrem Hôtel empfängt sie eine erlesene, freigeistige Gesellschaft. Dort findet La Fontaine alte Freunde wieder, macht aber zugleich die Bekanntschaft einer Reihe naturwissenschaftlich und philosophisch orientierter Gelehrter: Mathematiker, Physiker, Mediziner, Astronomen. François Bernier z. B. ist ein weit in der Welt herumgekommener Naturwissenschaftler und Mediziner, durch dessen Reiseberichte La Fontaine fremde Regionen und unbekannte Sitten und Gebräuche kennenlernt. Darüber hinaus ist Bernier Schüler Gassendis, d. h. des einflußreichsten Vertreters jener philosophischen Schule, die in Frankreich die Lehre Epikurs vertritt.

Was La Fontaine der Aufnahme in den Salon der Mme de La Sablière und ihrer Freundschaft verdankt, ist unermeßlich und kann nur durch die detaillierte Interpretation von Fabeln der 2. Sammlung veranschaulicht werden. Es gibt im Paris der siebziger Jahre keinen Zirkel, der wissenschaftlich progressiver dachte und in dem eine freiere Lebensform herrschte. La Fontaine hat Mme de La Sablière die Freundschaft reich gedankt und ihr vor allem in dem *Discours à Mme de La Sablière* am Ende des 9. Fabelbuches ein bleibendes Denkmal gesetzt.[14] »Dans le cercle de Mme de La Sablière, La Fontaine s'est mêlé au mouvement des esprits qui prépare ce que Paul Hazard appellera *La crise de la conscience européenne*« (»Im Kreise der Mme de La Sablière hatte La Fontaine an jener geistigen Bewegung teil, die Paul Hazard *Die Krise des europäischen Geistes* nennen wird«).[15]

14 Zu Mme de La Sablière und ihrem Salon vgl. die informative Monographie von S. Menjot d'Elbène, *Madame de La Sablière*, Paris 1923; vgl. auch XII 15 *Le corbeau, la gazelle, la tortue, et le rat*.

15 Clarac, *La Fontaine*, S. 122; *La crise de la conscience européenne* erschien 1935, dt. 1947.

Die Bücher VII–XI, die Ausdruck dieser immensen Horizonterweiterung sind, erscheinen 1678/79. Erwähnung verdient in diesem Zusammenhang die Tatsache, daß die Druckerlaubnis der 2. Sammlung zunächst wieder zurückgenommen, wenig später jedoch von neuem erteilt wird. Dies hängt möglicherweise mit dem kritischen Tenor zahlreicher Fabeln dieser Sammlung zusammen. Zu bedenken ist aber auch, daß La Fontaine 1674 eine weitere Sammlung *Contes et nouvelles* publiziert hatte, die von einer bis dahin nicht gekannten Freizügigkeit zeugen und sämtlich antiklerikalen Charakters sind. Der Verkauf des Buches war vom Pariser Polizeipräfekten mit der Begründung untersagt worden, die Lektüre dieser Erzählungen »ne peut avoir autre effet que celui de corrompre les bonnes mœurs et d'inspirer le libertinage« (»kann nur eine Verderbnis der guten Sitten bewirken und zur Ausschweifung anstiften«).[16] Über die Rücknahme und erneute Gewährung des Druckprivilegs der 2. Fabelsammlung lassen sich jedoch letztlich nur Mutmaßungen anstellen.[17]
In den Jahren 1674/75 findet La Fontaine endgültig Zugang zum Hof. Welches Ansehen er in kurzer Zeit hat erringen können, geht insbesondere daraus hervor, daß die 2. Fabelsammlung Mme de Montespan, der ›offiziellen‹ Mätresse des Königs, gewidmet ist. Allerdings beginnt ihre Gunst zu diesem Zeitpunkt bereits zu verblassen, und der König läßt andere Präferenzen deutlich werden.[18] Das Ansehen, dessen La Fontaine sich ganz offensichtlich am Hofe erfreut, ist jedoch um so überraschender, wenn man bedenkt, wie unterminierend in bezug auf die Institution Königtum, wie aggressiv gegen die Person des Königs und gegen die höfische Ordnung viele seiner späteren und späten Fabeln sind.

16 Zit. nach: Clarac, in: OD, S. XXXV.
17 Vgl. J. Grimm, »Zum Druckprivileg von La Fontaines zweiter Fabelsammlung«, in: *Archiv für das Studium der neueren Sprachen und Literaturen* 207 (1970) S. 106–109.
18 Vgl. *À Madame de Montespan*, S. 108 f.

Zum Zeitpunkt der Veröffentlichung der 2. Sammlung ist La Fontaine siebenundfünfzig Jahre alt. Bedeutsame neue Einflüsse wird es in seinem Leben und Werk von nun an nicht mehr geben; der Höhepunkt ist erreicht, ja überschritten. Der Tod Colberts am 6. September 1683 ist eines der wichtigsten Daten der politischen Geschichte der Zeit zwischen 1680 und 1685, die man literaturgeschichtlich als ›Übergangsperiode‹ von der Klassik bzw. Hochklassik zur Nach- oder Spätklassik bezeichnet.

Der Tod Colberts hat jedoch auch für La Fontaines persönliche Geschichte besondere Bedeutung.[19] Nach dessen Tod bewirbt sich La Fontaine offiziell um dessen Sitz in der Académie française. Die Abstimmung fällt für ihn günstig aus, obwohl es bezüglich seiner *Contes* zu heftigen Auseinandersetzungen gekommen zu sein scheint. Doch verzögert der König trotz des positiven Votums der Académiciens die Bestätigung der Wahl und vollzieht diese erst, nachdem sich die vierzig ›Unsterblichen‹ zuvor, bei einem weiteren freigewordenen Platz, für die Aufnahme Boileaus entschieden haben. Die Gründe für die Haltung des Königs liegen im dunkeln. Bei seiner Aufnahme hält La Fontaine eine Dankesrede, die wie üblich der Huldigung des Vorgängers dienen soll, dessen Platz der Neugewählte einnimmt. In dieser Rede vollbringt er das Kunststück, Colbert nicht ein einziges Mal namentlich zu nennen. Im Anschluß an diese Pflichtübung verliest er zusätzlich einen *Discours à Mme de La Sablière*;[20] es ist ein Lob der Gönnerin und der Versuch einer Selbstanalyse des nunmehr zweiundsechzigjährigen Dichters, verbunden mit dem Versprechen, sein Leben in Zukunft weiser einzurichten. Der sehr persönlich geprägte *Discours* ist unerläßlich zum Verständnis des späten La Fontaine.

19 Zu seinem Verhältnis zu Colbert, der nach dem Sturz Foucquets als dessen Nachfolger eingesetzt wurde, vgl. S. 439ff.

20 Vgl. OD, S. 644–646; dieser *Discours* ist nicht zu verwechseln mit dem oben erwähnten gleichnamigen *Discours* am Ende des Buches IX der Fabeln.

Mme de La Sablière hat sich inzwischen nach mancherlei persönlichen Enttäuschungen zum Katholizismus bekehren lassen und widmet sich in ihren letzten Lebensjahren ganz der Pflege von Kranken. Aus ihrem Hôtel war sie in ein einfacheres Haus umgezogen, hatte aber auch hier die Möglichkeit gefunden, La Fontaine zu beherbergen. Doch war ihr Freundeskreis auseinandergebrochen; viele Freunde waren gestorben, und auch La Fontaines Freundeskreis wird kleiner. Ab 1688 – er ist inzwischen über fünfundsechzig Jahre alt – sehen wir ihn häufiger in der freigeistigen, ›libertinen‹ Gesellschaft der Prinzen von Vendôme und Conti, deren Familien sich aus dem Hause Mazarin herleiten.[21] Darüber hinaus ist er der Liebhaber einer stadtbekannten Kokotte, der Mme Ulrich, die sich nach seinem Tod um die Herausgabe einiger später Fabeln verdient machen wird.[22] An La Fontaines Lebenswandel in diesen Jahren haben zahlreiche Biographen Anstoß genommen. Nach dem Verzicht auf die Liebe zu leichten Mädchen, die er in seinem *Discours à Mme de La Sablière* vor der Académie in Aussicht gestellt hatte, ist diese Phase seines Lebens einigermaßen verwirrend.

Noch verwirrender wird das Bild im Hinblick auf La Fontaines Tod. Im Januar 1693 stirbt Mme de La Sablière, in deren Haus er zwanzig Jahre gelebt hat. Nach ihrem Tod wird La Fontaine im Hause des Bankiers d'Hervarth aufgenommen, dessen Bekanntschaft er mehr als dreißig Jahre zuvor am Hofe Foucquets in Vaux-le-Vicomte gemacht hat.[23] Schon im Dezember 1692 hat er sich auf Drängen von Mme de La Sablière und anderer Freunde zu einer Generalbeichte entschlossen. Wenige Wochen nach dem Tode seiner

21 La Fontaines Briefwechsel mit den Vendôme und Conti in OD, S. 682–719; vgl. auch XII 12 *Le milan, le roi, et le chasseur*.

22 Zwei Briefe La Fontaines an Mme Ulrich in OD, S. 680–682; vgl. auch die in Anm. 21 erwähnte Fabel XII 12.

23 Einige Gelegenheitsgedichte La Fontaines für die Familie d'Hervarth in OD, S. 719–726.

Gönnerin gibt er vor einer Abordnung von Mitgliedern der Académie, die ihn am Krankenbett besucht, eine umfangreiche Erklärung ab, in der er die Abfassung eines »livre de contes infâmes« bedauert; er bezeichnet sie jetzt selbst als »pernicieux« (verderblich) und spricht von einem »livre abominable«, einem abscheulichen Buch. Auf die Veröffentlichung einer von ihm selbst überwachten Neuausgabe in Holland verzichtet er; den Rest seiner Tage wolle er verbringen »dans les exercices de la pénitance, autant que mes forces corporelles pourront me le permettre, et à n'employer le talent de la poésie qu'à la composition d'ouvrages de piété« (»in Reueübungen, soweit meine Kräfte es mir erlauben, und meine dichterischen Fähigkeiten allein zur Abfassung erbaulicher Werke verwenden«). Es ist folgerichtig, wenn er die paraphrasierende Übersetzung des *Dies irae* in Angriff nimmt, die im Juni 1693 vor der Académie française verlesen wird. Im September 1693 kann er noch das 12. Buch der Fabeln publizieren und so auch äußerlich sein Fabelwerk abrunden. Am 13. April 1695 stirbt er »avec une constance admirable et toute chrétienne« (»mit bewundernswerter, ganz und gar christlicher Standhaftigkeit«)[24] im Hause der Familie d'Hervarth.

La Fontaines Werk ist, wie das anderer ›klassischer‹ Autoren, längst Opfer einer unhistorischen, und d. h. verharmlosenden, ja verniedlichenden Lektüregewohnheit geworden. Dies gilt in besonderem Maß für die Fabeln. Die relativ ausführliche Darstellung seiner Biographie sollte zunächst veranschaulichen, wie dieser Autor, bürgerlichen Verhältnissen entstammend, in einer Mischung aus Zufall, Glück und Notwendigkeit im Laufe seines fast vierundsiebzigjährigen Lebens Zugang zu gänzlich verschiedenen Kreisen der in seiner Epoche kulturtragenden Gesellschaft findet. Er selbst nimmt eine soziale Zwischenstellung ein zwischen dem mittleren Provinzbürgertum, aus dem er kommt, dem einfluß-

24 Zit. nach: Clarac, in: OD, S. XLIV f.

reichen Finanzbürgertum (La Sablière, d'Hervarth), dem politisch entmachteten Schwertadel (Foucquet, Sévigné, La Fayette, La Rochefoucauld, Bouillon, Vendôme, Conti) und schließlich dem Königshaus, vertreten durch die antagonistischen ›Orte‹ des Palais du Luxembourg und des Louvre bzw. des Hofes von Versailles. Es ist leicht einsichtig, daß solch verschiedene Kreise ihm auch unterschiedliche Sichtweisen vermittelt haben. Sein Bewußtsein ist der Schmelztiegel, der die auf ihn zukommenden Einflüsse aufnimmt, verarbeitet und in sein Werk transponiert. Einige Kritiker werfen ihm Charakterlosigkeit vor; andere sehen ihn – wie er sich selbst – als eine von Blüte zu Blüte fliegende Biene, die überall nur den Honig sammelt, dessen sie bedarf; wieder andere stellen seinen Wahlspruch »Diversité, c'est ma devise« (»Abwechslung ist meine Devise«) mottohaft über sein Leben und sein Werk.
Sich in solch disparaten Milieus zurechtzufinden, wie sie hier als La Fontaines Lebensumfeld skizziert wurden, bedarf vermutlich erheblicher Anpassungskünste. Nun ist seine Biographie durchaus symptomatisch für die zahlreicher anderer bürgerlicher Autoren der Epoche, die sich ebensowenig wie er dem Sog der aristokratischen Milieus, vor allem jedoch des Hofes, entziehen konnten. Besonders auffällig ist das ›Klassenflucht‹-Phänomen allerdings bei La Fontaine. Mit Sicherheit besaß er kein homogenes bürgerliches Standesbewußtsein, das ungebrochen in seinem Werk zum Ausdruck kommt. Doch macht er sich auch nicht – wie Molière – eine einheitliche Perspektive, nämlich die des Hofes, zu eigen. Trotz aller ›Anfälligkeit‹ gegenüber dem Hof Ludwigs XIV. fühlt La Fontaine sich in erster Linie zu den machtpolitisch und kulturell mit dem Hof konkurrierenden Kreisen des Schwertadels hingezogen; und in zweiter Linie zu den Kreisen des Finanzbürgertums, das ihm die materielle Absicherung seines Lebens garantiert. In einer etwas modischen Terminologie könnte man versucht sein, La Fontaine ein ›zerrissenes Bewußtsein‹ zuzusprechen. In seinem

Werk spiegeln sich die Eindrücke, Einflüsse und Perspektiven all jener Kreise, denen er entstammt und in denen er verkehrt. Daraus resultiert zu einem Großteil die Schwierigkeit einer historischen Lektüre seiner Fabeln.

2. Die Rezeption der Fabeln bei den Zeitgenossen; die ästhetisierende Fabelinterpretation

Der zeitgenössische Erfolg von La Fontaines Fabeln läßt sich an zweierlei ablesen: an der Zahl der Auflagen, die die einzelnen Sammlungen erlebten, und an den zahlreichen enthusiastischen Stellungnahmen von Zeitgenossen. – Die Erstausgabe der 1. Fabelsammlung erscheint 1668 in einem großzügigen Band in Quartformat mit Holzschnitten zu jeder Fabel von François Chauveau;[25] noch im gleichen Jahr folgen zwei Ausgaben im kleineren, verkaufsgerechteren Duodezformat; ebenfalls 1668 erscheinen ein in der Provinz angefertigter Raubdruck und 1669 drei weitere Ausgaben im gleichen Format.[26] Über die Höhe der Auflagen können keine verläßlichen Angaben gemacht werden.[27] Doch soviel ist sicher: Die Fabel, die in der Perspektive eines offiziellen Theoretikers wie Boileau eine am Rande der literarischen Produktion und des gesellschaftlichen Lebens stehende Gattung ist,[28] erfreut sich eines lebhaften Interesses. Claude

25 Zu den Illustrationen Chauveaus wie zu den Fabelillustrationen allgemein vgl. J. Grimm, »La Fontaines Fabeln im Spiegel der Buchillustration«, in: *Fabula docet – Illustrierte Fabelbücher aus sechs Jahrhunderten*, Ausstellungskatalog Wolfenbüttel 1983, S. 50–66.

26 Die hier nicht weiter zu verfolgende Geschichte der Ausgaben von La Fontaines Fabeln vollständig bei R. de Rochambeau, *Bibliographie des œuvres de Jean de La Fontaine*, Paris 1912.

27 Nach L. Febvre / H. J. Martin, *L'apparition du livre*, Paris 1958, durfte eine Auflagenhöhe von 1200 als gut angesehen werden; vgl. ebd., S. 326 ff. zahlreiche Vergleichswerte.

28 Bekanntlich erwähnt Boileau in seinem *Art poétique* (1674) La Fontaine, dessen erste Fabelsammlung etwa sechs Jahre zuvor erschienen war, mit keinem Wort; vgl. auch S. 428 f.

Barbin, La Fontaines Verleger, nützt die Vorliebe des Publikums für die kleine Gattung und läßt 1670 zwei weitere Sammlungen anderer Autoren (Pierre de Saint-Glas und Mme de Villedieu) erscheinen, die sich deutlich an La Fontaine inspirieren und sich dessen Erfolg zunutze machen wollen. 1671 veröffentlicht der bereits genannte Furetière eine Sammlung mit dem Titel *Fables morales et nouvelles*, ein Konkurrenzunternehmen zu La Fontaines 1. Fabelsammlung. In seiner Einleitung lobt Furetière zwar die ästhetische Qualität von La Fontaines Fabeln, insistiert aber zugleich auf deren Übersetzungscharakter. Die Bedeutung seiner eigenen Fabeln liege dagegen nicht so sehr im Stilistischen, sondern in der moralischen Absicht sowie in der selbständigen Erfindung aller Gegenstände. Titel und Konzeption seines Bandes sind also programmatisch gegen La Fontaines Fabelsammlung gerichtet. Aus solcher Häufung von Fabelausgaben verschiedener Autoren zum gleichen Zeitpunkt läßt sich folgern, daß die Fabel zu einer beliebten Modegattung geworden ist. In allen angeführten Fällen (außer der Erstausgabe La Fontaines) verwendet Barbin das handliche Duodezformat, »le livre de poche du temps« (»das Taschenbuch jener Zeit«).[29]
Die schriftlich überlieferten Stellungnahmen zu La Fontaines Fabeln nehmen ab der Ausgabe der *Fables nouvelles et autres poésies* (1671) deutlich zu. Mme de Sévigné, Maucroix, La Bruyère, Perrault, Fénelon – um nur die wichtigsten Zeugen zu nennen[30] – stimmen in allen Punkten überein. Ihr Urteil, wie das der Zeitgenossen insgesamt, läßt sich dahingehend resümieren, daß La Fontaine als unbestrittener »roi des vers« (»König der Verse«) gefeiert wird;[31] seine

29 S. Blavier-Paquot, »Sur l'accueil que reçurent au 17e siècle les *Fables* de La Fontaine«, in: *XVIIe siècle* 73 (1966) S. 49–57; hier S. 51.

30 Eine detaillierte Darstellung der zeitgenössischen Rezeption der Fabeln bei J. Grimm, *La Fontaines Fabeln*, Darmstadt 1976, S. 1 ff.; dort auch ausführlich zu den im folgenden behandelten Aspekten.

31 So François Bernier in einem handschriftlich erhaltenen Brief an Mme de La Sablière aus dem Jahre 1688; zit. nach: La Fontaine, *Fables*, hrsg. von G. Couton, Paris 1962, S. XXI, Anm. 1.

Fabeln seien einzigartig, und der Dichter dürfe sich seiner Unsterblichkeit sicher sein. Als seine eigentliche Originalität empfindet man die gelungene stilistische Ausgestaltung der bekannten Fabelstoffe; daher lobt man überschwenglich »la beauté de son style« und »les ornements de son invention« (»die Schönheit seines Stils«, »die von ihm erfundenen Ausschmückungen«); gleichzeitig hebt man zwar auch den pädagogischen Nutzen hervor, aber man tut es in der aufschlußreichen Formulierung, es finde sich kaum »une lecture plus utile et plus agréable tout ensemble« (»eine nützlichere und zugleich angenehmere Lektüre«); La Fontaine gelinge es, die moralische Lehre der Fabeln spielerisch zu vermitteln: »il instruit en badinant«. Überraschend ist aber zugleich die höhere Bewertung der 1. Fabelsammlung im Vergleich zur zweiten und die Blindheit gegenüber dem gänzlich andersgearteten Charakter der letzteren.

Aus heutiger Perspektive erscheint die hier skizzierte zeitgenössische Rezeption merkwürdig oberflächlich; alles für einen heutigen Leser Wesentliche kommt nicht zur Sprache: die Vielschichtigkeit der Fabeln, die unverkennbare – auch politische – Aktualisierung traditioneller Fabelthemen, die Ausweitung des herkömmlichen Fabelrahmens in der 2. Sammlung, der wachsende Pessimismus in den späteren Fabelbüchern. Offensichtlich war das Gattungsdenken – und damit verbunden das Denken in festen stilistischen Kategorien – derart tief verwurzelt, daß man in La Fontaine nur einen eleganten Erneuerer eines literarisch unbedeutenden, nicht übermäßig aussagehaltigen Genres zu sehen vermochte. Darauf beruht dann auch die Höherbewertung der 1. Fabelsammlung; die Bücher VII–XI entfernten sich allzu weit von vertrauten Gattungsschemata, als daß man ihre stilistische und inhaltliche Neuartigkeit hätte erfassen können. Ganz offensichtlich messen die Zeitgenossen La Fontaines Fabeln nur mit einer ästhetischen Elle; daher haben sie auch, so scheint es zumindest, kein Verständnis für die bestürzende Aktualität und pralle Gegenwartsfülle eines

Werkes, das nur einem oberflächlichen Betrachter als elegante stilistische Neugestaltung altbekannter Vorlagen erscheinen kann.

Um eine solche ästhetisierende Rezeption historisch-soziologisch würdigen zu können, ist folgendes zu bedenken: Die darin zum Ausdruck kommende ästhetische Norm ist eine hoch reflektierte Ästhetik der literarischen Kleinform, die in krassem Gegensatz steht zu den offiziellen Anschauungen, wie sie sich gleichzeitig z. B. im Schloß von Versailles offenbaren. Es ist eine Ästhetik der »diversité«, deren sozialer Träger der nach der Niederschlagung der Fronde entmachtete Feudaladel ist. In La Fontaines Werk selbst wird sie erstmals in den für Foucquet verfaßten Gelegenheitsgedichten greifbar[32] und findet nach dem Sturz des Finanzministers in den *Contes et nouvelles*, insbesondere jedoch in den Fabeln ihren adäquatesten Niederschlag.

Die sich in ihnen artikulierende Ästhetik der »diversité« ist also die oppositionelle Ästhetik der in politischer Konkurrenz zum Hofe stehenden Kreise des entmachteten Schwertadels, und d. h. in bezug auf La Fontaine, der Bouillon, Mancini, Vendôme, Conti, Sévigné, Bussy-Rabutin, La Rochefoucauld, Saint-Évremond u. a., die z. T. aus Gründen politischer Mißliebigkeit sogar die bittere Erfahrung der Verbannung und des Exils machen mußten. Sie stellen das Primärpublikum der Fabeln; ihren ästhetischen Erwartungshorizont macht La Fontaine sich zu eigen und setzt ihn in seine Fabeln um. In den literarischen Kleinformen Maxime, Porträt, Brief oder Fabel manifestiert sich eine Gegenästhetik oppositioneller Kreise, die sich deutlich von der offiziellen, auf Einheit, Regelmäßigkeit, Klarheit und Machtrepräsentation bedachten Ästhetik des königlichen Hofes unterscheidet. Die spezifisch ästhetische Rezeption der La Fontaineschen Fabeln ist somit – auf einer zweiten Ebene – als ein Akt politischer Opposition zu werten. Daher ist es

32 Vgl. S. 410 f.

folgerichtig, wenn Boileau in seinem *Art poétique* die Fabeln wie auch die anderen oben genannten Kleingattungen nicht erwähnt. Der Ausschluß jener gruppenspezifischen Kleinformen aus dem repräsentativen Literaturkanon der Epoche impliziert zugleich ein Urteil über die Kreise, die den Nährboden für sie liefern; er ist gleichzeitig ein Indiz für die gesellschaftliche Randstellung jener Gruppen, die insbesondere der Fabel durch La Fontaine zur Blüte verhalfen.

Die von La Fontaines Primärpublikum bevorzugte Rezeptionsweise, die auch durch entsprechende theoretische Äußerungen des Dichters gestützt werden kann,[33] läßt sich in z. T. verabsolutierter Form bis in die jüngste Gegenwart beobachten. Bereits Sainte-Beuve sieht das wichtigste Element der Fabeln im Akt des Erzählens, wenn er schreibt: »La fable, pour La Fontaine, n'a été le plus souvent qu'un prétexte au récit, au conte, à la rêverie; la moralité s'y ajuste à la fin comme elle peut« (»Die Fabel war für La Fontaine in den meisten Fällen nur ein Vorwand für die Geschichte, die Erzählung, den Traum; die Moral fügt sich am Ende an, so gut es eben geht«).[34] In die gleiche Richtung zielt auch Vosslers apodiktischer Satz: »Was anderen ein Lebensproblem ist, ist ihm ein Stilproblem.«[35] Vor allem die deutsche La Fontaine-Interpretation steht seit Vosslers Monographie weitgehend unter deren Einfluß. Selbst Spitzer, der Vosslers provokatorische These bei aller sonstigen Reserve gegenüber dem La Fontaine-Buch seines Freundes zu teilen scheint, behauptet allen Ernstes: »La Fontaine verwendete nicht das Ästhetische im Dienste der Moral, sondern die Moral im Dienste der Ästhetik.«[36] Noch 1960 ist La Fontaine für P. Moreau ein »maître de l'art pour l'art«; in diesem Sinn bescheinigt er La Fontaine eine »liebenswürdige Zwang-

33 Vgl. insbesondere die vermutlich dem Grafen von Brienne gewidmete Fabel V 1 *Le bûcheron et Mercure*.
34 Sainte-Beuve, *Causeries du Lundi* I, S. 288.
35 K. Vossler, *La Fontaine und sein Fabelwerk*, Heidelberg 1919, S. 138.
36 L. Spitzer, *Romanische Literaturstudien*, Tübingen 1959, S. 172, Anm.

losigkeit« (»aimable désinvolture«) hinsichtlich der Fabelmoral und fährt fort: »Il semble que le seul plaisir de la fable, pour lui, réside dans le conte« (»Es scheint, als bestünde das einzige Vergnügen der Fabel für ihn im Erzählprozeß«).[37] Den Höhepunkt einer solchen primär ästhetisierenden Interpretation stellen in der jüngsten Forschung die Arbeiten von Biard und Lindner dar.[38]
Ein derartiges Fabelverständnis verträgt sich vorzüglich mit der Legende vom ständig verträumten, zeitvergessenen und verantwortungslosen »bonhomme« La Fontaine, die in Vosslers verniedlichender, bisweilen auch verzerrender Monographie ihren Höhepunkt erreicht. Darüber hinaus steht dahinter aber auch die Überzeugung, daß die Wiederaufnahme traditioneller Themen, wie es in großem Stil bei der Übernahme der Äsopschen Fabeltradition durch La Fontaine geschieht, den Inhalt automatisch relativiert. Wichtig sei demnach in erster Linie die geglückte stilistische Neugestaltung. Ein solches Verständnis könnte durch die zeitgenössische La Fontaine-Rezeption und entsprechende Äußerungen des Dichters gerechtfertigt erscheinen. Insgesamt betrachtet handelt es sich dabei jedoch um eine unzulässige Reduktion des Bedeutungsgehaltes der Fabeln und, allgemeiner, um ein Verkennen des literarischen Schaffensprozesses. Es ist nicht erst eine Erkenntnis der modernen Psychoanalyse à la Jung bzw. der strukturalistisch orientierten Psychoanalyse, daß der Ideenreichtum und Bildvorrat des Menschen beschränkt und das jeweilige Individuum auf die Wiederholung gewisser Grundmuster angewiesen ist. Der moderne mythologische Roman, von Joyces *Ulysses* über Thomas Manns *Josephsromane* bis hin zu Camus' *La peste*, hat ebenso wie das entsprechende mythologische

37 P. Moreau, *Thèmes et variations dans le premier recueil des »Fables« de La Fontaine*, Paris 1960, S. 29 f.
38 J. O. Biard, *Le style des fables de La Fontaine*, Paris 1970; H. Lindner, *Didaktische Gattungsstruktur und narratives Spiel. Studien zur Erzähltechnik in La Fontaines Fabeln*, München 1975.

Theater eines Cocteau, Giraudoux, Sartre u. a. überzeugend bewiesen, daß auch das Zitat aussagehaltig ist und eine je eigene, zeitlich bedingte Abwandlung erfährt. In diesem Sinn hat fast die gesamte ›klassische‹ Literatur des französischen 17. Jahrhunderts Zitatcharakter. Angesichts daraus resultierender Zweifel hat La Bruyère in einer programmatischen Maxime seiner *Caractères* die These vertreten, längst Bekanntem und oft Gesagtem einen höchst individuellen Ausdruck verliehen zu haben. Sein Anspruch »Je l'ai dit comme mien« bezieht sich dabei ohne Zweifel auf Inhalt und Form in gleicher Weise. Die Übernahme traditioneller Themen entwertet diese bei La Bruyère ebensowenig wie etwa im Falle von Molières *Avare* oder Racines *Bérénice*, von Boileaus *Satires* oder schließlich auch der Fabeln von La Fontaine. Jedes Zitat wird geprägt und erhält neue Bedeutung durch das Bewußtsein dessen, der es aufgreift, so wie jedes Bewußtsein wiederum durch spezifische Zeitfaktoren bedingt ist. Trotz ihres thematisch traditionellen Charakters sind daher auch die Fabeln La Fontaines neuartiger und höchst origineller Ausdruck individuellen Erlebens und des Impliziertseins in die Geschichte seiner Zeit, und sie haben daher Anrecht auf eine entsprechende Interpretation.

3. Die sozialkritische Tradition der Fabel; die inhaltsbezogene Interpretation

Die bisher skizzierte primär ästhetisierende Wertung der Fabel verabsolutiert nicht nur einseitig deren formalen Aspekt; es kommt darin auch ein Unverständnis gegenüber der Gattung und ihren geschichtlich belegbaren Möglichkeiten zum Ausdruck. Dieses Mißverständnis hat über die angeführten Gründe hinaus eine lange Geschichte, die wenigstens teilweise als Rechtfertigung dienen mag: Weder Aristoteles noch Horaz sprechen in ihren Poetiken von der

Fabel; Aristoteles ordnet sie sogar ausdrücklich der Rhetorik zu und sieht in ihr ebenso wie im historischen Exempel ein Instrument der Beweisführung und der Überredungskunst des Redners. Dabei komme dem historischen Exempel größere Beweiskraft zu; die Fabel sei vorwiegend dann zu verwenden, wenn sich dem Redner kein historisches Exempel biete. Diesem Funktionsverständnis der Fabel schließen sich wichtige Literaturtheoretiker wie Cicero und Quintilian an. Damit ist die Fabel scheinbar endgültig im Bereich der Rhetorik angesiedelt. Aristoteles folgend, schweigen sich auch die Renaissancepoetiken und die dichtungstheoretischen Traktate des 16. und 17. Jahrhunderts über sie aus. Entsprechend der aristotelischen Konzeption dient die Fabel also vorzüglich der Beeinflussung des Zuhörers durch den Redner, vereinfacht gesprochen der Argumentation von oben nach unten.

Und doch hatte die Fabel als volkstümliche literarische Gattung eine lange Tradition und Funktion. Hier zunächst einige Hinweise bezüglich des großenteils sozialkritischen Charakters der Fabelgattung, soweit sich das rückblickend überhaupt mit Sicherheit beurteilen läßt. Die ältesten Beispiele einer Tierdichtung in der europäischen Literatur finden sich bei Hesiod, Archilochos und Semonides.[39] Der Sinn dieser frühen Fabeln ist, wie Crusius sagt, »ein Signal zum Kampf gegen den Adel«. Crusius sieht den Beginn der Fabelgeschichte in Europa sozial bedingt »mit dem Aufsteigen der niederen Volksschichten, der Bauern und Halbbürtigen [...]. Die ältesten Fabeln sprechen die ethischen und wirtschaftlichen Ideale dieser Kreise aus.«[40] Die ersten griechischen Fabeln dienen also der sozialen Kritik, »die sich in

39 Vgl. *Antike Fabeln*, eingel. und neu übertr. von L. Mader, Zürich 1951; zu Semonides' Fabel *Der Adler und der Mistkäfer* vgl. La Fontaine, **L'aigle et l'escarbot* (II 8).

40 O. Crusius, Einleitung, in: C. H. Kleukens, *Das Buch der Fabeln*, Leipzig ²1920, S. I–LXIII, hier S. IX f.

loser Verhüllung deutlich genug im Namen der Schwachen und im Zeichen des Rechts gegen die Willkür der Mächtigen richtet«.[41]
Die soziale Bedingtheit der Fabeln Äsops wird deutlich, wenn wir uns den Fabelautor, sein Publikum, den Ort und den Zeitpunkt der Erzählung sowie die Erzählintention vergegenwärtigen. Gerade in bezug auf diese Fragen können freilich im wesentlichen nur Vermutungen angestellt werden. Mit einigem Recht auf historische Exaktheit ergibt sich jedoch ein Bild, das Theophil Spoerri wie folgt umreißt: »Die sagenhafte Gestalt des Sklaven Äsop steht am Anfang der abendländischen Fabeltradition. Im Ionien des 6. vorchristlichen Jahrhunderts war die Herrenschicht, in deren Palästen die Gesänge Homers geklungen hatten, am Zusammenbrechen, während die großen Handelsstädte mächtig emporstrebten. Das Volk, das sich an den Dreiwegen, auf dem Markte und an den Landungsplätzen sammelte, verlangte nicht mehr, von Göttern und Helden zu hören. An Stelle des Epos trat die Prosaerzählung: Schelmenstreiche und Tiermärchen, in denen der kleine Mann sich wiedererkannte. Sie stellen ihn dar, wie er sich durch seine Findigkeit und seinen Mutterwitz gegen die Ungerechtigkeit der Großen wehrt. So zeigt das Volksbuch vom phrygischen Sklaven Äsop die Überlegenheit des Helden, indem es ihn aus allen bedrängten Lagen durch das Erzählen einer Fabel einen Ausweg finden läßt. Der mißgestaltete Sklave wird zum Symbol für die untere Welt.«[42]
Auch Phädrus entstammt der unteren Gesellschaftsschicht: Er war Freigelassener des Augustus. Wie er sich selbst als Fabeldichter versteht, welches Verständnis er von der Fabelgattung hat, schildert der Prolog zu seinem dritten Fabelband:

41 A. Lesky, *Geschichte der griechischen Literatur*, Bern 1957/58, S. 147.
42 Th. Spoerri, »Der Aufstand der Fabel«, in: *Trivium* 1 (1942) S. 31–62, hier S. 31 f.

»Jetzt sei, weshalb die Fabel man erfand,
Noch kurz berichtet. Der bedrängte Sklave (Äsop),
Der, was er mochte, nicht zu sagen wagte,
Barg seines Herzens Meinung in die Fabel
Und wich dem Vorwurf aus in komischer Maske.
Auf jenes Pfade macht' ich weiter Bahn
Und sann mehr aus, als er uns hinterlassen.«[43]

Unter Tiberius war Phädrus von Sejan angeklagt worden. Nach der Veröffentlichung der beiden ersten Fabelbücher glaubte Sejan, der damals (23–31 n. Chr.) allmächtige Günstling und Gardepräfekt des Kaisers Tiberius, an einigen Stellen eine Anspielung auf seine eigene Person sowie auf die des Kaisers zu sehen. Der Dichter wurde zur Verantwortung gezogen und, da Sejan Kläger, Zeuge und Richter in einer Person war, hart bestraft. Wahrscheinlich wurde er in die Verbannung geschickt, aus der er wohl schwerlich vor dem Tode des Tiberius (37 n. Chr.) zurückgekehrt sein dürfte. Hausrath erklärt die ›aggressive Tendenz‹ zahlreicher Fabeln des Phädrus »aus dem revolutionären Ursprung der Fabeln im Kampf des Demos gegen die Adelsschicht«.[44] Sicherlich ist es unzureichend, die Fabel allein aus ihrer sozialkritischen Herkunft erklären und darin ein für alle Zeiten verbindliches Strukturelement sehen zu wollen. Die Gattung hat im Laufe ihrer jahrhundertelangen Geschichte mannigfache Wandlungen durchgemacht.[45] Bei vielen ihrer herausragenden Vertreter aber ist dieser »invention de la servitude«[46] stets etwas Oppositionelles, Frondeurhaftes

43 Übers. von J. Siebelis, in: Äsop / Phädrus, *Fabeln von Äsop / Äsopische Fabeln des Phädrus*, übertr. von W. Binder und J. Siebelis, München 1959, S. 25

44 A. Hausrath, Artikel »Fabel«, in: *Paulys Realencyklopädie der classischen Altertumswissenschaft*, Bd. 19,2, 1938, Sp. 1478.

45 Vgl. dazu die in der Bibliographie angeführten Arbeiten von Dithmar und Leibfried, die Sammelbände von Hasubek und Leibfried/Werle sowie die von H. Lindner herausgegebenen *Fabeln der Neuzeit*.

46 »Erfindung der Knechtschaft«, so Nicolaus Chamfort in seinem wichtigen »Éloge de La Fontaine«, (1774) in: N. Ch., *Œuvres choisies*, 2 Bde., Paris 1892; der »Éloge« in Bd. 1, S. 221–266, Zitat S. 223.

zu eigen gewesen. In der allegorischen Verkleidung bot die Gattung die Möglichkeit, das, was ausgedrückt werden sollte, offen zu sagen und es zugleich zu verhüllen.
Ohne auf die verzweigte Geschichte der Äsop-Tradition und der Fabel detailliert einzugehen, darf es doch als gesichert gelten, daß sowohl das mittelalterliche Tierepos als auch die Fabeln der Marie de France eine vergleichbare Funktion haben.[47] Besonders hinzuweisen ist jedoch auf ein unmittelbares Vorbild La Fontaines, auf den von ihm hochgeschätzten Clément Marot. Unter der Anklage, das Fastenverbot willentlich übertreten zu haben, wird Marot inhaftiert und dichtet im Gefängnis die Fabel vom Löwen und der Ratte, um im allegorischen Gewand des Tiergeschehens den Nutzen der Schwachen für die Mächtigen zu dokumentieren. La Fontaine hat die Marotsche Fabel gekannt und das gleiche Thema, das über Marot auf Äsop zurückgeht, in *Le lion et le rat* (II 11) erneut behandelt.[48]
Die skizzenhaften Andeutungen müssen genügen, um die sozialkritische Intention der Fabel bei einigen ihrer Hauptvertreter zu veranschaulichen. Angesichts des Schweigens der Poetiken ist es schwierig, mit Sicherheit bestimmen zu wollen, ob und in welchem Maß La Fontaine über den hier skizzierten Ursprung und die Funktion der Fabel informiert war. Berücksichtigt man jedoch Äußerungen zur Fabel außerhalb der traditionellen Poetiken, so geht daraus zunächst dies hervor: Leitmotiv aller Überlegungen hinsichtlich der Fabel ist das Insistieren auf dem allegorischen Charakter der Gattung, die im Tiergewand menschliches Handeln und entsprechende Wahrheiten darstellt. Weiter geht ebenso eindeutig aus den untersuchten Texten hervor, daß die Fabel als ein einzigartiges Medium angesehen wird, das es sozial Unterprivilegierten ermöglicht, den Mächtigen

47 Vgl. H. R. Jauss, *Untersuchungen zur mittelalterlichen Tierdichtung*, Tübingen 1959.
48 Zur aktuellen Bedeutung von Marots *Épistre à son amy Lyon* vgl. Ph. A. Becker, *Clément Marot*, München 1926, S. 39 ff.

indirekt die Wahrheit vorzutragen, die unverschlüsselt Zorn oder gar Bestrafung zur Folge hätte. Aus der Vielzahl möglicher Belege seien hier drei näher skizziert.

Die *Fables d'Ésope Phrygien, illustrées de discours moraux, philosophiques et politiques* des Jean Baudoin (1631, [4]1639) erfreuten sich in ihrer Zeit großer Beliebtheit. Durch das Hinzufügen des Adjektivs »politique« im Untertitel werden die Äsopschen Fabeln erstmals, wie es scheint, ausdrücklich zum gesellschaftlich-politischen Geschehen in Beziehung gesetzt. Jeder der 118 Fabeln des 712 Seiten umfangreichen Bandes folgt ein weitschweifiger Kommentar, in dem Baudoin, gestützt auf historische Beispiele, zeigt, welche moralischen und politischen Nutzanwendungen der Leser aus der jeweiligen Fabel ziehen kann. In seiner Vorrede vertritt er die These: »Par elles, ce trompeur salutaire [Ésope] fait voir la vérité toute nue, à l'ombre du mensonge dont il la couvre« – »Durch sie macht dieser heilsame Betrüger die nackte Wahrheit im Schutze der Lüge [d. h. der dichterischen Fiktion], hinter der er sie versteckt, sichtbar.« Es ist heute schwer zu entscheiden, inwieweit Baudoins Fabeln auf konkrete Ereignisse anspielen. Wichtig dürfte für La Fontaine jedoch die immer wieder unternommene ›politische‹ Deutung einzelner Fabeln gewesen sein.

Zweifellos von größerer Bedeutung war für La Fontaine die indische Fabelsammlung des Pilpay, 1644 als *Livre des lumières* ins Französische übersetzt und eine der wichtigsten Quellen seiner 2. Fabelsammlung.[49] Im Untertitel werden die Fabeln als Spiegelbild für das Verhalten der Könige bezeichnet, und der Übersetzer der Sammlung macht sich in der von ihm verfaßten Vorrede ausdrücklich die Vorstellung einer sozialkritischen Genese und Funktion der Fabel in einem hierarchisch geordneten Gesellschaftsgefüge zu eigen.

49 Zur Bedeutung von Pilpays *Livre des lumières* äußert sich La Fontaine im »Avertissement« seiner 2. Sammlung.

Die vorwiegend ›politische‹ Aussagekraft der Fabeln kommt wenig später programmatisch in einer Sammlung zum Ausdruck, die ohne Zweifel ebenfalls zu den La Fontaine bekannten Büchern gehört. Den *Fables héroïques, comprenans les veritables maximes de la politique et de la morale* des Priors Audin (1610, ^{2}1660) war ein außerordentlicher Erfolg beschieden. Die Sammlung enthält in der einleitenden »Apologie en faveur de la fable« eine der wenigen verhältnismäßig langen theoretischen Äußerungen zur Fabel. Aus ihr geht eindeutig hervor, daß das Wissen um den ›Oppositions‹-Charakter der Fabel Allgemeingut der Zeit ist. Zugleich betont Audin, daß umgekehrt die Fabel auch ein Mittel der Überredung in den Händen der Mächtigen sei, und er erinnert an Demosthenes, der mittels einer Fabel die Aufmerksamkeit der zerstreuten Athener auf sich lenken konnte, und verweist darüber hinaus auf Menenius Agrippa, der durch die Fabel *Die Glieder und der Magen* die zur Auswanderung entschlossenen Römer zum Bleiben bewegte.[50] Aufschlußreich ist schließlich die ausdrückliche Ablehnung der Legende, die Fabeln seien primär als Kinderlektüre gedacht. Für Audin hat die Gattung im literarischen Haushalt eine umfassendere Funktion: Sie soll ordnungsstiftend für das Gemeinwesen wirken und jedem Glied der Gesellschaft die ihm zukommende Aufgabe sinnfällig vor Augen führen.

Man darf annehmen, daß La Fontaine die hier referierten theoretischen Aussagen zur Fabelgattung gekannt hat; darüber hinaus hat er sich selbst an den verschiedensten Stellen seines Werks entschieden gegen einen sich selbst genügenden Ästhetizismus ausgesprochen. Den wichtigen diesbezüglichen Äußerungen in den Einleitungsfabeln der Bücher V und VI[51] ließen sich andere an die Seite stel-

50 La Fontaine hat beide Stoffe behandelt, und zwar in *Le pouvoir des fables* (VIII 4) und in *Les membres et l'estomac* (III 2).

51 Vgl. Kommentar zu V 1 *Le bûcheron et Mercure*.

len.[52] Eigens erwähnt seien in diesem Zusammenhang lediglich zwei Verse der handschriftlich überlieferten Erstfassung der Fabel *Le milan, le roi, et le chasseur*: »L'on sait que j'ai toujours entremêlé la fable / De quelque trait de vérité« – »Man weiß, daß ich der Fabel zu allen Zeiten / ein Körnchen Wahrheit beigemengt habe.« Auf die Schlüsselfunktion der handschriftlichen Fassung für die Gesamtinterpretation der Fabeln gehe ich an anderer Stelle ein.[53] Auf dem Hintergrund der für die Literatur des 17. Jahrhunderts verbindlichen Doktrin einer Gleichgewichtigkeit von »plaire« und »instruire« ergibt sich daraus für La Fontaine diese Schlußfolgerung: Die ›Wahrheit‹ der Fabel, u. U. auch ihre Kritik, muß sich, wenn sie auf ›Nützlichkeit‹ bedacht ist, mit dem gefälligen Gewand einer makellosen Form umgeben. Die schöne Form und der glänzende Schein verleihen dem Kunstwerk jedoch nicht etwa den Charakter der Selbstzweckhaftigkeit; »plaire« und »instruire« halten sich vielmehr in glücklicher Weise das Gleichgewicht, selbst wenn, so paradox es auch klingen mag, das eigentliche Ziel des Kunstwerks – und erst recht der Fabel – in der moralischen Lehre besteht.

La Fontaines Fabeln auch gehaltlich Bedeutung beizumessen, ihnen trotz der traditionellen Themen eine erneuerte, individuelle, zeitbezogene Aussagekraft zuzugestehen, ist eine Form des Verstehens, die parallel zu der oben skizzier-

52 Vgl. **Le lion amoureux*, IV 1, V. 13 f.: »Si la vérité vous offense, / La Fable au moins se peut souffrir!« – »Wenn die Wahrheit Euch beleidigt, / läßt sich zumindest die Fabel ertragen!«; ferner **La montagne qui accouche*, V 10, V. 7–9: »Quand je songe à cette Fable / Dont le récit est menteur / Et le sens est véritable« – »Wenn ich an diese Fabel denke, / deren Erzählung trügerisch [d. h. erfunden], / deren Sinn aber wahr ist«; vgl. schließlich die Prosawidmung des 12. Buches an den Herzog von Burgund: »Les fables d'Ésope [...] embrassent toutes sortes d'événements et de caractères. Ces mensonges sont proprement une manière d'histoire où l'on ne flatte personne« – »Die Fabeln Äsops [...] umfassen jede Art von Ereignissen und Personen. Diese trügerischen Erfindungen sind, genau genommen, eine Art Geschichte, in der man niemand schmeichelt.«

53 Vgl. S. 373 ff. und S. 388 ff.

ten, vorwiegend ästhetisch orientierten Rezeptionsform entstand. Die wichtigsten Etappen dieser im 18. Jahrhundert einsetzenden inhaltsorientierten Rezeptionsgeschichte sind mit den Namen Chamfort, Taine, Wogue, Fabre, Adam, Couton, Jasinski und Boutang verknüpft.[54] Die Lektüre dieser Autoren führt zu einem Verständnis der Fabeln und ihres Autors, das in Einklang steht mit der oben dargestellten sozialkritischen Tradition der Fabelgattung. So sieht beispielsweise Taine in La Fontaine »le plus grand frondeur du siècle« (»den größten Kritiker [eingeschworenen Gegner] seiner Zeit«), und Wogue bezeichnet ihn als einen »rêveur subversif« (»subversiven Träumer«). In einem methodisch grundlegenden Aufsatz zur Fabel *Le berger et la mer* (IV 2)[55] sieht Fabre im Fabeldichter einen »opposant clandestin et tenace« (»heimlichen und hartnäckigen Opponenten«), dessen »contre-propagande spirituelle et tenace [...] aux projets de Colbert« (»geistreiche und hartnäckige Gegenpropaganda [...] bezüglich der Pläne Colberts«) weite Teile der 1. Sammlung kennzeichnet; Adam zeigt in der 2. Sammlung La Fontaine als hellsichtigen Satiriker mit Gespür für die im Umbruch befindliche gesellschaftliche und politische Situation seiner Zeit, der wichtige Aspekte der engagierten Literatur der Frühaufklärung vorausnimmt. Couton schließlich würdigt La Fontaine als »anarchiste paisible et militant« (»friedfertigen und militanten Anarchisten«). Einen Höhe- und Endpunkt findet eine solche ›politische‹ Lektüre der Fabeln bei Jasinski. Er sieht in La Fontaine den »geschickten Opponenten«, dessen Fabelmoral nicht die traditionelle »morale paysanne«, d. h. eine zeitlos gültige Moral der Unfreien und Rechtlosen ist, sondern eine engagierte »morale de l'opposant« (»Opponentenmoral«). Vor allem die 1. Fabelsammlung sei dabei zu verstehen auf dem Hintergrund einer breit angelegten Oppositionsströmung der

54 Die entsprechenden Arbeiten finden sich vollständig in der Bibliographie.
55 Vgl. Bibliographie, S. 397.

Kreise um Foucquet bzw. jener adligen Kreise, deren politische Ohnmacht durch die Verhaftung und den Prozeß gegen Foucquet manifest geworden war.
Jasinskis durchgängige Interpretation aller Fabeln der 1. Sammlung stellt zweifellos einen Gewaltakt dar, der in vielen Fällen zu mehr oder minder spekulativen Identifikationen der Protagonisten der einzelnen Fabeln führt. Wissenschaftsgeschichtlich ist seine forciert ›politische‹ Lektüre, die immer auf dem Hintergrund einer stupenden Kenntnis der politischen Geschichte und der einschlägigen Sekundärliteratur zur Fabel erfolgt, eine letzte – überspitzte – Reaktion gegen solch historisch unverbindliche, ästhetisierende Interpretationen wie die etwa gleichzeitige von P. Moreau.[56]
Aus wissenschaftsgeschichtlichen und methodologischen Gründen wurde daher hier bei fast allen Kommentaren zu Fabeln der 1. Sammlung auf die entsprechende Interpretation Jasinskis verwiesen. Denn die Synthese problematischer Einzelinterpretationen ermöglicht, so paradox dies auch klingt, letztendlich die relativ plausible Beantwortung zahlreicher strittiger Fragen. Ordnet man nämlich die Fabeln in den biographischen und geschichtlichen Kontext von La Fontaines Freundschaft zu Foucquet ein, so wird verständlich, warum er sich der Fabel zugewandt hat, warum er in der Fabelgattung das seiner sozialen Position, aber auch seiner Mentalität angemessene Ausdrucksmittel gefunden hat, dem er zeit seines Lebens treu geblieben ist. Es ergibt sich auch eine einigermaßen schlüssige Beantwortung der Frage, wann er mit der Abfassung von Fabeln begonnen hat. Gerade diese überaus wichtigen Fragen sind in der La Fontaine-Forschung heftig umstritten;[57] jedoch besteht seit Fabres Aufsatz weitgehend Einigkeit insofern, als man im Sturz und in der Verhaftung seines Freundes und Gönners Foucquet den Anstoß zu La Fontaines Beschäftigung mit

56 Vgl. S. 429 f. sowie Anm. 37.
57 Vgl. dazu ausführlich Jasinski, *Premier recueil*, Bd. 1, S. 80 ff.

der Fabel sieht. Die ersten Fabeln[58] wären dann vermutlich auf Ende 1661 oder Anfang 1662 zu datieren, und der Impuls zu ihrer Abfassung wäre letzten Endes ein satirisch-kritischer: in verschlüsselter Form Stellung zu beziehen zu dem wichtigsten Ereignis nicht nur seines bisherigen Lebens, sondern auch, wie man im Rückblick feststellen muß, der politischen und sozialen Geschichte Frankreichs im 17. Jahrhundert.[59] Denn der Sturz Foucquets und seine Ablösung durch den bürgerlichen Colbert signalisierten nach dem Scheitern des Adelsaufstandes in der Fronde (1648–53) die nunmehr endgültige politische Entmachtung des Schwertadels und das Vordringen eines Vertreters des aufstrebenden Bürgertums in eine politische Schlüsselstellung. Bei längerer Beschäftigung mit der Gattung Fabel wurde sich La Fontaine dann vermutlich ihrer vorher nicht geahnten Ausdrucksmöglichkeiten bewußt, und es ergab sich wie selbstverständlich und zwangsläufig die Anwendung der Fabel auf die unterschiedlichsten Gegenstände und Ereignisse, darunter vorwiegend auf solche mit ›politischen‹ Inhalten.

Das Märchen von dem verträumt durch Wald und Feld streifenden Maître des Eaux et Forêts La Fontaine, der sich stundenlang in die Beobachtung von Ameisen und Vögeln verloren habe, darf man getrost beiseite lassen. Zahllose Stellen in seinem Werk weisen, vor allem außerhalb der Fabeln, auf eine universale Neugier, auf ein allumfassendes Interesse und eine ausgezeichnete tagespolitische Informiertheit hin. Belege lassen sich von der frühesten Jugendzeit bis ins hohe Alter hinein mühelos nachweisen. Kein Werk irgendeines der großen Autoren des 17. Jahrhunderts, Boileau vielleicht ausgenommen, enthält so viele Anspielungen und Berichte über tagespolitische Ereignisse wie das

58 Vermutlich die im Ms. Conrart zusammengefaßten; vgl. Kommentar zu *Le renard et l'écureuil*, S. 388 ff.

59 Zum Sturz Foucquets, dem Prozeß, der zeitgenössischen Resonanz sowie den Folgen vgl. G. Mongrédien, *L'affaire Foucquet*, Paris 1956.

Werk La Fontaines. Die Fabel, das dürfte er bald erkannt haben, ermöglichte ihm das indirekte Urteil, die verschlüsselte Bewertung all dieser Ereignisse. In verstellter Form gehen sie ein in die »Cryptographie«[60] des Buches. Damit rückt in den Mittelpunkt der Fabeldichtung und -lektüre nicht so sehr der ›reine‹ Ästhet und Stilkünstler als vielmehr das gesellschaftlich engagierte Zoon politicon La Fontaine, dem die vorgegebene Gattung in vorzüglicher Weise die Möglichkeit bot, zum Geschehen seiner Zeit sehr persönlich, wenn auch indirekt, seine Zustimmung oder Ablehnung auszudrücken.

Doch die Fabelproduktion umspannt wenigstens einen Zeitraum von fünfundzwanzig Jahren und wird somit zur Summe eines Lebens, ja einer Epoche. Daher ist es auch nicht ein einheitliches Objekt, auf das sich das kritische Interesse des Fabeldichters richtet. In der sich über diese Zeit hinziehenden Fabelproduktion spiegelt sich, im Medium des sich wandelnden La Fontaine, die vielfältige geschichtliche und soziale Wirklichkeit der Epoche. Das macht im Zusammenhang mit der Kleinform der Fabeln und der damit verbundenen Vielfalt eine Darstellung so außerordentlich schwierig; anders gesagt: Den Fabeln liegt keine einheitsstiftende Thematik zugrunde. Auf den ersten Blick herrscht in den 12 Büchern eine geradezu chaotische Vielfalt, die auf den Leser desorientierend, ja abweisend wirkt, sofern er sich nicht allein von der vielbeschworenen ›Poesie‹ einzelner Fabeln verzaubern läßt: Kein Gedanke, kein Thema wird fortlaufend entwickelt; ja, auch zwischen den Fabeln, die ein gleiches oder doch vergleichbares Personal im Titel aufweisen, besteht häufig kein unmittelbarer Zusammenhang. Erst nach mehrfacher Lektüre ergeben sich einige thematische Zusammenhänge; allmählich erst und nachträglich zeichnen sich die Umrisse einer geistigen Persönlichkeit ab, um die herum und von der ausgehend sich

60 G. Couton, *La politique de La Fontaine*, Paris 1959, S. 11.

die vielfältige Welt der Fabeln ordnet. Die vorliegende Auswahl inspiriert sich methodisch insofern an dem Ansatz Fabres, als in den Kommentaren verschiedene Fabeln durch Querverweise thematischen Gruppen zugeordnet werden und auf diese Weise zumindest eine gewisse Systematisierung erreicht wird. Der Ansatz ist also ein themenkritischer, wobei jedoch nur das als thematisch relevant angesehen wird, was Bestandteil der bewußten Persönlichkeit La Fontaines ist. Es werden also in den Kommentaren Fabeln locker zu Themenkreisen geordnet, die Gegenstandsbereiche bezeichnen, mit denen ein das aktuelle Tagesgeschehen bewußt erlebender Zeitgenosse wie La Fontaine sich notgedrungen auseinandersetzen muß. Ein zentrales Thema der Fabeln des 1. Buches ist, ausgehend vermutlich von der Erfahrung des Foucquet-Prozesses, die Frage der zeitgenössischen Rechtsprechung bzw. nach Recht und Gerechtigkeit überhaupt; andere thematische Schwerpunkte der Fabeln betreffen die höfische Gesellschaftsordnung und die Unterwerfung der Höflinge unter eine strenge Etikette; darüber hinaus Fragen der Staatsordnung, d. h. der Rechte und Pflichten des Königs in einer absoluten Monarchie sowie deren Aufgaben allgemein; sodann die endlosen Kriege der Epoche und die daraus folgende Verarmung großer Kreise der Bevölkerung; und nicht zuletzt betreffen sie den Wert des Geldes in den Anfängen einer kapitalistischen Wirtschaftsordnung. Die kritische Behandlung solcher und anderer Themen wirft das Problem nach Herkunft und Berechtigung einer solchen Kritik auf. Es ist also die Frage zu stellen, ob den kritisch-satirisch behandelten Themenkreisen entsprechende positive gegenüberstehen, die den Bezugspunkt deutlich werden lassen, von dem aus La Fontaines Kritik allererst möglich ist und ihre Legitimation erhält. Solche Themen sind bei ihm die der Freundschaft, der Einsamkeit, des Schlafes sowie der materiellen Genügsamkeit – Themen, die ihn zu einigen seiner schönsten Fabeln inspiriert haben.

Innerhalb der einzelnen Themenkreise wurde versucht, so weit wie möglich die Chronologie der Fabeln zu respektieren. Das hat den Vorteil, daß durch die sich wandelnde Behandlung ein und desselben Themas auch die sich wandelnde Einstellung La Fontaines zu dem jeweiligen Problemkreis deutlich wird. In engem Zusammenhang damit ermöglicht es das Auftreten bzw. Zurücktreten und Verschwinden einzelner Themen zu einem bestimmten Zeitpunkt, in vorsichtiger Weise eine Art ›innere Biographie‹ La Fontaines zu skizzieren. Die Summe aller Themen und ihrer Abwandlungen läßt schließlich eine gewisse Weltsicht zutage treten, die zunächst natürlich für La Fontaine, dann aber vor allem für die von ihm frequentierten gesellschaftlichen Kreise kennzeichnend ist. Insgesamt besteht keine Beliebigkeit in La Fontaines Themenwahl. Die Themen, die er aufgreift, sind zunächst Ausdruck seiner persönlichen Welterfahrung sowie des Bemühens um deren Bewältigung; gleichzeitig sind sie repräsentativ für die Weltsicht einer Gruppe, deren Sprachrohr er in hohem Maße ist, ohne sich indessen vollständig mit ihr zu identifizieren. Zweifellos sind seine Fabeln daher stark ideologisch geprägt und doch zugleich mehr als nur »aristokratisches Divertissement«.[61]
Wer aber war ihr Autor ›eigentlich‹, und wie ihn einordnen? War er ›nur‹ Moralist oder nicht vielmehr (engagierter) Satiriker, der sich selbst möglicherweise als ›Systemveränderer‹ verstand? Trotz mancher über seine Zeit hinausweisender Elemente in der 2. Fabelsammlung wird man La Fontaine letzteres Prädikat wohl kaum zusprechen können. Mit Sicherheit steht er – und stellt sich – nicht außerhalb seiner eigenen Zeit. Andererseits greift die Qualifikation als ›Mora-

61 Vgl. P. Bürger, »Die Fabeln La Fontaines zwischen aristokratischem Divertissement und bürgerlicher Moralerziehung«, in: P. B., *Aktualität und Geschichtlichkeit. Studien zum gesellschaftlichen Funktionswandel der Literatur*, Frankfurt a. M. 1977, S. 21–47, der einerseits die zeitkritische Tendenz zahlreicher Fabeln hervorhebt und andererseits feststellt, daß La Fontaine »die Vorurteile eines von aristokratischen Wertvorstellungen geprägten Publikums nicht bedingungslos teilt« (S. 38).

list‹ entschieden zu kurz;[62] denn im deutschen Wissenschaftsverständnis meint ›Moralistik‹ die nicht wertende, vorurteilslose Beschreibung von Lebensumständen und Verhaltensweisen; La Fontaine als ›Moralisten‹ zu bezeichnen, heißt daher, die zahllosen zeitkritischen Elemente seiner Fabeln unterschlagen. Versteht man den Begriff jedoch im weiteren Sinn als »nicht blinde und nicht unkritische, aber letztlich doch zustimmende, vielleicht zähneknirschend-zustimmende Einstellung zum Bestehenden«,[63] kommt man dem historischen La Fontaine vermutlich näher, siedelt ihn in der Nähe des Satirikers an und würdigt die Fabeln insgesamt als Satire ihrer Zeit.[64]
In einer vorwiegend literarisch-humanistischen Perspektive nannte Gide ihn mit Blick auf die Fabeln ein »miracle de culture« (»Kulturwunder«). Eine solche Charakterisierung ist insofern zutreffend, als kein anderer Autor seiner Zeit derart heterogene Einflüsse und divergierende Tendenzen in seinem Werk zu harmonisieren vermochte, ohne dabei die Konturen seiner Individualität zu verwischen. Doch welches sind diese Konturen? Eine ungebrochene kritische Wachsamkeit gegenüber all dem, das ihm im Alltag zustößt; die Weigerung, sich in seinem Leben je von einer Person oder Sache definitiv vereinnahmen zu lassen; die Fähigkeit und das Geschick, sich als Mensch und als Künstler Freiheit des Handelns und Unabhängigkeit des Denkens zu bewahren; und nicht zuletzt die Gabe, die wichtigsten Ereignisse und Strömungen seiner Zeit in ein aus unzähligen Kleinkunstwerken sich zusammensetzendes Gesamtkunstwerk zu transponieren, dessen unerschöpfliche »diversité« sich ebenso wie ihr Autor jedem vereinheitlichenden Begriff und jeder simplifizierenden Formel entzieht.

62 So vor allem Lindner in *Didaktische Gattungsstruktur und narratives Spiel*.
63 J. v. Stackelberg, »War La Fontaine ein politischer Dichter? Zur Frage nach dem Aktualitätsbezug und dem Engagement in den ersten sechs Fabelbüchern«, in: *Tijdschrift voor de Studie van de Verlichting en van het Vrije Denken* 13 (1985) S. 159–183, hier S. 177.
64 Vgl. Kommentar zu V 1 *Le bûcheron et Mercure*.

Alphabetisches Verzeichnis der Fabeln

Die an erster Stelle genannte Seitenzahl bezieht sich auf den Text, die zweite, in Klammern gesetzte, auf den Kommentar.